孫克寬先生元代漢文化之活動序

蒙古鐵騎，橫掃亞歐之後，殄夏滅金，南覆趙宋，莽莽神州，行將夷爲牧場。然華夏之族，罹浩刧而仍盛，中國文化，瀕毀滅而益昌，此誠人類之奇蹟，國史之大事。其故安在？其幾維何？誠爲世人所欲知，史家亟應究明者也。惜元史荒疏，對于斯事，語焉不詳。清代元史學雖盛，而邵氏類編，魏氏新編，僅補葺舊史，對此未能多載；錢氏惟志氏族藝文，洪氏專重西方史料，皆未遑及此；屠氏蒙兀兒史記，柯氏新元史，訂補雖多，但限于正史體製，對元代漢人保種宏化之功烈，並未能作有系統而完整之記載，致一代大事，闇而不章，可憾孰甚！

孫今生先生，宿耽乙部，于宋遼金元四史，用力尤深。値滄海橫流，慨人間何世，懷抱遺編，避地茲島，端居之暇，深惟國運，于永嘉之亂，靖康之禍，厓山之厄，及漢人如何應付國難，保衞民族生命及傳統文化諸耑，殫精探究，察幾窮變，洞悉窾要。乃以元代之漢軍、儒士、黃冠等，共翊漢文化爲中心，勤劬鑽研，紬繹正史，旁搜宋金元人之文集筆乘，功力既深，所得愈豐，撰爲專文多篇，甄隱表微，咸有深旨，鉤沉發覆，尤多創見。近以朋儕敦促，爰裒儒學漢軍及元儒行實著作諸文爲一編，以「元代漢文化之活動」署其耑，付諸梓人，洵史學界之盛事。

「九儒十丐」，係明人之誤傳，世多信之，遂以爲元代賤儒，儒學沒落，乖違史實，莫此爲甚。今生先生從縱橫兩方面，闡述元代儒學。縱的方面：首以許衡郝經等見用，遂出見中統，至元之儒治；

次以程鉅夫江南訪賢，爲促成仁宗用儒，延祐開科。橫的方面：于元代北方之儒學中，分懷衛、河朔、關中等地區之儒學。縱橫交織，足以顯現元代儒學之實況及其對明清兩代影響之深遠。其謂「在蒙古初期，儒學不絕如縷之際，一般儒生，救死不遑，出而行道，即是自救，像纓冠救火的一般，豈能多所顧慮」。並斥張采譏「姚樞、竇默、許衡者流，讀書行道而不知海上之節」，爲迂拘之論。足證今生先生，心入史中，照徹古人肝膈，使讀者亦如前見古人，體認其苦心孤詣。至表章全眞教之宏道救世，正一教之掩護江南士大夫，更可驗其于宋元道教史修養之醇深。

元代漢軍諸帥，處境特殊，其志事常被後世所誤解，而輕加詆諆。今生先生獨具千百年眼，識透漢軍興起之背景，設身處地，將金源季末，北方雲擾，諸豪族大姓，爲漢人爭生存，爲文化圖衍續，遂奮起組織武力，鎮安眞空地區，用心皎如日月。及蒙軍大至，力難抗拒，乃受其招安，以孤臣孽子心情，綏靖地方，從蒙古鐵蹄下，寬縱俘虜，拯濟良善，並延儒荐賢，弘揚漢化。如史天倪勸木華黎禁殺，嚴實東平興學，張柔護持金實錄，董文炳保全宋實錄等事，並有大功于中國。其漢軍人物表並序，事蹟文省，尺幅千里，尤極良史之能事。

觀永嘉之亂，北方「文武大姓」（見全晉文卷一〇八劉琨與丞相箋），除渡江支持東晉者外，其仍留居故宇之文大姓；或爲用世救民，出而參政，使胡人採用中國禮樂制度；或隱居傳業，守先待後。武夫大姓：或率部曲家兵，苦戰胡羯；或鳩集鄉里武力，結塢自保；或膺胡人疆寄，安民待旦。彼等維護民族生命，保全中邦文化，以夏變夷之志事，與元代漢軍儒士黃冠之所操所爲，先後一揆。讀是書者，對十六國時，漢文化之活動，當別有會心。

自耶律楚材勸窩濶臺用漢法治漢地，忽必烈更厲行此政策，元代八十九年間，漢人之衣冠禮樂，悉仍舊貫，未曾雉髮易服。思想言論著作亦自由，一任謝皋羽西臺慟哭，鄭思肖唱元韃敗北歌，王伯厚寄故國幽憂於困學紀聞，胡三省申民族大義于通鑑注中，迄未興文字之獄。甚至居于內地之蒙古子弟，色目人士，釋氊裘，襲冠帶，棄弓馬，習俎豆，擅詩詞，躭顧曲，胡貌華心，彬彬而文，若非漢文化活動之積極？寧能有此績效！

今生對此，用力既深，亦多創獲，如論耶律楚材之學，謂其「深於釋而淺於儒」見元初儒學近世論晉卿志事者，鮮會道及。其論元代之儒則謂其重實用而薄空談，尤爲卓見。至其尙論宋金衰亡，如金之崩潰各章，劉後村與晚宋政治各節，皆洞見窾微，幾乎垂涕以道，是則滄海橫流，同深一慨，更有裨於知人論世之用也。又其風懷淵冲，哀時行吟，久主壇坫，故對元代詩人詞匠之篇章，賞析尤工，令人忘倦，世人嗜繭廬之詩者，讀此書後，當益知其蘊藉之深，寄託之遠也。今盲風黑雨，彌漫大陸，覩元代漢文化之活動，孕育民族之復興，卒使元帝北走，蒙人同化，萬餘里山河重光，數十年汙染一新，則是書之啓示于今者，不亦多乎！不亦多乎！

中華民國五十七年七月藍文徵序於大度山

自序

當我於三十八年一月間，來到南臺灣的屏東市。在那綠樹葱蘢，蕉風椰雨之間，恢復了讀書生活，才不幾時的翻天覆地的大動撼，仍然搖晃我的心靈，不斷地有一個思念在腦海衝擊，就是「今後的中華民族與他那深固不易的文化形態，如何在這已到來的大變亂中支持下去？」由今想到古，只好向歷史中求解答。於是我重讀通鑑與畢氏的續通鑑，對歷史上中華民族的幾次大患難的過程，重加檢視：五胡入侵之永嘉之亂，女眞侵華的靖康之亡，一直到崖山之覆的蒙古入主中原。這每一次的大變亂，都不止於國家的瓦解，人民喪亂流離，而且更嚴重的是漢文化的面臨毀滅。可是永嘉亂後，中原士族南遷，禮樂衣冠萃於江左，留在北方的還「用夏變夷」；北朝元魏還盡用漢法，以促進後來隋唐大一統的文化合流，爆出貞觀開元的儒治與文明。靖康之亂，南宋形成了東晉的再翻版，留在北方的文儒，弼佐完顏氏，出現了大定明昌間彬彬儒雅的盛況。而蒙元一代呢？初進長城，勢如疾風暴雨，血洗華北大平原；卻被幾位俘係身分的老儒，談笑嗟嘆之間，使鐵騎止戈，武夫下拜，又出現了中統至元——延祐至順間的儒治局面。這眞是不可言說的奇妙！當然要歸功於中華文化的感染力與韌性精神，與中國儒生的「不變塞」、「强哉矯」的剛毅之力。

於此沈酣史籍之中，我不覺地被金元時代一些俠士們、將軍們、黃冠道士們、乃至寬衣博帶的儒士詩人們的「保種存文」的偉大事蹟而吸引住了。於是我向南宋金元間史實從頭研討。我在宋史叛臣李全傳中，發現了金元之際南北紛爭中那些草莽英雄，以弧臣孽子的心情，爲漢民族効命。於是我着手寫了「南宋金元山東忠義軍的李全」一文。從這個民兵集團，進而向全元史找尋貞祐崩潰後的那些起陸龍蛇——金末九公，東平嚴實，和河朔史張，這些傳記一一跳入我的腦際；更因讀詩的關係而飽讀元遺山集，發現了這位詩人而兼史家的那樣孜孜不息地游說諸侯，保存文化，招集散亡的文士，向新朝推轂，與另一位漢化的契丹人——耶律楚材朝野配合，保全氣息緜緜的儒學與文章。於是我寫了一篇東平興學考，來表彰這位漢軍大帥的苦心；更進而探索元史儒臣各傳，而鉤勒出一篇元代儒學的淵源一文；又無意間從宋末人筆記與元人文集中發現正一教士與南宋儒生的因緣，而寫成「元初正一教與江南士大夫」。這樣就寫成我第一冊這方面的著作——元初儒學。賴朋友們的推薦而獲得臺灣教育廳四二年度著作獎助，也因此誘發了我對蒙元時代漢文化活動的研究興趣。四十三年，從屏東移硯臺北，在擾攘市塵裡，奔波不定的生活中，我依然寫了一冊「蒙古初期軍略與金之崩潰」，打算透視當時蒙古人在歐亞的取勝之道，或有助於今日事勢。以上是我前期的研究過程。

四十四年東海大學成立，我被戴靜山先生延攬在中文系教書，把興趣與時間擘一大半給中國詩方面。生活雖然安定，心情雖然開朗，研究的環境雖然便利，可是對這方面研究工作，卻成了業餘，玩票的性質。十四年來，始終未逾這一課題，閱讀範圍窄狹，而見聞又淺陋，以視並時的元史同道們的成就，簡直無法比擬。可是畢竟得有大學當局的鼓勵，與哈佛燕京社的支持，利用研究的補助，仍能寫成了若干篇文章。這幾年又轉注力於元代道教問題，才把元代漢軍，儒學與道教的共同趨向——傳衍漢文化，凝結爲一個觀念；斷斷續續地寫成研究論著，有的印成專書，如「蒙古漢軍與漢文化研究」、「宋元道教之發展」；有的寫成專題論文，如「元代漢軍三世家考」……，去年下季，我發狠把一些印成的小冊與已發表的論文編輯在一起，裒然成帙，題名爲「元代漢文化之活動」。更承孔達先生推介中華書局，慨允印行，使多年來的苦心致力的作品，呈獻於讀者之前。囘首當年，驚濤駭浪般憂惶惴惴的心情，實不禁感慨係之！

關於蒙古人入侵後對漢文化的死亡威脅，與中國人苦心奮鬥，屈己徇道的精神，書中各篇，皆有闡說，此處不擬複論。只是我這十幾年來獨學冥行的研究，所以稍有所知者，實在不能不感謝臺灣大學史學教授姚從吾先生，不斷地指示，檢給參考書籍，而他那一部不朽的著作——東北史論叢，給予我的幫助，啓示，實在是我的良師與指導者，在這裡我要向他衷心地致謝。

以我的譾陋，加之雜事旁騖，書中各篇的幼稚、疏陋，勢必所在皆是，還望同道與讀者，匡正、原諒。

舒城孫克寬自序

五七、四、六

於中臺大度山園

元代漢文化之活動 目次

孫克寬撰

第四編 儒生與其著作

第一編　背　景

蒙古初期軍略與金之崩潰

一　蒙古初期之軍事組織

（一）概　述

蒙古以東胡突厥之間的一個小部族〔註一〕崛起於貝加爾湖，外興安嶺之間的荒寒之地。〔註二〕從公元一二〇六年（丙寅南宋寧宗開禧二年，金章宗泰和六年）成吉思汗在斡難河上建號開國起，辛未伐金，經過了胡沙堡、懷來、居庸關三大戰役〔註三〕女眞人的主力，悉被摧毁，進抵中都，分兵大掠北方平原，東至遼海，西盡太行，南至東平，凡破金的城邑九十餘處，〔註四〕這纔圍攻中都，取和而退。〔註五〕金宣宗定議南遷，中都淪陷，北方無主，於是又遣不華黎國王，經略太行以東，成吉思汗自任西北方面的攻討。〔註六〕直至崩逝之年（丁亥、公元一二二七年）〔註七〕不過二十一年之間，已把大華北掃盪平定，只賸下汴梁的一隅。太宗窩闊臺繼位，以六、七年的時間（巳丑公元一二二九——

甲午一二三四年）把汴梁攻下，蔡州陷落，金哀宗殉城，赫赫的女眞一朝一百一十八年的天下，完全覆滅。接着是定宗貴由汗，憲宗蒙哥汗，和世祖忽必烈的五朝的經營，終於至元十六年，（公元一二七九年），崖山舟覆，南宋版圖全入大元；加上自成吉思汗以來，歷次西征的擴張領土，遂形成西至波蘭，北抵北極海，東盡東海，南達中南亞半島，雄跨地球一半以上疆土，史無前例的大帝國，眞可謂巍乎盛哉！〔註八〕

關於蒙古帝國的全部武功的論述，自當讓諸蒙古全史，這是個極艱鉅的工作，在今天尚難望其實現。單就中國一部份來看，我覺得蒙元建國的過程中，有一個不小的問題，很值得我們來發掘的，那便是蒙古帝國的漢軍問題。其事與蒙古軍事關聯的，上下有八十年之久，其人物也有不少的亂世英雄，昇平將相。聯帶的問題，還有關於西北人文和中西交通在內，眞是一件有趣味的問題。在今天來研究論述，或者對這東方第一帝國的認識，不無幫助。在未敍述之前，我覺得不可不討論的，有以下三點：

（一）蒙古初起的軍事組織與基本的軍事力量。

（二）蒙古初起時之戰略、戰術。

（三）蒙古初起時對降附者的態度。

在下面當分別論述之。

〔註一〕（甲）蒙古的部族爲室韋的一種，據王國維先生遼金時蒙古攷，徵引的資料，綜述如次：

（一）在唐時爲蒙兀室韋，曰蒙兀，曰蒙瓦，見新舊唐書。

（二）五代時作韈刼子，王氏註謂後世所以稱蒙古者曰梅古悉，曰謨葛失，曰毛割石，曰毛揭室，曰毛揭室韋，曰萌古子，曰盲轝，曰蒙國斯，曰蒙古斯，曰萌子，曰蒙子，皆與此韈刼子有關。

（三）遼代作蒙古里國，萌古國，謨葛失，毛割石，毛褐室韋，散見契丹國志，遼史，史愿亡遼錄，東都事略附錄二及金史。

（四）金與南宋間初作盲骨子，繼作蒙古，又作朦骨國，蒙國，蒙古斯國，亦作蒙兀，或蒙子，萌子，散見松漠紀聞，建炎以來繫年要錄，舊聞證誤卷四，大金國志，建炎以來朝野雜記及蒙韃事略。

（乙）蒙古的起源，多襲突厥之神話，原爲室韋之一，與契丹之風教多同，種源雅近於東胡，故祗能渾稱爲東胡突厥——唐中葉後爲回紇——之間之小部族。

〔註二〕 蒙古民族的游牧地區，馮承鈞譯多桑史第一章謂：

「蒙古民族居地在拜哈勒湖之南，其部落甚多：成吉思汗所自出之部落，則在佰兒合都，一名不兒罕合勒（汗山）諸山之中，有數水發源于此，或若流入拜哈勒湖之禿剌河，或若流入東海之斡難怯綠連者是已。」

林孟工譯巴克霍森成吉思汗帝國史第三章謂：

「蒙兀兒小部落的故土，應在于蔑兒乞惕——原居于貝加爾湖和這個塔塔兒（興安嶺的斜坡）之間，他的勢力中心點是現代庫倫城附近周圍的山嶺斡難河和怯綠連河——今名克魯倫河的區域。」

王國維先生遼金時蒙古攷註謂「蒙兀室韋亦祗在額爾古納河之下游……」洪鈞氏元史譯文證補太祖本紀譯證上稱：

「朶奔巴顏（秘史作朶蔑兒干，成吉思汗始祖孛端察兒之父）居斡難，克魯倫，土拉三河發源之地」

親征錄載：

「（太祖）又謂按彈火察兒曰「三河之源，祖宗實與」；所謂三河者，即上面所稱之三河。貝加爾湖即元秘史所稱之捕魚兒海子，唐書所謂俱輪泊（見王氏蒙古考及屠寄蒙兀兒史記世紀第一）

〔註三〕　洪氏太祖本紀譯證上引叙胡沙堡之役謂「金之名將精兵多盡於是役，蒙兀人至今道之」，親征錄謂「復破胡沙于會合堡，金人精銳盡沒于此」，洪氏又稱「進至懷來，金大帥高琪力守此城「帝與戰大敗之，直至哈卜察勒（即古北口）死亡不可勝計」。王國維先生元朝秘史之主因亦兒堅考「至寧元年懷來之戰」註謂「金與蒙古第二次之大戰，其戰事始于懷來，終于縉山」，親征錄稱；「亟進軍至懷來，金帥高琪將兵與戰，我軍勝，退至北口（王氏註謂此居庸北口非古北口）大敗之，死亡不可勝計」。至居庸之戰，與懷來相連，親征錄謂「乃命哲別，率衆攻居庸南口，出其不備破之」。元朝秘史續集卷一也說「……至居庸關，見守禦的堅固，者別說，可誘他戰……成吉思汗中軍隨後到來，將金國的契丹女眞等緊要軍馬都勝了，比至居庸，殺的人如爛木般堆着，者別將居庸關取了……」自經此次之戰，金國的西北防邊諸軍（糺軍，據王氏主因亦兒堅考）和調集的山東河北等處，及隨駕護衞人馬（據蒙韃備錄）都算全軍覆沒。

〔註四〕　元史太祖本紀「八年癸酉……是秋分兵三道，命皇子朮赤察合台，窩闊台爲右軍，循太行而南，取保、遂、安肅、安定、邢、洺、磁、相、衞、輝、懷、掠澤、潞、遼、沁、平陽、太原、吉、隰、拔汾、石、嵐、忻、代、武、等州而還。皇弟哈撒兒及斡陳那顏，林赤觮，薄刹爲右軍，遵海而東取薊州平灤遼西諸郡而還。帝與皇子拖雷爲中軍，取雄、覇、莫、安、河間、滄、景、獻、深、邢、蠡、冀、恩、濮、開、滑、博、濟、泰安、濟南、濱、棣、益都、淄、登、萊、沂等郡……是歲河北郡縣盡拔」畢沅續通鑑卷一百六十，夏取金涇州條，亦取本紀之註謂「凡破金九十餘郡，兩河山東數千里人民，殺戮殆盡。」

〔註五〕（甲）元史一一九卷木華黎傳：「木華黎札剌兒氏……與博爾朮（孛斡爾出）博爾忽赤老溫，事太祖俱以忠勇稱，號「掇黑班曲律，」華言四傑也……太祖卽皇帝位，首命木華黎，博爾忽爲左右萬戶……辛未從伐金……丁丑八月詔封太師國王都行省承制行事……契丹蕃漢等軍並屬麾下，且曰太行以北，朕自經略，太行以南，卿共勉之。

乙、親征錄：戊寅封木華黎爲國王……南伐金國。

丙、洪氏元史譯文證補太祖本紀下：「虎年封木訶里（卽木華黎）爲國王，當木訶里在金境時，金人稱之爲國王，帝曰此佳兆也，至是遂定封號，」案洪氏證補，以親征錄爲依據，與元史丑年封王之說相差一年，洪氏註謂「觀下西域之事，似非丑年起衅，當以親征錄之寅年爲是。」成吉思汗伐金，與西征年次，元史與親征錄及秘史，以及西域人書本有不同，當另論之，此如洪原文。

〔註六〕成吉思汗年壽，中西載籍不同，但均謂崩於丁亥年。年壽中籍元史太祖紀謂爲「壽六十六」柯紹忞氏新元史太祖本紀，則依西域人說謂「崩年七十三」，洪氏譯文證補附有太祖年壽攷異，力主西史「生於猪年，崩於猪年，十三歲喪父亦在猪年」之說，而取楊維楨氏正統辨以爲證。最近程發軔教授又著成吉思汗生歿年月日考，根據曆法，參證諸書，仍信元史之說，謂「帝生於壬午年卽紹興三十二年（公元一一六二年），下距丁亥崩年，享年六十六歲，」引據極博，重翻六十年以來之舊案，本文爲愼重計，仍採洪說。

〔註七〕：甲、蒙古所封四大汗國：欽察汗國，爲今俄屬西伯利亞及蘇俄全境波蘭實爲屬國，伊爾汗國，今伊朗高原至東印度境內，西抵裏海，可證為西北兩邊。東征日本未克，仍是中國禹域之舊，南方曾收印度支那各國，遠征爪哇，索貢而還。

乙、新元史地志序論：

「元之疆域，九州而外，幅員尤廣，世祖以前阿母訶，別失八里（今廸化）俱置中書行省，至元初別失八里、火州、斡端等處，俱置宣慰司。又太祖分東邊之地，封諸弟，分西北邊之地封諸子，其後皇孫旭烈兀建國波斯，與朮赤，察合台之地，並為三大藩。職方之志，宜考其山川與疆域之沿革……」。

丙、元史外夷傳列爪哇，謂「哈只葛當王出降……得……地圖，戶籍上金字表以還之」又馬八兒等國條謂「來降諸國凡十四，曰馬八兒，曰須門那，曰僧急里南無力，曰馬蘭丹，曰那旺，曰丁呵兒，曰來來，曰急蘭亦䚟，曰蘇木都剌，」新元史外國傳，島夷諸國，則謂「延祐初馬八兒國王昔剌丁，遣其臣愛思丁入貢，其附近諸國；大率皆西印度之地焉」，于此知蒙古聲威所及，實及今南太平洋之各大島嶼。

（二） 蒙古初期之軍事組織

蒙古族在成吉思汗未起之前，不獨是金國西北邊的小部族，而且內部組織鬆懈。不過其人勇悍絕倫，地又荒寒險阻，因而叛服不常。金也無奈他何，於是採用監視離間的政策，利用塔塔兒人，監視蒙古和突厥人〔註一〕。蒙古人中雖出了哈不勒汗和忽圖剌汗那樣的英雄，終久不能成事，一度烜赫的大蒙古國〔註二〕終歸消滅，接連幾個蒙人領袖，都被暗害。同時蒙古乞顏族內部宗親，也分崩離析，自相殘害，〔註三〕在成吉思汗少年時期，捕魚兒湖附近怯綠連河與金山和林之間，正是一個黑暗的時代。只有到成吉思稱汗之後，纔將內部組織健全，使孛兒只斤一族，成爲整個的戰鬪體〔註四〕。纔能東平塔塔兒蔑兒乞惕，北勝克烈王罕，西滅乃蠻，南連汪古，將沙漠以北的草原民族團結一氣，而後南下牧馬，四征不庭。蒙古人以戰鬪爲日常生活，所謂政治的組織，也就是軍事的組織。在這裏成吉思汗曾表現出他的無比天才，創立了十進制的軍事組織，從而建立軍事政治合一的「翼」的組織，更擴大而爲千戶萬戶的制度，以部勒人民，劃分領地。復建立軍事核心組織〔註五〕使一切力量集合在他的九脚白旄之下，成爲蒙古族征服世界，（當時地理觀念所可到的世界範圍）建設帝國的基本軍事力量；平居鎭撫被征服的領地，有事爲進攻部隊的主力。直至一百三四十年之後，這個軍事組織，以宗族內爭而鬆散了，基本的武裝力量，以驕奢淫佚而變化了，纔招來帝國的瓦解與征服地政權的沒落。〔註六〕所以我們研究漢軍問題，先得認識此點，現就以下幾點分析之：

一、成吉思汗之軍制

所謂十進的軍事編制，是成吉思汗的創作，這裏先引多桑氏的一段論述〔註七〕

「成吉思汗之勝利，蓋因其意志之强，才具之富，而使用一切方法有以致之，韃靼（西人呼蒙古爲韃靼）地域諸部落凡能執兵者皆爲戰士，每部落分爲十人小隊，就十人中選一人爲之長，而統其餘九人，十夫長九人，共隸于百夫長一人，九百夫長屬一千夫長，九千夫長屬一萬夫長，君主之命令，由其傳令之軍校達于萬夫長，復由萬夫長，按次以達十夫長，各部落各有其居地，設有攻伐，需要士卒，則于每十人中簽發一人以至數人……」

「成吉思汗欲使諸將常使其士卒有所準備，俾能奉命，立卽登騎出發，汗曾云：「其善將十人者，堪以十人委之，第若十人長不知馭其小隊，則並其妻子，一同處死，在十人中別選一人以代之……」

多桑氏之所記，按之洪鈞譯史所輯太祖訓言亦有意義相同的話（註八）元史兵志序論，曾追叙國初的兵制說：

「考之國初典兵之官，視兵數多寡爲爵秩崇卑。長萬夫者爲萬戶，千夫者爲千戶，百夫者爲百戶，……若夫兵士……其法家有男子十五以上七十以下，無衆寡盡僉爲兵，十人爲一牌，設牌頭，上馬則備戰鬪，下馬則屯聚牧養……」

新元史紀述對此還欠詳盡。總之，十進制爲蒙古軍隊編制，可以斷言。

〔註一〕甲、馮譯多桑第一卷第一章，述與蒙古族四周之韃靼部落云「塔塔兒部，居女眞舊境邊界附近，捕魚兒湖（今貝加爾湖）一帶……又云「汪古部隸於女眞皇帝，爲之守禦長城。……」

乙、洪氏譯文證補卷一上太祖紀上「……故乞觭（契丹）築長城以限戎馬……而汪古部扼守長城要隘，防禦北族。……」

丙、韃靼在遼金史謂之阻卜，王國維先生韃靼考（觀堂集林卷十四）謂「至於金史之阻卜若阻轐，則略當唐時之東韃靼，亦卽蒙古人所謂塔塔兒……」又引元史阿剌兀思剔吉忽里傳云：「阿剌兀思剔吉忽里，汪古部人，金源氏塹山爲界，以限南北，阿剌兀思剔吉忽里以一軍守其衝要。……」

以上徵引，可見塔塔兒部族，實爲金任監視蒙古，以及西北部族之責。

〔註二〕 甲、洪氏譯文證補卷一上太祖本紀上「哈不勒汗威望甚盛，統轄蒙古全部於是始有汗號」。

乙、柯氏新元史序記：「未幾哈不勒汗病卒，哈不勒生七子，不立其子，而立其從弟俺巴孩……塔塔兒遂執俺巴孩，及其弟烏金巴勒哈里獻于金……釘俺巴孩兄弟於驢背……於是部衆共立合不勒第五子忽圖刺爲罕，忽圖刺糾諸部復仇，敗金人于境上……」

丙、王國維氏遼金時蒙古考，引南宋時蒙古史料十五條舊聞證誤：「金與蒙國議和，蒙國自稱祖元皇帝，」其他各條皆有蒙古國及蒙古勝金之說，王氏雖考其來源皆出於王大觀行程錄，及李大諒征蒙記，皆南宋人僞書，但又引宋史洪皓傳「彼方困於蒙兀之語」，謂「金皇統間蒙古實有寇金之事」，是知蒙古國之傳說，不盡皆虛。故屠寄氏蒙兀兒史記序紀，忽圖刺汗事迹下註云：「……及成吉思汗稱帝，亦自號大蒙古國，見于憲宗以前諸石刻，至曰祖；曰元，亦襲元明皇帝之舊稱」治蒙史學者，對此均不敢過持否定之態度。

〔註四〕 甲、俺巴孩係被塔塔兒誘送金國，成吉思汗父也速該，亦被塔塔兒人毒死，均見元秘史，以後中西典籍，均著其說。姑引新元史序記爲證：

「……俺巴孩既立，嫁女于塔塔兒，自往送之，塔塔兒遂執俺巴孩……後烈祖（也速該）爲太祖，求婚于翁吉拉氏，中道至扯克扯兒之地，遇塔塔兒人以毒酒飲之，烈祖暴疾而崩……」

其他書如洪氏譯文證補太祖紀，屠氏蒙兀兒史記序紀及成吉思汗本記，西人之多桑史，記載均同，均出於同一史源。

乙、蒙古宗族不和，始自忽圖刺汗之卒，新元史序記：

「……及忽圖拉卒，布拉火力兒等，欲立塔兒忽台爲罕，部衆不從，於是諸部各立部長，不相統屬，爲尼倫部長者曰也速該，合不勒罕第二子把兒壇之子也，是爲太祖皇考。……自此塔兒忽台與烈祖有隙，塔兒忽台者，合答安太石之子，爲泰亦赤兀（元史曰泰赤烏）部長，故太祖屢爲泰亦赤兀部所困……」

此項記載，史源亦出于元秘史、洪氏譯證及多桑史，屠氏蒙兀兒史，以及後出之書皆同。

〔註五〕　成吉思稱汗，是其本部之汗，元秘史卷三，記其事在與札木合分離之後，部衆集合，有豁兒赤假神意謂「天地商量着國土主人，教鐵木眞做」，經阿勒壇，忽察兒，撒察別乞（皆同族）等立爲汗。新元史太祖本紀謂，時約金大定二十九年（公元一一八九年已酉）第一次分封官職，內部始有組織。據秘史漢文：

「成吉思做了皇帝，教孛斡兒出弟斡歌來，同合赤溫、哲台、多豁勒四人，帶了弓箭，汪古兒、雪出客禿、合答安，答勒都兒罕三人管了飮饍，迭該，管牧放羊隻，古出沽兒管修造車輛，多歹總管家內人口，又教忽必來，赤勒古台，合兒孩脫，忽剌溫三人同弟合撒兒，一處帶刀，弟別勒古台與合剌勒歹，忽剌溫三人掌馭馬，泰亦赤兀歹忽圖，抹里赤，木勒合勒三人，管牧養牧羣，又吩咐阿兒(孩)塔孩，速客該察兀兒罕四人，如遠箭近箭般做者。速別額台勇士說我如老鼠般收拾，大鴉般聚集，遮馬氈般遮護，遮風氈般遮當那般做者。」那裡成吉思又對孛斡兒出、者勒篾二人說：「我以前無伴當時，您二人首光與我作伴，我心裡不忌了，如今與這衆人爲長着；」

柯氏新元史據之，於太祖本紀記此事說：

「太祖旣稱罕，命斡歌速扯兒必、合赤溫、脫忽剌溫哲台、多豁勒必扯兒必四人爲火兒赤（帶弓箭）汪古兒、薛赤兀兒、合察安都兒罕三人爲保兀兒赤，（厨子）迭該爲火爾赤，（牧羊）古出古兒爲抹赤，（修造）朶古扯兒必管家中奴婢，忽必來，赤剌古台，合孩脫忽剌溫三人同皇弟合撒兒爲兀勒都赤，（護衞）合剌勒歹、脫忽剌溫，與皇弟別勒古台爲阿里答兀赤（管馬）泰赤赤兀、忽圖抹里赤、木勒合勒忽三人爲都都兀赤（牧者）命阿兒孩，合撒兒、塔孩速客該、察兀兒孩四人巡邏遠近，速不台爲前鋒護衞，以博爾朮，者勒篾歸附獨早，爲衆官之長……」

柯氏在這段紀載下說「是時官制草創而已」，其實後來統治蒙古部族的軍事政治組織，都不脫這個規模。

〔註六〕 甲、成吉思汗的軍事核心組織；是他的「大中軍」及「四怯薛」制度，新元史太祖本紀下曾簡單地說：「以也客捏兀隣領宿衞千人，也孫帖額領箭筒士千人，斡歌速不合，阿勒赤朶歹，朶豁勒忽察乃，阿忽忽，阿兒孩分領護衞散班八千分番入直，是爲四怯薛」：

乙、元史兵志宿衞四怯薛條卷九十九：

「太祖功臣博爾忽爾朮、木華黎，赤老溫，太祖命其共領怯薛之長，怯薛者，猶言番直宿衞也……」

丙、以上所引，均不詳明。惟秘史直錄成吉思汗的口語，最爲明白。據元秘史卷九漢文：

「成吉思說，在前我只有八十人做宿衞，七十人做護衞、散班、如今命衆百姓都屬我管。我的護衞散班等，於各萬戶千戶內，選一萬人做者。揀選時于各官並白身人兒子內，選揀有技能身材壯的教我根前行。於是各千戶依着成吉思汗言語揀選將來，將在前宿衞的八十人，添至八百人，成吉思教添至一千，命他客——捏兀隣做爲領千戶者，在前帶弓箭的四百人，原教者勒篾，也孫帖額與不吉歹一同管，與帶弓箭的分作四班，一班也孫額爲長，一班教不吉歹爲長，一班教火兒忽答爲長，一班教剌卜剌合爲長，添作一千，教也孫帖額爲長者……」

這是最貼身的護衞，下面又說：

「在前孛斡出親人斡歌列扯兒必原管護衞散班，添至一千，還教他管者，一千教木合里親人不合管者，一千教亦魯孩親人阿勒赤歹管者，一千教朶歹扯兒必管者，一千教朶豁勒忽管者，一千教朶兒扯歹親人察乃管者，一千教阿勒赤的親人阿忽台管者，一千選揀的勇士，教阿兒孩，合撒忽管者，平時如做散班，出征時教前者做勇士者……」

這便是大中軍，也就是蒙古軍隊的核心武力。

〔註七〕　蒙古宗族內爭，成吉思汗在時，曾力加誡諭，洪氏譯文證補太祖本紀下錄其對諸子說：

「我遺命無他，汝等欲能禦敵多得民人，必須合衆心爲一心，方可享受國祚：」

但至窩闊台死後，六皇后壞家法，強立定宗貴由汗。定宗短壽，拔都西路諸王，不待東道諸王大會，強立憲宗蒙哥汗。蒙哥嗣位，貶殺太宗子孫。厥後拖雷（蒙哥汗及忽必烈汗之父）一系始終與窩闊台系後王爲仇讎，世祖朝又與親弟阿里不哥爲敵，海都，乃顏諸王叛亂北邊，軍事終世祖一代而不息。西域三汗：察合台汗國後王時，海都一系，與伊爾汗國旭烈兀後王後敵；伊爾汗國後王，又與欽察汗國拔都系後王征戰頻繁；拔都汗後，欽察汗國，有金帳白帳藍帳三系，骨肉之亂，史不絕書。帖木耳駙馬起乃將察合台，伊爾兩汗併吞篡立，西征欽察，蹂躪其境。欽察汗國之蒙古統治者遂衰微不振，斯拉夫人乘機脫離其羈絆，統一諸部，建立近代之俄羅斯帝國，遂有今日世界之禍源。中國方面，元代武宗以後迭有骨肉之變，在中國鎮戍之蒙古騎士，亦爲環境所習染，同化華風，無復塞外剽猛之氣質。紅巾一起，漢族革命軍興，蒙古戍軍如摧拉枯朽，溯厥原因，皆由宗族內爭之故。

二、基本武力

蒙古初起，舉族皆兵，計算他的兵力，應連他的部衆在內，這一點，在材料方面，頗爲缺乏。不過成吉思汗從初稱汗之一部起，便着手建立軍事組織，已如前述。在他進行統一漠北諸部族時期，全靠着選拔出來的勇士，帶着那勇悍的部族〔註一〕來衝鋒陷陣，這便是後來「中軍」的前身。等到建號開國以來，擴大中軍的實力，分封九十五千戶〔註二〕凡是斡難河上有封號的功臣部衆，都是蒙古建國的基本武力。後來又有所謂「十投下」的名號〔註三〕是在中國蒙古騎士的中心指揮系統。大概四大汗國裏都有這樣的情形，爲統治那裏的貴族階層〔註四〕更因爲不斷的征伐起見，成吉思汗建立一枝類似常備的部隊，直轄於大汗，死後便作爲遺產，傳給幼子拖雷，成爲後來蒙哥汗得天下的政治資本。〔註五〕我們可以把這種漸次形成的部隊，視作蒙古建國的基本武力，我更粗略的考證一下：

第一、成吉思汗兵力的數字，始見於記載者，是在和札木合分裂建立十三翼後，與札木合作戰，在十三翼裏起了三萬人，元祕史卷四漢文：

「札木合因爲射殺他弟給察兒，領着他一種並十三部共三萬人……時成吉思汗在古連勒古地面裏，有乞列思種的人木惕客脫塔孛羅勒歹來報成吉思知了，於是他的十三圈子內，也起了三萬人……對陣……」

第二、成吉思汗與乃蠻太陽汗作戰時，初選勇士爲中軍護衛，見祕史卷七：

「……別勒古臺說了，成吉思說是自圍獵處回來，從阿卜只合闊帖克兒地面起去，至合勒合河斡兒勒兀地的客勒帖該……合荅地行下了，將自己軍馬數了，立千百戶牌子頭，設六等扯兒必官都委付了，又設八十做宿衛的人，七十個做散班……又教阿兒孩合撒兒選一千勇士管着，如廝殺則教在前，平時則做護衛，斡歌列扯而必，忽都思合勒潺，將七十個散班一同管了。……」

第三、斡離河大會後，成吉思，重行編組大中軍，見祕史卷九漢文：

「各千戶內選揀得宿衛的八千人，同帶了箭的二千，通計護衛的一萬，成吉思說，這些做我護衛的人，以後教做大中軍者……」

在這裏還有一點可以看出，大中軍爲蒙古基本武力的特點，在祕史卷十漢文：

「成吉思說，您宿衛的於大雨雪的夜裏……在我帳房周圍宿衛，使我身心皆安：以此我得到大位裏坐了。如今將我這吉祥忠誠的宿衛，教呼作老宿衛的者，斡歌列，扯兒必，入班的七十個散班，教呼作大散班者，阿兒孩的勇士每，教呼作老勇士者，也孫帖額等帶了箭的，教呼作大帶弓箭的者。」九十五千戶內，選揀的人，做我貼身的萬護衛，久後，我子孫將這護衛的想着，如我遺念一班，好生抬舉，休教懷怨，福神班看着。」

蒙古初起時的基本軍力，見於記載，只有此數。這並不能包括蒙古全部兵力，因爲蒙古在此時還是氏族聯盟時代〔註六〕成吉思是聯盟的共主，國有征伐，各部族皆要征丁出兵參加，無事則各歸封地。所以成爲基本武力者，祇能就成吉汗直轄的部隊計算。此外於伐金攻下中都之後，留木華黎經略太行以北，交給他一部兵力，後來便成北中國征討鎮撫的主力。據洪氏譯文證補太祖紀下：

「虎年封木訶里爲國王伐金……率汪古特萬人，兀魯特四千人，亦乞剌思人二千，孛徒古兒干統之，忙兀特人一千，木勒格哈兒札統之，翁吉剌特人三千，阿勒赤諾顏統之，札剌亦兒人二千，木訶里之弟帶孫統之」。

這是蒙古直系的兵力，餘外是契丹漢軍，便不能包入基本武力來計算。

第四、成吉思汗逝世時的兵力：關於此點中國過去的史籍，沒有明確的記載，馮譯多桑蒙古史第二卷第一章：

「成吉思汗死時遺有軍隊十二萬九千人，以十萬一千人付拖雷，分爲三軍曰中軍，曰右手軍，曰左手軍。中軍千人爲成吉思汗之衞士，由那顏察罕統之……右手軍三萬八千人，阿魯惕部之那顏不兒古赤統之，左手軍六萬二千人，札剌兒部之木華黎統之（案是時木華黎已死，子孛羅襲位，此軍應在中原）……

所餘者二萬八千人，成吉思汗分給朮赤察合臺，窩闊臺三子各四千人，其第五子闊列堅亦得四千人，其幼弟斡赤斤分得五千人，其弟合赤溫之子分得三千人，其母月倫分得三千人，其弟拙赤合撒兒之子分得千人。」

在此條下原註有「此種蒙古軍隊經成吉思汗分於其諸子及諸親屬者，爲數雖微，然構成各系軍隊之中心」。可見我所認爲蒙古的基本武力，建立于成吉思汗時代，當非臆測。

〔註一〕 甲、成吉思選拔出來的武力，於戰敗乃蠻一役中，札木合盛誇成吉思汗的軍容證之，據元秘史卷七漢文。

「……彼時札木合亦在乃蠻處，塔陽問：那趕來的如狼將羣羊直趕至圈內是什麼人？札木合說是我帖木眞安答，用人肉養的四隻狗……那狗……厮殺時吃人肉，如今放了鐵索，垂涎着喜歡來也，四狗是者別、忽必來、者兀箴、速別額台四人……又問那後來的軍，如喫乳飽的馬駒，繞他母喜歡般來的是誰？札合不說他是將有槍刀的男子殺了，剝脫衣服的忙魯兀惕，忙忽惕二種人……」

前舉四將是勇士的首領，後舉二種是蒙古中勇悍的部族。還有也孫帖額其人，成吉思嘗說他是「人之最勇者……長行不疲，不感饑渴……」即統率中軍大弓箭隊者見前註引。又元史畏荅兒傳（卷一二一）

「畏荅兒忙兀人，太祖與克烈王罕對陣于哈剌眞……帝命兀魯一軍先發……畏荅兒奮然曰我猶鑿也，諸君斧也，鑿匪斧不入，我請先入，諸軍繼之……遂先出陷陣大敗之……」

足見忙兀惕種人之勇敢。

〔註二〕　分封九十五千戶事，元祕史卷七卷八漢文：

「至是虎兒年於斡灘河源頭建九脚白旄纛做皇帝，封功臣木華黎爲國王，命者別追襲古出魯先整治達達百姓，除駙馬外復授開國有功者，九十五人爲千戶……」

九十五千戶之名不著，屠寄氏蒙兀兒史記成吉思汗本紀對八十八功臣之封號部族，有所考證，柯氏新史補傳亦未能盡，可參閱二書。

〔註三〕　投下一名頭項，蒙古契丹呼貴族部者之稱，如見于宋朝彭大雅黑韃事略民賦條：

「其賦斂謂之差發……猶漢族之上供也，其置醞（卽站）之法，則聽諸酋頭項自訂差使之久近……」

又軍馬將帥條：

「其軍馬將帥，舊謂之七十頭項……」

王國維先生註此條引元史木華黎傳

「元史木華黎傳太祖丙戌功臣戶口爲食邑曰十投下，孛魯居其首，又朮奇台傳其先剌眞八都以材武雄諸部，其子曰兀魯兀台，曰忙兀兒，與弘吉剌，亦乞列思等五人……各因其名氏號五投下：」

〔註四〕 於此可引屠氏蒙兀兒史記帖木兒列傳：（原書卷百四十一）

「若突厥斯單及呼羅柵之間，分立二十五小汗國，名雖隸屬察阿歹，政權實操于阿魯剌，巴魯剌思，札剌亦兒，連勒都思四大族之手……」

察阿歹汗國如此，其他如欽察汗國，伊爾汗國可以例推。

〔註五〕 蒙哥之定位，由于其父拖雷分得大多數之兵力，足以左右全帝國。柯氏新史憲宗紀：

「初太祖分部衆于子弟，睿宗以幼子所得獨多，故諸多睿宗舊部。」

又新史后妃傳顯淑莊聖皇后傳（即拖雷之妃）

「太祖臨崩部兵十二萬九千人，拖雷分十萬一千，諸將多其舊部……」

凡此皆採自多桑史，已見前引。

三、十三翼的建立，照錄拙作讀蒙小記：成吉思汗起兵時的十三翼，一文如次：

『成吉斯汗創建大業，最基本的軍事力量，是當札只剌部長札木哈（親征錄作札木合）及泰赤烏（洪譯作太亦赤烏）來侵時，所糾集的部衆，有名的十三翼親軍，在這次戰役中，他的軍事系統，纔正式建立起來。後來盪平塔塔兒，殲滅克烈亦部和乃蠻，蔑兒乞各部，大概都以此爲中心部隊，關於十三翼的組織詳情，據各家紀載述之如下：

所謂翼的命名、據洪氏譯證，轉錄元祕史蒙文，稱爲「古列額惕」，解爲「圈子每」，在太祖本紀補裡，用的是「古闌」，也就是這個意義。洪氏考出庫倫義爲圈子，古蘭實亦庫倫，由於聖武親征錄，稱爲「翼」，元史本之稱翼，柯氏新史也無異名。這大概是軍事部伍和政治組織的混合體吧?!後來滿洲（後金）創建的八旗，也許接受蒙古人的傳統，抑或是東胡與突厥人間，均有此類的組織，亦未可知。（唐會要，西突厥設有左右廂，左廂號五咄，陸部置五大啜，此啜字，容當于蒙古文中之古蘭）

十三翼的數目與構成份子，據親征錄說：

「月倫太后暨上昆弟為一翼，三哈初來之子奔塔出拔都，禿不哥逸敦，木忽兒好蘭，統阿塔兒斤，察忽蘭統火魯剌諸部，及鮮明昆那顏之子迭良，統火力台，不荅等為一翼。札剌兒及阿哈部為一翼。荅里台，火察兒二人及朶忽蘭，揑古思、火魯罕、撒合夷、嫩眞諸部為一翼。忽都圖忙剌兒之子蒙哥、怯只兒哥為一翼。忽都剌可汗之子搠只可汗為一翼。忽蘭、脫端二人為一翼，玉烈、貞赤納二部為一翼。」

這裏共有十翼。據洪氏太祖本紀補載：

帝軍第一翼為謂倫額格並斡勒忽蘭人，二翼為帝及帝之子弟與其族人並各族之子弟。三翼為撒姆哈準之後人，布拉阿把阿禿思，又有客拉亦特之分族人，又阿荅兒斤人將曰木忽兒忽蘭，又火魯剌思人將曰察魯哈。四翼為蘇兒嘎圖諸顏之子得林赤，並其弟火力台，及博歹阿特人。五六翼為莎兒哈禿月兒乞之子薛徹別乞，並其從兄弟及札剌亦兒人，莎兒荅禿人。七翼為渥禿助，忽都朶端及其麾下。八翼為蒙格禿乞顏之子，程先索特及其弟，皆為帝之從兄弟。又巴牙兀特人酋曰翁古兒，九翼為塔里台斡赤斤，及揑坤太石子火察兒，族人達魯弄里剌特，努古思火兒罕撒哈夷特委神諸部。十翼為忽都剌汗之子拙赤汗及其從人、十一翼為阿勒壇亦忽都剌子。十二翼為忽巴阿特兒，及晃忽悠特速齊特人，十三翼為更都赤那，烏魯赤那之後努古思人」。

十三翼全部齊備。新元史太祖本紀，記此事完全本諸洪氏，不再煩引。

三者會勘，人名部名番號均不無同異之處，嗣考元秘史漢文譯並沒有十三翼的名稱，只有統率十三翼的人名來源。多桑史根本沒有十三翼的名稱，只說「此役爲鐵木眞得志之起點」。至戰爭地方，據親征錄說「軍成大戰荅蘭版朱思之野」，洪氏譯拉施時書說：「戰于荅蘭巴勒朱思」，新元史則「戰于荅蘭巴泐渚」。據洪氏註引秘史作「荅蘭巴勒朱惕」，元史與親征錄同。大概是一地異譯。可是新史「荅蘭巴泐渚」之名，很容易和成吉思後來敗於汪罕，共飲「巴泐渚納」的地方混淆，遠不及親征錄諸書作「荅蘭版朱思」來的明確。

屠寄氏蒙兀兒史記，所記的十三翼，與洪氏所記的人名譯音，不大相同。十三翼的部位是一致的，作戰地點爲荅蘭巴泐渚納，據說即成吉思與汪罕戰後同十九人盟于此。似乎荅蘭巴勒朱思，即巴泐渚的變音。親征錄闕于成吉思飲水盟誓之地，在下文則爲班朱尼河，大概也是同名異譯。屠氏對十三翼的氏族，都有考證，與王國維先生引入親征錄的校注，所下之功力相等，可是結論不盡相同，只好俟諸異日，列表比較了。」

（三）蒙古初起之戰略戰術

蒙古人在成吉思汗的領導之下，以蕞爾部落，雄飛世界，端賴于他的軍事方面的成功。我曾分晰蒙古初期時的戰術，約有三點：第一點爲使用間諜。第二點爲用奇取勝。第三點爲以恐怖政策摧毀敵人戰志。茲分述如次：

第一、蒙古初期軍事的使用間諜

蒙古人對戰爭，向來習用間諜，這也許是自遼金以來，統治這一落後民族的政策，慣用挑撥離間的手法，使之內鬨，如塔塔兒與蒙古世代相仇，獲送俺巴孩於金章宗時的事例，因而使蒙古人學習了

「用間」的戰術。據蒙兀兒史記序紀：

「屯必乃（成吉思汗的五世祖）第五子葛赤渾。其子於兄弟之間，好為間諜（蒙兀語間諜曰阿荅兒黑）族人謂之『阿荅兒乞歹』其後遂為『阿荅兒斤氏』。

新元史序記也有這樣的紀載，足見在成吉思汗之先代，已經有用間的事實了。在成吉思汗興起後幾次大戰，大概都以用間而致勝，玆撮其事實如次：

一、在荅蘭版朱思（地名：元史譯文證補作荅蘭巴勒朱思卽蒙兀兒史記之荅蘭巴泐渚納）大戰之前，據蒙兀兒史記（蒙史多本於秘史）有揑坤太石（蒙兀兒史記作揑羣）使其子不禿，自婦家遣親信木勒客脫塔黑孛羅勒歹二人來告變，據親征錄說：

「揑坤者，亦乞列思人也，在泰亦赤兀部下，而其子孛徒從弟，故其父亦歸心焉。時兵在古魯之地(原注秘史作古連勒古)有巴魯剌思人，木勒客脫塔里等二人(原注卽元史孛禿傳之磨里脫脫)，先以事來，揑坤乘其便，遣使告變……帝：聞警亟集所部：」

此役新舊元史親征錄，都是說泰赤兀人敗走，蒙兀兒史記轉據秘史，說是成吉思汗敗績。無論勝敗，都因有人告變而事先準備整軍（十三翼）出戰，否則便不堪設想了。

二、在和王罕最後一戰之前，自巴泐渚納舉兵也是用「間諜」以欺王罕，據多桑蒙古史記載：

「一二〇三年，鐵木眞駐夏於巴泐渚納，是秋集兵於斡難河，（蒙史據秘史作克魯漣謂辣施特書誤作斡難，多桑當係偉譯辣氏之書）謀擊王罕，其弟拙赤哈撒兒，自荅蘭眞戰後，盡喪所有……

與鐵木眞會……欲以計襲王罕，乃命拙赤之僕二人（蒙史作「遣其麾下親信沼兀列歹人，合里兀荅兒，兀良合歹人，察兀兒孩譯文證補作哈里兀荅兒，）兀兒罕假爲拙赤之語曰……『我兒今旣不知所在，我之妻子，又在王所……今欲以妻子相聚！倘棄我前愆，即束手來歸矣……』王罕信之，因遣人隨二使往……鐵木眞出不意襲破王罕軍。」

這是在戰爭前夕的間諜活動。遠在此事之前，成吉思汗諸父忽只兒（蒙史作火察兒，譯文證補同）和從弟，阿勒壇，先奔王罕，成吉思曾使人恫嚇他們說：「汝等今事王罕，應知王罕性無常，遇我若如此，況爾輩乎？」幾句挑撥離間的話，果然生效，他們馬上便和札木合與成吉思在漠北互爭雄長者，謀害王罕。克烈軍內起了內鬨，「於是荅里臺與克烈之撒乞阿惕部，蒙古尼倫之一部，均歸鐵木眞」(多桑書)王罕的部衆便無形瓦解，一敗塗地了。

三、伐金前利用契丹遺民詗知女眞內部情形，據新元史耶律阿海傳(元史傳同)

「耶律阿海，金桓州尹撒八兒之孫，尚書奏事官脫迭兒之子也。……金末使於王汗，見太祖姿貌異常，因進言金國戎備廢弛：俗日偷肆，亡可立待，帝喜曰：汝肯臣我，以何爲信？對曰：以子弟爲質！」

又移剌（即耶律）揑兒傳：

「契丹人沉毅多謀，金人欲官之辭不受，聞太祖舉兵，私謂所親曰『爲國復仇，此其時矣。』率其衆及餘人來降，且獻伐金十策……」

這足以間接說明女眞迅速瓦解的原因。

四、西征花剌子模以前，用回回商人爲間，據多桑蒙古史：

「有摩訶末（即花剌子模之王號）之臣民三人，皆回教徒，運載絹布入蒙古境：蒙古主乃厚給其值……處以白氈新幕。以其將歸，遣從僕一兩輩，齎隨以往，有衆約四百五十人，皆回教徒也……」

本條下原註，引札闌丁傳記述此事：

「謂來至韃靼地域之商人僅有四人，皆算端之臣民，此說較類眞相……守將亦納勒木以聞，謂此四人爲間諜，蓋其訪聞貿易外之事，與訛答剌居民言談中，輒使居民憂心東北，且言不久將見其未能逆料之事。」

又據同書謂花剌子模沙摩訶末之敗：

「又一史家謂其中成吉思汗讒間之計，有訛荅剌人，名別都魯丁者，……因矢志復仇，投蒙古汗獻離間策，乘摩訶末母子不和，以計使摩訶末自信有人圖己。別都魯丁乃僞使禿兒罕可敦（摩訶末之母）親黨諸將致成吉思汗書，成吉思汗使人故遺其書，使算端（即蘇丹）得之，算端遂疑諸將……」

此雖僅備一說，但蒙古人當時以走私的方法，滲入花剌子模國境，又善利用其內部之矛盾，進行瓦解工作，確係事實。

以上是成吉思汗用兵的使用間諜事件之犖犖大者。以此我們想起來，南宋邊將之殺蒙古使者，和降人李國昌之見信於蒙古人，大約都是些間諜活動，破獲之後，便歸罪敵國起兵征伐。後來賈似道的拘留郝經，以李庭芝的賢明，亦不敢釋放，恐怕都是對蒙古人用間政策有戒心吧？

第二、蒙古初期軍事的用奇取勝

蒙古以一個部落的蠻族，崛起於三河之間，統一朔漠，西征絕漠，南進則統一中國大陸：北進則囊括乞卜察兀與斡魯速全境，西邊進到多惱河的上游，兵威之盛，前古無比。在前面提出他的使用間諜，爲軍事上戰勝之一因素，復經探討，覺得蒙古人用兵特點是在「善出奇兵」。至於器械精良與戰鬬份子的堅强，還是次要。中國史籍上論蒙古軍略的，以郝經上忽必烈的東師議，議論最爲透闢，據屠寄氏蒙兀兒史記卷八十四郝經傳，進東師議會有如下的語句：

「國家用兵……以國俗爲制，而不師古，不計師之衆寡，地之險易，敵之强弱，必合圍把稍，取之若禽獸然。聚如丘山，散如風雨，迅如雷電，捷如鷹鶻，鞭弭所屆，指期約日，萬里不忒，得兵家之詭道，而長於用奇。自滄河之戰，乘勝下燕雲，遂遺兵而去，似無意於取者；既破回鶻，滅西夏，乃下兵關陝，以敗金師，由金房繞出潼關之背，以攻汴爲搗虛之計。自西和徑入石泉威茂，爲可遠之計；自臨洮吐蕃穿徼西南，以平大理，皆用奇也。……其初以奇勝也，關陝江淮之北，平原曠野爲多，而我長於騎，故所向莫能禦；兵鋒新銳，民物稠夥，擁而擠之，羣遇以潰，而吾長於攻，故所擊無不破。……」

在黑韃事略，也有一段，叙述蒙古用兵對敵的情形：

「其破敵則登高眺望，先相地勢，察敵情僞，專務乘亂……敵或森戟，外列拒馬，則環騎竦哨，時發一矢，使敵勞動。相持稍久，敵必絕食，或乏薪水，不容不動，則進兵相敵；或敵陣已動，故不遽擊，待其疲困，然後衝入。或其兵寡，則先以土撒，後以木拖，其塵衝天，敵疑兵衆，每每自潰；不潰則衝，其破可必。或驅降俘，聽其戰敗，乘敵力竭，擊以精銳。或纔交刃，佯北而走，詭棄輜重，故擲黃白，敵或謂是誠敗，逐北不止，衝其伏騎，往往全沒。或因喜敗，而巧計取勝，則在乎此縱彼橫之間，有古法之所未言者……」

可謂敘述盡致，使人聯想到今天盛行的「縱深配備」與「人海戰術」「擾亂戰術」的種種戰術，可謂師承有自。

據多桑書及其他紀載，西征各征各役，也多以後退戰略取勝，撮記如下：

一、者別速不額臺第一次征乞察兀時和谷兒只之戰：「時有一谷兒只軍，已預備防守其國，蒙古軍分爲二，哲別以五千人設伏，速不臺迎戰，佯敗誘敵入伏中，谷兒只軍三萬人，多半覆沒……」

馮譯多桑書上第八章一三六

二、二將與斡羅思軍之戰：「蒙古軍引退，欲誘斡羅思軍遠離其境，然後擊之。斡羅思軍渡乎勒迦河後，蒙古軍乃備戰，伽里赤王，是日獨與敵戰，然其士卒及欽察部人，皆爲蒙古軍所敗……」

同上書第一四一頁

此役據林譯法人巴克霍森成吉思汗帝國史曾加以論斷說：

「在人數衆多的敵人戰線前，者別與速不臺作了機巧的動作……但蒙古人總是有秩序的退却，他們之具有極度移動性，可使之選擇退却的時間與方向，他們便可將敵人誘至他們有利的地帶」。

三、拔都西征與匈牙利軍之戰：匈牙利軍既集；「蒙古兵不戰引退，剔刺（匈王）進至撒岳沙，營於河之西岸，附近有橋，以爲敵軍祇能在此處渡河，乃以千人守之。時蒙古兵退至河東五英里之地，附近多沼澤，地險而易守，夜分軍爲二，一軍奪橋，置七礮以攻之，守橋之軍既潰，黎明圍匈牙利軍營，匈牙利軍出不意被襲」馮譯多桑蒙古史上第三章第二三一頁

以上所舉之例，都還是一部份的戰鬪動作。倘自軍略方面大處觀之，如成吉思汗西征花剌子模的三路軍，最收效的，還是他自己所將的主力。從敵人所認爲不可飛越的沙漠與錫爾各河口繞到花剌子模的西北面，終於將摩訶末（花剌子模國王）的全部防線瓦解。據成吉思汗帝國史其次滅金的路線，始終不走西正面，經渭河谷與北面的黃河；却是走的洋鳳諸州，繞到樊鄧一路，一舉而擊潰了完顏合達的大軍，使汴京趨於覆滅。據蒙兀兒史記成吉思汗本紀下：

「汗臨殂顧命曰：金精兵在潼關，據連山，北阻大河，難以遽破，若假道於宋，宋金世仇，必能許我，則下兵唐鄧，回搗大梁……」

可見伐國之計早定於成吉思汗時代，不出「用奇取勝」之傳統策略。後來忽必烈用乃祖遺策，先取大理，沿金沙江而入川，摧毀南宋上游屏障。然後於十餘年後，再以伯顏的堂堂正正之師，渡江而取臨安，還不是「迂迴包圍」的奇兵嗎？

第三、蒙古初期軍事的恐怖政策

蒙古初期用兵的殺戮之慘，六百年後的今天讀到那些紀載，仍覺得寒毛凜凜地，不解他們爲什麼那樣地慘酷？說他是原始民族兇性的發洩嗎？在東北部族先後和中國接觸，輸入華化之下，契丹女眞等與南北朝時那些突厥柔然之族已不相同。那些部族入侵中國，以史冊所載，尙無大規模殺戮之事，何以蒙古族獨如此兇殘呢？在紬繹成吉思汗的武功記載，與他的後人許多用武的事蹟之後，我發覺他們殺人是一種手段，是軍事時期的一種策略——恐怖政策。分晰之，約有數點：

第一、他是意在養成軍隊的獸性，加强戰鬬精神，如成吉思汗遺言：「在平和時，士卒處人民中，必須溫靜如犢，然在戰時擊敵，應如餓鶻之搏獵物。」馮譯多桑書上册第一〇六頁引史集

「人生最大之樂，即在勝敵，奪其所有，見其最親之人，以淚洗面，乘其馬納其妻女也。」同前

他這種戰爭哲學，與德國兵學家克勞維茨所見正復相同。

第二則是爲着軍事的安全，如一次西征屠滅巴里黑城之事：

「成吉思駐冬於薛蠻……入巴達哈傷降之……遂涉淺灘，渡阿母河。巴里遣使迎獻重幣……成吉思得札闌丁駐兵於哥疾寧之報，欲進軍，念留此民衆之城於後爲非計，遂……驅巴里黑城民出城盡屠之」多桑書卷一一三二頁

又如還軍殺俘之事：

「一二二三年春，成吉思汗還蒙古，行前以俘虜甚衆，命配置每帳十人或二十人，令其舂米以供

軍食，皆舂畢，一夜之間，盡殺此種俘虜前書

這一點同樣表現在伐金之役中。當金於蒙古第一次媾和之後，成吉思汗既出居庸關亦「收所虜男女皆殺之，其數不可勝計」。（見多桑書）皆是基於安全之觀念。蒙古的基本武力本不多，降人留置軍中，易生變亂，難怪他要一舉而殲之了。

其三爲示威恐嚇，以便招降，這是施行恐怖的眞正目的。所以要殺人者，不過是要威脅敵人，瓦解其戰志，促成大量投降，減少抵抗而已。所以在行軍之前，例有招降，如在第一次西征戰役中：

「蒙古軍進至你沙不兒城下……哲別投成吉思汗之檄，檄用畏吾兒文，其文略曰：『檄告守將平民等知之，上帝以大地之國，自東迄西，付我一人，降者保其身家，抗者並其妻女殺之』馮譯多桑史一卷七章一一一頁

「成吉思汗行近匝兒剌里鎭，鎭民皆入堡……遣答失蠻往諭降曰：『我木速蠻亦木速蠻之子，奉成吉思汗命來拯汝等深淵中，汗率大軍，距此不遠，汝等若稍抗拒，霎時堡壘屋舍將平，血淹田野矣，降則身家自保。』同書同章一〇三頁

如果招降不聽仍加抵抗，那末破城之後，便悉予殺滅，此即所謂「軍法凡城邑以兵保者悉坑之」姚牧庵集江漢先生事實從興兵起定下此例，到後來便沿爲定制了。

第四是報復行爲：在第一次西征之役，大殺戮的各地方如：

A訛答剌城的被屠，（史未載殺傷之數）是由守將先殺蒙古保護下之商人後來又堅守不下。

B不花剌大城內堡破後的大殺戮，是守將不肯投降，且藉此立威，故造成多桑書所記「是日也，極不幸，僅聞男女老少悲啼永訣之聲」之慘狀。

C花剌子模都城，玉龍格赤的大屠殺，是由於突厥人堅守，蒙古兵多所殺傷，故朮赤怒曰：「彼等以抗拒而沒我軍之一部，則迄今受其威嚴者爲吾曹……茲吾曹將使彼等人受之」同書同章一一七頁城破日乃盡屠之。「其他諸城之陷，餘民或潛匿，或遁去，惟花剌子模人，免於兵者，盡溺於阿母河水中」同前書可算慘了！

D拖雷屠呼羅柵之馬魯城，也是爲着突厥蠻人的堅守與襲擊蒙古人，據說：「拖雷在平原施金座坐其上，命引所俘將率至對衆斬之……惟工匠四百及童男若干，得免死爲奴，餘悉被殺」史家估計這一次大屠殺死者有一百三十餘萬人。見同書

E你沙不兒降後，仍遭屠滅者，是由於「蒙古遊騎至你沙不兒附近者，輒爲城人所害」而又殺害蒙古將合脫合察兒，所以「居民盡被屠殺」遭到較馬魯更大的慘禍見同書。

以上是西征中屠殺情形，西史所紀較詳。至於進攻金宋各役，其地方破壞慘殺的原因，大抵由於這個道理。零星的紀載，都未說明殺戮之數，只淸容居士集紀宋成都陷落的被屠說：「賀積權成都，錄城中骸骨一百四十萬，城外者不記」史母程氏傳其他可以想見，毋怪蒙古鐵騎縱橫中國，各地方皆望風歸附了。

以上三者之外，便要推他的用降政策，他之能於初期侵華，得到漢人死力，成爲一代的漢軍制

度，正由于此，當于後節略加說明。

（四）蒙古人對降附者之態度

如前所述，蒙古初期軍事，以恐怖的手段，遂行其招降政策。綜觀蒙古人東西方的統治，都是大量利用降附，做他的統治工具，同樣地對降附者的固有文化、宗教和生活習慣，則並不加以破壞。對降附者只要不背叛，也始終保全他們的富貴功名，並沒有中國史上殺戮功臣的慘劇出現。這是有他的內在原因：第一、蒙古的部族數量太少，他不得不招納降附，擴大其實力，從而產生了「用降」與「以降制降」的政策。在中國的漢軍將領，爲他維持北方秩序，防止南宋北伐者，有數十年之久，可以證明。第二、他起自荒漠原野，本身並無成型的文化意識與宗教形態，因之他對降附者的固有宗教文化，由驚奇而崇拜，由崇拜而吸引同化，我在「元史的國俗舊禮與蒙古珊蠻教」一文中，曾指出此點〔註一〕，他對於他們的習俗，只有本能地保持，而沒有堅持誇大，强迫他人同化，如金世宗對女眞文化那樣地用力去保守似地〔註二〕。所以在蒙古統治中，並未發現什麼文化與生活習慣的鬭爭，如滿清入關，剃髮禁令一樣。第三是草原民族胸襟的廣大，只有戰場上的仇敵，戰爭一停，對方屈伏了，便握手言歡，推心置腹。此點從成吉思汗起直到世祖忽必烈時代，對漢人降附的文武將吏，一直是委任不疑，可以覘知。從這裏我們歸納蒙人對降附者的態度有以下各點分別引述之：

一、**對降附區的宗教文化**：蒙古統治下，對各民族所信奉的宗教，一律平等。成吉思汗及當時蒙古人的宗教意識，只有一個「天」，因此，對伊斯蘭教，對中國的道教，後來他的子孫對也里可溫，都是因爲他們信奉是天帝〔註三〕，而引起他們的崇拜。馮譯多桑史第一卷第十二章述成吉思汗的軼事說：

「成吉思汗命其後裔，切勿偏重何種宗教，應對各教之人一律平等，成吉思汗認爲奉祀之神道與夫崇拜之方法，毫無關係。本人則自信有一主宰，崇拜太陽而遵從珊蠻教之陋習。」

各宗派之教師教士貧民醫師以及其他學者悉皆豁免賦役

又同書第一卷第七章紀成吉思汗征花剌子模國還渡阿母海至不花城，與回教徒談話事：

「……命撒都只軍引見深通回教教理之人，得法官一人，名額失來甫，及宣教師一人，成吉思汗聞此二博士所說明的回教要義與規條，皆以爲然。惟不以赴默伽巡禮一事爲是。以爲全世界皆爲上帝之居宅，任何地祈禱皆得達於帝所，不必拘拘一地」。

進至撒馬耳干城中，紳耆出迎，成吉思汗以爲上帝既使其戰勝算端摩末，乃命用其名而爲公共之祈禱，諸法官教長羣請豁免賦役許之。」

從成吉思汗時起，接受了伊斯蘭教的教義。於是他的子孫們，伊爾欽察二汗國，後來都信仰回教，且不惜引起宗教戰爭。另一方面又以西征歐洲之結果，引進了許多耶蘇教士，當時也里可溫教士，也和其各教一樣，在中國的大都會裏，都有他的禮拜堂。在定宗憲宗時代，東西使節頻繁，都是他對宗教寬容的態度的表現。至于對中國道教，待遇更爲優渥。同時受到封號，自創教派的有全眞教，眞大教，太一教，正一教四種之多，〔註四〕世祖忽必烈之世，更定喇嘛教爲國教，尊紅教大師八思巴爲帝師，〔註五〕以取悅土蕃和一部份的中國人，事實彰彰著明，不待贅說。

中國的漢軍將領，多少與中國的儒生有聯絡，或者本身是讀過書的人，因之將儒學引進了汗庭，從成吉思汗起，已有用儒的跡象。太宗窩濶臺汗用耶律楚材，大行儒敎。到世祖忽必烈，藩邸用儒，後來以儒臣和漢軍的支援而取得大汗的寶位，統一中國的版圖。我在元初儒學編中已詳加分晰，此處只能引作一個例證〔註六〕。

二、用降附者的知識與力量：蒙古人開始是接受畏吾而文化的，第一個傳入的便是乃蠻的俘虜，畏吾而人塔塔統阿，事見元史塔塔統阿傳。〔註七〕以後諸王子皆以西域人爲師傅，精通畏吾兒語言。所以蒙古統治區內西域中國文化，雙軌並行。成吉思汗伐金，與漢將郭寶玉接觸，首先接受他建議爲蒙古初有成文法律之始。元史本傳具載其事；畢沅續通鑑，還大書特書。我也認爲這是蒙古漢化之始。〔註八〕在中國漢軍中他還運得了在十三世紀裏世界上尚未發現的火砲智識。首先成立了砲手軍，在攻掠波斯以至侵歐戰役中，火砲是勝利之決定因素。當時的西遼與花刺子模都是城郭之國，蒙古人的攻城，常須用種種戰具。多桑史第十章叙成吉思汗的戰術說：

「成吉思汗曾在中國及波斯兩地募有工師，製造當時所用之戰具。蒙古之毀敵城也，水火並用或用引水攻之而後已：」

又說：

「蒙古人環城築壘，驅俘虜於壘下役之，使作最苦而最危險之工事。設被圍者不受其餌，抑不畏其威脅，則塡平壕塹以礮攻城……」

蒙古人出身草原，而能運用戰爭工具，純是利用降附者的智慧與力量了。至于自中國學習砲攻一點，淸趙翼陔餘叢考曾有考證，卷三十火砲火槍條：

「軍中火器，古已有之……然火砲實起于宋金元之間。宋史虞允文釆石之戰，發霹靂砲，以紙爲之，實以石灰硫磺投水中，而火自水跳出，其紙裂而石灰散爲烟霧，眯其人馬遂敗之。又魏勝制礮車，施火石可二百步，其火藥用硝石硫磺柳炭爲之，此近代用火具之始。續通鑑金人守汴，于城上懸風板之外，以牛皮爲障，蒙古以火砲擊之，隨卽延爇。城中亦有火砲名震天雷者，用鐵罐盛藥以火點之，砲起火發，其聲如雷，聞百里外，所圍半畝以上。蒙古爲牛皮洞屋直至城下，掘城以鐵繩懸震天雷而下，至掘處，火發人與牛皮皆迸碎……」

以此可知中國當時實有火砲之制。漢軍將領如賈塔剌海等，卽應募爲砲軍征西域，後爲砲手軍元帥，子孫世守其業，可以證砲火之學傳自中國。

三、對降附者的優待：蒙古初起，本身停滯在部落時期，對佔領各地卽推行封建制度；不止蒙古親王將軍諸貴族各有領地，對降附來的將領，皆一視同仁，封他們爲世守之官，無論大小官位，皆是世襲。例如耶律楚材本身爲中書令，到他的兒子耶律鑄，仍然是中書宰相。中樞如此，地方亦然。在成吉思汗時代，對來降的軍將必先問原來是什麼官，隨卽以原官封之，耶律瑠哥，起兵爲遼王，仍封他爲遼王，只是後來遼東內亂，不能世守其業，但他的兒子耶律薛闍仍封爲三千戶〔註九〕。在金南渡，蒙古入關之際，大河南北的義軍歸附的，擁有許多元帥將軍之號，都是明白的例證。漢軍大將史氏，先封眞定，後封於衞。鞏昌汪氏，始終爲鞏昌便宜總帥，直至元亡明兵破鞏昌才「與國同休」。賀氏爲上都留守，也傳至三世。只有山東嚴氏，三世而奪爵，保定張氏，在文宗鐵木耳汗時代爲亂兵所滅〔註十〕，那是一個變例。因爲有了這樣的優待，所以降附的人們，都甘心爲之效死。惟有李璮一人生心外叛之外，都保全功名，世享富貴，這一點又非其他朝代對功臣的防制猜忌所可比擬呢。

〔註一〕此文今收蒙古漢軍與漢文化內——東海大學出版。

〔註二〕金世宗保全女眞文化的情形，姚從吾教授近著「金世宗對女眞文化的態度」一文中詳加叙述可參閱。

〔註三〕蒙古人呼天爲騰格里，我曾寫騰格里小文一則，發表於四十二年五月二十日臺北中央日報副刊內云：

「蒙古民族初起時，日常言動，莫不稱天，黑韃事略云！其常談必曰托著長生天底氣力，皇帝底福蔭。彼所欲之事，則曰天教恁地，人所已爲之事則曰天識著，無一事不歸之天，自韃主至其民莫不然。是知蒙人對天之信仰深矣。騰格里又爲宗教之依托，所謂珊蠻教，即假托天之種種意識而造爲種種迷信。」

〔註四〕見元史釋老傳（卷二〇二）丘處機傳，正一天師傳，眞大教傳，太一教傳，並見後文元初正一教與江南士大夫一文。

〔註五〕元史釋老傳：

「帝師八思巴者，土番薩斯迦人，族欵氏也。相傳自其祖朶朶赤以其法佐國主，覇西海者十餘世。八思巴生七歲，誦經十數萬言，能約通其大義，國人號之聖童，故名曰八思巴……癸丑年十有五，謁世祖于潛邸，中統元年，世祖尊爲國師，授以玉印……十六年八思巴卒訃聞……加賜號「皇天之下一人之上，宣文輔治大聖至德普覺眞智佑國如意大寶法王，西天佛子，大元帝師……」

又清趙翼陔餘考卷十八，元時崇奉佛教之濫條亦可參閱。

〔註六〕 後文元初儒學內元初儒學之淵源，劃分蒙古人授受中國儒學爲三期，第一期爲儒學接觸時期，爲金源文化的注入，第二期爲儒學表現時期，即南方理學的北來，第三期爲崇重時期，即許衡諸儒之進用。可以參閱。

〔註七〕 元史卷一二三塔塔統阿傳：

「畏兀人也，性聰慧深通本國文字，乃蠻太陽可汗尊之爲傅，掌其金印及錢穀。太祖西征，乃蠻國亡，塔塔統阿懷印逃亡，俄就擒……問是印何用？對曰出納錢穀，委任人材，一切事皆用之以爲信驗耳。帝善之，命居左右，凡有制旨，始用印章，仍命掌之。帝問汝深知本國文字乎？塔塔統阿悉以所蘊對，遂命教太子諸王以畏兀兒字書國言」 姚從吾教授近著成吉思汗的智囊團一文（載中國一周），亦列塔塔統阿爲智囊人物，可以參考。

〔註八〕 元史郭寶玉傳及刑法志均載此事，詳俟另篇漢軍人物中論述。

〔註九〕 元史卷一四九耶律留哥傳：

「契丹人仕金爲北邊千戶。太祖起兵，留哥不自安……因與耶律合勢，募兵數月，衆至十餘萬，推留哥爲都元帥……於是盡有遼東州郡……潛與其子薛闍奉金幣九十車，金銀牌，五百至按壇孛都罕（疑即不兒罕山）入見……帝大悅，問舊何官？曰遼王，帝命賜金符仍遼王。……庚辰留哥卒，妻姚里氏人奏……！見帝於河西阿里湫城，帝曰，健鶻飛不到之地，爾婦人乃能來耶……許以薛闍襲爵……丁亥帝召薛闍謂曰……汝其與吾弟孛魯古臺並軍馬爲第三千戶……。

按耶律留哥因在蒙古朝，遣使乞奴與禿哥，詰問其部屬可特哥之罪，可特哥遂反，乞奴與禿哥亦與之連。先推耶律廝不爲帝，其國遂亂，蒙古兵始復定遼東，但已劃入蒙古斡赤斤大王封地，耶律氏只世守廣寧一地而已。

〔註十〕 新元史卷一三九張柔傳：張珪之子，張景武，於天歷元年，紫荆關敗卒，南下保定，沿途擄掠，景武與同知阿里沙率，鄉民挺撓數百人。知政事也先揑以兵至保定，執景武兄弟五人盡殺之……至順元年，帝亦以珪議定泰定帝，追怨之，又疑景武等附上都，籍珪五子家資。柯氏論曰「……以三世之忠，不能庇其子，睎矣，景武兄弟既駢戮，又籍其家，失刑莫大焉，殆出于文宗之私憾歟？」

二 金之崩潰與北方大亂

（一） 金衰亡之遠因

在白山黑水間一枝不滿萬人的騎士，一蹴而攻掠到北中國的大陸。從公元一一一三年完顏阿骨打（太祖）稱兵寧江州起，到一一二三年止，九個年頭，滅了契丹帝國。一一二四年起，到一一二七年，四年之間，顚覆了北宋帝國。又經過二十六年，到一一四五年，降南宋爲藩屬，秦檜作相，趙構稱臣，國威發揚到了頂點。以後直至一一六一年，金主亮渡江之前，一直是君臨東方的大帝國。中間又經世宗大定治平之世的三十年、（一一六九——一一九〇）制禮作樂，儼然漢唐盛世，文治也臻於極盛。這正是日中則昃，月盈則虧的時候了。在金章宗，明昌，太和兩個年代中，大時代的暴風雨，已經孕育在歌舞昇平的氣象之中；北方大熊——蒙古族，已逐次完成了統一，選擇好了統御他們的領袖，𦘦下來的事情，便是向長城之內進發了。在裏面，猛安謀克統治下的漢人，也漸漸出現不安與暴動。朝廷之上，顢頇的騎士貴族在酣歌醉舞；草野之間，却潛滋着揭竿之徒，與失掉土地的無數窮民的呻吟愁嘆之音，意味着大變亂將要來臨。

原來女眞的開國，以囿於自然條件，——種人稀少，所恃的是騎射精强。遼人嘗謂「女眞兵若滿萬，則不可敵」。在阿骨打寧江州之役，兵纔滿萬。游牧部族，本是舉族皆兵的，假定加上老人婦孺，在興起之時，也不會超過十萬人。所以在初度勝利之後，便採用收容俘虜的辦法，將渤海，契丹和漢人，都編在「猛安謀克」的統帥之下。太祖收國二年詔曰：

「自今奚漢渤海，係遼籍女眞，室韋，達魯古，元惹鐵驪諸部官民，已降或爲軍所俘獲，逃而還者，勿以爲罪，其酋長仍官之。」

足證當時亟欲充實兵民戶口的情況。天輔初年，仍是極意招撫降附，平遼之兵，大抵用的遼奚與渤海和山西部落的兵力；伐宋則以郭藥師的怨軍做先鋒。靖康北狩，依然撤兵北返，先立僞楚（張邦昌），後立僞齊（劉豫）。並不是有愛於他們，實在是獵獲太多，腸胃太小，不能消化。這正和耶律德光殘破石晋，仍不能守的情事相同。小部落發展快了，多半如此。

爲着補救這種缺點，便採用種人分屯各地、與土著結姻親，混合血統，搾取生產的辦法。如太祖時即以婆盧火墾植秦州〔註一〕熙宗時，命猛安謀克，分領兵戶，世宗時更採用硬性的移民屯墾，〔註二〕

用少數的種人，統治大多數降附的人民，爲長治久安之計。至於塞外各部族呢，則把他們編爲軍戶，這便是世所周知的糺軍制度。它是抄襲契丹部族軍隊的方式，更進一步的將軍事統治，與政治組織混合在一起。當時的糺軍與各部族〔註三〕擔任着塞外邊防的重任。女眞本族，大多遷居到河北山東河南各處，和漢人雜處，而以「合札謀克」〔註四〕來拱衞根本。

這是女眞帝國的統治方法，却造成了組織鬆懈，內外脫節和種族的裂痕——因生活競爭，所擴大了的仇恨。這個遊牧民族到中原以後，很快的吸收漢族文化，尤其是中國士大夫階層的儒學。在太祖阿骨打時起，已經繼承了中國契丹的制度文物〔註五〕滅北宋後，宣和內府的圖書彝器，都遷到中都。太宗吳乞買時，已留意議禮制度。熙宗亶時，居然和羣臣，大談其「貞觀治要」。完顏亮雖然昏暴，可是具有欣賞文學的天才。〔註六〕他所以伐江南，便是讀了柳永的「三秋桂子，十里荷香」一首詞，而動了立馬吳山的狂想。最盛的還是章宗璟，明昌泰和之間，幾幾乎純粹文儒之治〔註七〕這樣一來，又繼承了中原人的文柔與奢靡的生活，政治上表現爲緩慢迂濶，高談其治體相度。〔註八〕

以上兩個現象之外，還加上女眞人簽軍的弊政，劉祁歸潛志說：

「金之兵制最弊，每有征伐或邊釁動，輒下令簽軍，州縣騷動。其家有數丁男好身手，或時盡揀取無遺，號泣動夫鄰里，嗟怨盈於道路！」

可想見其酷虐！屈指女眞入中原之後，只有世宗太定二十幾年內，未動什麼兵革，其他無年不有軍事行動，老百姓怎能對統治者不痛心疾首呢。

除去前面所說之外，最重要的還有一件事：便是完顏氏骨肉相殘，自剷本根。考完顏氏之崛起，全仗本族內弟兄叔侄，南征北戰，纔將天下打出。在太宗吳乞買前，往往兄終弟及，揖讓嬗代。太宗逝世，親王們寧可取太祖阿骨打之尚在童年的嫡孫——熙宗亶，奉之爲帝；太宗諸子，均無異詞，所以清趙翼廿一史劄記，論及此點，深加贊嘆！不幸的是熙宗酗酒好殺，開了對宗室的殺戒。據金史熙宗，本紀有關誅戮宗王的事，有：

「天眷二年七月辛巳，宋國王宗磐，兗國王宗雋謀反伏誅。……甲戌威州詳穩沂王暈坐與宗磐謀反誅……。八月辛亥，右丞相撻懶，翼王鶻懶，及活離胡土，撻懶子斡帶烏帶謀反誅。……九月乙丑殺北京留守胙王元……戊子殺故鄧王子阿懶達懶。」

依金史宗室表，宗磐係太宗吳乞買子，熙宗之堂叔，宗雋係太祖阿骨打之子，熙宗之胞叔，沂王暈不詳，因在帝前太驕，與宗雋謀反而誅。〔註九〕撻懶係穆宗之子，族屬較疏，而開國時立功甚大。因主持宋金和議與宗弼（兀朮）持論不合，爲其譖殺。他死後謠言甚多，影響頗大。〔註十〕胙王元係熙宗的親弟，阿懶達懶，係太祖子宗傑之孫，皆死于完顏亮之讒毀。〔註十一〕所以骨肉之誅，盛於此時，到海陵時代，殺戮更慘。據海陵本紀，被殺者有宗敏（太宗之子）宗賢（貽祖子）宗本（太宗子）宗美（太宗子）秉德（景祖孫宗翰之子）宗卞及太宗子孫七十餘人，宗翰子孫三十餘人，諸宗室五十餘人，這一種大規模的殺戮，朝廷親臣，一時都盡。當海陵以前，金的宰執，暨兵馬元帥諸重臣，多以宗室領事；海陵以後，只有貴族徒單氏，僕散氏並且兼用漢大臣了。

世宗一代，政尚寬厚，到章宗璟時代，起初愛重親族，後來忽生猜忌，連起大獄。本紀載。

「明昌四年十二月戊戌，定武軍節度使鄭王允蹈，以謀反伏誅，六年五月乙未刺平陽府事鎬王永中，以罪賜死」

本紀贊說：

「家嗣未立，疏忌宗室，而傳授非人……金源氏從此衰矣！」

綜合上面的事實，尚論女眞的興亡，骨肉相殘，實在是一個重要原因。關于金之興亡，劉祁歸潛志辨亡條（卷十二）論列頗爲詳明，但不及骨肉相殘之事，仍係爲本朝諱。但上下百年，政治得失，皆在于是，讀者亦可以爲認識女眞一朝事蹟的參考。〔註十二〕

〔註一〕 金史食貨志一戶口條（卷四十六）

「天輔五年，以境土既拓，而舊部多瘠鹵，將移其民於泰州，……遂摘諸猛安謀克中民戶萬餘，使宗人婆盧火統之，屯種於泰州，婆盧火舊居涖濟水（又作按出虎），至是遷焉。」

〔註二〕 金史食貨志二田制（卷四七），載世宗一朝括民地以隸猛安謀克，與女直民戶情形，世宗謂宰臣曰「山東路所括民田，已分給女直屯田人戶，復有籍官閒民，依元數還民，仍免租稅」其他山西河北各路，皆有此事，有司奉行，多致擾民。可參考世宗本紀。

〔註三〕 甲、金史兵志（卷二五）：

「東北路族糺軍曰迭剌部，曰唐古部，二部五糺，戶五千五百八十五，其他若助魯部族，烏古部族，石壘部族，萌骨部族，計魯部族，孛特部族，數皆稱是。西北二路之糺軍十，曰蘇謨典糺，曰耶剌路糺，曰骨典紇，唐古紇，霞馬紇，木典紇，萌骨紇，頻紇，胡都紇，凡九。其諸路曰曷懶，曰蒲與，曰恆頻，曰胡里改，曰移懶，——移懶後廢，皆在上京之鄙，或置總管府，或置節度使。」

〔註四〕猛安者千夫長也，謀克者，百夫長也。太祖始以百戶為謀克，十謀克為猛安，繼而諸部來降，率用猶安謀克之名，以授其首領，而部伍其人。又「合札者言親軍也」。均見金史兵志。

〔註五〕郝經政本議，言金自太祖時卽用渤海契丹漢學士，當時制誥多出其手。見元文類。

〔註六〕近人白香詞譜箋注引詞話紀金主亮因讀柳永望海潮西湖詞，動南伐之念。又歸潛志卷一云：

「金海陵庶人，讀書有文才。為藩王時，嘗書人扇云，『大柄若在手，淸風滿天下，』正隆南征淮揚望江左，賦詩云：『屯兵百萬西湖上，立馬吳山第一峰』其意氣不淺。」

〔註七〕見後注引歸潛志辨亡條，關於論章宗部份。又元遺山詩「神功聖德三千牘，大定明昌五十年」，可見其時文治之盛。

〔註八〕亦見歸潛志卷七，南渡雜事：

「南渡之後，為宰執者，往往無恢復之謀……又在位者，臨事往往不肯分別可否，相習低言緩語互推讓，號養相體。」

〔註九〕金史宗磐傳（卷七六）

「太宗子十六人……宗磐本名蒲魯虎，熙宗卽位，為尙書令，封宋國王，未幾拜太師，與宗幹，宗翰並領三省事。熙宗優禮宗室，宗翰沒後，宗磐日益跋扈……其後於熙宗前，持刀向宗幹……既而左副元帥撻懶，東京留守宗雋入朝，宗磐陰相黨與！」

〔註十〕 甲、金史撻懶傳（卷七七）

「昌本名撻懶：穆宗太祖之叔子，……天會十五年，爲左副元帥，封魯國王……與副元帥宗弼，俱在河南。……倡議以廢齊舊地予宋。熙宗……命羣臣議，會東京留守宗雋來朝，與撻懶合力，……竟執議以河南陝西地與宋。……復與翼王撻懶謀反……會有上變告撻懶者，熙宗乃下詔誅之。撻懶自燕京南走，追而殺之，並殺翼王及宗人活離胡土，撻懶二子斡帶，烏帶補面……」

乙、王國維氏南宋人所傳蒙古史料考，引三朝北盟會編，李大諒征蒙記：

「都元帥（撻懶）南和宋好，危逆甚昭……有長男勝都花，知罪懼誅，虜掠北道，分遣精騎，追襲殺捕……」

雖經王氏考爲僞造，但此事被南宋人利用編造爲金困于蒙古之事實；則當時此獄影響之大，可想而知。

〔註十一〕 金史海陵本紀：

「……他日海陵與辯（唐括）語及廢王事曰，『若舉大事，誰可主者？』辯曰、『胙王常勝乎？』問其次曰鄧王阿懶！亮因此忌常勝阿懶？秉德構常勝査剌，阿懶達懶，遂俱殺之……」

〔註十二〕 歸潛志辨亡（卷十二）節引于次：

「或問金國所以亡何哉？……余曰：觀金之取天下，雖出于邊方，過于後魏，後唐，石晉，遼。然其所以不久者，根本不立也。當其取遼時，誠與後魏初起不殊。及取宋責其背約，名爲伐罪弔民，故徵索圖書車服，褒崇元祐諸正人，取蔡京童貫王黼諸姦黨，皆以順百姓望，由能用遼宋人才，如韓企先，劉彥宗、韓昉輩也。及得天下，其封誅廢置，政令如前朝……至海陵庶人，雖淫暴自強，然英銳有大志，定官制律令皆可觀……世宗天資仁厚，善于安成，又躬自儉約，以養育士庶，故大定二十年，幾致太平……此所以基明昌承安之盛也。……章宗聰慧有父風……然文學止於詞章，不知講明經術，爲保國保民之道……又頗好淫侈，崇建宮闕，外戚小人多預政！陰尚夷風，大臣惟知奉承，不敢逆其所好。故上下皆無維持長世之策，安樂一時，此所以啓大安貞祐之弱也。……」

（二）貞祐南渡

貞祐係金宣宗的第一年號。在宣宗之前，爲衞紹王，見弑於權臣胡沙虎（紇烈執中）。在衞紹王之時，是蒙古正式侵金的開始。所有西北邊之陷，胡沙堡，懷來，居庸三次敗績，和遼東，契丹餘族的叛變，皆在這一時代。據金史，衞紹王名永濟，世宗之庶子，章宗之叔，章宗無子，忌諸叔，鄗王永允，鄭王允蹈，皆被謀叛之名而見殺，家屬永久禁錮（註一）。衞王獨以庸劣而見親愛，甘願傳位與之。本紀說（金史卷十三）

「八年十一月，自武定……入朝，是時，章宗已感嗽疾，衞王且辭行，而章宗竟留之……而衞王乃永蹈母弟，柔弱鮮智能，故章宗愛之。」

衞王的無能，見輕於成吉思汗，元史太祖本紀！

「初帝貢歲幣於金，金主使衞王允濟受貢於靜州（註二），帝見允濟不爲禮，允濟歸，欲請兵攻之，會金主璟（章宋）殂，允濟嗣位，有詔至國，傳言當拜受。帝問金使……新君爲誰？金使曰……衞王也。帝遂南而吐曰：『我謂中原皇帝是天上人做，此等庸懦，亦爲之耶！何以拜爲？』

卽乘馬北還……」

卽位後，對新興大敵，漫不設備，邊臣來告，反加以囚禁，所以後來詩人元遺山作詩慨嘆說：

「塞上初捐宴賜金，當時南牧已駸駸，原知灞上眞兒戲，誰意神州竟陸沉……」

金的兵力，原分南北兩路，北路者，以糺軍各部招討爲主〔註三〕，其防守的對象是遼東的契丹餘族，北塔塔兒，蒙古，突厥諸族，此線迤東北而至西北，起今日的黑龍江而至河套上游。南路以南宋爲對象，以女眞本族及中原兵馬爲主，此線迤西北而至東南，起今日之陝北，隴東，而至江、淮、漢、汝。在蒙古入侵之際倉卒以糺部族及中都之親軍應戰〔註四〕，三敗之後，主力喪失。防宋之軍，不敢抽調北來，遼東之軍多隨契丹而變叛，中都如何能守？所以宣宗卽位，只好乞和而遷都，以防宋之兵馬爲主力，用黃河潼關爲防守而跼蹐於四戰之地的汴梁一隅了。

衞紹王被弑之後，接着就有遷都的大變，載記散佚，一朝的事蹟，殘缺不完，金史的本紀，只是補綴而成；當時用兵施政諸大端，無從考求。私家紀載，祇說他不喜歡讀書的科擧進士，而喜用吏，以致有吏道而無治道。到宣宗時代，此風變本加厲，劉潛歸潛志南渡雜事，金朝用人條：

「金朝用人大概由省令史，遷左右司郎中，員外郎首領官，取其簿書精幹也。由左史首領官選宰相，取其奏對詳敏也，其經濟大略安在哉？此所以在位者多長於吏事也……」

其實，當時卽使由科目而進用的漢人，宰相亦毫無實權。元遺山集（卷十六）平章政事壽國張文貞公神道碑：

「金朝官制，大臣有上下四府之目，自尙書令而下，左右丞相，平章政事二人爲宰相。尙書、左右丞、參知政事，二人爲執政官。凡在此位者，內屬國戚與國人有戰伐之功，預腹心之謀者爲多；潢霤之人，以門閥見推者次之；參用進士則又次之……所謂進士者，特以示公道之人望焉。軒輊之見既分，疏密之權亦異，孤立之迹，處乎危疑之間……」

正由於朝無大臣，所以一遇篡弑之變，竟沒有一個人出而挺爭，到癸巳國亡，立崔汴梁之變〔註五〕，一干文臣反爭先諂附，與北宋張邦昌僭立時情況，後先同轍，這不能不說是立法之弊了。

〔註一〕　金史：世宗諸子傳（卷八五），「鎬王永中，本名實魯剌……三年（明昌）判平陽府事，進封鎬王。自以世宗長子，且老矣，動有掣制，情思不堪，殊鬱鬱……明昌五年，高陀斡坐詛呪誅，上疑事在永中……令郭王傅尉奏永中第四子阿離合懣因防禁嚴，密語涉不道……以永中罪狀宣示百官……詔賜永中死……妻子威州安置……貞祐二年，詔　永中妻子石古乃等鄭州安置……貞祐四年，潼關破，徙永中子孫于南京……永中子孫禁錮，自明昌至于正大末，幾四十年……」按：本傳又記貞祐三年，太原縣人劉全爲盜，亡入衞眞界，詭稱愛王，所謂愛王指石古乃之事，愛王作亂之流言，又見于南宋以來所傳之「蒙古史料」。

〔註二〕　屠寄氏蒙兒氏史記，成吉思汗本紀：婙州註：「婙州與靖州同，地理志作淨，金史同親征錄作靖，今從之。故城，在今歸化廳北內蒙古四子部落，西北祁連山下。」此靖州，即衞王受貢之靜州也。

〔註三〕　金史兵志（卷四四）

「東北路部族糺軍曰迭剌部，（原註：承安三年改爲土魯渾尼不合節度使；）曰唐古部（原註：承安三年改爲部魯火札石合節度使）二部，糺戶五千五百八十五。其它若助魯部族，烏魯古部族，石壘部族，萌骨部族，討魯部族，孛特部族數皆稱是。西北西南之乣軍十，曰蘇謨典乣，曰耶剌都乣，曰首彙乣，唐古乣，霞馬乣，萌骨乣，咩乣，胡都乣，凡九，其諸路曰曷懶，曰婆速，曰胡里改，曰移懶，移懶後廢，皆在上京之鄙，或置總管府或置節度使。」

〔註四〕 王國維先生「元秘史上主因亦兒堅考」謂高琪所部實乣軍，詳見原文，入觀堂集林。金史兵志亦謂：「及宣宗南遷，乣軍潰去，兵勢益弱，遂盡擁猛安戶之老稚渡河，僑置諸總管府以統之」。

〔註五〕 崔立事見劉祁歸潛志，卷十二錄大梁事，金史哀宗本紀：

「二年正月……戊辰安平都尉京城西南元帥崔立，與其黨韓鐸藥安國等，舉兵爲亂，殺參知政事完顏奴申……勒兵入見太后，傳令立衞王子從恪爲梁王監國，即自爲太師……尋自稱左丞相都元帥鄭王……送款大元軍前……」

畢氏續通鑑崔立勒兵入宮條（卷一六六）

「崔立勒兵入宮，集百官所立……立自爲太師，都元帥尚書令鄭王……壬辰蘇布特（速不台）至青城，崔立服御衣，儀衞往見……立託以軍前索隨駕官吏家屬，軍民子女，聚之省中親閱之，日淫數人，猶以爲未足……」

其後崔立家亦被蒙古軍人擄掠，本人在宋兵攻汴之前夕爲李伯淵等所刺殺，汴民剖其心生噉之，亦見續通鑑。崔立之變，名士如王若虛，元好問，劉祁，劉郁兄弟皆以撰功德碑被汚名節，事後，遺山有文自儆。劉氏歸潛志，謂爲遺山所主使，見遺山文集及續通鑑，崔立傳下考證。

宣宗名珣，女眞名吾覩補，章宗的庶兄，衞紹王被殺後，爲胡沙虎迎立，這時蒙古兵迫在近郊，大將朮虎高琪因出城敗績，怕胡沙虎殺他，就率衆叛變，殺了胡沙虎。皇帝也就順水推舟，宣布胡沙虎弒君的罪惡，用高琪兼主軍民。這個時候，太嚴重了，北有強寇壓城，內裡只是些叛將潰兵，實在不能作戰。而蒙古人呢。卻四頭分兵，蹂躪遼東河北山東各處（見前）。華北大平原，這時已變成烽烟滿地，白骨縱橫，幸而成吉思汗當時還沒有入關建國的意思〔註一〕。答應了金人乞和之議，納了公主皇后，撤兵出關，纔使金朝上下喘一口氣，而定下遷都之計，可是亡國之禍也就決定于此時了。

貞祐南遷的直接影響是使北方瓦解：中原漢族豪傑紛紛揭竿而起，在山東江淮有紅襖賊之亂，河北山西一帶常有九公的封建，民兵的乘時起事，皆是「興王之前驅」。金史張行信傳，曾載他當時的奏議，可以略窺當日北方紛亂的情形（卷一〇七）

「……三年二月，改武安軍節度使兼冀州管內觀察使，始至即上書言四事，其一曰：今日之急，惟在收人心而已，間者官軍討賊，不分善惡，一概誅夷，刼其資產，掠其婦女，重使居民疑畏，逃聚山林……其二曰兵亂之後，即郡縣富豪多能糾集義徒，摧擊土寇……」

女眞以異族馭華北，人民本不甘服，只是仗恃其本族的強弓怒馬，鎭懾一切。現在蒙古兵自東北入侵，他的根本地帶——上京，會寧，東京，遼陽，西京，宣德都已殘破無法退歸老巢，卻南渡汴梁，在漢族生存的中心求生存，當然會引起漢人的分崩離析。加之從世宗以後，女眞人雜居內地，兼併漢人土地政策，更引起華北人民的廣大仇恨，前引元遺山文裡另一段說。

「公生平所言者……有二事焉，括田不離于從，而竟不聽。其後武夫悍卒倚國威以爲主，山東河朔上腴田，民有種之數世者，亦以冒占奪之。兵日益驕，民日益困，養成癰疽，計日而潰。貞祐之亂，盜賊滿野，向之倚國威以爲重者，人視之以爲血讎骨怨，必報之而後已，一顧盼之間，皆狼狽于鋒鏑之下，雖赤子不能免……」。

從這裡又可窺見當時北方大亂的另一因素。

（三）木華黎之招降略地

成吉思汗的創業，輔佐的人有四傑、四狗（見前引秘史札木合語），外而衝鋒陷陣，決勝千里。內而左右輔弼，運籌帷幄，這幾個人立功最大。不過入關侵華以後，在中國立功最大，所謂「弘濟王業」者，四傑中要首推木華黎，四狗中要推速不臺。尤其是木華黎，討平華北，網羅豪俊的功勞最大。沒有金宣宗之貞祐南渡，北方不得瓦解，中原豪傑不得乘時紛起；沒有木華黎的招降略地，也不會團結這些「起陸龍蛇」在成吉思汗白旄大纛之下。所以我們論述蒙古帝國初期軍事的問題，不能不對此作專題的分析。

木華黎，又譯木合黎，木華里，又譯沒黑肋或摩黑勒。元史敍他的出身如左。（卷一一九本傳）

「木華黎札刺兒氏，世居阿難水（按：卽斡難河）東，父孔溫窟洼以戚里故在太祖麾右，從平篾里吉，征乃蠻部，數立功。後乃蠻又叛，太祖與六騎走中道乏食，搶水際槖駝殺之，以啖太祖。追騎密及，身當追騎，死之，太祖獲免。有子五人，木華黎其第三子也。……及長，沉毅多智，猿臂善射，挽弓二石强，與博爾朮，博爾忽，赤老溫事太祖，俱以忠勇稱，號掇里班曲律，華言四傑也……。」

元秘史，成吉思斡難河上封官時，關于木華黎的有如下的記載。（秘史卷八漢文）

「成吉思自對木華黎說：咱在豁兒豁納（黑）主不兒地面，忽禿剌皇帝歡躍的𩮜鬆樹下住時，天告你的言語，明白上頭，我自那裏想着你父，古溫豁阿（孔溫窟洼）對你言語曾說了來。爲那般如今教你做了國王，坐次在衆人之上，東邊至合剌溫山做左手萬戶，直至你子孫相傳管者。」

最早的中國典籍之蒙古史料蒙韃備錄，關于木華黎的紀載亦多，如諸將功臣條：

「元勳乃彼太師沒黑肋者小名也，國中人呼曰摩睺羅，彼詔制誥則曰謀合理，南北之音輕重所訛也。見封天下兵馬大元帥，行省太師國王，乃黑韃靼人。十年以來，東征西討，威震夷夏，征伐大事，皆決於己，故曰權皇帝，衣服制度用天子禮……」

又風俗條：

「摩睺國王每征伐來歸，諸夫人各爲主，禮具酒饌飲宴……」

「國王」是伐金以後，任意加的封號。本傳載。

「丁丑八月詔討太師國王，都行省承制行事，且諭曰太行之北，朕自經略，太行以南，卿其勉之，賜大駕所建九斿大旗，仍諭諸將曰木華黎建此旗以出號令，如朕親臨也。……」

木華黎于成吉思汗西征時，獨負經略中原的責任。他所以與其他蒙古將領不同者，我以爲有兩點：一是度量開豁，信任漢人；二是接受人言，停止殺。關于前者，綜覈入關初期漢軍將領，無不是木合黎的汲引。現在從他元史本傳中摘出有關漢軍重要的事如：

一、遂次覇州，史天倪蕭勃迭率衆降，並奏爲萬戶。

二、還軍野狐嶺，宋璉水忠義統轄石珪來降，以爲濟兗單三州都總管。

三、入濟南，嚴實籍所隸相魏磁洺恩滑濬等州戶三十萬詣軍門降，以實權山東西路行省。

四、進軍北京：城中，推寅荅虎爲帥，奏寅荅虎爲帥。

五、招諭興中府，吏民……推土豪石天應爲帥，——舉城降，奏爲興中尹，兵馬都提控。

史氏是漢軍的重鎭，蕭勃迭卽蕭查刺，與石天應均有黑軍之號。石珪是紅襖賊的中堅，他的北降，引動後來山東忠義的來歸。本傳所載，尚不完全，茲再就漢軍各傳中引述之：

一、史天倪傳（元史卷一四七）

「木華黎統兵南伐，所向殘破，秉直（天倪之父）……乃率里中老稚數千人詣涿州軍而降……乃以天倪爲萬戶而命秉直領降人家屬于覇州。」

二、史天祥傳：「歲癸酉，大師國王木華黎從太祖伐金，天祥隨秉直迎降于涿，署天祥都鎭撫……。」

三、董俊傳（元史一四八）「歲乙亥，國王木華黎率兵南下，俊遂迎降，巳卯以勞知中山府事……。」

四、郭寶玉傳（元史一四九）「寶玉率軍降，木華黎引見太祖，問取中原之策……。」

五、石天應傳（同卷）「木華黎南下，天應率衆迎謁木華黎卽承制授興中府尹……。」

六、王珣傳（同上）「歲乙亥，木華黎略地，珣率吏民出迎，承制以珣爲元帥，兼領義川二州事」。

七、石抹也先傳（元史卷五〇）「從太師國王木華黎……致（張）旣誅，也先籍其敢死之士萬二千人號黑軍……。」

八、李守賢傳：「守賢曁兄庭植……歸款於太師國王木華黎……。」

九、何實傳（元史卷一五〇）「丙子春來歸，大將木華黎——選爲先鋒……。」

十、趙瑨傳（同上）「丁丑，太師國王木華黎駐兵桓州，署爲百戶，從攻蠡州……」

十一、劉亨安傳：「木華黎經略遼東，兄世英率宗族鄉人隸麾下，分兵收燕趙雲朔，以功充行軍總管……。」

十二、王義傳：「太師木華黎兵至城下，義率衆以寧晉歸焉，授寧晉令。」

十三、石抹孛傳：「太師木華黎率師至覇州，孛迭兒迎降，擢爲千戶。」

十四、史弼傳：「曾祖彬有膽勇，太師國王木華黎兵南下……彬……乃率鄉人數百衆詣木華黎請降，木華黎書帛爲信遣還……。」

十五、嚴實傳：「七月謁太師木華黎于軍門，挈所部……等州戶三十萬來歸，木華黎承制拜實金紫光祿大夫行尙書省事……。」

以上所舉雖不足以盡漢軍將領的全部，可是大部份都在內了。到後來，他的兒子嗣國王孛魯亦招降了李全，使青齊徐海不為宋守，對蒙古建國的貢獻也不算小。至於木華黎的接受人言，停止殺戮，也有文獻紀錄。前引本傳：

「武仙舉眞定來降，權知河北西路兵馬事，史天倪進言曰：『今中原粗定，而所過猶縱兵抄掠，非王者弔民之意也』，木華黎曰善，下令禁無剽掠……。」

史天倪傳亦記其事，略加數語說「王曰善，乃下令敢有剽虜者以軍法從事……。」於此可見蒙古人的兵鋒在中國殺戮之慘，尙不如西域者，也許與木華黎的性格有關。

木華黎在中國略地極多，大概可以分成（一）遼東（二）河朔、山東、（三）山陝三部份，見於史傳者引之如次：

一、經略遼東：遼東的契丹遺族最先叛變，傷及金的根本。東京北京皆在遼水流域。據諸金史，當女眞滅遼時，契丹、渤海、奚人諸部落先後招降，被編入猛安謀克之中，卽不斷發生變亂。開國之時，太祖天輔三年，東京人爲質者永吉等結衆叛，四年九月燭煨水部實里古達叛，七年遼奚王回離保僭稱帝，太宗天會十年九月，耶律余覩又反，最大之事變，莫過於海陵之世，在正隆六年五月契丹諸部反，世宗自立之前夕，東京契丹又反，蕭富幹之事變規模最大，世宗初年，曾對之大規模用兵，始克討平。這些事變下距蒙古兵起，不過幾十年，所以耶律留哥振臂一呼，而契丹遺族紛起，蒙古入關之際，先取東京北京以及西京，將金的根本斲削，再進圍中京，以後又命木華黎大掠遼東。據本傳：

「甲辰從圍燕，金主請和北還，命統諸軍征高州，盧琮金朴以城降。乙亥，裨將蕭也先以計平定東京，迫攻北京。」

東征時有錦州張致之變，據本傳：

「錦州張鯨聚衆十餘萬，殺節度使，稱臨海郡王，至是來降。詔木華黎以鯨總北京十提控兵……南征來附州郡，木華黎密奏鯨有反側意，請以蕭也先監其軍，至平州，鯨稱疾逗留復謀遁去，監軍蕭也先執送行在誅之。鯨弟致憤其兄被誅，據錦州叛，略平灤、瑞、利、義、懿、廣寧等州，木華黎率蒙古不花等軍數萬討之……高益縛致出降，伏誅……。」

這是元初一大兵事，張致如成功，原來契丹故地，潢水流域可能自成一國。無如蒙古騎士的兵鋒正銳，所至如摧拉枯朽，遂不能存在。張致誅後又進兵拔蘇淨涼三州，斬完顏衆家奴，遼東的軍事告一段落。直到蒲鮮萬奴遼東建國（註五），在太宗窩闊臺時代，始予討平。由于遼東的一役，招來的漢軍很多，如高宣，王珣等皆因此建立功名，蕭也先（即不抹也先）的黑軍，也就是選拔張氏的餘衆而成立。

二、盪平河朔青齊：在這一路，木華黎全是用的「以華制華」之法。河朔方面用的是史天倪天澤弟兄與滿城張柔，這地方能與之對抗的祇有一金將武仙，中間宋兵一度北伐，（容後論述），但終歸掃盪。山東方面則重用嚴實，與「紅襖賊」的勢力對抗，除將金東平行省的區域收歸版圖，藉此清理黃河北岸廣大平原的地方力量，削弱汴梁的外衛。此處軍事殊不吃力，木華黎只是坐鎮燕雲，發號施令而已。

三、西平陝晉：這一路是木華黎用兵最吃力的地帶，金人也出死力撐持，蒙古人也迭有敗挫，終究未能成功，木華黎也死于兵間。據本傳：

（一）戊寅自西京由太和嶺入河京，攻太原，忻代澤潞汾霍等州悉降之。

（二）辛巳……十月復由雲中歷太和寨金將王公佐遁，以石天應權行臺兵馬都元帥進取綏德（是役金帥完顏合達大敗走保延安）……乃南徇洛川克鄜州。

（三）壬午秋七月，令蒙古不花引兵出秦隴，以張聲援……大兵道雲中，攻下孟州四蹄寨，拔晉陽義和寨（是役降金胡天祚）……冬十月過絳拔榮州，胡瓶堡，所至望風歸附，河中久爲金有，至是復來歸（命石天應守河中，統平陽李守忠，隰州田雄皆漢軍）……乃渡河，拔同州，下蒲城，徑趨長安，金京兆行省完顏合達擁兵二十萬，固守不下……乃西擊鳳翔……時中條山賊侯七等……謀襲河中，……天應戰死城陷。

金的南渡，防守的策略，是北拒黃河，東恃徐海，南倚汝潁，西距太行潼關；在四塞之中，建立汴梁一個小朝廷，本已難于防守；所恃者爲潼關商鄧的精兵，與太行山脈武仙，郭文振等游擊之師。木華黎的攻擊，便針對這點，以河朔爲根本，號令發于燕都。東取青齊，降嚴實，扼李全、西下太行，在汾晉之區，三進三出，而來突破中條山金的遊擊防線口、一面又自塞外取勢自東勝渡河，而包抄延安綏德之線，對潼關之兵成鉗形的攻勢。他的派石天應據守河中，自家渡河入陝，抄到潼關背後，進足以取汴梁，退也可以收取關中。這個算盤打的很好，戰術方面也能配得上，一舉而廓清山西方面金人勢力，陝潼被兵，汴洛動搖。不幸的是河中方面兵單不守，以致于他的全盤計劃受阻，中道病死在兵間，（死在山西聞喜縣），讓金人稍延歲月，直到太宗窩濶臺重建漢軍之後，才將滅金的大業完成。

木華黎死了，可是他的用漢軍來統一中國的政策，始終爲蒙古汗庭所採用。所以我們論述此一問題，必以他的平生事蹟爲樞紐。他之于蒙古入關，也正像清初攝政王多爾袞一樣，同有其歷史上不朽的功績。

（四）金末九公之封建

金的南渡，肇致華北的瓦解，民間的武力自相團結，有起而叛金復漢，成爲民族革命武力，如所謂「紅襖賊」者。有保禦村寨，投拜蒙古大軍以取功名，成爲元初之漢軍將領者。兩者以外，金仍保有一部外抗蒙古，內禦革命的一股民間武力，那便是金末封建的九公。金的入中原，原建有謀克猛安的軍事政治合一的基層組織。有事簽軍應徵，平居分屯耕植，本是女眞人強加于中原漢人的一種制度。這個組織中，仍以女眞人爲中心，混合漢人女眞于一個耕戰集團之中，强迫地剷分土地，置漢人爲其佃農。到了蒙古入侵，軍力瓦解，女眞統治搖搖欲墜，各謀克猛安的精兵銳卒，皆爲蒙古人消滅殆盡，賸下的爲金宣宗挈之南渡。金史兵志：

「及宣宗南遷，紥軍潰去，兵勢欲弱，盡擁猛安戶之老稚南渡，僑置諸總管府以統之……。」

可見猛安謀克的組織，盡壞于南渡。但各地方原來的人民，無法脫走，一二豪傑之士，乃利用其原有組織，而成立自衛武力，也有應朝廷之召募而起兵的，這些皆是農村生長的地方武力。女眞朝廷先前怕漢人起來，而用猛安謀克之制箝制鎮壓。現在看到紅襖賊尚歸爲南宋所重用，河朔民兵又多歸蒙古，爲敵人的前驅，而後才想用此種地方武力，建立游擊部隊；九公之建，乃應運而生。雖終無補于危亡，可也是在紅亂的軍事局面中，撑持了若干年。後來部份的投入蒙古帝國，增加漢軍的力量，茲分述之。

一、九公的初建：關于九公的封建是在金宣宗興定四年，其始末，據金史苗道潤傳爲最詳，但宣宗本紀失載，畢沅續通鑑，據苗傳繫之于此年，據說封建的始議起于貞祐四年，集議于興定三年，實現於四年。苗傳載：

「初貞祐四年，右司諫朮甲直敦乞封建河朔，詔尚書省議事，寢不行。興定三年，太原不守，河北州縣不能自立，詔百官議所以長久之利者，……兵部尚書烏林答與二十一人曰，『河北親民掌兵之職，擇土人嘗居官有材略者授之，急則走險，無事則耕種。』宣徽使移刺光祖等三人曰『……當募士人威重服衆者，假以方面重權，能克復一道，即以本道總管授之，能捍州郡，即以長佐授之，必能各保一方，使百姓復業，』尚食局石抹穆請以高爵募民，大概同光祖議，宰臣欲置公府。」

這是當日的建議，但仍未決，惟完顏伯嘉一言中肯，事遂決定。傳又載：

「御史中丞完顏伯嘉曰：『宋人以虛名致李全，還有山東實地，苟能統衆守土，雖三公何惜焉？』宣宗曰：『他日事定，公府無乃多乎？』伯嘉曰，『若事定，以三公就節鎮，何不可者？』宣宗意乃決。」

自此以後，金朝再不吝惜名器，九公之後，遇有來降者，逕封以王爵，如國用安封兗王即是一例。其次九公的名號與封地：興定四年二月，九公實行封建，九公姓名與封號，據苗傳如下：

王福	滄海公
移剌衆家奴	河間公
武仙	恒山公
張甫	高陽公
靖安民	易水公
郭文振	晉陽公
胡天作	平陽公
完顏開	上黨公
燕寧	東莒公

二、九公事略：九公在金史均有傳，對蒙古兵事關係最多者，以武仙爲最，（後專述之）其時間亦最長。對金效忠最堅者，莫如郭文振，郭文振敗，而山西北方面金的屏障遂失。時間最短，數河間

的移剌衆家奴，既非漢人，所據又在四戰之地；武仙靖安民敗于西，王福敗于東，河間一隅，便四分五裂了。茲引述金史本傳如次：

（一）王福：

「本河北義軍，累遷同知橫海軍節度使滄州經略副使，興定元年，福遣提控張聚王進，復濱棣二州；興定三年九月福上言……乞選重臣爲經略使……朝廷以福初起義兵復滄州，今有衆萬餘，器械完具，自雄一方，與益都張林，棣州張聚，皆爲隣境……因而授之……乃以福爲本州經略使，興定四年封爲滄海公……七月宋人與紅襖賊入河北，福嬰城固守，益州張林，棣州張聚日來攻……遂納款于張林」

這個人後來不知所終，張林既降蒙古，又爲李全所執，王福的命運也可想而知了。

（二）武仙：

「威州人，或曰嘗爲道士，人以此呼之，貞祐二年，威率鄉兵保威州西山，壁者日衆；權威州刺史……興定四年，封恆山公……同時公府財富兵强，恆山最盛。是歲歸順于大元，與史天倪俱治眞定且六年，積不相能……正大二年……復以眞定來降……甲午蔡州破，糧且盡，將士大怨皆散去，仙無所歸，乃從十八人北渡河，又亡五人，趨澤州，爲澤之戍兵所殺……」

武仙與蒙古兵爭最久，容後論之。

（三）移剌衆家奴：

「積戰功累官河間招撫使……興定四年與張甫俱封……」

此人無甚功名，當日似係張甫之附庸，地失之後卽依張甫，不知所終。

（四）張甫：

「初歸順大元，涿州刺史李瘤驢招之，興定元年三月，甫與張進俱來降，東平行蒙古綱承制除甫中都經略使，進經略副使。二年苗道潤死（甫與隣州相攻），甫爲中都經略使……四年甫封高陽公……元光元年移剌衆家奴，不能守河間，甫居之信安，是歲進金紫光祿大夫，始賜姓完顏，二年二月張進亦遷元帥左監軍，賜姓完顏。」

張甫，張進兩人後來均爲蒙古招降，事載元史，張進之子張榮實，在他的本傳說：

「父進金季封北平公，守信安城，壬辰歲（金亡前一年）率所部兵民降，太宗命爲征行千戶……與金將國用安戰徐州死焉……」

又元史張禧傳：

「張禧東安州人，父仁義，金末……走信安，時燕薊皆下，獨信安猶爲金守。其主將知仁義勇而有謀，用之左右，守信安縣十年，度不能支，乃與主將舉城內附……」

可見張之守信安，直到力盡援絕始降，不失爲金之忠臣。那時信安在中都附近成爲蒙古的盲腸，長春眞人西行記卷上（王國維校注本）

「二月上旬，宣使（劉仲祿）遣騎來報，已駐軍將陵艤舟以待，明日遂行，宣使以軍來迎，師曰來何暮？對以道路榛梗，特往燕京會兵，東備信安，西備常山」

此條下有王氏注引劉靜修先生文集懷孟萬戶劉公先塋碑銘。

「當金主貞祐棄河朔徙都汴時，有張甫者據信安，武仙者據眞定、易定之間，大爲所擾……」

可見張甫之兵在北方的地位了。張甫下落，不見于金元史，而宋史李全傳載之，據李全傳下山陽之變，劉慶福與李福內爭（李全之兄）事（宋史卷四七七）

「張甫者，素厚慶福，懼福（李）疑已，乃勸慶福往……福疑慶福就見害，乃躍起拔刀……左右羣起殺慶福及甫，甫本金元帥封高陽公，最善馭衆，金亡河北，甫據雄霸清莫河間信安不下……其後歸全（李）……」

張甫大概于壬辰年後，信安降元，脫身南來歸李全。張甫的出身金史不載，以他依李全一事看來，大概也是紅襖賊的集團。

（五）靖安民：

「德興府永興縣人，貞祐初充義軍，歷謀克千戶，總領萬戶、都統皆隸苗道潤麾下……興定二年，遷知德興府事，中都路總領招撫使。苗道潤死，安民代領其衆……自易州以西爲中都西都經略使，西山義軍屯壘諸招撫皆隸焉（上章攻訐西京路經略使劉鐸，指其離間苗道潤與賈瑀之交）頃之封易水公。十月安民出兵至礬山……大元兵圍安民所居山寨……遂遇害……」

靖安民與張柔都是苗道潤部下。張柔降元，其部下喬惟忠，賈輔皆降，西山一帶原屬苗氏的義軍多已降附，靖氏的力量單弱異常，又與鄰境不和，爭功掣肘，不怪他潰滅的迅速了。

（六）郭文振：

「郭文振，字振之太原人，承安二年進士，累官遼州刺史……興定元年詔文振接應苗道潤，恢復中都，……文振治遼州深得衆心，興定三年……招降太原東山二百餘村……得壯士七千……奏若秋高無兵，直取太原，河東可復……十月……與張開合堅，臺州兵復取太原……是歲封晉陽公，河東北，皆隸焉。（文振與上黨張開不睦，上書建議，金廷多不能用）文振上書乞遣前平章政事胥鼎，行省河北，朝廷不能用……頃之文振部將汾州招撫使王遇與孟州防禦使納蘭謀古魯不相能，復徙衛州，然亦不可以爲軍，迄正大間寓于衛而已。」

文振是文臣出身，其人雖好，但未見得駕馭住地方武力，與鄰境又不和。山西地方，蒙古當時劃入劉伯林防區，沒有帥府，蒙古兵馳驟山陝，進出頻繁，野無青草，民皆枯骨，游擊力量，如何可以生存呢？

（六）胡天作：

「字景山，曾州人初以鄉兵守禦本州，興定二年，授同知太原府事……是歲平陽失守，改同知平陽府事，三年復取平陽……四年封平陽公……天作守平陽凡四年，屢有功……元光元年青龍堡危急……執天作出，天作已歸順……大元大將，惡其反覆，遂誅之。天作死後，宣宗以同知平陽府事史詠，權行平陽公府事……」

胡天作的被執，見木華黎傳（作天祚），平陽的範圍不大，對北方戰局無多影響。

（七）張開：

「賜姓完顏氏，景州人，至寧末河北兵起，開團結鄉兵，固守累功……貞祐四年，開率所部復取河間府及滄獻二州，十有三縣……興定元年，遷授澤州刺史……與郭文振共復太原，四年封上黨公……元光元年，復取高平縣及澤州，三年大戰澤州有功……正大間潞州不守……開居南京，部曲離散，名為舊公，與匹夫無異。哀宗走歸德，開與劉益謀收潰兵從衛不果……皆為民家所殺……」

張開本非起自澤潞，開府上黨，與金廷所遣帥臣無異，與郭文振又不和。本傳說他：

「郭文振處西北，當兵之衝，民貧地瘠，開又不奉命以糧贍文振，文振窮竄，開勢愈孤，以至於敗。」

大概九公之敗，多因為不能與鄰封合作禦侮，致為蒙古各個擊破。澤潞為河南西北屏障，既經撤守，汴梁合圍之勢便成功了。

（八）燕寧：

「燕寧初為莒州提據守天作寨，與益都田琢，東平蒙古綱，相依為輔車之勢。山東雖殘破，猶倚三人為重……累官，授同知安化軍節度使事，山東安撫副使，興定四年封東莒公……五年與蒙古綱王庭至東平……還天勝戰死……寧死，蒙古綱益孤，徙軍邳州，山東不復能守矣。」

金史此傳，議論多於事實。山東是「紅襖賊」縱橫捭闔的地方。蒙古軍蹂躪于先，「紅襖賊」叛亂于後，李全據淮海以制青萊，嚴實據東平以制北路。燕寧根據地僅莒州一隅，海角孤軍本無關于全局，當時也參預九公的封建行列，可能是出于大臣蒙古綱的奏請。其實他的事業，實不足與其他人抗衡哩。

三、武仙之對抗蒙古：九公中，以武仙勢力最强。張開傳謂：「初置公府，開與恒山公武仙最强。」以金元史當時人物各傳考之，關於武仙的兵事很多，此人屢敗屢起，對蒙古降而復叛，茲將有關事蹟疏列如次：

甲、武仙與眞定史氏：武仙先降木華黎，爲副元帥，與史天倪共守眞定者六年，因與天倪不和，南連宋將彭義斌而叛殺史天倪，此事將于後面敘述史氏戰功時再說。茲將其他各傳有關武仙在太行區域之活動錄之：

一、元史張柔傳：「眞定武仙殺其帥史天倪。」

二、元史董俊傳：「金將武仙據眞定……俊率衆夜入眞定逐仙走之。」

三、元史肖乃臺傳：「乙酉……副帥武仙殺天倪以眞定叛……國王命肖乃臺率精甲三千與天澤合兵進圍中山，仙遣其將葛鐵槍來援，肖乃臺撤圍迎之，過諸新樂，奮擊敗之……乘勝復進擊大敗之，擒鐵槍，中山守將亦宵遁，遂克中山取無極，拔趙州。仙棄眞定奔西山抱犢寨，肖乃臺與天澤入城撫定其民，未幾，仙潛結水軍爲內應，夜開南門納仙復據其城。肖乃臺倉卒以步兵七十踰城奔稾城，遲明部曲稍集，兵威復振，襲取眞定，仙棄城遁……初仙之叛也，其弟質國王軍中，聞之宵遁去，肖乃臺遣弟撒寒追及于荆關斬之。」

四、元史邸順傳：「庚辰武仙屯兵于黃堯兩山……時西京郝道章，陰結武仙，抄掠州縣，順擒道章，殺之，仙退眞定以自保，順從木華黎攻之，敗之于王柳口。仙遂棄眞定南走。」（按此係武仙降木華黎前夕之事）邸琮傳：「乙酉金降將武仙復據眞定叛，琮敗之于黃臺。」

五、元史王善傳：「癸未……仙窮迫請降，詔命復舊鎭，善奏仙狼子野心，終必反覆，請修城隍備之。未幾仙果叛，率衆來攻，火及西門，善出城出城却之……仙自此不敢復入眞定。（按此傳語多誇誕，武仙于庚辰乞降，乙酉年叛，與史天倪共事六年，其後蒙古精騎及史天澤復仇之師，與之血戰，僅而能克，退入太行，仍爲汾晉之患，按肖乃臺傳可知）

六、元史王守道傳：「金恒山公武仙，降爲天倪副帥，守道謂天倪曰：『是人位居公下，意有不平，安能鬱鬱于此！宜先爲備』……及仙以城反……執守道家人，守道不顧，日與史氏部曲昆弟，徵發調度以復仇，卒逐仙遁去……」

七、元史忠義耶律忒末傳：「正酉金降將武仙據眞定以叛，殺守將史天倪，忒末父子夜踰城而出……天澤還自北京，遇諸滿城，合蒙古諸軍南與賊戰走，武仙復眞定……明年仙復犯眞定，天澤潛師出稾城，忒末……陷焉……仙怒盡殺忒末衆一十八人。戰于欒城，元氏，高邑，柏鄉，仙兵屢挫，監軍張林密構仙黨啓關（趙州城闉）納賊……丁亥賊棄城走，追至稾城，會天澤兵夾擊殺林……」

依據以上的徵引，可見武仙在眞定一帶的勢力頗大。史天澤雖然會蒙古兵克復眞定，不旋踵又復失守。武仙的勢力在山區，其根據地是西山抱犢崮，對眞定乃至元氏欒城槀城趙州一帶皆有高屋建瓴之勢。他控制那一帶，大概自乙酉至丁亥有三年之久，據耶律忒末傳可知。

乙、武仙與汾晋兵事：據元史有關各傳徵引如次：

新元史聶珪傳：「同都元帥王璋招撫平定州諸砦，璋卒，珪代爲都元帥，以璋弟貴副之，貴素驕恣，珪稍加栓制……潛結武仙以叛……珪奔于太原，太原繼陷，行省恆察遣兩千戶討仙，以珪爲鄉導，襲破仙于人寨，仙竄仙臺寨，珪進圍之，仙衆潰遂奔汲縣。」

元史肖乃臺傳：「乃整兵前進，下太原略太行，拔長勝寨，斬仙守將盧治中，圍仙于雙門寨，仙遁去。」

元史杜豐傳：「金將武仙等往來抄掠平陽太原間，行路梗塞……辛卯遂命豐撫定平陽太原眞定未降山寨皆下之……」（案據此武仙之殘餘力量，直至金亡前一年，猶未肅淸。）

元史焦德裕傳：「仙旣敗走，其黨趙貴，王顯，齊福壽據仙故壘，數侵略太行」，（案此可證武仙部衆迄據太行山區，上窺汾晋，下瞰河朔）

丙、武仙之末路：武仙末路，大概自汲轉進至于淅川一帶，打算倚南宋以自固，據仙本傳。

「仙乃奔汴京，五年召見……復封爲恆山公……七年仙圍上黨，已而大兵至，仙遯歸……遂走南陽魯山，收潰軍得十萬人，屯魯山及威遠寨，兵勢稍振」，自此以後，他便擁兵自衛，按兵不進，汴京被圍，屢詔不至，他的部衆又生內鬨，仙本傳載。

「宣差總領黃摑，三合，五朶山一帶行元帥府事。兼行工部尙書，及仙還魯山，惡三合權盛，疏爲征行元帥，屯泌陽，三合怨仙奪其權，乃歸順于大元」。

武仙在南陽一帶，南宋史嵩之還想招他南附，可是接洽未成，他又與宋將孟珙作戰，在本傳曾記他大敗孟珙之兵，這是不可靠的。金史執筆多出北人，常喜輕視南宋，語多偏袒。孟珙守襄陽，威名甚著，豈能敗于一窮寇之武仙？可是武仙因結怨鄰邦之故，却已懼宋兵復來，徙淅川之石穴了。其後他就在這一帶徘徊觀望，直到蔡州城陷，部衆潰散，仍想回澤潞，在那一帶舊根據地，伺機再舉，可是「虎落平陽」，竟死在澤州戍卒之手。這一個叱咤風雲的草莽英雄，竟如此結局，似乎尙不及彭義斌一戰而死的慷慨悲涼。（元遺山過團拍關詩有「無情團拍關前水」句，即弔武仙）

三　「紅襖賊」與南北軍事

（一）紅襖賊的紛擾

蒙古入侵，金廷南渡，在北方大陸上發生「紅襖賊」的變亂。使山東河北的境內，烽火彌天，成爲金末元初南北兵事的一大事件。據金史紀傳所載有關紅襖賊者，引述於次：

一、紅襖賊起于宣宗卽位，徵兵入援之際，大盛於南渡之後。據宣宗本紀，有以下各條：

①貞祐三年八月乙酉，紅襖賊掠武城，宣撫副使顏盞天澤討之。
②同年九月紅襖賊周元兒陷祁州安平束極等縣，眞定帥府以計破之，斬元兒及其黨五百餘人。
③四年正月丙寅，紅襖賊犯泰安德博等州，山東西路行元帥府敗之。
④興定元年春正月庚戌花帽軍作亂於滕州，詔山東行省討之，乙丑，濟南滕兗等處盜起，侯摯遣完顏霆討平之，降其壯士二萬人，老幼五萬人。
⑤二年三月戊午紅襖賊犯徐邳，行樞密兵大破之。
⑥東平行省敗黑旗賊，拔膠西縣，渠賊李全等來援並破之。
⑦壬辰，河北行省敗於紅襖賊，進至密州。
⑧壬子紅襖賊犯沂州，官軍敗之。
⑨九月庚寅，李全破密州，執招撫副使黃摑。
⑩十月甲辰，李全破鄒平縣，戊申破臨朐縣，乙未李全據安丘。
⑪十二月甲辰，紅襖賊攻彭城之胡邨集。
⑫三年七月，泰安軍副使張天翼爲賊張林所執，以歸宋，縶之楚州，至是逃歸。
⑬四年三月壬子，紅襖賊于忙兒，襲據州海。庚辰東平元帥府破紅襖賊於聊城，癸已紅襖賊寇樂陵。
⑭七月辛卯宋人及紅襖賊犯河朔，諸郡皆降，獨滄州經略使王福固守，會益都賊張林來攻，福

乃叛降賊。

⑮八月李全犯東平府，監軍王庭玉敗之，擒其僞安化軍節度使張林。

⑯九月甲辰義勇討紅襖賊敗之。

⑰十月己卯泗州元帥府言紅襖賊一月四入寇，掠人畜而去。辛巳授紅襖賊時青爲滕陽公。

⑱七月癸亥，林懷帥府邀擊紅襖賊于伏恩邨，賊敗之。

⑲元光元年春正月庚戌，元帥惟弼，破紅襖賊於張鶩店。

⑳五月己未王庭玉報曹州破紅襖賊之捷。

㉑二年戊子，遣人招李全，嚴實，張林。

㉒十月己亥，紅襖賊僞監軍徐福等來降，丙午紅襖賊三千來降。

二、「紅襖賊」，的起事及用兵：金史對此記之者，有僕散安貞，侯摯，田琢，時青，完顏弼，完顏霆，蒙古綱，紇烈牙吾答諸傳，而以僕散安貞傳首尾較全。紅襖賊之創始者爲楊安兒，當其盛時曾建號稱王，爲僕散安貞經略山東而剿平。劉二祖繼之在泰安一帶橫行，侯摯行省山東，又使完顏霆等平之。李全本響應南宋之民軍，得其妻楊妙眞之力，收集紅襖部衆，楊劉餘黨而南歸受撫。爲南宋收復青齊河朔，設若嚴實不降蒙古，彭義斌與李全能解和，則華北山河或重見漢家日月。茲先引述各傳有關紅襖賊之事：

（一）僕散安貞傳：

「自楊安兒劉二祖敗後，河北殘破，干戈相尋，其黨往往復相團結，所在寇掠，皆着紅袖襖以相識別——號紅襖賊，官軍雖討之不能平也，大概皆李全國用安時青之徒焉。」

這是說紅襖賊之所以得名。至於楊安兒爲北方大亂的兵首，其起事始末，亦見於僕散本傳：

「初益都縣人楊安國自少無賴，以鬻鞍材爲業，市人呼爲楊鞍兒，遂自名楊安兒。泰和伐宋，山東無賴往往相聚摽掠，詔州郡招捕之。安兒降隸諸軍，累官……防禦使，大安三年招鐵瓦敢戰軍，得千餘人，以唐括合打爲都統，安兒爲副統，戍邊至雞鳴山不進。衛紹王驛召問狀……安兒乃亡歸山東，與張汝楫聚黨攻刼州縣，殺掠官吏，山東大擾。安貞至益都，敗安兒於城東，安兒奔萊陽，萊州徐汝賢以城降，安兒賊勢復振，登州刺史耿格，開門納僞都統，以州印付之……安兒遂僭號置官屬，改元天順……」

從這段記載裏，我們可以窺知以下各點：

甲、楊安兒自太和伐宋之時，即在「山東無賴」之中，當然是南宋所謂「忠義人」與李全正同一源脈，那末「紅襖賊」者，是金人所加的名號，其本質實係有民族思想者之對外抗爭之集團。

乙、楊安兒之歸山東應在大安末季，正是蒙古入侵，掃盪華北，故糾合有民族思想的份子，起抗金兵。

丙、楊安兒之起，聲勢頗爲浩大，曾建國號封官屬。那末以下之劉二祖李全等，自當視爲楊安兒系之支流。

丁、耿格在當時地位頗重要，金廷降詔與楊安兒同爲不赦之人。其人以州官而降叛亂者，當亦係素有民族思想，或卽爲海陵伐宋時，自拔歸宋之耿京的後人。

（二）楊安兒之外，應數劉二祖，在本傳中，只叙如何剿滅之軍事行動，據謂：

「三年（貞祐）……安貞遣提控紇石烈牙吾答破巨蒙等四堌及破馬耳山，殺劉二祖賊四十餘人……安貞遣兵會宿州提控夾谷石里哥同攻大沫崓……別軍取賊水寨……劉二祖被創獲之……」

這是劉二祖的歸宿，也是紇烈牙吾答（卽盧鼓椎）起家之始，到興定南征時，此君儼然爲大將了。

（三）田琢傳　益都這一地方，爲金末山東紛亂的中心。楊安兒據此建號，張林據此降元，後來李全父子據此數十年，爲南北的兵衝。田琢是楊安兒亂後守益都的大臣，但因撫馭不善，激起張林之變。據本傳：

「興定元年，朝廷易置諸將，遷山東西路轉運使，二年改山東東路轉運使權知益都府軍……李旺據膠西，琢遣益都治中張林討之，生擒李旺。初張林本益都府卒，有復立府事之功，遂爲治中，而兇險不逞，恥出琢下。琢在山東，徵求過當，頗失衆心，林欲因衆以去琢，未有間也，會于海軍據萊州，琢令林分兵討之。林既得兵伺琢出，卽率衆譟入府中。琢倉卒入營領兵與林戰不勝，且戰且行至章邱……行至壽張，夜發背卒。」

田琢既死，東平的蒙古綱失了犄角。李全自沂海提兵北進，威脅青齊，張林只得首鼠于南北之間了。

（四）、完顏弼傳　有關紅襖賊之事引之如次：

「三年改知東平府事……是時劉二祖餘黨孫邦佐、張汝楫保濟南勸子堌。弼遣人招之……已而汝楫復謀作亂，邦佐密告弼，弼饗汝楫，伏甲廡下……殺汝楫並其黨與……」（孫邦佐後在金官至貴顯）

（五）、完顏霆傳　此人卽宋史李全傳中之李二措，對剿滅紅襖賊，頗立功績。本傳所載之事……

「……興定元年，泰安滕兗，土寇蠭起，東平行省侯摯遣霆率兵討之，降石花五（疑卽石珪）夏全餘黨二萬人老幼五萬口，充權海州經略副使，紅襖賊于忙兒寇海州，霆擊走之……」

五、侯摯傳　金末的疆吏，較有設施者，胥鼎與侯摯兩人。前者經營山陝，能得地方武力的信仰；侯摯則在山東支持危局，在紅襖賊的軍事頗多貢獻。尤其在貞祐初年官太常卿時所上九事，切中金亡之病。據載：

「四年（貞祐）正月進拜尙書右丞（時行省河北）……時紅襖賊數萬人入臨沂費縣之境……訊之則云其衆皆楊安兒劉二祖散亡之徒，今復聚及六萬。賊首郝定者，兗州人，署置僞官，僭稱大漢皇帝，已攻泰安滕兗單諸州……摯以此言聞於上，詔摯行省事於東平，權本路兵都總管以招誘之……興定元年……摯遣……完顏霆率兵討之（事見前）四月招撫副使黃摑阿魯答破李全於密州……」

侯摯在東平建議甚多，所說地方情形，可藉以知南宋用山東忠義保衛淮海蠶食山東的經過，均載本傳。

（二）李全集團

李全在歷史上評價甚壞，宋史把他列入叛臣傳，因爲他降元之後，回軍攻掠揚州，死於戰陣之中；蒙古人又因爲他的兒子李璮據益都叛變，幾乎造成北方大亂，因此對他的看法，一致以爲是一個流寇集團。與西晉的王彌李氷，唐末的龐勛孫儒等同量齊觀。但我在詳考史實之下，覺得尙不致於如此之壞。他的民族意識甚强，自始卽以「山東忠義」爲南宋效命抗金，但迄受制於兩淮帥府，又與宋的殿軍，積不相能，被迫挺而走險。蒙古圍益都年餘，南宋無一兵一卒之援，反而乘間剪滅他的留守部曲，又挑撥同時來歸的山東忠義，使他們自相猜貳，以致瓦解。李全所欠者，是守益都最後一刹那，爲部屬的包圍而投降，不忍一朝之憤而回軍攻宋，以致於「一失足成千古恨」！宋史的編撰，多是元人而南籍的文士。習於傳統的觀念，和迎合蒙古人的愛憎，遂加之以種種惡名。以山東忠義中北伐抗蒙有名的大宋忠臣如彭義斌，尙不爲立傳，其偏見可以想見。我曾寫山東忠義軍一文（收蒙古漢軍與漢文化書中）認李全這一集團，有民族意識，而野心稍大，想在南北之間，造成一個第三勢力中間路線，與一般寇盜的性質，不盡相同。到現在我的觀點還未變更，現分別引述之：

一、李全的出身　金史把李全作爲紅襖賊，但以李全本傳及其他文獻來看，李全在山東實自成一個力量。楊安兒起於益都，他們力量在馬耳常山之東蒙山脈，卽金的山東東路。劉二祖起於泰安，他的勢力在泰沂山脈，金的山東西路，李全則起於漣水以至膠西，其勢力則在山東沿海一帶。按畢沅續通鑑（卷一五七）據宋史紀韓侂胄伐金之前：

「嘉泰四年……五月……甲申鎭江都統戚拱遣忠義人朱全裕結弓手李全，焚金漣水縣。全濰州人銳頭蠭目，權譎善下人，以弓馬趫捷，善運鐵槍，時號李鐵槍」。

嘉泰四年爲公元一二〇四年，金章宗泰和四年，其次年，成吉思汗，即位建號，下距貞祐二年（公元一二一四）是冬十二月，金史紀李全據濰作亂之時，已有十個年頭。那末在山東豪傑的行輩中，正與楊安兒相頡頏，自係並起的勢力。以他在十年以前卽受南宋的策動，焚漣水縣城，又可想其自始卽係抗金之民族革命志士。

二、李全的起事與率衆投南　李全在泰和中一露頭角，因南宋北伐主力戰敗，南北議和，而暫時消沉。宋史李全傳記他與楊安兒之妹妙眞結合，起兵磨旗山，正可以說是東山再起。據本傳：

「大元兵至山東！全與仲兄福聚衆數千，劉慶福、國安用、鄭衍德、田四、于洋、洋弟潭等咸附之……安兒妹四娘子，狡悍善騎射，劉全（楊安兒之母舅）奉而統之，稱曰姑姑軍。衆尙萬餘，掠食至磨旗山，以其衆附，楊氏通焉，遂嫁之。」

這是說李全因楊氏而收楊安兒之餘衆。楊安兒起自益都，故李全最後亦以益都爲根據地。李全退保膠州，那時劉二祖一系，亦因完顏霆之逼，其首領被斬，餘衆亦南奔。這時南宋史彌遠作相，因金人有蒙古之禍，亦有問鼎中原之意。當時的知楚州（淮安）府應純之，遂利用往來的亡命，沈鐸，季先二人，招徠整個的紅襖賊南歸，成立山東忠義軍，使之北伐，但因系統不同常有內鬨。

三、南歸立功　在山東忠義中，戰功最著的要數李全集團與彭義斌的一軍。彭是劉二祖系，但南宋把他編附李全。李全歸南，正金興定南伐的開始，金宣宗用朮虎高琪之議，使僕散安貞，總師南伐，紇烈石牙吾答，是這方面的前鋒。南宋在這方面，全恃山東忠義，爲之支持。計李全之功有以下各役：

甲、初歸南宋　本傳稱「季先以五千人附忠皎（高），合兵攻克海州，糧援不繼，退屯東海。全分兵襲破莒州，禽金守蒲察李家，別將于洋克密州，兄福克青州」。在這一役後，李全始得「武翼大夫，京東副總管」的官位，始露頭角。其後於嘉定十一十二兩年北攻山東，「分兵襲密州，擒黃摑，械至楚城」。

乙、淮西之捷　本傳稱「時金人圖淮西急，全亦欲自試，往東海點軍赴之，癸亥遇金人於嘉山小捷……乙酉全至渦口，値金將紇石烈牙吾答者將濟，全與其將鹿仙掩之，金兵溺淮者數千，俘獲甚衆，壬辰與阿海（卽僕散安貞）戰於化陂湖大捷、殺金數將……三團俱解」金人在這一戰，主力全喪，反師之後，安貞誅死。金宣宗嘆謂「我何面目見楊雲翼」白華所謂「宋人以虛名招致李全而得山東數千里實地」，正由此役之敗。

丙、招降青州張林　張林之起見前，據本傳純爲李全所招致。青州來歸，南宋舉朝相慶，可惜李福與之齮齕，致張林北走，引蒙古兵圍益都，否則南宋得山東後，正可與蒙古對抗南北呢。

（三）　彭義斌之北伐

當成吉思汗破金中都（今北平）金宣宗南遷汴京，河北山東的豪傑（卽金史哀宗紀之紅襖賊），紛起保聚，蒙古來侵的鐵騎縱橫馳騁，於北方大平原之際。有一枝漢人的勁旅，異軍突起，打着大宋的旗號，自淮海而山東，自山東而河北，兵鋒直達太行山麓，幾乎把國王木華黎（成吉思汗付以太行以南的統治權）原在這一帶部署的基地都給摧毀了。可惜中途爲奸人所賣，發生內變，萬里長征而一朝蹉跌，演出一幕「出師未捷身先死」的悲劇——這個人就是彭義斌。

彭義斌的挺進北方，爲成吉思汗末年，窩濶臺初期的一件大事，對當時的北方，影響很大，但宋史不爲立傳，畢沅續通鑑，曾略紀其事。茲從金元宋三史有關紀傳，蒐輯對他的記載，以見此人與南北軍事之關係：

一、出身　彭義斌大概出身於「紅襖賊」，隸屬泰安劉二祖派，他也可能就是泰安一帶的人，與李全同時南來。見宋史李全傳：「元兵破中都，金主竄汴，賊斂益横，遺民保阻思亂，於是劉二祖起泰安，掠淄沂，二祖死，霍儀繼之，彭義斌，石珪……等附之……霍儀攻沂州不下，霆（完顏霆，金史有傳）自清河出，斬儀潰其衆，彭義斌歸李全。」石珪據元史本傳是新泰人，新泰是泰安附近的一縣，從而推知義斌的本籍也必在泰安附近。

二、官位　有關紀載如次：①宋史李全傳：「進全廣州觀察使，京東總管，劉慶福，彭義斌皆爲統制。」這是歸宋後初授的官。②元史宋子貞傳：「宋將彭義斌行安撫司於大名。」行安撫司，大名總管，大概是最後的官。宋史理宗本紀只有初授的官，不見大名之命。

三、駐防　關於此項的紀載，有以下各條：一、畢氏續通鑑卷一六三許國死條：「許國既死，李全牒彭義斌於山東，於是全自青州攻東平不克，乃攻恩州，義斌出兵與戰。」二，元好問千戶喬公神道碑銘（遺山集卷二九）：「宋將彭義斌，既破東平，隨據大名。」以此推測，義斌原隸李全。後來自成一軍，進駐恩州（今恩縣），距東平不遠，入河北也較近便；由此而北據大名，更進而與眞定之武仙氏聯兵，此時大概以大名爲中心，向西南發展。大名在北宋時代爲北京，是汴京側面重鎭，彭之據此，有很大的意義。

四、戰績　從有關文獻蒐羅，得以下各條：（甲）元史及柯氏新史：①元史太祖本紀：「十九年宋大名總管彭義斌侵河北。」新史未載。②元史天倪傳：「甲申夏，宋大名總管彭義斌以宋兵犯河朔，天倪逆戰於恩州，義斌敗，入保大名。」③元史趙天錫傳：「甲申，宋將彭義斌據大名，冠氏元帥李全(泉)降之，人心頗搖。」④元史石天祿傳：「宋將彭義斌取大名及中山。」⑤元史史天澤傳：「宋大名總管彭義斌，陰與仙（武）合，欲取眞定。」⑥元史嚴實傳：「十七年，宋將彭義斌攻東平，城中食盡，乃與義斌連合。」柯氏嚴實傳：「十七年宋將彭義斌復取京東州縣，實將晁海以青崖降……二十年義斌攻東平……城中食盡，乃與義斌連合。」（乙）畢沅續通鑑卷一六三：「寶慶元年……二月，蒙古武仙聞彭義斌復山東州縣，乃叛蒙古。義斌致書沿江制置使趙善湘日「賊平之役，然後復一京二府，義斌戰河北。」彭義斌既走山東，納李全降，兵勢大振，遂圍東平……「城中食盡，乃與義斌連。」（丙）屠寄蒙兀兒史記：一、成吉思汗本紀：「十有九年甲申夏，宋大名總管彭義斌侵河北，史天倪與戰於恩州敗之。二、嚴實傳「歲壬午，宋總管彭義斌復取京東州縣，實將晁海以青崖降，乙酉四月，義斌圍東平……。三、王珍傳「宋將彭義斌侵大名，蘇椿戰不利降之。」四、趙天錫傳：「歲甲申，宋將彭義斌據大名……先是冠氏令李全（泉）降於義斌。」五、梁楨傳：「宋將彭義斌渡河侵大名。」六、史天倪傳：「甲申末以彭義斌爲大名總管，耀兵河朔，天倪逆戰敗之，義斌入保大名。」（丁）元好問遺山文集：一，千戶喬公神道碑銘：「宋將彭義斌既破東平，聲勢張甚，南北軍待爲勁敵，莫敢試之者！」二、宣武將軍孫君墓誌銘：「大名彭義斌，棄濟鄆，耕稼廢，倉無見糧。」三、東平行臺嚴公神道碑；「義斌軍西下，郡縣多爲所脅，乙酉四月，遂圍東平……下眞定、道西山。」（戊）元姚燧牧庵集：楊彥珍墓誌：「宋將彭義斌，侵山東，東方之諸侯，皆壁，不出犯其鋒，或聞風景附。」以上是義斌在山東河北用兵的情形，大多出自敵國的紀載，所以無誇張之詞。馮承鈞譯多桑史，亦有關於他的事實，那是取材中國史料通鑑綱目這一類書，故不煩引。可見當時彭氏的「兵威大振」，與蒙古漢軍的戰志動搖，大有關羽擒于禁威鎭華夏，岳飛朱仙之捷要痛飲黃龍的氣概。嚴實明是力竭投降，史家據他的家傳說是「與義斌連合」，這是掩飾之詞。

五、兵敗成仁　大半由於內部姦人的變亂，是吃了待人忠厚的虧！引述下列文獻：一、元好問集嚴實神道碑：「兵圍東平，公（嚴）間遣人會大將孛里海軍，軍久不出，乃與義斌連和。義斌亦欲藉公取河朔，而後圖之，請以兄事公，公時麾下衆尚數千，義斌不之奪。其七月，義斌下眞定，道西山，與孛里海等軍相望……公知勢已迫，即速趣孛里海軍，而與之合。戰始交，宋兵崩潰，乃擒義斌。」二、遺山集孫慶墓誌：「公（嚴）密遣孫告難於國兵大帥，聞報率數千騎來援，與義斌遇於贊皇之西山，兵力甫接，行臺公……卽馳赴，義斌救死無所，卽授首。」三、畢氏續通鑑：「彭義斌，下眞定，道西山，與博羅罕（卽孛里海）軍相望……實知事迫，卽赴博羅罕軍，與之合，遂與義斌戰於內黃之五馬山。史天澤以銳卒略其後，遂擒義斌。」從上面紀載來看，義斌之敗，直接原因當爲嚴實的內叛，和蒙古騎兵的正面壓迫兩點。

六、殉難地點　此點諸家的紀載不同：一、宋史李全傳：「義斌俟命不至，拓地而北，與大元兵戰於內黃之五馬山。大元兵說之降，義斌厲聲曰：『我大宋臣，且河北山東皆宋民，義豈爲他臣屬耶』；遂死之。」二、續通鑑，見前引與宋史同。三、元史肖乃臺傳：「引兵出太行山東，遇宋將彭義斌，與戰敗之，追至火炎山，破其營，擒義斌斬之。」四、元史史天澤傳：「天澤同笑乃（卽肖乃臺）經贊皇……義斌勢蹙，焚山自守，天澤遣銳卒五十摧鋒而入，自以鐵騎繼其後，縛義斌斬之。」在這裏有一個爭執，卽義斌之死，到底是在內黃之五馬山，抑贊皇之西山（或火炎山）？考金史地理志贊皇隸沃州，卽趙州，係河北西路，與眞定府同隸一路。內黃隸滑州「本隸大名府，大定六年來屬。」贊皇在太行山區，內黃則在平原。義斌既道西山，下眞定，而肖乃臺又東出太行，與義斌遇，史天澤又自後路抄來，自以在贊皇爲合理。李全傳大約取材南宋官書，祇知彭氏有爲史天倪擊敗入保大名之事，贊黃與內黃一字音同。遂疑爲死於大名附近之內黃。續通鑑取材於宋史，及宋人野史（如齊東野語之類），也就仍爲內黃，並訛西山或火炎山爲五馬山。遂致與元史及嚴實傳誌牴牾，這是不對的。

實在應該改正爲「贊皇西山」以符地望。另外一點是統蒙古兵的大將是肖乃臺抑博羅罕（孛里海）？我以爲嚴實神道碑改作孛里海，元好問卽在趙魏一帶流寓。作此文時距義斌死不多年，似乎應該作博羅罕（孛里海）爲是。但元史無博羅罕（孛里海）傳，有一忙兀人畏答兒之子博羅歡，始立功於中統年間（破李壇），並與破彭義斌事無關。惟木華黎傳，子孛羅嗣有「俾先鋒肖乃臺統蒙古軍屯濟兗」的記事，大概此孛里海卽孛羅，肖乃臺係孛羅的先鋒，故只紀其統帥之名。續通鑑，用乾隆的譯名，孛羅變爲「博羅」，罕卽「海」。孛羅嗣封國王，當時有汗或罕的稱號，如果此解不錯，這個問題總算解決了。

綜觀彭義斌的事蹟，以義軍起家，歸向宗國—南宋。受職以後，忠誠自矢，不和叛軍同流合汚。不幸兵敗，寧死不降，大節皎然，眞不愧爲「民族英雄」。至他失敗的原因，除去前面所引述的直接原因以外，我以爲還有下列三點：一、南宋朝廷未注意支援，任其孤軍深入。因爲那時李全的作梗，而兩淮秩序騷然；南宋君臣，祇以防範李全爲意，忘掉了遠在北方的一支孤軍。軍無接濟，因糧於敵、自然就難於持久了。二、義軍多烏合之衆，民政撫綏無人。義斌兩三年間（壬午至乙酉），縱橫山東河北，這些地方，皆在蒙古鐵蹄蹂躪之後；民多枯骨，野無青草，有軍事而無政治經濟的設施；得一宋子貞（入元爲名臣），亦未展其才。（主要的軍事動亂期間，無法撫綏安輯）所以人民與軍隊，不能聯結一起，致不能固守。三，急於進取，軍非素練，又有內姦，蒙古的騎兵，銳不可當，他不應該和他以主力拼鬬，致成孤注一擲之局。我們讀岳飛傳，嘗恨秦檜主和班師；以彭義斌的挺進失敗的事蹟看來，對朱仙鎮之捷，似乎也應該得到另一個結論了。

（四）淮海兵亂

李全集團南歸，直至益都城破降附蒙古，回師淮海，敗死揚州城下，前後計十三年（公元一二一八—一二三一）在此期間，有三分之二的時間，是爲南宋抵抗金兵，開疆拓土。金完顏伯嘉所謂「宋人以虛名致李全，遂有山東實地」，可以證其對南宋的忠勇。從益都張林被迫北降以後（公元一二二二年據元史太祖本紀十六年），南宋淮上帥閫，統馭無方，山東忠義內鬨時起，李全遂有專擅自制一方之意。淮海兵亂時作，直逼得這位起義內嚮的英雄，變作叛亂的元兇。這一事件，其影響所及爲：一、山東忠義四分五裂，加深徐海一帶的軍事紛亂。二、南宋從此失却北方屏障，端平北伐，挑釁樹敵，招致後來伯顏南伐的亡國之禍。三、青州一隅爲北方變亂的中心，爲元世祖中統初年，收削漢軍兵權的種因，也結束了自貞祐以來北方豪傑龍蛇起陸的局面。

我曾分析此事變的原委，於山東忠義軍一文，自謂較得情實，茲再扼要說明：

一、淮海兵亂的因素：當山東豪傑被招南來時，先天的已有矛盾，足以肇致後來的變亂者，有兩點：

甲：忠義軍本身不和，最初楊安兒和劉二祖，原是並起而不相謀，楊的活動在青州以東，劉二祖則在泰沂山脈以至徐邳的運河區。這兩人都是自民間揭竿而起，小之爲反抗官府，保全身家；大之爲帝制自謀，野心割據。至李全則根本是南宋招致的「忠義人」，一向爲南宋效命，有其堅定的民族立場，他所吸取的人皆楊安兒舊部（楊妙眞與李全結婚是政治的結合），所以自始與劉二祖一系的石珪彭義斌等不能合作。當南宋加他們的官職，將義斌屬李部，那是官方的建制，終於還是分開，各圖發展。至石珪則素習於金的統治，輕視南宋，以北方爲宗邦，時時不忘北來，金不能成事，便歸蒙古了。在這一支內還有夏全，後來趁李全北上，在後作亂，爲金招降，以盱眙降金，都是同一的道理。

乙、南宋統馭無方：南宋自韓侂胄北伐失敗後，諱言戰爭，雖當金瀕敗亡之際，還不放手輕于嘗試。對山東忠義，只是以逃卒商販（如沈鐸季先）的勾引拉攏，讓他們屯在邊境上，兩國甌脫之地，略發餉械，並無正式的番號，所謂「忠義軍」者，和現在的游擊隊相等。身當淮東西帥閫的人物，又多無遠大材識，補苴敷衍，愛惜小費，甚且製造矛盾，誘納逃亡，以致義軍對帥閫發生惡感。他們又都是草莽烏合，不守紀律，官方始終認爲盜賊。另外宋代的軍隊本有殿軍，邊軍的兩個系統；當高宗南渡時，殿軍崩潰，只有張韓劉岳的部隊，當時號爲「韓家軍」「岳家軍」「劉家軍」等。和議既定，高宗用秦檜收三大將之兵入內，以張俊的部隊做基本，成爲新的殿軍，外邊便沒有某家軍的存在了。〔註二〕可是歷次與金失和開戰，皆招徠民軍或邊鄙的武力保衛地方或擾亂敵人，遂又有忠義的名稱，事後馬上解散。現在兩淮方面，山東忠義軍分屯列戍，抵抗金兵，頗有功績，於是殿軍系統的將帥如二趙〔註三〕等，遂更引起嫉視，造言興事，排擠傾軋，遂形成淮楊的幾次兵變。當時的宰相是史彌遠毫無遠識，又因爲廢濟王立理宗，李全結黨倡議擁立濟王，爲史氏所切齒。所以朝廷上下，無日不以消滅山東忠義爲事，反把利用時機，經營恢復的大計擱置，這是多麼可惜的事！

二、淮海兵亂的經過：據宋史李全本傳，忠義軍的兵亂，共有以下幾次：

甲、石珪的北歸，忠義軍名義上的統帥是季先，先病死，制閫賈涉，分他的部隊爲六。但先部裴淵等抗不受命，潛迎石珪於盱眙，賈涉乃利用李全以自衛，遂有石珪北歸之事；漣水軍遂歸於李全，成了他的根據地。

乙、許國的激變：許國是殿軍出身，夤緣換文階，開閫淮東，爲忠義軍的統帥，大言不慚，激怒李全和他的部屬，又加以政客的播弄〔註四〕遂引起兵變。李全部屬劉慶福驅逐許國，大掠楚州，駐在揚州的忠義軍，又謀響應，要不是地方官吏應付得法，淮揚可能糜爛。自這一事變發生，彭義斌才和李全分裂，有恩州交戰之事，雖然彭勝李敗，可是北伐的後路受威脅，終招致贊皇之敗〔註五〕

丙、夏全之亂：在李全被圍青州之際，淮上帥閫，又想鼓動忠義軍自相殘殺，於是有劉琸挑撥夏全之事，打算用夏全兵力來吞併李全的留守部隊，但反爲楊妙眞所誘說，倒戈作亂，大掠楚州，狼狽周章，終歸於金，宋幾於失却淮東。在這以後，又有劉慶福與李全之兄李福的內鬨，慶福被殺，而李福又起來造亂，驅逐帥府（姚翀）這時淮東簡直是盜賊變亂的地方了。

丁、楚州混亂：這是彭琸（淮東制閫）所造成的，李福既殺劉慶福，而與其他部將齮齕，張林王義（皆是其他系統歸附李全的，此張林爲大刀張林）又以歸向朝廷爲名，引起變亂，殺劉慶福李全家屬，而官方的錢糧復不能按時支給。於是原從金軍來降的張惠，范成進和彭義斌部將，歸附李全的王義深，等經金人的誘說，又轉投金廷，以一盱眙空城，換得郡王的封號，這時距李全同軍攻宋，不過三年而已。

戊、揚州之戰：李全自聞家屬被害，於是向蒙古慟哭乞歸。南歸漣水之後，便着手作窺伺淮揚之計。當時糾合的武力，相當可觀。在前南宋本屬意時青，可是時青已爲所殺。這時朝廷上史彌遠退，而鄭清清作相，向與二趙（葵、范）有師生之誼，兩趙討伐忠義軍的計劃，便被通過。李全起兵消息證實，臨安政府卽下詔宣佈他爲叛逆，命將出師。當時士大夫對李全似乎都視之爲盜賊，二趙和全子才揚州之捷，竟成爲不世之勛。李全起兵以後，心理上却矛盾異常，既不甘心於歸北，而又勢成騎虎，非南下不可。揚州殿軍全子才，趙氏兄弟所統率的軍隊，對外雖不足，對內頗爲勇敢。果然平山堂下，一戰而死，一代豪雄，以保衛宗邦始，以盜賊叛逆終，雖以數十萬之衆和雙槍之勇，也犧牲在時代的矛盾下面，成爲歷史上一大悲劇。

三、淮海兵亂的後果：淮海兵亂，李全敗亡「三十年梨花槍，撐住不行」（楊妙眞語）其後果較大者如次：

甲、山東忠義亦卽紅襖賊集團勢力完全瓦解：劉二祖系之石珪北降蒙古，彭義斌北伐戰死，全軍覆沒。於是已歸蒙古的漢軍，成爲識時的豪傑，功名顯赫，無復首鼠兩端之想。李全敗死，他的妻子，北據青州，將漣水以至益都之線，完全入蒙古。從此與嚴實，張榮分鎮山東，抵抗宋人的北上並成爲蒙古南進的據點。

乙、李全部將的四散：國用安爲李全的重要部將，李死後，還想自成一軍，割據徐邳，他的部下還混有北來的張子良之部。這支軍游離反復，先歸蒙古，後又降金，終爲蒙古所滅。張子良北歸，成爲漢軍的主要將領，先與張惠，范成進同時投金的王義深，却在金哀宗出亡歸德之際，戰死徐邳線上。李妻楊妙眞先據漣水，後來宋師北進，又北歸青州而老死。只候李璮襲爵勢力長成，纔又恢復李家軍馬。

〔註一〕宋史賈涉傳「……李全卒以爵賞爲節度使……，涉又言盜賊血氣正盛，官職過分將有後患……。」當時山東忠義南歸，實待之以盜賊。

〔註二〕岳飛被害後，有人獻詩秦檜「從今不說岳家軍」見宋吳曾能改齊漫錄。

〔註三〕徐晞稷謀帥閫不得，錄許國訐李全之奏報寄之，苟夢玉亦往來煽惑，均見李全傳。

〔註四〕彭義斌之死，宋史謂爲內黃之五馬山，續通鑑取之。予考元史有關諸傳，斷爲贊皇西山說，見前彭義斌北伐節。

〔註五〕見金史國用安傳及另編山東忠義軍文（收蒙古漢軍漢文化研究）。張子良入元爲歸德總管，元史有傳，曾北上和林見耶律楚材湛然居士集。

（原載民國四十四年元月中央文物供應社邊疆叢書）

金將武仙本末考

（一）前　言

當公元十三世紀前半期（一二〇六至六〇），金末元初之際，蒙古人挾其草原新興之勢，强弓怒馬，入侵中原。其蹂躪之虐，殺戮之慘；雖前之西晋五胡之亂，天寶安史之變，五代契丹南下，北宋女眞禍華諸變亂，對此皆有遜色。吾人今日，讀當時人之紀述，猶爲之惻然心動，洵可謂大動亂之時代也。〔註一〕

於此生民塗炭，天崩地圻之際。有能挺身而出，投身於禦侮救民之行列，爲斯民延旦旦之命，爲國族爭一日之光；事雖不成，讀史者終當爲之肅然起敬。而當時議論，囿於成見，淆於恩怨，使一代之雄傑，湮沒不彰，或致千秋詬侮者。如：南宋李全〔註二〕之列宋史叛臣傳，彭義斌〔註三〕竟未立傳，金武仙雖有傳，而訾詈之不遺餘力，此豈事理之平？予研讀宋金元三史，對此三人之事，爲之悼歎！曾於所著蒙古漢軍與漢文化及蒙古初期軍略與金之崩潰兩書中，對李彭事蹟，分析補輯，略闡幽光。惟武仙之事，尚付闕如。茲再鈎稽史傳，旁蒐金元人文集，重爲考覈，非云陳陳相因，聊以追懷英傑云耳。

（二）武仙之起事

武仙者，金威州人〔註四〕金史本傳云：「或云嘗爲道士」。殆以武勇之才，隱於道流。金末河北新道教，大抵皆爲救世與自救而創立，不乏奇材異能之士。其初以抗金爲宋，隱身其中，時异事移，竟爲大動亂中之主流人物，故仙以道士始，而以保衛金源終也。

當金宣宗貞祐之際，自棄中都，退守河南，河北先遭成吉思汗三路軍鋒之掃盪〔註四〕，已成榛莽。六飛南渡，更成空國。於是乎起陸龍蛇，雲屯蠭起。〔註五〕有投蒙古，乘時圖富貴，兼以保鄉里者，如蒙古漢軍史氏，張氏、董氏之流；有南下投宋者，如李全、彭義斌輩。其爲金捍守者，則金末九公〔註六〕，仙即九公中最强大者也。

貞祐南遷之後，卽有委河朔於地方豪傑之議。〔註七〕時蒙古以騎兵見長。馳突之間，風雨驟至。城郭抗守，破卽屠僇。於是人民爭趨山砦，依山巖以託命，官軍亦以保山築寨爲制敵之方。威州當井陘之隘，前臨眞定中山，北宋以之爲北門軍府，士馬素强。〔註八〕後倚太行，連鴈門五臺之塞。故武仙封地皆在太行山區，今河北山西與豫北之地，古來全趙之形勝也。〔註九〕案金史九公傳皆附苗道潤傳，當時中都附近民兵力量，實道潤爲之雄長，以民兵隊長，而撫定五十餘城。〔註十〕蓋蒙古初入中原，利在財貨俘虜，不知取城，往往過而不留，飽掠卽去。故民兵得以乘間收拾殘燼，據地自雄也。金廷初頗信苗，而苗與諸鎭不和〔註十一〕最不相下者爲賈仝賈瑀，賈瑀卒殺道潤。苗死之後，所部中分，大將張柔，紫荆關戰敗北降，其衆遂皆歸之。而順天一帶，皆爲柔所撫定。挾蒙古之威，收綠林之衆，進距太行山隘，武仙所以不能支，史氏所以撫治眞定，進略相衛者，皆張柔之力也。〔註十二〕天生兩雄，使武仙初期功業受挫，終於南竄，豈非天哉！

武仙勛名始見於金元史帝紀列傳及各家文集者，茲分疏列之如次：

一、金史部份：

（一）宣宗本紀：（卷十五）

「興定元年……二月……乙未，先徵山東兵，接應苗道潤共復中都。而石海據眞定叛，慮爲所梗，乃集紐祜祿貞，郭文振，武仙所部精鋭，與東平軍爲犄角之勢圖之。……甲辰、威州刺史武仙，率兵斬石海，及其黨二百餘人，降葛仲，趙林，張立等軍，盡獲海僭擬之物，尋進仙權知眞定府事。」

案此爲武仙功名發軔之始。

（二）苗道潤傳，武仙本傳，所引見註六、七、八，不再贅列。

二、元史部份：

（一）太祖本紀：

「十三年戊寅秋八月……金將武仙攻滿城、張柔擊敗之。……十四年己卯春，張柔敗武仙，降祁陽、曲陽、中山等城。」

（二）各傳附見：如張柔傳：

「徙治滿城，金眞定帥武仙會兵數萬來攻，柔以兵數百出奇迎戰大破之，乘勝攻完州下之。乙卯，仙復來攻敗走之，進拔中山。祁陽、曲陽諸城寨，聞之皆降。既而中山叛，柔引兵圍之，與仙將葛鐵槍，戰於新樂……遂拔中山。仙復會兵攻滿城……開門突戰皆敗走。又敗仙於祁陽，進攻深澤，寧晉、安平克之。分遣別將攻下稾城、無極、欒城、闢地千餘里……一月之間與仙遇者，凡十有七、每戰輒勝。」

此節紀述，當採自遺山碑文（見註（十）引），以鋪述張柔之戰功。但後人讀史，可以窺見武仙當日聲勢之浩大，柔不過支拒而已。惟其有蒙古之後援，武仙遂終不支，而金之北門啓矣。元史漢軍各傳，常紀與武仙戰鬪之績，其確在此一時期者，如：

王義傳：（元史一五一卷）「金將武仙以兵四萬來攻獲鹿，積二十日不能下，夜出直斫仙營，仙軍亂，……仙率餘衆退還眞定。」

邸順傳：（同卷）「朝廷陞曲陽爲恒州，以順爲安撫使，金將武仙據眞定，率衆來攻，順與戰大敗之。……仙退眞定以自保」。

王善傳（同卷）「乙亥權中山府治中，時武仙鎭眞定……是冬以兵三百攻武仙……仙走獲鹿……」。

董俊傳（一四八卷）「金將武仙據眞定，眞定定武諸城皆應仙，庚辰春金大發兵益仙……俊軍時屯曲陽，仙銳氣來戰，敗之黃山下，仙脫走……」

凡此諸傳，雖多浮夸，但足以說明武仙當時之軍力强大，爲金捍守之情勢則一。

（三）武仙之僞降與苦鬥

武仙與河朔豪傑並起，以是特見重於蒙古君汗。元史開國各傳中，所以常見其事蹟者，固由於初起時聲勢之大，士馬之强；要不得不歸功於旣降復叛，叛而殺其大將，使大河以北，局勢頓變，幾致「拔趙易漢」，困擾蒙古人，使其創痛歷久如新也。於此吾人首當推定降附蒙古之情實，次當檢視其叛後之軍事行動，庶明史事之眞相。

武仙之降蒙古，在庚辰年（公元一二一九）卽金興定三年，蒙古太祖十五年，據元史太祖本紀稱：

「十五年，庚辰……夏五月，穆呼哩（木華黎）徇地至眞定，武仙出降，以史天澤爲河北西路兵馬都元帥，行府事，仙副之。」

金史宣宗本紀，則繫諸同年九月，寥寥一語：「九月，丙戌恒山公武仙降大元。」時間相距四月有餘，殆道路梗阻，音書遲緩之故。吾人於此仍不明當日投降之眞相。元史漢軍列傳中，曾略透消息者，有史天祥傳（卷一四七）：

「庚辰至眞定，木華黎使天祥攻城。天祥固請曰：『攻之恐戮及無辜，苟其未降，加兵未晚。天祥往見守將武仙，諭以禍福，仙悟乃降。」

此傳敍仙之所以降者，爲天祥之勸說。當時蒙古兵威，凌厲無前，其法凡城被攻下者屠殺無遺類〔註十三〕。自蒙古陷中都後（甲戌），木華黎卽整軍東指，經略遼東，取北京（臨潢），平錦州張致，殲蒲鮮萬奴，直至丁丑，東北方告平定。〔註十四〕而成吉思汗大軍，則自還漠北，僅以偏師，攻金四塞，〔註十五〕尋且西征大食。故河朔之間，漢人稍稍保聚，九公之流，乃得乘時起事，據地自雄。金亦得轉北拒之師，爲南侵之計。〔註十六〕迨十三年戊寅，蒙兵復入紫荆，納降張柔，中都附近，已非金有。而木華黎受命專制太行，漢地幾爲其采邑，遂「建行省於雲燕，」以圖中原〔註十七〕。挾其蒙漢軍馬，東自燕薊南下，掃蕩河北平原；西自長城入侵，囊括全晉，拊太行之背，下瞰全趙，眞定乃成爲腹背受兵之地。而肘腋之地，復多異類，加槀城之董俊，王善，懷州之邸順，深冀之王義，蚊蝱在背，使其不能展佈。〔註十八〕迨夫木華黎之主力，橫壓於前，守則玉石俱焚，數年經營，付之一炬；降則目前富貴，且作後圖。此所以天祥一說，卽慨然投戈；而眞定雄區，竟付史氏，使與並治，竟不猜嫌。然所以爲詐降者，以武仙降後，始終未翦除西山之豪傑也。〔註十九〕

武仙降蒙古後，蟄無聲息，前後五年。至乙酉年（金正大二年，蒙古太祖二十年），忽以反蒙歸金聞。蒙古漢軍大將史天倪，被其斫殺，此事構成初期元史一大事件。茲疏記金元史有關此事之記載如次：

一、金史部份：（一）宣宗哀宗兩本紀：

「元光二年……五月……丙午……遣人檄招前恒山公武仙。

正大二年四月辛卯，恒山公武仙自眞定府來奔。」

（二）列傳：

武仙本傳：「仙與史天倪俱治眞定　六年，積不相能。懼天倪圖己，嘗欲南走，詔樞密院牒招之。仙得牒大喜。正大二年，仙賊殺史天倪，復以眞定來歸。」

白華傳（一一四卷）：「……正大二年四月，武仙以眞定來歸。朝廷方經理河北，宋將彭義斌乘之，遂由山東取邢洺磁等州……」

金史於武仙殺史天倪及爲金事，敍述頗簡。惟由此而知仙之叛蒙，事前實與本朝交通，非猝起也。

二、元史部份：（一）太祖紀：

「二十年乙酉春……二月武仙以眞定叛，殺史天倪，董俊判官李全亦以中山叛。三月史天澤擊仙走之，復眞定。夏六月彭義斌以兵應仙，天澤禦於贊皇擒斬之。」

（二）列傳：

孛魯傳：（一一九卷）李魯木華黎子襲國王：「乙酉春，同知眞定府事武仙叛，殺都元帥史天倪，脅居民遁於雙門寨。仙弟於軍中挈家逃歸，遣撒寒追及於紫金關斬之。……」

肖乃臺傳（一二〇卷）：「乙酉天澤送母白霫，（臨潢）副帥武仙殺天倪以眞定叛。國王命率精甲二千與天澤合兵進拔中山，仙遣其將葛鐵槍來援擊敗之……。」

史天倪傳：「……仙怒，謀作亂，乃設宴邀天倪……遂爲仙所殺。天倪之赴眞定也，秉直（其父）密戒之曰『觀武仙之辭氣，終不爲我用，宜備之』果及禍」

史天澤傳：（一五五卷）「乙酉，天倪遣護送其母歸北京，既而天倪爲武仙所害。……即傾資裝，易甲仗南還。行次滿城得士馬甚衆。……合勢（肖乃臺軍）進攻盧奴，仙將葛鐵槍者擁衆萬人來拒戰，天澤迎擊之。……生擒葛鐵槍，餘衆悉潰，……遂下中山，無極、拔趙州，進軍野頭。會天澤兄天祥亦提兵來赴，擊仙敗之，遂奔雙門，遂復眞定。未幾宋大名總管彭義斌陰與仙合，欲取眞定。天澤同笑乃䚟禦諸贊皇……縛義斌斬之。……」

武仙叛變，蒙古收復眞定，以此傳爲最詳。其他各傳涉及此事者，有(一)王玉傳（二）邸順傳（三）王善傳（四）董俊傳（五）焦德裕傳（六）張柔傳（七）劉黑馬傳。柯紹忞新元史漢軍各傳中，又有（一）喬惟忠傳（二）耶律忒末傳等，宋史李全傳，因紀彭義斌，亦牽涉及之。其可資說明史天澤如何收復眞定者，惟張柔，董俊兩傳。張柔傳云：「乙酉春眞定武仙殺其帥史天倪，其弟天澤使來求援，柔遣驍將喬惟忠等率千餘騎附之」。董傳云……「己酉，仙果殺都元帥史天倪，據眞定以叛，旁郡縣皆爲仙守……俊出兵掩擊之……俊復夜入眞定，仙走死。」張氏防區在滿城，史天澤即於此地招集部曲，成軍進討，非張氏大力支持，曷克有此。董氏防地在稾城，居武仙防區之中心，屹然不動，與史氏復仇之兵相應，故此後在漢軍將領中，史張董三家功名罔替，蓋肇始於此也。顧武仙既降何以隱忍五年之久，始謀叛去耶？吾以爲其始之降，蓋懼於蒙古之軍威；終之叛，係値蒙古之暫退。蓋成吉思汗西征始於己卯〔註二十〕迄於乙酉，主力西移，中原所恃，惟木華黎，亦於癸未（公元一二二三年，金元光二年）三月，死於聞喜軍次，軍鋒頓止。而南宋之山東忠義，李全彭義斌等奄有齊魯，軍鋒且及河北。〔註二十一〕此正中原漢人反正之秋。故不惜與分在敵國之彭義斌聯合，引其西上。如果河朔漢將，能捐其私讐，共起驅胡，奉漢家之正朔，呼兩河之豪俊，或不致旋起旋滅，如是之速！惜哉！彭義斌既後掣於李全，內受詐於嚴實〔註二十二〕，仙又爲張柔等所扼，以致同歸於盡，不能不歸之運數已。

武仙反蒙，雖不能久居眞定，但其勢力，始終在「西山」，即太行山區，伺隙困擾。金史哀宗本紀，雖紀其來奔於汴梁，武仙本傳亦同其說。但綜合元史有關各傳，則固依然苦鬪不退也。於此有兩事足紀：一曰再復眞定，武仙爲蒙古與史部合力擊走後，並未遠去，即退入山區之原置諸寨，（以抱犢寨爲最著），伺蒙兵去後，策動眞定城內漢人內應，使史天澤倉皇出走，蒙古廻軍再進，始不能守。不久又爲史氏搗其老巢，肅清西山，遂轉進徘徊於相（彰德）衞（汲）澤、潞之間。元史天澤傳謂：

「未幾仙復令諜者結死士於城中大歷寺爲內應。斬關而入據其城，天澤引步卒東出至槀城，求援於董俊。俊授以銳卒數百夜赴眞定。而笑乃鶻駐兵亦至，捕叛者三百人，仙從數百騎，走保西山抱犢砦。……天澤乃繕城壁、立樓櫓，爲不可犯之計。……以抱犢諸砦，仙之巢穴……急攻下之，仙乃遁去，繼取蟻尖，馬五諸砦，而相衛亦降。」

武仙西山諸砦，何以摧毀如是之速？蓋此時蒙古方有兵入太行山區也。元史肖乃臺傳：「乃整兵前進，下太原，略太行拔長勝寨，斬仙守將盧治中（官名）圍仙於雙門寨，仙遁去。」蓋此役純係以蒙古騎士爲中堅，而史張漢軍諸部爲輔。山巖狹徑，蒙古騎兵不能至者，漢人之鷹犬，乃爲之薰穴草薙，而壞其根本。是時史張二大集團，又勞來安集，築城建市，使刼後遺黎，暫甦喘息。而遊擊之師，因糧鄉里，乃爲衆所共棄矣。故元遺山千戶喬公墓志（喬惟忠、文集卷二九）云：

「武仙刼殺主帥，反爲金……張公會諸道兵擊之，公時攝帥府事，……敵將保郎山，行列方整，殆不可犯……出其不意大敗之……不旬日叛者日繼降附，進逼眞定，仙懼南奔，遂北進攻彰德。」

此足以見武仙當時實力，殊不可侮，與張柔助史之力。又記天澤部將張榮祖攻下西山之戰蹟云（西寧州同知張公之碑）

「遷總統巡山軍民千戶。恒山公仙壁雙門，遣別將屯抱犢山，權萬戶（天澤）親以軍守之。隘狹可上者十有八所，兩山皆有備禦，不便仰攻。公……乃潛軍由鳥道攀援而上，出其不意……投死無所，問知公名，皆束手自歸。」

足證淸勦之役，得力於地方漢軍。本文又云：

「藂與未盡者，依太行爲窟穴，所在有之。根結盤互，時出剽掠」

可見仙去眞定，失抱犢，雙門之後，仍牽制蒙古，不得安枕，於是史張皆築城自保。如遺山順天府營建記云（文集三十三卷）

「丁亥（一二七二金正大四年）仍移軍順天……時順天爲荒城者十五年矣……將留居之，隨爲水軍所焚，於是立前鋒左右中翼四營以安戰士，置行幕荒穢中，披荆棘，拾瓦礫，力以營建爲事。」

王惲秋澗集（卷四八）忠武史公家傳（天澤）云：

「公乃繕城壁，除武備，明號令，守禦以方，爲不可犯之計。歲荒食艱，捐甘攻苦，與衆共之。於是招流散，拊瘡痍，披荆榛，掇瓦礫，數年間，官民府聚，以次完聚。……」

順天（今保定）與眞定既爲史張所經營，成爲南進相衛，東下齊魯，西應汾晉之轉轂中心。金人退汴自保又無主力過河。於是武仙遂不得不寓軍衛府，策應河北山西之師。金史仙本傳：

「五年（正大）召見，哀宗使樞密判官白華導其禮儀，復封衛州，置府衛州，已而大元兵至仙遯歸。」

仙在衛州（汲郡），自戊子（正大五年）至庚寅，大約以擾亂澤潞，間襲河北爲事。據元史塔思傳（木華黎孫襲國王）

「庚寅秋九月，叛將武仙圍潞州，太宗命塔思救之，仙聞之退軍十餘里。大軍未至……與戰不利，退守沁南。賊還攻潞州，城陷，主將任存死之。冬十月帝親征，遣萬戶因只吉台，與塔思，收復潞州，仙夜遁。……」

潞州即古上黨，原上黨公張開防地。時開衆已潰，南度奔汴，惟仙苦撑，出入百戰而已。元史何實傳：

「武仙復叛，據邢，實率師五千圍之，城破仙走，逐北四十里大破之，是夜仙黨遁去。」

又杜豐傳（卷一五一）

「庚辰（一二二〇金興定三年）……金將武仙等往來鈔掠平陽太原間，行路梗塞。壬午……(豐)遂破玉女，割渠等寨，俘獲千餘人」

庚辰年武仙初降，壬午年，仙又將破，此傳所云，固足見汾晉之間，始終有其馬跡也。

（四）武仙之末路

金之初退河南，原意前倚太行孟門，阻大河以自固；側倚潼關，南阻南洛，開淮蔡以就食於宋。北面原以河中爲據點，策應汾晉。乃河中爲木華黎所取，血戰進出，終於不支。(註二十三) 眞定又棄守，衞州臨河，西通澤沁，遂爲轉轂中心，仙一軍守之。雖太宗南伐，大軍壓境，亦拒守經年。金史本傳謂：「未幾衞州被圍，內外不通，詔平章政事哈達救之」。金史合達傳（卷一一二）

「初朝廷以恒山公仙屯衞州，公府節制不一，欲合之。至是河朔諸軍圍衞，內外不通已匝月，但見塔上煙火而已。」

前引秋澗史氏家傳亦云：

「庚寅冬圍武仙於汲，小大凡十餘壁。金將合達以衆十萬來援，鋒始交不利。諸將乘虛，一時奔北……而復與大軍合攻，仙逸去。」

案天澤諸軍之取衞，原係太宗南伐之前驅。時蒙古中軍，方在河東，太宗本紀「三年辛卯……冬十月乙酉帝圍河中。」「四年壬辰春正月戊子，帝由白坡渡河」。秋澗家傳謂「詔公（天澤）以兵由盟津會」蓋衞州一失，汴梁之北門啓矣。

壬辰之役，河南遍地受兵。武仙奉命移金州（豫西南）屯胡嶺關，不旋踵卽有鈞州三峰山之會戰，此後仙卽以南陽一帶爲新根據地。仙本傳謂：

「八年（正大）……仙由荊子口會鄧州軍……天興元年正月丁酉、哈達，布哈敗績於三峰山，仙從四十餘騎走密縣，趨御寨、鳥凌阿，阿呼圖不納，幾爲步騎所得。乃舍騎步登嵩山絕頂……遂走南陽留山，收潰軍得十萬人，屯留山及威遠寨，立官府，聚糧倉，修器仗，兵勢稍振。」

此一階段之武仙，殊少作爲。然吾人須知，鈞州之戰，爲南金存亡關鍵。蒙古拖雷，間道進軍，行險得勝，而金軍則遲疑徘徊，坐待糧竭而後戰，終至於敗。此役萃南金之軍事力量，孤注一擲。主其事者，爲女眞貴臣，完顏合達與布哈。仙輩客寄孤軍，固無能爲力。如花帽軍之張惠，勇力絕人，卽於此役戰亡。忠孝軍大將陳和尙，亦以身殉。〔註二十四〕仙竟能於潰敗之後，招集殘燼，復振軍聲，使哀宗突圍之後，歸德、蔡州兩地，猶藉爲聲援，亦足豪矣。

武仙末期，應名之爲順陽時期。順陽屬金之鄧州，武仙於三鋒之役大潰散後，所棲留之地區，多在今豫西之登封臨汝，及豫西南之內鄉，淅川、唐州、方城與順陽一帶。按金史地理志：

「鄧州……宋南陽郡……鎮四、順陽、新野、穰東、板橋、南陽、內鄉：鎮一峽口。

唐州……縣四、鎮四。

裕州：本方城縣……縣三、鎮四」

淅水即在內鄉。南陽又爲山嶺盤亘之區，故武仙退此後，遂得休兵練卒，重振旗鼓。在此時期，金史哀宗本紀，有關武仙之紀載頗多，計有：

「天興元年……正月……武仙走密縣，六月……丁丑恒山公殺士人李汾……七月……丙午參知政事完顏思烈，恒山公武仙自汝州入援……辛亥完顏思烈遇大元兵於京水遂潰，武仙退保留山。天興二年……七月（時在歸德）乙卯，遭魏璠徵武仙兵、辛酉、武仙刼將士謀取宋金州，至淅水衆潰，行六部尙書盧芝，侍郎石玠，謀歸蔡州，仙……遂殺玠。」

蓋天興以後，金源勝兵已罄，困守孤城，期待於武仙者甚大，本紀遂有甚多之紀事。仙本傳此時期事亦較詳。而史家所詬責於仙者，亦在應援不急，與擁兵自潰兩事，專殺跋扈，迺其罪狀。吾人亦當就此兩點，加以探究。

（一）武仙對汴京歸蔡，是否不急於應援？據仙本傳，金廷對仙，徵召頻繁。初時仙亦應詔，整軍與色埒（即完顏思烈）合兵入援。色埒中途遇敵不從仙策，潰於京水，使之不能前進。武仙本傳：

「汴京被圍　哀宗……詔與鄧州行省色埒入救。八月至密縣，遇大元大將速不臺兵過之。仙即按軍眉山店，報色埒曰：『阻澗結營，待仙至俱進，不然敗矣。』色埒……不聽，行至京水，大軍乘之，不戰而潰……哀宗……詔仙曰「色埒不知兵，使從卿阻澗之策，豈有敗哉！」

夫蒙古之圖汴京，志在必得。速不臺爲成吉思汗「四狗」〔註二十五〕之一，驍勇無比。以合達數十萬之衆，猶敗於三峰；況仙烏合之衆，其不能入援，理固宜然。其後宣差徵兵，殺仙之部將，益生疑忌。仙會告人曰：「我豈敢入汴京，一旦有急，縛我獻大國矣。」此係實情〔註二十六〕，故遲援似不足爲仙之罪。

〔二〕武仙何以擁兵自潰？仙傳稱仙御下猜疑，殺其有功部將之董祐。中間爲孟珙所襲，頓兵淅川，哀宗在蔡州使人來以大義相責，將士感憤。仙不得已而與將士歃血效忠，旋詐脅全軍窺宋金州。中途糧斷，還軍峽石。適蔡州攻下，君死國亡，將士大怨而散去。文官盧芝石玠，率先脫走，遂窮無所歸矣。吾以爲仙秉性或狷急，不能容衆。但金自宣宗猜防爲政，內侍局，監軍〔註二十七〕遇事生風，將帥解體。軍中亦復上下猜嫌，如董祐之事，傳稱其聳動近侍局使完顏四和，使其圖仙，爲四和所拒。則明是犯上作亂之徒，自致殺身之禍。仙以是而不敢信任朝廷之來使，所以與魏璠相齮齕〔二十七〕，即士人李汾之死，亦非無故也。

吾人以爲武仙後期徘徊淅水，萬衆潰敗之故有兩點：一爲南宋邊將之攻襲與招誘，二爲中樞崩潰，士無鬪志，糧盡援絕之結果。關於前者，宋史孟珙傳（卷一七一）曾記攻襲武仙之經過云：

「初仙屯順陽，爲宋軍所撓，退屯馬蹬　金順陽令李英以縣降，申州安撫張林以州降。珙言歸附之人，宜因其鄉土而使之耕……俾自耕自守……各招其徒以殺其勢。七月己酉，仙愛將劉儀，領壯士二百降……翼日遣兵向離金（以下敍戰況……）……料武仙將上岵山絕頂窺伺……已而仙果登山……伏兵四起，仙衆失措，枕藉崖谷，山爲之赬。殺其將兀沙慈，擒七百三十人……（以下敍再戰大敗武仙情況）仙與五六騎奔。……」

以此傳觀之，詞雖誇大，但決非金史仙傳所謂：「大敗珙兵，珙與數百人脫走」之情形。蓋孟珙爲端平間名將，虎踞荊襄，初非孱弱虛憍之流。故此傳所敍敗仙之狀，差爲可信。則武仙之亡，初非士衆自潰矣。至於第二點，依仙本傳，卽係如此，傳云：「甲午，蔡州破，糧且盡，將士大怨皆散去」，卽足以說明一切。當兵敗之餘，遭國亡之變，狼狽奔亡，宜其潰散。然終不肯出降，北走澤潞，仍係其起事時縱橫之地，則仙之北走，當亦有所爲也（註二十八）。途窮日暮，自刎烏江，此一代風雲人物，遂含恨以死。與李全之死揚州，彭義斌之死贊皇，同其悲慘！遺山詩集南關絕句詩云：

「風裏秋蓬失自由，一生幾度過隆州；無情團拍關前水，流盡朱顏到白頭！」

感慨低徊，有感而發。雖不能證其爲憑弔武仙，但團拍關在河東祁縣，正武仙歸路所經，則澤潞之死，豈卽於此被執？此詩所慨，不爲無因矣。

附記：金史武仙傳立論稍偏，或係所根據之史料使然。按金史實錄，由張柔破汴時携歸，爲遺山手錄，且建野史亭，撰南冠錄，壬辰編。武仙所殺之李汾（源長）即遺山摯友。其輓李詩云：「石苞本不容孫楚，黃祖安能貸禰衡」。則遺山下筆之際，寧有恕詞。又魏璠幾爲仙殺，其人爲金末名士，享重名。後來元世祖曾召之問政，賜謚靖肅，其嗣子魏初，至元間名臣，著有青厓集。王鶚汝南遺事，（叢書集成本）有「詔答恒山公請追魏璠」條，記璠使仙被圍事甚詳。又記有近侍局古里甲安等奏武仙無勤王心之疏，此皆不利武仙之紀錄，王與魏璠當時皆翰林同事也。此類史料，必爲史官所采錄。乃使此始終抗敵衛國之孤臣，竟同犯上作亂之悍將，豈不大可哀耶！

本文重要參考書目

一、金史紀傳　元史及新元史紀傳
二、宋史孟珙傳　李全傳
三、汝南遺事　畢沅續通鑑　元秘史
四、王若虛滹南遺老集　元好問遺山文集　王惲秋澗大全集　姚燧牧庵集　劉因靜修文集　魏初：青崖文集　虞集道園學古錄
五、元文類　劉祁歸潛志

六、洪鈞元史譯文證補　馮承鈞譯法多桑蒙古史第一二卷　姚從吾著丘處機年譜作，者著蒙古漢軍與漢文化

〔註一〕　元好問遺山文集淸眞觀記（卷三五）：

「如經世書（邵康節著）所言，皇極之數，王伯而降，至於為兵火，為血肉，陽九血肉，適當斯時。符堅、石勒、大業、廣明、五季之亂，不如是之極也！人情甚不美，重為風俗所移。幸亂樂禍，勇鬬嗜殺，其勢不相魚肉，舉六合而墟之，不止也。」

此指控蒙古入中原殺戮之禍，以在俘繫（遺山編管聊城）不敢顯斥，故隱約言之。

元劉因靜修文集武強尉孫君墓銘：

「臨卒謂子繼賢等曰：『若等幸勿忘金崇慶末，河北大亂，凡二十餘年，數千里間，人民殺戮幾盡……』」

又元姚燧牧庵集中書左丞姚文獻公神道碑，記姚樞在許州因得全眞門人之救，免兵禍事，以及靜修集郭孝子事記保塞屠城之慘，皆足見蒙古兵禍之烈。

〔註二〕　李全濰州人。金秦和間，宋韓侂胄北伐，即結之楚漣水。後歸宋為京東總管，守益都為蒙古圍二年始降，宋史列叛臣傳，拙著蒙古漢軍與漢文化（東海大學出版）曾有專篇研究。

〔註三〕　彭義斌泰安人，歸宋為大名總管，北攻河朔，兵敗就義。宋史未立傳。

〔註四〕　元史太祖本紀：（藝文印書館景印殿版廿五史本）

「八年癸酉……是年秋分兵三道：命皇子卓沁（拙赤）如罕台諤格德依（窩濶台）。為右軍。循太行而南取保遂安肅安定邢洺磁相衞衞輝懷孟（以上河北西路）掠懷孟澤潞遼沁平陽太原吉隰，拔汾石嵐忻代武等州（

以上山西）而還。皇弟哈札爾（哈撒爾）及旺沁諸顏，卓齊特博哈爲左軍，遵海而東取薊州平灤遼西諸郡而還。帝與皇子圖類（拖雷）爲中軍，取雄霸莫安河間滄景獻深祁蠡冀恩濮開滑博濟泰安濟南濱棣益都淄濰登萊沂等郡。（冀中山東）」是時燕都外圍郡縣悉殘破，故成吉思汗謂金人曰：「汝山東河北郡縣悉爲我有……」後來蒙金和議雖成，燕都不能爲國，故宣宗（完顏珣）亟亟南遷也。

〔註五〕虞集道園學古錄（中華書局四部備要本）曹文貞公文集序：

「我國家龍興朔方，金源民就亡絕，干戈蠭起，生民塗炭。中惟豪傑起於齊魯燕趙之間，據害以禦侮，立保障以生聚，以北向於王師」：

可證當時紛亂中豪傑自王之狀，仍參閱拙著蒙古漢軍與漢文化「漢軍份子的分析」一章及後章。

〔註六〕金史苗道潤傳九公封於金宣宗興定四年二月，計爲滄海公王福，河間公移剌衆家奴，恒山公武仙、高陽公張甫、易水公靖安民，晉陽公郭文振，平陽公胡天作，上黨公開開，東莒公燕寧。武仙之起，據本傳云：

「貞祐二年，仙率鄉兵保威州西山，附者日衆，詔仙權威州刺史。」

〔註七〕金史　一一八苗道潤傳：

「宣宗遷汴，河北土人，往往團結爲兵，或爲羣盜。……宣宗召轉運使王擴問曰：『卿有智慮，爲朕決道潤事，今卽以其衆使爲將，肯終爲我盡力乎？』擴對曰：『兼制天下者，以天下爲度。道潤得衆有功，使自爲守，羈縻使之，策之上也……』於是除道潤宣武將軍……」

〔註八〕金史地理志：

「眞定府上總管府……縣九、鎮三、眞定、藁城、鹿獲、行唐……」

金王若虛滹南遺老集卷四三恒山堂記云：

「眞定古名鎭，形勢雄壯，冠於河朔……」

北宋於此郡，常以重臣判府，如宋祁（仁宗朝），曾布（神宗朝）。宋氏有眞定述事詩云：帳下文書三幕府。馬前鞬韎五諸侯」。清姚鼐今體詩選收此詩注云：「知眞定府當兼三局，知府一也，安撫司二也，馬步軍都總管三也。此所謂三幕府。所統六州，鎭州爲本府，餘磁相邢趙洺，故曰五諸侯。其城趙王鎔之故國……」足徵此區域之重要。

〔**註九**〕 武仙封地，據金史本傳云：「以中山，眞定府、沃、冀、威、鎭寧、平定州、抱犢寨、欒城、南宮縣隸焉。同時九府，財富兵彊，恒山最盛。」

〔**註十**〕 金史苗道潤傳：

又靖安民傳：「安民上書曰：『苗道潤撫定州縣五十餘城，其功甚大』。」

「道潤有勇略，敢戰鬪，能得衆心比戰有功，略定城邑。……前後撫定五十餘城……」

〔**註十一**〕 苗道潤與同列諸將不能和洽，見本傳：「初道潤與順天節度使李琛不相能，兩軍士兵團攻相聽……」又云「道潤奏李琛以衆叛攻滿城，琛亦奏道潤叛，廷議以兩人失和，故至於此。」

〔**註十二**〕 張柔，定興人，元史新元史有傳，原道潤部衆，道潤死與靖安民中分其衆，金史張甫傳：「二年苗道潤死，行省侯摯承制以李奇嚕權道潤中都路經略使，甫與張柔爲副，頃之領苗道潤之衆，請以靖安民代道潤，時張柔，安民實分掌道潤之衆。」

張柔於道潤死後，代領其衆，於戊寅年（太祖十三年金興定二年）降蒙古，元史太祖紀：

「十三年戊寅秋八月，兵出紫金，獲金行元帥事張柔，命復其舊職……」

此後卽記張柔與武仙戰役。元好問遺山文集（四部叢刊景印元刻本）卷三十順天萬戶張公勳德第二碑云：「初公（柔）之下東流（柔原保東流堌），軍滿城也……恒山公武仙會鎭定深冀步卒一萬，騎五百來攻。公……遣壯士出戰敵不能勝然未退也。後數日公……言兵至自西山……仙軍果驚潰……由是祁陽、曲陽、皷城諸將帥，降者三十餘萬……」

元史張柔傳紀其事云：「一月之間與仙遇者，凡十有七，每戰輒勝。」又紀其支援史氏之狀云：「天澤來求援，柔遣驍將喬惟忠等率千餘騎赴之。」

〔註十三〕 元宋子貞中書令耶律公神道碑（元文類卷五七）

「國制凡敵人拒命，矢口一發，則殺無數；」

蒙古殘破東西大國名城，流血成河者，卽此定制為之。然事前亦慣用招降，馮承鈞譯多桑蒙古史記西征一事，「成吉思汗，自率其子拖雷，向不花剌，行近匝兒黑鎭，鎭民皆避入堡，成吉思汗遣答失蠻往諭降……呼曰『……汗率大軍距此不遠，汝等若稍抵抗，霎時堡壘屋舍將平，血淹田畝矣，降則身家得保。』」度天祥之說仙，亦不外此，宜仙懼而降矣。

〔註十四〕 元史木華黎傳：

「甲戌、從圍燕、金主請和北還、命統諸軍征遼東……乙亥、裨將蕭也先以計平定東京、進攻北京、舉城降……奉寅答虎留守北京……鯨（張）弟致憤其兄被誅、據錦州叛……木華黎率蒙古不花等軍數萬討之……高益懼、縛致出降悉屠之……拔蘇、復、海三州、斬完顏衆家奴。咸平宣撫蒲鮮等、餘衆十餘萬、遁入海島。……」

〔註十五〕元史太祖本紀，十年、乙亥、方與金和、稱：「遣伊奇哩往諭金主，以河北山東未下諸城來降及去帝號爲河南王，當爲罷兵。」又以「金主不從，詔史天倪南征，授右副都帥，」而天倪亦僅攻取平州，未能大舉。至十一年一年間，亦僅紀攻西夏之師趨關中，「遂越潼關，拔汝州等郡……而還，」可見其爲偏師也。

〔註十六〕金史宣宗本紀：

「興定元年春正月已卯，上謂宰臣曰『……宋人何故攻我？』高琪請伐之，以廣疆土。……」

自後即見僕散安貞等與宋兵交鋒之紀錄。金史論宣宗曰：「遷汴之後，……方且狃於餘威，牽制羣議，南開宋衅，西啓夏侮，兵力既分，功不補患……」歷來史家皆咎金南渡後伐宋之非計。

〔註十七〕元史木華黎傳：

「丁丑八月，詔封太師國王都行省制行事……分弘吉剌　乞烈思，兀魯兀，忙兀等十軍，及吾也而契丹蕃漢等軍，並屬麾下。且諭曰『自太行之北，朕自經略，太行以南，卿其勉之……乃建行省於雲燕，以圖中原，遂自燕攻遂城及蠡州諸城拔之……」

〔註十八〕元史王義傳，紀與仙交戰之事，曾擒其將盧秀，殺千餘人，王義時據束鹿，眞定屬邑也。又邸順傳：「時西京郝道章，陰結武仙，抄掠州縣，順擒道章殺之，仙退眞定以自保，順從木華黎敗之於五柳口……」邸順時據曲陽，原屬武仙勢力範圍。又王義傳亦紀攻仙之事，已見前。凡此雖非主力之對壘，困擾之則有餘。

〔註十九〕武仙之降，王善曾奏「仙狼子野心，終必反復」見元史善傳。王守道曾謂史天倪曰：「是人位居公下，意有不平，安能鬱鬱居此，宜先事爲備」，天倪不以爲然。見元史守道傳，又武仙不肯翦除西山盜賊，亦見史天倪傳「乙酉師還，聞武仙之黨，據西山、腰水、鐵壁諸砦以叛，天倪……盡掩殺之，仙怒謀作亂。」可見仙在眞定掩護舊部，以爲再起之圖。

〔註二十〕 依洪氏元史譯文證補，太祖本紀證補附註。

〔註二十一〕 彭義斌於蒙古太祖十九年（甲申）兵進河北，史天倪與戰於恩州，見太祖本紀。

〔註二十二〕 彭義斌在河北，攻下東平，嚴實僞降，迨與蒙古軍接觸，即奔歸北營，見元史嚴氏本傳。元遺山東平行臺嚴公神道碑亦載其事。李全與彭始終不睦，彭曾致書趙善湘請其擊全，李全亦牒彭，囑歸節制，事並見宋史李全傳，趙善湘傳，及趙范弟兄傳。畢沅續通鑑宋紀一六三，「許國既死」條，彙紀之。

〔註二十三〕 元史木華黎傳：河中久爲金有，至是復來歸……召石天應謂曰『蒲爲河東要衝。我擇守者，非君不可。乃以天應權……行……命天應造浮梁以濟歸師。……中條山賊侯七等聚衆十餘萬。伺大兵既西，謀襲河中……天應戰死，城陷……」迨後又爲金所取，故太宗伐金，曾親圍之，以李守賢之用力，始攻下濟河（見元史李守賢傳）

〔註二十四〕 參閱金史完顏哈達傳（一一二卷）布哈傳（同卷）及忠義傳陳和尚傳，遺山文集鎭南將軍良佐墓志詳紀其殉難之狀：

〔註二十五〕 元秘史葉德輝本日本東方文庫三合音注卷七漢文：「札木合說：『是我帖木眞俺答用的四隻狗……四狗者別，忽必來、者勒篾、速必額臺四人」速必額者，即速不臺也。元史有傳，爲總兵圍汴梁之主將。

〔註二十六〕 蒙古圍汴，數遣人索要人員。哀宗本紀：「大元遣使……索翰林學士趙秉文、衍聖公孔元措等二七家，及歸順人家屬，布哈妻子，繡衣弓匠鷹人又數十人。」遺山文集龍虎衞上將軍耶律公（天祐）墓誌銘：

「壬辰二月，公之季弟今中書令楚材，奉旨理索公北歸……哀宗幸和議可成，固遣之……」

是金朝當日、惟蒙古之命是從，仙與史氏殺兄血仇，恐爲金廷交付敵手，因之不肯入汴，自是實情。

〔註二十七〕　金末弊政，據劉祁歸潛志云：

「南渡之後，近侍之權尤重。蓋宣宗喜用其人爲耳目，伺察百官，又方面之柄，雖委帥，又差一奉御在軍中號監戰，每臨機制度，多爲所牽制。」

然則武仙與朝使齟齬者，其咎未必盡在武也。

〔註二十八〕　元史楊惟中傳（卷一四六）：

「金亡，其將武仙，潰於鄧州，餘黨散入太原眞定間，據大明川，用金開興年號，衆至數萬！」

可見武仙間關入晉，確有所圖，且終始爲金也。

（原載東海學報第二卷第一期）

第二編　儒學

元初儒學

一　元初東平興學考

（一）前　言

東平興學，是元初一件大事，它與耶律楚材建議於太宗九年（公元一二三七）各路考試儒士，同是元代儒學草昧時期一個重要發展。此事主持者是漢軍萬戶，東平行台的嚴實，和他的兒子覊封萬戶嚴忠濟。地區卽在東平行台所轄（今魯西南、豫北、冀南）。在元史嚴實傳中對此並沒有提到，只在宋子貞傳中說（元史一五九卷）：

「行台嚴實素聞其名，招至幕府，用爲評議官，兼提舉學校」。

另嚴實傳附嚴忠濟傳裏說（元史卷一五八）：

「開府布政，一法其父，養老尊賢治爲諸道第一……東平學固陿陋，改卜塏爽地於城東……教養諸生後多賢者……」

柯氏新史嚴實傳（一五八卷）才具體地提出：

「實在東平以宋子貞爲評議官，兼提舉學校……四方之士，聞風而至，東平文學彬彬稱盛，實亦折節自厲，從儒者聞古今成敗……」

仍未能把這件大事的始末，闡發透澈。我因此就兩史有關紀志列傳，和元人文集有關之紀載，略加考索，一爲分析。

（二）東平興學的因素

關於東平興學之促成，我以爲大概有以下的三種因素：

一、時代背景　蒙古侵金，自金宣宗貞祐元（公元一二一三）年起蹂躪大河大北。金人於一二一四年（金貞祐二年）遷都南京（汴梁）之後，山東河北，一片廣大平原，皆在蒙古鐵騎縱橫掃盪之下。人民被俘殺，廬舍成邱墟，游牧民族對域市國家的統治，還未熟練，北方直成無政府狀態。這時應運而生的是那些保據砦寨，團練鄉民的草野英雄。其投靠蒙古，博取封爵的，即是後來元初的漢軍萬戶；稍有民族意識者爲「紅襖賊」即宋史所謂「山東忠義」這一個集團。金史僕散安貞傳。

「自楊安兒劉二祖敗後，河北殘破，干戈相尋，其黨往往復相團結，所在寇掠，皆衣紅衲襖以相識別，號紅襖賊，皆李全國用安之徒焉……」

所指李全等，皆歸南宋，爲「山東忠義軍」。在淮海山東之間，依違兩大，以求生存。像這樣兵荒馬亂的紛擾局勢，直延長了二十年（一二一四——一二三四）正可以說是一個黑暗與混亂的時代。那時候割據英雄，雖然大多歸順了蒙古；可是蒙古人本諸草原建國的習慣，在北中國也建立了封建制度。所以這些割據地區，都變爲封建領區。除去對大汗宮廷貢獻些子女玉帛，出征則參加行陣以外，什麼都可以自專。據虞集送李完赴建德總管序（道園學古錄卷五）說：

「國朝右武而尙功，將帥之家，以世相繼，下至部曲裨佐，無異制也……」

可以證明。這些領區，遇到了賢諸侯，再得着好的輔佐，像東平嚴氏父子這樣，自然可以勸農興學制禮作樂了。

二、地理形勢　東平自宋以來，卽是北方的雄藩大郡，據宋史（八十三卷）地志三十八。

「東平府，東平郡，天平軍節度，本鄆州慶歷三年初置京東西路安撫使，大觀九年升大都督府……宣和九年改東平府。

金史（卷三十五）地理志第六，

「山東西路，府一，領節鎭二，防禦二，刺郡五，縣二十七；

東平府上一，天平節度，宋東平府舊鄆州，後以府尹兼總管，置轉運司」。

當嚴實之時，名爲東平行台，所領州郡很多，元好問東平行台嚴公神道碑說（遺山文集卷二十六）：

「初公之所統，有全魏之十分齊之三，魯之九，……當是時公以百城長，東諸侯者十五年矣」。

可見所管轄的幅員之大。同時在離亂之中，又較爲富庶，同上所引篇內又說：

不三四年，由武城而南，新泰而西，行於野者，知其爲樂歲：出於塗則知其爲善俗，觀於政則知其爲太平官府……」

足見東平當時已有小康氣象。由於幅員之大，列在南北之間，所以爲元初藩鎮領袖（漢軍萬戶之一）由於地方富庶，人民生機漸復，文化才漸興起，足見東平興學並非偶然的了。

三、人事條件　這個關係最大，特分三點引述：

1. 主持人物　東平行台是嚴實，死後，其子忠濟襲封，父子皆爲興學之主持人，嚴實出身於山東豪傑之中，元史本傳說（元史卷一百四十八）：

「嚴實字武叔，泰安長清人，略知書，不事生產，喜結交施與，……屢以事繫獄，行台調民爲兵，以實爲衆所服命爲百戶……有譖於行台者，實挈家避青崖……」

柯氏新元史稱他（卷一百三十七）

「以功授長清尉，攝長清令，張林以益都附宋……行台疑實通於宋……實挈隊壁於青崖嵎，倚林爲聲援……」

這和宋史李全傳（卷四十六），

「十三年趙拱以朝命諭京東，通青崖嵎，嚴實求內附，因與實訂約，實奉款至山陽舉魏博……九州來歸」

所記載的相符，可以參證。拙作山東忠義軍一文內，曾分晰過山東豪傑，認爲起源於一處，後來時勢變化，才分別投到蒙古，和南宋治下。像嚴實這人雖以忠厚見稱，但却善於投機，前引神道碑，曾紀他始歸蒙古，後降於宋將彭義斌，當蒙古兵和彭對壘時，又乘機反正的經過甚詳，元史本傳：

「宋將彭義斌率師取京東州縣……乙酉四月，遂圍東平……及與義斌連和後……七月義斌下眞定，道山西，與孛里海軍相望……實知勢急迫赴孛里海軍與之合…不旬月京東州縣復爲實有…」

大約是取材此碑。遺山（元好問）另一篇東平行台嚴公祠堂碑銘（卷二十六）說他對當時蒙古建國的功勛：

「天兵南下，海宇震盪，……燕城既開，朔南分裂……公擁上流，力握勁鋒，審大命之去就，一羣疑之同異，……國家所以無傳檄之勞，亡鏃之費，而成包舉六合之功，公之爲多……」

憑藉此點，才博得蒙古大汗的信任，在太宗窩闊台時，兩覲和林，前引碑文說：

「庚寅四月，朝於牛心之帳殿，天子賜之坐，宴享終日，錫之金虎符，…又四年朝於和林城」…

元史本傳又記太宗說他「嚴公眞福人也」這大約是長得相貌忠厚，易於取得信任之故。（元史漢臣傳記中，常有皇帝嘉慰之語，都不見得可靠，蒙古大汗都不通漢語）。在蒙古人肆行殺戮之下，許多漢軍將領，常有寬縱俘虜救濟良善之舉，這是漢軍當時對得起本族的地方。嚴實起自民兵，對此更爲注意，保全的很多，元史本傳說他：

「約束諸將，毋敢妄有殺戮，靈壁一縣，當誅者五萬人，實悉救之，……民北徙者，多餓死，又……逃亡無所託，殭屍蔽野，實命作糜粥……全活者衆……」

新史本傳也說他：

「大兵拔河南，實知俘戮必多，多藏金帛往贖之，……」

這些記載，皆本於元遺山撰的神道碑。這就無怪金亡之後，中州名士，趨之若鶩，文化事業，自然經其倡導而興起了。至於他的兒子忠濟、忠範、忠傑，好像都從元好問讀過書，遺山集有答大用萬戶書(卷三十九)。大用卽忠濟，裏邊說：

「東原宿留，幾半歲之久，辱公家賢弟昆慰藉之厚，內省衰謬，媿無以當之……」

可以概見。既有文字的薰陶，故忠濟於嗣位之後，大行推廣乃父興學之志而大興學校。那時中原略定，已漸露文治之機，自然更有成就。元史嚴實傳關於忠濟的政績，曾誇他「養老專賢，治爲諸道第一」亦可見其不失爲賢諸侯，東平興學之成功，應該歸功於這位襲侯。但他傳曾說他「驕恣不法」世祖忽必烈卽位後，便將他撤職，由其弟忠範繼任，自此以後，東平的事業便黯淡無光了。此中消息，史未說明，只王惲中堂事記裏，五月十三日事條曾略記着：

「明日乙亥寅刻詔罷東平路管民總管兼行軍萬戶嚴忠濟，仍敕戒諸路官屬無是效焉……至是未見其顯咎，遽爲黜罷，或者不知而異焉……」

又是月十七日記：

「是日己刻，上臨軒親諭諸路總尹，遂以前東平路總管嚴忠濟，弟忠範爲東平路總管，仍戒之曰：『兄弟天倫，事至於此，朕甚憫焉，予命汝尹茲東土，非以訟受之也』……」

「以訟受之」來推測，大概是兄弟爭位而內鬨，訐告朝廷，以至撤藩的。蒙古汗廷內侍左右的很權大，常常瀋國的君位，因家庭訟爭而更易事例，見於中西史者很多，這大概也是一例。

2.幕府人物　嚴實是個武人，不過「粗知書」，「晚年喜從儒生問教」，學務的興立，還是有賴於當時的幕府。以史傳參證，大概宋子貞、徐世隆兩人之力爲多。宋氏原是彭義斌的幕府，在紛紜擾攘之中，是個有才識有抱負的文士。後來歸於嚴實，遂見重用，東平的政治規模，和幾十年的小康局面，多出於他的規劃。據元史和柯氏新史本傳（元史卷一五九），

「字周臣，潞州長子人也，宋將彭義斌，守大名，辟爲安撫計議官，東平行台嚴實，素聞其名，招致幕府用爲評議官兼提舉學校，……士之流寓者，悉引見周給，且薦用之……四方之士，聞風而至，故東平一時人才多於他鎮……實子忠濟襲爵，尤敬子貞，請於朝授參議路事，兼提舉太常禮樂……作新廟學……齊魯儒風爲之一變……」

關於東平興學的輪廓，大體見於本傳。以史家紀事之法衡之，興學一事，不見於嚴實傳，而見於宋傳者，足見此事爲宋之經綸。宋氏在至元間，官至中書同平章事，頗爲忽必烈汗所倚重，李璮之叛，用他的謀劃而平定，（亦見本傳與李璮傳）足見其才識之不凡。他又雅擅文章，傳世有耶律楚材神道碑，元遺山曾爲他的鳩水集作序。宋之外爲徐世隆，元史本傳：

「字威卿，陝州西華人，登金至大四年進士，……癸巳北渡，嚴實招致東平幕府，俾掌書記，世隆勸實收養寒素，一時名士多歸之…實子忠濟狀世隆爲東平路經歷，於是益贊忠濟興學養士…」

徐氏對元代禮樂之功最大，大概他專負責這一方面的事，又常出差北方，由此見知於忽必烈汗。（詳元史禮樂志見後）元史本傳又稱他，「兼太常寺卿，朝廷大政，諮而後行」，他是個故事明熟的人才，對漢族的忠愛頗切。輟耕錄載他爲文天祥死賦詩「大元不殺文丞相，君義臣忠兩得之」，當世祖南伐時曾料次諫止，這正是蒙古治下漢儒生的本色。

3.影響人物　以我了解，東平興學這一件事，幕後的動機，或不止於地方文治的作用。當時中原大亂，蒙古汗廷，遠在漠北，太宗以後，兩次遇到皇后攝政（一次是太宗乃蠻眞后，一次是定宗斡迷失后）綱紀蕩然。長城以內，呈現無政府的狀態。亡金名士，麕集山東，容或有更大的打算，以興學爲收拾人心的張本。這時金的故老凋衰，只元好問一人最負文章盛名，正做了嚴家上客，恐怕對此事有相當影響。元氏本來羈旅聊城，（本集自述是編管）開始依冠氏趙天錫，由趙而入東平，（見本集東游記略），他北渡以後，志在修金史，存一代的典章。那時金的各朝實錄，爲張柔所得，（元初漢軍萬戶之一）所以他和張氏關係也不淺，爲張家作的文章也很多，集中有順天府營建記，順天萬戶張公勳德第二碑，皆極盡舖叙的能事。他曾在癸卯（一二四三年）入燕，但受人排擠，於是始終依附嚴氏，往來於河東魏趙之間。身後文集的鐫刋，還是嚴忠傑出資經營的。在他的文集中，有多少處，可看到對東平興學的影響：

甲、對嚴氏父子方面　他曾教授嚴氏子弟，已見前引答大用萬戶書，他開始是隨趙天錫去東平，時間是丙申三月東游略紀：

「丙申三月二十有七日，冠氏趙侯將會行台公於泰安，侯以予宿尚遊觀，拉之偕往，凡三十日，往復千里……」

丙申是金亡後第三年，遺山本在圍城，汴城既破而編管聊城。這時趙天錫以行軍千戶爲冠氏令，接待賓客，元初第一個文人楊奐（新史儒林傳）館於趙處，遺山此時想必也被延攬。趙是嚴的部屬，才拉他同到東平和嚴相見。在前一年遺山已有濟南之行，那是因爲李輔之的關係。李卽李天翼，時爲濟南稅課征收所長官，（見元史太宗本紀）也許是李先進言於嚴，而後趙再爲之引見。遺山集中有送李輔之宦濟南序：

「輔之李君，膺剡章之招，有汎舟之役，……時則暮春三月，人則楚囚再期……」

李氏也是被管的儒士，所謂「再期」，大約是癸已（破汴）後兩年的事，正是甲午乙未之間了，以此我斷定遺山和嚴氏父子的交誼是始於丙申（一二三六）年。他與嚴氏的交誼，可於嚴實祠堂碑銘，及在東平所作的諸篇文字見之，此處不擬悉引。

乙、遺山在當時的地位　從遺山集的徐世隆序，可看出他被時流所推崇，序說：

「金百年以來，得文派之正，而主盟一時者，……北渡則遺山一人而已。自中州斲喪，文氣奄奄幾絕，起衰救壞，時望在遺山。遺山雖無位柄，亦自知天之所以畀付者爲不輕，故力以斯文爲己任，周流乎齊魯燕趙晉魏之間幾三十年……」

可見遺山北渡後爲延續漢文化所努力的程度。他既對文化上有守今待後之抱負，又負文章盛名，東平幕府，半其友生，對文敎的措施，那能不受他的重大影響。

（三）東平興學的內容

東平興學的事業，大概起於太宗元年乙丑以後，那正是漢軍三萬戶初建之時。依三萬戶的封地，東平一道，似在史天澤所領之下，抑或和張柔之燕南，犬牙相錯。但嚴氏專制百城，久成定局，在太宗四年又曾展覲和林，賜賚優渥，當不致有所變動；在三萬戶外，固自成系統。我在「元初三萬戶之建置」一文中，曾略有討論，基於富闊台朝之定制，東平地區，此時已進入安定，彼時宋子貞已入幕府，不容無所經畫。復濟之以太宗六年初行學校（元史選舉志學校條「太宗六年癸已以馮志常爲國子總敎」在這個期間前，王巨川（檝）在燕京建宣聖廟，（上引同條內「國初燕京始平，王檝請以金樞密院爲聖廟」）耶律楚材湛然居士集記這是己丑年的事（集卷三釋奠詩序）己是在太宗元年，可見那時候漢文化在灰燼之餘已稍有萌芽，「諸儒嘆賀」必定傳播遐邇。東平學校之興，容在此事之後，故我定爲己丑以後，當不會大錯。

興學事業的主要科目，從史傳分晰，不外興學校，行科舉，制禮樂三點，分別引述如下：

一、興學校　大概先自東平府開始，東平在宋爲鄆州，文物本很可觀，元遺山東平府新學記（文集卷）

「鄆學舊矣。宋日在州之天聖倉，有講授之所曰成德堂，唐故物也。王沂公曾罷相判州，置田二百頃，以贍生徒。富鄭公新學記，及陳公堯佐府學題榜在焉。劉公摯領郡，請於朝得國子監書，起稽古閣貯之。崇門之左，有沂公祠祭之位……齊（劉豫）都大名，徙學於府署之西南，……齊已廢而郡國大家，如梁公子美，賈公昌朝，劉公長定之子孫故在；生長見聞，不替問學，尊師重道，習以成俗。泰和以來，平章政事壽國張公……同出於東阿，故鄆學視他郡爲最盛，如是將百年，貞祐之兵始廢焉」。

敘述東平學的盛衰，和地方的人文，殊爲詳盡，這也就說明了嚴氏東平興學的基礎在此。新學的建築，始自嚴實，文中說：「先相崇敬開府之日，首以設學爲事。行視故基，有興復之漸」，其完成則是嚴忠濟，前已引述。大概在前不過略有討論，等到金亡以後，徐世隆入幕，元遺山北渡，金朝文士，「聞風而至」之時，纔大具規模。儒學以孔子爲歸，學宮爲士子講習之地，所以東平新學的建立，在遺山和一般儒士，視爲一件大事。記稱：

「今嗣侯涖政，乃卜府東北爽塏之地，而增築之，既以事聞諸朝，它徒蒧事；又力偕作首創禮殿……故事畢舉，而崇飾信之」。

以下敘興學的設施：

「子弟秀民，備舉選而食廩餼者餘六十人，在東序隸教官梁棟，孔氏族姓之授章句者，有五人，在西序隸教官王磐，署鄉先生康曄儒林祭酒以主之……及八月丁卯，侯率僚屬諸生釋菜於新宮……四方來觀者，皆失喜稱嘆，以爲衣冠禮樂盡在是矣……」

從這篇文章，可以窺知「東平興學」之大體。遺山又有博州重修學記，和代冠氏學生修廟學壁記，博平，冠氏，皆在嚴氏管轄區域，可見已由東平本郡，而風行各地，儒風丕盛，不爲無因了。

二、行科學　這一方面，開始是奉朝命代辦的事業，時間是太宗九年丁酉（一二三七）元史選舉志卷八十）科目條：

「九年秋八月，下詔令，斷事官朮忽鮷與山西東路課稅所長官劉中，歷諸路考試……其中選者，復其賦役令與各處長官，同署公事，得東平楊奐等凡若干人，皆一時名士……」

柯氏新史選舉志說：「於是得東平楊奐等四千三十人……」元史太宗本紀，未載此事，新史載之，這是和選舉志相照應，元史則失於照顧。在這裏，何以獨標東平楊奐等，因爲楊奐考列第一；所以出在東平者，此時亡金文儒多依東平以自活。我另外有點疑惑，在嚴實時代，曾否舉行過考試？元史宋子貞傳：

「汴梁既下……拔名儒張特立，劉肅李昶輩於羈旅，與之同列……」

所謂「拔」是否卽係考試？又元史孟祺傳（卷一六〇）

「侍父徙居東平府，嚴實重修學校，招生徒，立考試法，祺就試登上選，辟掌書記……」

同卷李謙傳：

「與徐世隆，孟祺，閻復齊名，而謙爲首」。

孟祺既是在嚴實時代以考試登上選的李謙與之齊名，當亦自考試進身，徐世隆亦然，但世隆傳不載其如何進身。遺山集中有與世隆同在聊城之詩（卷八：徐威卿留二十餘日將去高唐）那麼世隆可能也是以考試進身的，不過後來他的官位顯赫，家傳諱其就試東平的一節，作史者也就模糊過罷了。以此推測，嚴實時代大概自行考試過一兩次。在各傳中所以不記載，怕是有所避忌。（取士權屬朝廷，藩鎮舉行，不免僭越，嚴忠濟失侯，嚴氏衰微，何敢侈談前事）

丁酉科試，對儒學的保存，其功最大。從這以後，儒生可免於俘籍和兵役，而重操故業。耶律楚材建議的原意在此。從這裏選拔儒生，參加政治；上面雖是蒙古人，幕府吏員簿書錢穀之官，可都轉移於漢人見之手。如此科所得的楊奐，被任爲河南征收稅課所長官，下車以後，即「招致一州名士與之參議政事」（本傳），其他登第作官的人，當亦如此，其端皆可說是自東平發之。

三、制禮樂 中國文化，在儒學思想爲主流之下，具體表現爲禮樂。經緯萬物，一出於禮。東平的建學宮，還是爲着習禮。宋子貞、徐世隆兩人先後都兼提舉太常，即是禮樂之官，東平這一地域，曲阜在其管轄，正是「禮樂之邦」。因此喪亡的禮樂，首先被收集振作起來。大概蒙古人對中國雅樂，最先感覺興趣，容或是耶律楚材的薰染。楚材嗜好彈琴，隨軍西征，毳幕中，常常彈琴自遣，也許惹起許多人注意，大汗也許來欣賞過。他本來深得窩闊台的信任；汴梁破時，爲他搜尋琴師。從而引到中國的雅樂，因此禮樂的製作，遂爲汗廷所注意。據湛然居士集苗秀實琴譜序稱（卷八）：

「壬辰之冬，王師濟長河……圍汴梁，予奏於朝廷，索棲岩（苗秀實）於南京得之，達范陽求琴而棄世，其子蘭挈遺譜而來……」

師而至上達朝廷，足見彈琴一事，受到重視。又卷九鼓琴詩：

「宴息穹廬中，飽食無用心……呼童貯梅魂，索我春雷琴，何止銷我憂，還能禁邪淫」。

又同卷對雪鼓琴詩：

「龍庭飛雪風凜冽、天地糢糊同一色，數巵美湩瀊如春，三弄悲風絃欲折」。

又同卷和韓浩然韵二首序：

「浩然以昇元寶器，玉潤鳴泉二琴見贈，勉和來詩，用酧其意」。

中書宰相之嗜琴卽能上動汗廷，自然爲四方聞風，以此將意了。史稱：「六皇后時，耶律楚材旣逝，人有譖其財貨盡歸其家者，搜之止有古琴數章，圖書數簾」亦可見其嗜琴之專了。

關於元代禮樂的制作，都是造端於東平，據元史禮志（卷六十）制樂始末：

「太宗初以河西高智耀言，徵用西夏舊樂。太宗十一年十一月，宣聖五十一代孫元措來朝言於帝曰：『今禮樂散失，燕京南京（汴）等處，亡金太常故臣，及禮冊樂器多存者，乞降旨收錄，於是降旨令各處管民官，如有亡金知禮樂舊人，可並其眷屬，徙赴東平，令元措領之……憲宗二年三月五日，命東平萬戶嚴忠濟，立局製冠冕法服……儀物肄習……赴日月山……祭畢命送樂工還東平……三年世祖居濳邸，命勾當東平府事宋周臣（子貞）兼理太常禮官，仍令萬戶嚴忠濟，依已降勑存恤。二年五月……下教命嚴忠濟……所得禮樂舊人肄習如故事，中統元年春正月……召太常禮樂人至燕京……八月命太常禮樂還東平……」

新史禮志記載，與此相同，可見東平地方，始終是元代雅樂發源地。至於禮的習施，以朝儀為始，發端於王鶚，在中統八年，請定朝儀。朝儀雖由太保劉秉忠主持，但由太常卿徐世隆，「稽諸古典，參以時習沿情立制，而肄習之。」禮志，徐是在東平主辦禮樂的人，要不是儒士故老，麕集東平，素有講習，怎能够勝任愉快？如前引東平新學記，所謂「玄冕朱衣，佩玉舒徐，畔落之禮成，而饗獻之儀具」，可見其平昔的講習嫻熟。同時篇中又記嚴忠濟是衍聖公孔元措的女婿，「迄今為名諸侯」歸功於聯婚聖裔，正見禮樂之具，是東平興學之中心。

（四）東平興學人物略考

東平興學的最大貢獻，要算是儲養人才，供後來中統至元以及元貞大德之間文治之用。此點虞集曹文貞公文集序，曾有說明（道園學古錄）。

「我國家龍興朔漠，金源氏已就絕，干戈蠭起，生民塗炭。中州豪傑起於齊魯燕趙之間。據守以禦侮，立保障以生聚；以北嚮王師。方是時士大夫，各趨以自存。若夫禮樂之器，文藝之學，人才所歸，未有過於東魯者矣。世祖皇帝，政事文學之科，建元啓祚，彬彬然為朝廷用者，東魯之人居多焉」。

東平人才，中統初在朝廷者，據王惲中堂事記當時燕京行中書省的官吏，與東平有關係者如次：

「平章政事王文統字以道，大定府人，前經義經士……左右司郎中八：郎中賈居貞字仲明，眞定獲鹿人……都事劉郁字文季渾源人……左房省掾王文蔚，字仲玉，東平人，終濟南經歷官，劉傑字從卿，益都人，……講集太常禮樂官三人……郭伯達，黨仲和，皆東平人，同講勾當，編類一切儀禮，及祀典合祭諸神等事……鑄印局官三人，劉淵字仲廣，濟南人劉狀元子……到省聽任人員，李謙字受益，今翰林侍郎學士…陳祥字君祥，天平人，强煥字彥明濟南人，劉仲祥東平人…」從上引的各人，略可見東平士大夫進身的途徑，大多是吏員一途。這些人，有的在元史有傳，有的已經湮沒不彰了。王文統本傳是益都人，此處說是大定府，不得其詳。他起自兵間，與李璮父子很有關係，並不是東平嚴氏的體系，但和商挺有淵源。在中堂事記裏看出他對東平士類，似很愛惜，作者王惲，對他很有推崇之意，並不似其他同時文人，老是罵王文統興利，勾結叛黨的。在此我很懷疑當時北方士大夫，頗有派系的界限；山東與懷孟（許衡竇默）一派，不大調和，可能是金蓮川幕府與東平幕府，互相水火。所以竇默面折王文統，許衡張文謙，也受王文統的排擠，後來李璮之叛，王文統便以姻親而陷入叛黨了。此是題外文章，容當另論。

東平興學時代的人物，可分爲兩類；一是幕府賓客，大多是金朝士夫，癸巳北渡，流落大河南北的，這般人，後來皆爲中統至元儒治的名臣，啓後承先，對延續漢文化的作用頗大。他們與元好問皆有相當的關係；不是科第同年，便是文壇後輩，這是興學的主流。其次是東平學士，多是此時期所作育出來的人才，後來進諸朝廷，至元以後直到元貞大德的名臣碩彥，多是此中人物，虞集所謂「人才莫盛於東魯者」即指此項成果。現在就元史新史有傳的重要人物略加引述：

甲、幕府賓客　除前文已說過的宋子貞、徐世隆兩人以外有下列幾人：

商挺　這是忽必烈汗的佐命功臣，他和東平方面的關係據元史本傳：

「字孟卿，曹州濟陰人，父衡之戰死。挺年二十四汴京破，北走依冠氏趙天錫，與元好問楊奐遊東平，嚴實聘之爲諸子師。實死，忠濟嗣，辟爲經歷，贊忠濟興學養士……」

以下是他的官位事業，不涉本題，不必詳引。商挺是王文統的薦主，據說忽必烈以皇太弟督師伐宋，兵次鄂城時，雅慕賈似道的材具（賈以經略守鄂城，此役以後歸相度宗）曾問左右，還有像這樣的人嗎？商挺便以王文統對，一見契合，開平踐祚，付之以治國重任，後來文統被誅，人家譖商預謀。本傳載：

「帝召挺便殿而問曰：比輩論王文統者甚重，卿獨無一言？挺對曰：臣素知文統之爲人，曾與趙璧論之，想陛下當能記也……」

可見他和王文統有很深的淵源。文統被誅，許衡一派儒臣，都抬了頭，商挺却終於安西王府相，並未大用。商氏是曹南世家，元遺山集會有曹南商氏千秋錄引可藉考兩者的交誼。

王磐　是中統至元間儒臣中卓卓有聲者，很得世祖信任，脫身於李璮之亂，薦用儒臣很多，與東平的關係也很深。據元史本傳：（卷一百六十）

「字文炳廣平永年人，金人遷汴，乃舉家南渡河，居汝之魯山……磐年方冠，從麻九疇學於郾城，年二十四，擢金至大四年經義進士第……東平嚴實興學養士，迎磐爲師，受業者常數百人，後多爲名士……李璮亂挈妻子至東平，召爲翰林直學士，同修國史……所薦宋衜、雷膺、魏初，徐琰、胡祗遹、孟祺、李謙皆爲名臣……」

王氏和元遺山的往還不多，在遺山集見到的有兩處，一是東平興學記，一是癸巳上耶律中書書。關於脫身李璮之亂，在元文類中載有他詩一首「巨源相過話舊」七言古詩中說「中統三年春二月，變起青齊帶吳越……我時辛苦賊中來，兵塵糢糊眼不開……」詩甚平實。玉堂嘉話（王惲著）也記有他的論文語，不再贅引。

李昶　也是金朝的進士，在東平幕府很久，據元史本傳（卷一百六十）

「字士都東平須城……興定二年，父子同試以春秋中第二甲第二人……國兵下河南，奉親避鄉里。嚴實辟授都事，改行軍萬戶府知事，實卒子忠濟嗣，除昶爲經歷。一時名士若李謙，馬紹，吳衍輩皆出其門……會嚴忠濟罷，以其弟忠範代之，忠範表請昶師事之，特授翰林學士，行東平總管軍民同議官。家居五年，起爲吏禮部尙書，品格條式選禮儀文，多所裁定……」

這也是中統至元儒治的中堅份子，王惲中堂事記，載他的授侍讀學士的詞頭「練國家之典故，謹士行之操修」可見其人。

劉肅　這也是中統至元初政的名臣，據元史本傳（卷一六〇）

「字才卿，威州洛水人，金興定二年，詞賦進士，金亡依東平嚴實……辟行尙書省左司員外郎，又改行軍萬戶府經歷。世祖居潛邸，以肅爲邢州安撫使，肅行鐵冶及行楮幣公私賴焉。中統元年，擢眞定安撫使」。

王惲中堂事記裏也記載過他的事：

「十八日己卯……上召前濟南安撫宋子貞，眞定劉肅……以擢用輔弼爲問……」

又載：

「王相（定統）置酒私第，會劉才卿，宋周臣，姚公茂（樞）王百一（鶚）竇漢卿（默）張耀卿（德輝）許仲平（衡）李士都（昶）蓋留別也」。

可想見其地望。

楊奐　並未入幕，但是東平所試之士，因爲他在金的名位甚高，中試後，卽居顯位，所以不能列爲東平學士。他和元遺山交誼甚篤，墓誌出遺山的手筆，元史本傳，卽據此文，新史列入文苑傳。據遺山文集故河南路課稅所長官兼廉訪使楊公神道之碑：

「字奐然，姓楊氏，陝之奉天人……正大初君慨然草萬言策，將上……知直道不容……卽日出國……癸巳汴梁破，微服北渡……依冠氏帥趙侯壽之，延致君待之師友間，會門生朱極自京師輦書至，君得聚而讀之。東平嚴公……久聞君名，數以行藏爲問，而君終不一諳……戊戌天朝……試諸道進士，君試東平，而中賦論第一……宣授河南路集收課稅所長官兼訪使。君初莅政，招致名勝，如蒲陰楊正卿……等，日與商略條畫約束，一以簡易爲事……暮年還秦中……前世關西夫子之目，今以歸君矣，有還山集一百二十卷」。

文中極寓惋惜之意。還山集久佚輯本我未讀到，可是元文類收他的詩文不少，有鄆國夫人殿記，是東平方面興學的典實，又有汴故宮記，今天能夠摹想宋金汴京宮殿規模的，還賴此文的記載。他應該算是元初漢文化啓蒙的一人，對後進的接引似乎不少。

賈居貞　在東平幕府中，以吏事見長的宋子貞外，怕就是賈居貞。他是金左丞賈益謙之孫，元史本傳（卷一五三）說：

「字仲明，眞定獲鹿人，年十五汴京破，奉母居天平（東平）冠爲行台從事。時法制未定，人以賄賂相交結，有餽黃金五十兩者，居貞却之，太宗聞而嘉嘆。世祖在潛邸聞其賢召用之，俾監築上都城……從帝北征，每陳說資治通鑑，雖在軍中未嘗廢書……」

在王惲中堂事記裏屢次提到賈的名字，他是中書省得力的司官，屢負工程責任。元遺山另有東平賈氏千秋錄後序，說，金左丞（益謙）公之從孫，起游字顯之，少日爲名進士……仕東平行台……提領堂邑……惠養疲民，歡謠載路，某嘗以三口號紀之云『今年堂邑有清官，三尺兒童也喜歡……』此人大概也是以居貞之力而出仕，那時賈氏在東平管下，很出些人物，元史本傳文字過略，令人考證不易。

張昉　這也是一個能吏，金代的世族，和元遺山亦有交誼。遺山文集御史張君墓表（卷二一）說的東平從事張昉就是他。元史本傳（卷一七〇）說：

「昉性縝密，遇事敢言，確然有守……嚴實行台東平辟爲掾……進幕職……昉坐曹，躬閱案牘，左酧右答，咸得其當，事無留滯……至元元年入爲中書省左右司郎中……十一年辟兵刑部尚書……」

以上是嚴幕的賓客，另外還有幾位不以事功顯的文學士，史傳却失紀載者。

康曄　金元史無傳，在元史嚴忠濟傳中說：「致名儒康曄……於幕府」元氏東平新學記「署鄉先生康曄儒林祭酒以主之」又元集第九七言律詩，有「別康顯之」卽是此人，元文類（卷四十二）載他一篇「謝嚴東平賜馬啓」文內說：

「詩書廢棄，難追韓愈之飛黃……鄉里歸來，亦乏少游之欵段……不圖衰朽之蹤，曲被閑馳之惠，自矜光寵，獲免徒行……」

可見他是東平人，和遺山當是同朝翰林侍從之官，入元時年已衰邁，大概不久便下世了。

張特立　金史列循吏傳，稱其「躬耕杞之韋城，以經學自樂，卒登年歲七十五」宋子貞傳「拔名儒・張特立……於覊旅與之同列」，王惲中堂事記：

「十六日丙甲……同日復追謚前監察御史張特立，其辭曰：『學有淵源，行無玷缺，難經喪亂，不改故常向　（原缺）邸之升聞，降璽書而褒重，未遂丘園之賁，俄興空　（原缺）之悲、宜煥絲綸，用光泉壤，可依前號中庸……』」

遺山集(卷十)詩有「中庸先生垂示先大父敎子詩，及裴內翰擇之所撰家傳」又「賀中庸老再被恩綸」此人輩行在元之前，但元集中沒有他的碑誌，同時其他人文集中亦不見有紀述其生平的文字。只有劉祁歸潛志附錄留有東明張特立文舉詩一首：「陵遷谷度海波翻，築室渠能返故園，夜雨對床閒鍊句，春風滿座共開尊。都無北闕功名想，且喜南山氣象存，才大到頭潛不得，已傳華萼出蓬門」。原書卷一，亦有關於他的紀載，金史本傳大概取材於此。

張仲經　這是一位詩人和遺交山誼甚篤，詩名亦著，中州集卷八辛集張參議澄序謂『澄字之純別字仲經，本出遼東烏惹族，國初遷之隆安……其後居東平，詩名藉甚』選他的詩四首，元文類亦曾選他的春思詩一首，又遺山文集（卷三十九）有張仲經詩集序：

「仲經出龍山貴族，少日隨宦濟南，從名士劉少宣同學……予官西南，仲經偕杜仲梁，麻信之……挈家就予內鄉……北渡後薄遊東平，謁先行台嚴公，一見即被賞識，待以師賓之禮。授館於長清之別墅，積十餘年，得致力文史，以詩爲專門之學，此其出處之大略也……其孫夢符持橘軒詩集來求予編次……」

元集中尚有和張仲經唱和的詩不少，盛如梓庶齋老學叢談，載有關於他和遺山的軼事：

『張橘軒與元遺山爲斯文骨肉。張云「富貴倘來良有命，才名如此豈長貧」，元改「倘來」爲逼來，「此」爲「予」，又云「一樹早梅何處春」，元曰『佳則佳矣，而有未妥，既曰一樹，烏爲何處？不如通作「一樹」爲「幾點」，』壬辰北渡，遺山詩「萬里相逢眞似夢，百年垂老更何鄉」元改「里」爲死，垂爲「歸」」

此人在元史未入文苑傳不知何故？他的兒子名夢符字寓軒，亦是東平學士，庶齋老學叢談亦載他的少年時事：

「張寓軒相公，少年與孫德謙，於東平嚴侯府，從元遺山讀書。其歸也，命二子送行，及別求詩以東平二字爲韵……孫竟不永年，公之詩亦不知何人藏去，閱四十年公簽汴，分治揚州……」

按元集中（卷四）有「贈別孫德謙」詩當指此事，又卷三十九答嚴大用萬戶書

「孫德謙，張夢符，津送至魏寓，今東歸矣……」

正與此條記事相合。夢符後來官位甚顯，事見後述。

東平幕府文人，在遺山詩文中，尚有姓名流傳的如閻侯墓表（卷二十九）

「辛丑元日，予客東平，載之（閻珍）盛爲具召余，及大興張聖予，祁人宋文卿，東光勾龍英孺，

鎭人劉子新，太原崔君卿，渾源劉文季，壽春田仲德輩於家之節素齋……」

文中所引共宴人物已知爲亡金名士者有：

張聖予　見遺山集卷四賦張聖與雲先七古詩序「乙已冬十一月來東平過聖與張君之新軒」，又卷

九集七言律詩「東平送聖與北行」，有「天山曾望使未還」之句又卷三十六，有新軒樂府引，內稱「新

軒三世遼宰相家後……予與新軒臭味相投而相得甚歡」，則新軒卽聖與，又卽前段所引之張澄仲經。

劉文季　卽劉郁，名見中堂事記，曾官中書省掾曹，不久被譴而去。渾源劉氏，文學世家。他的

長兄，卽歸潛志作者劉祁，所謂「神川先生」者是，王惲有惲源劉氏世德錄之作。

勾龍英孺　王惲秋澗先生大全集（卷五八）碑陰先友記錄他的名字：

「勾龍瀛字英孺，河南人，性方直，在河南有詩聲，述姓譜於世……」

此人在歸潛志附錄中，亦留有作品。其他除田仲德是武人外，皆不可考。另有李輔之一人，名見中州集

辛集八，李警院天翼詩序：「輔之固安人貞祐二年進士……汴梁既下，僑寓聊城……辟濟南漕司」，和元遺山頗有來往。除前引遺山集（卷三七）送李輔之官濟南序外，又集中濟南行記：

「歲乙未秋七月，予來河朔者三年矣，始以故人李君輔之之故，而得一至焉……」

又集中詩「徐威卿留二十餘日，將往高唐，同李輔之贈別」，徐威卿即徐世隆，這時大概剛要去嚴氏幕府，李輔之同他一起,可見李亦曾爲嚴之幕客了。此人不得其死。中州集，李詩序說他,衆口媒蘖，不得其死」，可資證明。以上諸人之外，尚有參與禮樂制作的張孔孫父子即前引的張孟符。據元史本傳（卷一七四）

「字孟符，其先遼之烏古部……父之純爲東平萬戶府參議……既長以文學知名，辟萬戶府議事官……時汴梁既下，太常樂師流寓東平，舊章缺落，祇有登歌而已……因詔徐世隆爲太常卿，孔孫以奉禮郎爲之副，以董樂師……」

元史文類卷八載其「風雨迴舟」一首七絕詩，本傳說他工畫山水，這大概是自題畫了。

乙、東平學士　東平興學將次二十年，善政流風所沾溉的當然久而且遠。人才不能遍徵姑就元初有名的人物引述之。

李謙　這是中統聞名臣，據元史本傳：（卷一六〇）

「字受益，鄆之東阿人，與徐世隆，孟祺閻復齊名，而謙爲首，爲東平府學教授，生徒四集……翰林學士王磬，以謙名應奉翰林文字，一時制誥，多出其手……十八年陞直學士，侍裕宗（皇太子眞金）於東宮陳十事，又命侍成宗於潛邸，所至以謙自隨」。

王惲中堂事記：「李謙字受益，今翰林侍讀學士」，此人始終是文學侍從之臣，他又出於李昶之門下，昶傳「有一時名士，若李謙……皆出其門……」之語。元文類選他的制誥文章僅有「頒授時歷詔」「清冗職詔」兩篇，另碑文一篇，似乎參與朝廷大制作並不多。

閻復　這是元代文章大家之一，也是東平學士中最有名的，元史本傳（卷一六〇）

「字子靖……弱冠入東平學，師事名儒康曄。時嚴實領東平行台，招諸生肄進士業，延元好問校試其文。預選者四人，復首，徐琰，李謙孟祺次焉……至元八年用王磐薦爲翰林應奉……二十八年陞翰林學士……三十一年成宗卽位，以廷臣召入朝……大德元年仍遷翰林學士……十七年武宗薦祚復首陳三事……皇慶元年三月卒……」

此人壽考，歷事四朝，所謂元貞大德間的名臣，虞集尙及見之。道園集河圖仙壇之碑曾紀道士吳全節和他的交情：

「後閻公居翰林，成宗旣崩……閻公典詔令，有狂士危言以訐閻公，事罔測，公（吳全節）力言諸李韓公（孟）仁宗意解」。

可見其宦途也很坎坷，元文類選他的文章很多，計有制詔八篇，銘一篇，碑文一篇，上梁文一篇，祝文一篇，共有十三篇，多係廟堂文字。（集名靜軒集淸繆藝風輯）

孟祺　是伯顏南伐時頂得力的幕府，收取臨安圖書及宋實錄，使宋史得以不亡者，皆出其力。元

史本傳（卷一六〇）

「字德卿，宿州符離人也……早知問學，徙居東平，時嚴實修學校，招生徒，定考試法，祺就試登上選，辟掌書記。廉希憲，宋子貞皆器遇之，以聞於朝，擢國史院編修官，應奉翰林文字兼太常博士，一時典冊，多出其手。……十二年（至元）丞相伯顏將兵伐宋，詔選宿望博學可贊畫大計者與俱行，遂授祺……行省諮議……伯顏雅信任之……」

柯氏新史伯顏傳載：

「三月丁卯，伯顏入臨安，使孟祺籍其禮器寶冊文書……」

伯顏平江南後，賀表文詞宏麗，卽孟祺手筆，元文類收入，新史和蒙兀兒史記均載其文，但後來官位並不甚顯。

夾谷之奇　是漢化的女眞人，亦出於康曄之門，在至元間有能吏之目，元史本傳（卷一七一）

「字士常，其先出女眞加古部，後訛爲夾谷……徙家於滕州。之奇少孤，舅杜氏携之至東平，受業於康曄。授濟寧教授，辟中書掾。大兵南伐宋，授行省左右司都事，及與諭德李謙條具時政十事上之……之奇……爲政卓卓可傳，雖老於吏學者，自以爲不及」。

元文類也收他文章「賀正旦牋」一篇。

申屠致遠　文章政事均卓卓有名，和孟祺等同時，元史本傳（卷一七〇）

「字大用其先汴人，金末從其父義，徙居東平之壽張，致遠肄業府學，與李謙孟祺齊名……至元七年，崔斌守東平聘爲學官十年……授太常太祝……二十九年僉江東建康道肅政廉訪司事，未至移疾還……大德二年……至和州得疾卒。致遠淸修苦節，恥事權貴，聚書萬卷，名曰墨莊……著忍齋行藁四十卷……」

此人名列宋光學案北山學案中在東平人物，爭尙功名的風氣中，可謂有守之士。

王構　也是佼佼的人物，元本史傳（卷一六四）

「字肯堂……少穎悟……文章典雅，爲東平行台掌書記，參政賈居貞一見器重，俾其子受學焉……宋亡，與李磐被旨去杭，取三館圖籍，太常文章禮器儀仗，歸於京師。凡所薦拔，皆一時名士……成宗立，由侍講爲學士，纂修實錄，書成，參議中書省事……明年武宗卽位，以纂修國史趣召赴闕，卒年六十三，歷事三朝，練習台閣掌故……朝廷每有大事，必諮訪焉……」

元文類很收他幾篇文章，皆台閣制誥之文。最重要的是「興師征江南諭行省軍官詔」他的輩行，與孟祺等相等，與閻復同是文學侍從之臣。

王惲　這是元統間名臣，不惟以文章著，風節事功，均卓卓有聲。元初的文章，沿襲金源，元遺山客遊東平，東平出來的多受其薰陶，他又嘗在趙魏之交作客，河南的懷孟，河北的鎭冀，大概都沾溉其流風餘韵。王惲是汲縣人，在秋澗集玉堂嘉話中嘗稱述遺山，大概私淑其詩文。秋澗大全集著作宏富，內中堂事記，存中統儒治的規模，玉堂嘉話，見當時文學的因緣，烏台筆補和奏議事狀，可以窺見至元時代的政風，皆是有關係的文字。詩文較爲生硬艱澀，又有點像姚牧庵，（燧）在他的傳中，未提到和東平的關係，可是在中堂書記中有一則：

「七月廿七日丁亥，前大名路宣撫司幕官雷膺，前東平路宣撫司，同議權詳定官王惲，同日授翰林修撰」

可見他也是東平學士之一。在太宗初行科試時，中式的儒生，本許在各路會看公文，王惲大概是東平路的試士，一向在東平，故與王文統相熟，和王鶚（曹南人）尤有知己之感，得以被薦登朝。據元史本傳（卷一六七）

「字仲謀衛州汲縣人……惲有才幹……好學善屬文，與東魯王博文，渤海王旭齊名……中統元年左丞姚樞宣撫東平，辟爲評議官……惲以選至京師，上書討論時政，兼中書省左右司都事，治錢穀，擢材能，議典禮，考制度……十八年召至京師，二十九年春見帝於柳林行宮，上萬言書極陳時政，其著述有汲郡志，中堂事記，烏台筆補，玉堂嘉話，合爲一百卷」

在他的兒子所撰的神道碑銘曾說他：

「弱冠受教於鹿庵王公（磐）詩文字畫已有聲，紫陽（楊奐）遺山一見爲招投所業，期以國士」。

可見其學術仍是東平之一脈。（詳見後編秋澗集題記）

以上引述皆是嚴氏東平興學時直接有關係的人物，至於因興學培育而產生的人才如東阿曹元用，係閻復的後輩，仕至大德間，文學制作，有聲台閣，虞集爲他的文集作序，而歸之於東平。又如和虞集元明善，元文類收他的文章頗多，本籍清河，也是學自東平，現在均不煩引。

（五）結　語

就本篇所引述的分析結果：東平興學一事，其價值爲延續文化，保存儒學的精神，正和秦漢時代的孔鮒，伏生，魯兩生等對禮樂經學傳授之功。當蒙古入主中原大混亂的局面之下，的確保全了許多學人，如元好問，王磐，李昶，宋子貞等，使他們發揮所學，把中國的禮樂制度，衣冠文物傳給蒙古，和色目人，使他們相當地漢化，奠定中統至元儒治的基礎，此時可說是蒙古漢化的啓蒙時代。但在學術上政治上的成就，却都未達理想。在東平行台的幕客與所培養的人物，只是文學侍從之臣，與簿書錢穀的刀筆吏，如徐世隆之於太常禮樂，李謙閻復孟祺王構等終於翰林學士，即其一例。這般人在蒙古汗廷的政治圈裏，最多是技術人員的地位。「每有大事，必諮詢之……」正是說明此點。所以虞集在蘇志道墓誌（道園學古錄卷十五）說：

「我國家初以干戈平定海內，所尚武力有功之臣，然錢穀轉輸期會工作，計最刑賞伐閱道里名物，非刀筆簡牘，無所以記載施行，而吏治見用，固未遑以他道進士，公卿將帥畢出二者而已……」

可謂慨乎言之！東平興學之人才，適以供新朝統治者的奔走，而絕少守道修業的大儒，如劉因，安熙之輩（見宋元學案）；同時博雅考覈的通才，像王應麟，馬端臨之流也不曾產生。尤其是只有文化上的華夷之分，沒有民族的內外區別，我們看孟祺在伯顏軍中獻策亡宋，可以概見。這大概由於此一時期的領導人物，皆是金源故臣。金雖尙儒，但章宗詞章，衞紹王重吏目，宣宗用苛刻，風氣所趨，不是奔競朝貴的功名之士，就是雕蟲小技的詞人墨客。以元遺山而論，始終以詩名家，而詩文中津津樂道的爲趙秉文對他的文章知遇，自承傳授，所自期者，不過「成一代之史，」不惜於求入詞林。王惲玉堂嘉話裏，列有他的修史的俸料錢「元裕之，蕭公弼奏用銀二千定，今卽編修書寫請俸飲食紙箚費用」李冶敍他的文集亦說：「主上（忽必烈）曩居藩邸……一見遽以處之太史氏……」可見遺山並不能安於淡薄。那麼他所陶鑄出來門生弟子，當然以事功爲急，不能再從學術和儒行上有更大的表現了。

二 元初儒學之淵源

（一） 前言

元初儒學的淵源，柯氏新史儒林傳序，曾有論述：

「自趙復至中原，北方學者，始讀朱子之書。許衡蕭𣂏講學，爲大師，皆誦法朱子者也。金履祥私淑於朱子門人，許謙又受業於履祥，朱子之學得履祥與謙而益尊。迨南北混一，衡爲國子祭酒，謙雖屢徵不起，爲朝廷所敬禮，承學之士，聞而興起，四書集註章句及近思錄，小學通行於海內矣。延祐開科，遂以朱子之書爲取士之規程，終元之世，莫之改易焉」。

又在文苑傳裏，也略述元初文派：

「昔金之末造，文章衰敝，元好問出，始無愧於唐宋之作者。蒙古初入中原，好問之學，不甚顯於當世。中統以後，浸尚詞術，上下百有餘年，稱詩者惟楊載，虞集，揭徯斯，范梈；稱文者推虞集，揭徯斯，黃溍，柳貫，皆質有其文，彬彬然立言之君子也」。

從新史的論述研究，似仍受傳統的意識所支配——便是以道學性理一流的人物作爲儒學的正統，和宋明史作者的議論，與看法一樣。對蒙古入主中國時文化榛狉的情形，說明仍欠眞切。蒙古人接受中國文化，本無分於道學與文藝，統而名之曰「儒」。凡是讀書的士子，皆爲「儒戶」，儒的地位始終在老釋與其他宗教之下；並且儒的進身，也還是以術數爲階梯，託老釋爲掩蔽。因此後世對此，祇能統名之曰「儒學」。元史專立儒學傳，正與當時時的情實相符，但也是以趙復北上為元代儒學的開始，仍不免拘於南宋以來儒生的傳統見解。我對此的看法，分兩方面：

甲、縱的方面應分三期：一是成吉思汗初入中原迄太宗窩濶台建都和林，這個時期，我擬名之曰「儒學接觸時期」；二是忽必烈開府龍崗，直至中統建國，可以叫做「儒學表現時期」；（儒生此時才大量參與汗廷的政治），三是中統至元兩年代，大用漢法，制作禮樂，興學用儒，可名之曰「儒學崇重時期」，合此三期，始窺元初儒學發展的進程。

乙、橫的方面，亦分三期：儒學的傳流，在蒙古人侵到中元建國，亦可分為幾方面：一曰金源文化的注入，此點以耶律楚材與元好問為代表人物，流傳的地區，亦略有不同。大約朔漠燕雲，耶律楚材在那裏介紹儒釋合參之儒士，及丘處機所傳播之全眞教為多；山東一帶，元好問的影響為大，金源制科詞賦的色彩最濃。二曰江漢學派的勃起，此即趙復許衡一流所介紹朱子之學，為中統至元儒治的主流。三曰江南文化的北來，程鉅夫實為介紹；兩趙（與票孟頫）開其先，吳澄虞集繼其後，思想界大師，應推吳澄，文章制作推虞集，已經是大德延祐間事，不屬於本文的範圍。北山四先生一流的道統，不過在野敎授，為道學羽翼鼓吹，但這一流，「一枝獨秀」，却開有明一代儒學及文治的先河。

假如以上認識不錯，元初儒學的淵源，纔似乎得到一個具體的輪廓。本篇之作，旨在分析儒學發展的痕迹，却不是學案體裁的叙述內容。旨在說明蒙古人如何接觸儒學，而不擬論及儒學的本身，只不過一些大經大脈的分析罷了。

（二） 儒學接觸時期（金源文化的注入）

本期對金源文化的注入，可分兩期來敘說。

（一）前期

在未入本文之前必須要說的是：蒙古這個民族在上亞細民族中，是最後起的。她是元魏至唐以來的所謂失韋部落之一，在唐時，蒙兀兒失韋之名始見於史傳。直到成吉思汗崛起之時，還停留在草原民族渾渾噩噩的狀態中，對中國文化，懵無所知。黑韃事略徐（霆）註：

「霆嘗考之，韃人本無字書，然今所用，則有三種：行於韃人本國者，則止用小木長三四寸，刻之角，且如差十馬則刻十刻，大率祇刻其數也。行於漢人契丹女眞諸亡國者，祇用漢字」。

蒙韃備錄，「韃主始起」條：

「其俗每以草青爲一歲，則曰幾草矣，問彼生日，笑而答曰，「初不知之」」。

事略亦說：

「若達達本俗，向不理會，但是草青則爲一年，新月初生，則爲一月」。

像這樣的無文字，無歷朔的生活，那能夠遽然談到接受中國什麼樣的學派？因此我認爲只能以中國文字初入蒙古，爲儒學接觸的開始。（因爲識中國字的讀書人，誰不有點儒學思想，傳授書字，那能不介紹點思想）。在此之前，成吉思汗戰敗乃蠻太陽汗時，俘獲畏吾而人塔塔統阿，教以畏吾而字，初有符印的制度，則是西域文化的開始。在蒙古帝國中西域文化（畏吾而與大食）與漢文化雙向來雙軌並行，本篇祇說「儒學」，而不用文化的籠統字樣，用意在此。

金源接受漢化最早，遠在阿骨打時代，卽已重視文儒，郝經政本議，（元文類一四卷），

「金元氏起東北小夷，部曲數百人，渡鴨綠，取黃龍，便建位號。一用遼宋制度，收二國之名士，置之近要，使藻飾文化，號十學士」。

自熙宗以後，更重儒治。開科試士，純用漢法，章宗時代，尤其是彬彬禮樂。元好所問作金朝名臣碑誌中多有稱述。如文集卷十八，內相文獻楊公神道碑銘說：

「維金朝大定以還，文治旣洽，教育亦至，名氏之舊，與鄉里之彥，率由科舉之選，一變五代遼季衰陋之習。」

文集卷十七，閑閑公趙秉文墓志銘：

「國初因遼宋之舊，以詞賦經義取士，預此選者，選曹以爲貴科榮路。至於經爲通儒，文爲名家；蓋自宋以後百年，遼以來三百年，若黨承旨世傑，王內翰子端，雷御史希顏，不可不謂之豪傑之士。若夫……沉潛乎六藝，從容乎百家者，惟我閑閑公一人」。

這篇文章，叙金代文學的流派宗法，頗爲詳盡。在金南渡以後，文風儒治，仍未改常，如元集卷十八，通奉大夫禮部尙書趙公神道碑說；

「貞祐甲戌，車駕遷南都。朝廷大政，雖以戰守爲急，而大綱小紀，典則具在，武備文事，不容偏廢。若禮樂，若祠祭，若歷象，若宴饗，若學校，若選舉，凡隸於春官氏者，率奉行如故事」。

這是說朝廷用儒治的典禮，至於文藝的風尚，還較從前爲盛，大有江左清言的情形。集卷三十六，陶然集詩序。

「貞祐南渡後，詩學爲盛。洛西辛敬之，淄川楊叔能，太原李長源，龍坊雷伯威，北平王子正之等，不啻十數人」。

元文類卷十五，劉因金太子允恭墨行：

「金源大定始全盛，時以漢文當世宗，興陵爲父明昌子，樂事孰與東宮同？文彩不隨焦土盡，風節直與幽蘭崇」。

以太子之地位，而耽愛文雅如此。又耶律楚材湛然居士集，苗秀實琴譜序，及元好問棲岩譜序，皆曾稱述金源宮廷愛好雅樂的習尚，於以見朝野漢化之深。可是這些文化遺產，却被蒙古騎士侵入中原，從癸酉（公元一二一三）到癸巳（一二三三）幾度兵塵，蹂躪殆盡；所傳入的斷鱗片爪，那只能說是儒學的殘存。

我覺得最先把「儒學」的意識，傳入成吉思汗父子身邊，大概都是些金國的亡臣，如耶律阿海禿花兄弟，蒲察元帥，王檝、李邦瑞、郭寶玉等而集於耶律楚材。蒙韃備錄任相條：

「又有女眞人七宰相，餘者未知名，率女眞亡臣，問所傳有白儉李藻者爲相」。

王國維氏箋注：李藻卽蒲察元帥，（名見湛然居士集）白儉爲白倫，據大金國志「白倫田廣者掣其家亡之北地，相與獻謀」。元史耶律阿海傳：

「通諸國語言，善騎射，金末使於汪罕，見太祖姿貌異常，因進言金國戎備廢弛，俗日偸肆，亡可立待」。

畢沅續通鑑卷一百五十九郭寶玉條：

「郭寶玉旣以軍降，又言『建國之初宜頒新令。』蒙古於是頒條畫五章，如出軍不得妄殺，刑獄惟重罪處死，其餘雜犯，量情處決，軍戶蒙古色目每丁起一，漢人有田四頃人三丁共簽一軍，年十五以上成丁，六十以下破老，站戶與軍戶同。民匠限地一頃，僧道無益於國，有損於民者，悉行禁止之，皆寶玉所陳也」。

本條是採自元史郭寶玉傳，所建議的法令，爲蒙古帝國行漢法的權輿。成吉思汗與國王木華黎，當時能予採用，不可謂無漢化的意識。由此而破中都，（北平）才搜羅文人，遂將一代大臣如耶律楚材者，置諸左右，此中消息，後人不可不知。至王檝，李國昌（邦瑞）在汗廷都擔任宣差，卽使臣之職務，與宋通好，自然也游揚文化於汗廷，所以耶律楚材和他們都有詩文往還（見湛然集）。當太宗二年，（公元一二三〇年）王檝宣撫燕京，便在灰燼中創修孔廟了。這些皆不可不說是儒學在蒙古統治下的幾粒種子，到耶律楚材秉政中書。纔開花結實。

無論中西，從史的考察，戰爭都是文化的媒介。亞歷山大東征，却把希臘文化帶到中東；阿拉伯人建立帝國，却襲取了基督教的教堂，學術，成就了大食文明。在中國五胡侵華，鮮卑氏羌之族，却同化於漢族文化；女貞滅宋，本身就湍成文儒政治，所謂「遼亡於釋，金亡於儒」者，正是說明文化交替情形。往往異族戰爭間的俘虜，到變成文族文化的啓蒙大師。箕子之洪範，微子之「抱禮器以歸周」，成周的文明何嘗不是殷商俘臣所貢獻？「不有所廢，君何以興」！歷史本身，便是矛盾發展的東西。蒙古人接受金的儒學，正不脫這個公例。

上面提到影響成吉思汗對中國儒學的認識那幾個人都是片段的，而且那些人，本身學術有限，那時正是兵荒馬亂，新興的騎士們，正醉心於戰爭，還不需要文明與安定；所以表現在外面的，祇有對盲目的殺戮，略加收斂。如木華黎下蠡州後。聽史天倪之勸而禁止殺戮。（見史氏本傳）成吉思汗，在五星聯珠之年，（庚戌）下詔止殺。（見新史太祖本紀）不過這一點點直接的反應，祇有在成吉思汗晚年，和丘長春講道，和太宗卽位用耶律楚材之時，儒學纔有了具體發展。現在先說耶律氏：

耶律楚材之入蒙古，從現代人眼光來看，祇是個被選用的俘虜，以技術而見用。在中國過去的文人說來，却是了不得的榮遇，好像是君臣遇合，魚水雲龍般的親切。最能寫出楚材的事業者，要算宋子貞的元故領中書省耶律公神道碑，（元文類卷五十七）新舊史本傳都未有所增益，略加分析，引述如次：

一、耶律楚材對當時的重要，原文首稱：

「國家之興，肇基於朔方。太祖皇帝以聖德受命，恭行天罰，馬首所向，蔑有能國。太宗承之，既懷八荒，遂定中原，薄海內外，罔不臣妾。於是立大政而建皇極，作新宮以朝諸侯；而公以命世之才，值興王之運，本之以廊廟之器，輔之以天人之學，綿二紀，開兩朝，贊經綸於草昧之初，一制度於安寧之後，自任以天下之重；屹然如砥柱之在中流；用能道濟生靈，視千古無愧者也」。

二、耶律的學術，與被俘以後的活動，原文又稱：

「年十七，書無所不讀，爲文有作者氣。章宗時特賜就試，則中甲科。甲戌(公元一二一四年)宣宗南渡，表公爲左右司員外郎。越明年京城不守，遂屬國朝。太祖素有並吞天下之志，嘗訪遼宗室近族，至是徵詣行在，入見處之左右，以備諮訪」。

三、耶律以術數得親幸，原文所述共有四點：

㈠、「己卯（公元一二一九年）夏四月大軍征西禡旗之際，雨雪三尺，上惡之！公曰此克敵之兆也。庚辰（公元一二二〇年）冬大雷，上以問公，公曰『梭里檀，（蘇灘花利子模王號）當死中野』，已而果然。」

㈡、「初國朝未有曆學，而回回人奏五月望夕月食，公言不食及朝果不食公奏十月望夜月食回回人言不食。其夜月食八分，上大異之曰，『汝於天上事尚無不知，況人間事乎』。

㈢、「壬午(公元一二二二年)夏五月長星見西方，上以問公，公曰：『女眞國當易主矣』，逾年而金主死，於是出征必令公預卜吉凶，上亦燒羊髀骨以符之。」

四、「行次東印度國鐵門關侍衞者見一獸綠色而獨角能爲人言曰，汝君宜早廻。上怪而問公，公曰，此獸名角端，蓋上天遣之以告陛下，願承天心，宥此數國人命……上卽日下詔班師」。

四、耶律以儒術施諸政事：關於此點本傳文長不能具錄。其具體事實，爲：㈠、奏立十路課稅所，（太宗二年），以救中原之廢爲牧地，所薦長官，皆用儒者，使儒生漸次抬頭。㈡、建議諸路軍民分治。㈢、救免汴梁的屠城之刼，（癸巳）㈣、索亡金禮樂及名儒梁陟等北上，㈤、於燕京置編修所，平陽置經籍所，以開文治。㈥、奏開俘囚之禁。㈦、議定中原戶賦，奏招戶口皆籍爲編民，力陳時務十策，如信賞罰，正名分，皆儒家傳統的治術。在這篇長文裏，舖陳宏富，可也透露出在蒙古汗廷中，儒臣孤立的情形。如窩濶台死後，與乃蠻眞皇后爭論的情事，各書皆曾記載無待贅述；不過，就湛然居士集中的詩句來看，似乎仍是一個俘臣的地位，而非中書宰相之全權執政。如集卷三，和移刺子春見寄五首之二「生遇干戈我不辰，十年甘分作俘臣，施仁發政非無據，論道經邦自有人。」可想見其心境的抑鬱，與事權之不專。其實耶律氏的事功，最重要的祇有兩點：一是在大汗左右，乘機勸諫，減少殺戮，如前述的保全汴京，和解放俘囚。一是建議用漢法，使儒學得漸次注入，此點以太宗伐金以後，於各路開科試士，爲最有影響。許多儒生因召試中第，而溶入仕途；其不做官的，也以儒戶而復其租稅，解脫奴隸的生活，這對那一時代的北方文人，眞是造福無疆！

耶律的學術，我認爲是深於釋而淺於儒；文章既不精切，詩也平庸得很，所得的皆儒學之粗。他將金代的科舉，與太常禮儀，介紹於蒙古政權，並未引進多少人才。在金代的名儒碩彥，如元好問，王磐王鶚之流，在湛然集中，並未提到，可想其不曾注意吸引。他是乙亥年（一二一四年）在中都被俘，乙酉年（一二三五年）自西域囘來，所以有「十年西域未知名，四海何人識晉卿」之句。這十幾年，和中原文儒脫節，許多名輩都生疏了。龍沙毳幕之中，無書可讀，（李文田註語）因而對儒學涵濡不够，無所進益，所共事的只是些色目人，（如鎭海）女眞人（如粘合重山），粗獷不學，難語於治道。更不幸的是太宗窩濶台汗嗜酒早世，皇后乃馬眞亂政，信用宵小，不解文治，蒙古人與色目人，又在宮廷裏抬頭，將一點點法的制度，都破壞了。而當時隨耶律的許多儒士，流落漠北，隨耶律之死，也都淪沒於荒煙蔓草之中。

在這種文明草昧之時，耶律楚材以外，應該要數丘處機之藉全眞敎以保存漢族文化，實卽爲儒學延一線之命。姚從吾教授，曾有「金元全眞敎之民族思想與救世思想」一文闡述頗詳。玆就元人姚燧牧庵集中的長春宮碑銘一文，略加引述，全眞敎創自金咸陽人王嚞，道號重陽子，其門弟子著者，有王馬譚劉丘五人，丘卽處機，據碑銘說：

「長春子丘處機，爲全眞學於寧海之崑崳山」。

丘的進見成吉思汗，據碑銘說：

「太祖皇帝，當劉金之十年，方幸西域，聞其有道，自奈蠻（卽乃蠻）俾近臣劉仲祿持詔求之，又急於其見，而遲其來，繼伻以迓之，抽兵以衞之」。

輟耕錄載太祖聘丘的詔書：

「天厭中原，驕華太極之性，朕居北野，嗜欲莫生之情。反朴還淳，去奢從儉，每一衣一食，與牛豎馬圉共弊同享，視民如赤子，養士如弟兄，謀素和，恩素富；練萬衆以身入之先，臨百陣而無我之後，七載之中成大業，六合之內爲一統……，謹邀先生，暫屈仙步，不以沙漠悠遠爲急，或以憂民當世之謨，或以恤朕保身之術，但授一言斯可矣」。

此文俗濫，對仗且有似通非通之處，但亦非蒙古人所能寫得出的，當是出自金國俘臣之手。也不像是耶律楚材的，因爲他的文章現存的已有湛然集中的幾篇表疏書札，都還明白曉暢，這樣的濫套文章，或者卽出於劉仲祿之手，亦未可知。劉仲祿是漢人抑契丹人，以後的下落如何？一時未能細考，但可推知，一定是在金曾有過官職，並且對全眞教有信仰（據元遺山集，金在章宗時代，道教很盛）。又西遊記中，嘗談到鎭海，也許迎丘之計，造謀於少數金的俘臣，通過鎭海，而建議到大汗前，這是有計劃的政治策略。似乎耶律楚材前未與聞，於他的反丘文章之態度，可以知之。我在前面推定金的俘虜，爲傳播儒學之開始，於聘丘詔書，更得一個證明。關於丘氏進言的內容，在長春眞人西遊記，雪山講道諸條，本有詳述，手頭無書，祇可引述碑銘：

「與語雪山之陽，帝之所問，師之所對，如敬天愛民以治國，慈儉淸靜以養身，帝大然之，曰：『天遺仙翁，以寤朕命』，右史書其言，又以訓諸皇子者」。

長春此行，志在救人，止殺，碑銘記此：

「癸卯至燕，年七十六矣……，北南已殘，首鼠未平，而鼎魚方急，乃大闢玄門，遺人招求俘殺於戰伐之際，或一戴黃冠，而持其署牒，奴者必民，死賴以安者，無慮二三鉅萬人」。

全眞並不是中國傳統的道教，它是合儒釋道三教教義，自立一教，名爲出家，實則濟世。元好問曾予剖析，遺山文集卷三十五紫微觀記：

「貞元正隆以來，又有全眞家之教。咸陽人王中孚（卽王嚞）倡之，譚馬丘劉諸人和之，本於淵靜之說（儒），而無黃冠禳襘之妄；參以禪定之習，而無頭陀縛律之苦，耕田鑿井，從身以自養，推有餘以及之人，視世間擾擾者，差爲省便」。

又同卷淸眞觀記：

「丘赴龍廷之召，億兆之命，懸於好生惡死之一言，雖兇暴鷙悍，甚愚無聞知之徒，皆與之俱化……，所謂全眞家者，乃能救之蕩然大壞不收之後」。

又同卷太古觀記：

「全眞家，其謙遜似儒，其堅苦似墨，其脩似禪，其塊然無營，又似夫爲渾沌氏之術者。」

從這些記載裏，可以看出全眞道的內容來，也可以看出丘處機行道救世的輪廓。在大亂之世，儒學常寄存於方外，如五代之後，陳摶傳太極圖於穆脩，卽其一例。所以我認爲丘處機與全眞道，是蒙古初期對儒學有影響的支流，不過耶律楚材因爲學佛，卻不喜全眞道的理論與作風，所著辟邪論與西行錄等，以及湛然集中詩文，皆斥爲外道。在當時政治上，兩者也不曾合作，對這時儒學的萌芽時期之進程，不無影響。

在此以外還有劉敏和楊惟中兩人，對初期儒學居於介紹傳播的地位，楊惟中事容後論述，此節略談劉敏。據元史本傳（卷一五三）：

「劉敏字有功，宣德青魯人，壬申，太祖師次山西，敏時年十二，太祖憐而收養之，習國語二歲，能通諸部語，帝嘉之，賜名玉出干。出入禁闥，初為奉御，癸未授安撫使，便宜行事，兼燕京路徵收稅課……選民習星曆者為司天太史氏，興學校，進名士為之師……，復辟李臻為左右司郎中，臻在幕府……，參贊之力居多」。

元好問大丞相劉氏先塋神道碑（文集第二八）稱述他在蒙古汗廷功績：

「立局燕京兼提舉燕京路徵收課稅漕運鹽場及僧道司天等事，是後立行宮改新帳殿，城和林，起萬安之閣，官闈司局，皆公發之。又若論列御前，皆天下大計，辭情激烈，上為動容，一言與邦，古無與讓。至於賓禮故老，崇尚儒雅，古今治亂，了然胸中」。

這裏雖無游揚儒學的具體事實，可是他是漢人血統，自小在宮廷左右，對儒生的引進，自然有所貢獻。以後開封燕京，分府陝右，更是汲引儒生，如李臻之流，在他的幕府二十年，又和一代文人元好問有交往，大概對儒學方面，保全很多了。此人直到中統元年還行省燕京（見中堂事記），後來閑廢在家，也許是以貪墨敗，在中堂事記裏，鈎稽前省官的戶賦曾有大賞罰，不過未指其名罷了。

（二）後期

此期約起自癸己（一二三三年），汴梁城破後，到憲宗蒙哥汗登位前（公元一二五一年）這時蒙古人已漸習於華族文明，各地興學立教，儒學在蒙古統治下，已大露曙光，制度士風，無異是金源文物的甦生。藩鎮幕府，王族賓僚，佈滿了金朝學士大夫，最重要的人物，要數到以在野名流姿態出現的元好問。元氏除去影響東平嚴氏父子，建立興學大業之外（見前東平興學考）對其他漢軍諸侯，也有相當的影響。他教育出來得力的門人，爲中統儒治效命。他對元代代學的影響，是文學和史學方面。在本文引述的新史文藝傳序，已有叙述，現再引金史文藝傳，元氏本傳，及郝經元遺山先生墓誌，以資說明。金史文藝傳說：

「兵後故老皆盡，好問蔚爲一代宗工，四方碑版銘志，盡趨其門，晚年尤以著作自任。以金源氏有天下，典章法制，幾及漢唐，國亡史作，已所當任」。

郝經文說：

「方吾道壞爛，先生獨能挽而救之，揭光於天，俾學者歸仰。識詩文之正，而傳其命脈；繫而不絕，其有功於世，又大也。每以著作自任，爲人所阻而止。先生曰『不可使一代之美，泯而不聞』乃爲中州集百餘卷，又爲金源君臣言行錄，於是雜錄近事世事一百餘萬言，書未就卒，嗚乎先生可謂忠矣」！

兩文都祇說元氏有功於史學。其實元氏北渡以後，多與大鎮諸侯交往，未必不是以斯道爲己任，所謂「上書宰相，試微軀於萬仭不測之淵，喋血京師，保百族於羣盜垂涎之口」（文集卷四外家別業上梁文），豈是一個尋常文人所敢擔任的？他和其他藩鎮交往，見於集中的，有一、保定張柔，如順天府營建記，極力鋪叙其重建順天府（卽清苑）的政績。順天萬戶張公勳德第二碑，凡張柔的戰功政績，皆說得有聲有色。張柔的部將喬惟忠，賈輔，皆和他有來往，有千戶喬公神道碑銘，又在張公勳德第二碑文裏力叙賈輔壯勇，皆可證明。元氏本傳說：「時金國實錄在順天張萬戶家，乃言於張願爲著述，」元張的交誼可想。同時元的門人郝經是張府門客，元文類收有盧摯撰的翰林學士郝公神道碑銘說：

「旣冠，順天道左副元帥賈公輔，一見待以國士，萬戶張蔡公柔，館公帥府，張賈子弟，皆從質學」。

可能增進元張的友誼關係。二、冠氏趙天錫，文集中關於趙氏做的文章，有千戶趙侯神道碑銘，冠氏趙侯新塋碑，紫微觀記，及東游記略，均可看見他曾與趙天錫有相當交誼。趙天錫同時還館轂元初文人楊奐在那裏著書講學（楊後出試，高中爲征稅長官），冠氏一地，也是元初儒學復興的聖地之一。三、劉敏，趙振玉，文集中有大丞相劉氏先塋神道碑劉宣撫設醮青詞，龍門寺記，皆爲劉敏而作。「龍山趙氏新塋之碑，眞定廟學記，趙州學記」皆爲工匠總管趙振玉而作。工匠總管，也等於當時的地方長官，都是蒙古統治下的新貴。元氏爲他們作文，恐怕另有因緣。四、張子良是漢軍萬戶之一，集中有，「歸德府總管范陽張公先德碑」，記述金亡時事，如國用安間道勤王之事，頗有史料價値。

金源一代學術，多偏於文儒，南渡後趙秉文最爲大家。元氏則自命繼起趙氏，而對南渡後的文學名卿，皆有淵源。文集內如閑閑公墓碑，內相文獻楊公（雲翼）神道碑，禮部尙書趙公（庭玉）神道碑，內翰王公（若虛）墓表，內翰馮公（璧）神道碑，希顏（雷淵）墓銘，楊叔能小亨集引，張仲經詩序，陶然集引，商氏家世錄，諸文內纚纚徵引，使讀者藉知一代文學源流。元氏即用這份遺產來開拓元初的學術風氣。元文類收經世大典序禮典學條（卷四一）：

「迨夫世祖皇帝之在潛邸也，故金進士元好問，啓請爲儒教大宗師」。

這也是針對當時釋道兩教的盛行，想借重藩王之力，來保儒學，用心良苦，誠不愧爲元代儒學的開山大師。不過他的思想範疇，迄未脫「制科習氣」。（用蘇軾語）同時他對稍後興起的江漢學派，趙復所傳入的理學，不大贊同，並且加以排擊，但又和一般策士的作風有別。在集中東平府新學記，曾露骨的說：

「學政之壞久矣，人情苦於羈檢，而樂於縱恣，中道而廢，縱惡若崩；時則爲揣摩，爲捭闔，爲鉤距，爲牙角，爲城府，爲穽獲，爲谿壑，爲壟斷，爲貪墨，爲蓋藏，爲較固，爲乾沒，爲力詆，爲貶駁，爲譏彈，爲姍笑，爲淩轢，爲癲癡，爲睚眦，爲構作，爲操縱，爲麾斥，爲刼制，爲把持，爲絞訐，爲妾婦妬，爲形聲吠，爲崖岸，爲階級，爲高亢，爲湛靜，爲張互，爲結納，爲勢交，爲死黨，爲囊橐，爲淵藪，爲陽擠，爲陰害，爲竊發，爲公行，爲毒螫，爲蠱惑，爲狐媚，爲鬼幽，爲怪魁，爲心失信；心失信不已，合謾疾而爲聖癲，敢爲大言，居之不疑。始則天地一我，既而古今一我，小疵在人，縮頸爲危，怨讟薰天」。

這一大段，是指斥當時以游說干附新朝，投靠之後，還排擠同類的一般人。如耶律楚材的門下諸士，如王文統一派的政客，皆在這段文章呵斥之列。接着便罵到理學一派：

「今夫緩步濶視，以儒自名，至於徐行後長者，亦易爲耳。乃羞之而不爲，竊無根源之言，爲不近人情之事，索隱行怪，欺世盜名。曰此曾顏子思子之學也。不識曾顏子子思之學，固如是乎？夫動靜交相養，是爲純張之道，一張一弛，游息存焉，而乃强自矯揉靜以自囚，未嘗學而曰絕學；不知所以言而曰忘言；靜生忍，忍生敢，敢生狂，縛虎之急，一怒故在，宜其流入於申韓而不自知也。古有云：『桀紂之惡，止於一時，浮屠之禍，烈於洪水』，夫以小人之中庸，欲爲魏晉之易，與崇觀之周禮，又何止殺其軀而已乎」！

「學浮虛」，比理學以不近人情，斥之流入申韓。這和蘇軾在北宋元祐之世，既攻王安石呂惠卿之新法，又不贊同二程之道學迂濶，不是如出一轍嗎？

（三） 儒學表現時期（江漢學派崛起）

蒙古初期的儒學，有兩大主流，一是山東一派，强名之曰「東平興學的關係人物」，這些都是金朝士大夫，直接將金源的制度文物，傳給蒙古，所致力的多是政事文章，可以說是儒學之粗。如元好問、宋子貞、徐世隆、王鶚、王磐乃至後來的王惲之流，對當時的作用，不過是供蒙古人，治軍理財的驅使。這一派並且爲亂離中的讀書人，找一條生活之路——在宮廷爲文學侍從，在政府機構中爲椽曹令史，所掌理的僅是奉常禮儀，簿書錢穀。換言之是一些行政的吏員，而無當於天下國家之大計（參閱東平興學考）。另一派才是儒學的正統，由藝而進於道。把儒家的哲學思想，所謂內聖外王之學，也就是有宋周程朱張五子的性理之學，傳給蒙古人和北方學者；使蒙古大汗，了解統治中國的竅要——治術，建立學制與統一學術。元代雖亡，而制度作風，則一直延續到明清二代，使宋學定於一尊，濂洛關閩之學，如日星之在天地；可也把中國讀書人，束縛於場屋制藝，和俎豆揖讓之中。這不得不逆溯於所謂江漢學派的崛起。這一派的人物，多生長在太行山麓地區。我們也可以叫它做「太行學派」。這一派學術思想的開山者是趙復，領袖此派的是許衡，羽翼鼓吹的是姚樞，竇默，張文謙，在野的有蕭𣂏劉因，他們大半在汗庭是師儒地位。中統至元的文治，皆是這一派人開拓出來的道路。

居於兩派的中間，而以天文技藝的先知者參預大計，並且支援這些師儒，還有一個最重要的人物，便是劉秉忠（僧子聰）。他之於世祖忽必烈，正似明代姚廣孝之於成祖燕王棣，但後者並未在朝廷上大展經綸；前者則一直是元代建國的計劃總監。在這一派下面，有郭守敬的天文水利，楊恭懿的術數天文，王恂的天文曆數（同時也是許衡的門徒），還有金代遺老李俊民，曾以預言者而獲得大名。當這一派將露頭角之時，元好問弟子郝經，也曾參預大計，亡金的遺老魏璠李治，儒生如張德輝，還有個西夏老儒高智耀，都曾有過表現。尤其爲儒學致力受華化最深的色目人廉希憲，正色立朝，儼然是個理學名臣。這些人圍繞在忽必烈周遭，再加上東平學派的吏治人才，便成功了中元文治的局面。在這種局面的實現之前。還要經過一番準備階段。在這階段中有兩件事：一是太宗窩濶台時，遣楊惟忠羅致儒士；二是憲宗時代，忽必烈以太弟開府金蓮川總理漢事，延攬人才，以備顧問（金蓮川幕府）。凡後來這些大儒，大概都以此因而緣出現。茲分以下三點敘述：

（一）**江漢學派的建立**　此事應先考楊惟中與諸儒的關係。據元史本傳：

「字彥誠，弘州人，金末以孤童子事太宗，知讀書，有膽略，太宗契之。年二十奉使西域三十餘國，皇太子濶出伐宋，命惟中於軍前行中書省事，克宋棗陽光化等軍，光隨郢復漢州，及襄陽德安府，凡得名士數十人。收伊洛諸書還燕都，立宋大儒周敦頤祠，建大極書院，延儒士趙復王粹等，講授其間，遂通聖賢學。憲宗即位，世祖以太弟鎭金蓮川，乃立河南經略司於汴梁，奏惟中等爲使」。

在以上的記事中可得三點認識：一、軍前奉令招致儒生，才與儒學接觸。二、受儒生的薰陶，而信仰理學，建立北方第一座書院講學，使江漢學派得以發展。三、經略河南，駐節汴梁，爲忽必烈招致中原儒生。所以我認他爲元初儒學中理學一派的媒介人物。在和他關係諸人傳中，也可參證。元史姚樞傳：

「內翰宋嘉識其有王佐之才，楊惟中與之偕覲太宗」。

這該是癸已（一二三二年）金亡前一年的事。那時姚尙仕金在許昌。案姚燧中書左丞姚文獻公神道碑（牧庵集），

「壬辰許城被圍，州版公軍資庫使，爲逃死謀。日出而東門果破，邀軍將蕭姓者入家，蕭曰『吾嘗奉丘眞人教……』公聞太宗招學士十八人，即長春宮敎之，俾中書惟中監督，則往依焉。」

此文又記和楊惟中同求儒生之事：

「乙未」（一二三四年）詔二太子南征，俾公從楊中書卽軍中求儒道釋，醫卜酒工樂工」。依此則惟中燕京行省，是在伐宋之前，耶律楚材湛然集卷八，載有答楊行省書，卽楊惟中。招求儒生，則與姚樞同行，姚本通儒，才能得着趙復諸人，惟中也許受其感化，而服膺性理。以下再看姚樞與儒學之關係，據元史本傳（卷一五八），

「樞字公茂，柳城人，後遷洛陽，乙未南伐，拔德安，得名儒趙復，始得程頤朱熹之書。許衡在魏，至輝就錄程朱所著書以歸。世祖在潛邸，遣趙璧召樞至，大喜待以客禮」。

是傳敍述甚簡，不如神道碑詳盡。在碑文曾敍述他拔德安救趙復的故事（容後再述）又記他退休衞輝與許衡等講學之事：

「遂携家來輝墾荒雲門，以道學自鳴。又汲汲以化民成俗爲務。自版小學書，語孟、或問、家禮、俾楊中書版四書，田和卿尙書版聲詩，折衷，易程傳，書蔡傳，春秋胡傳，皆于燕。又以小學書，流佈未廣，敎弟子楊古，爲沈氏活版，與近思錄，東萊經史論說諸書，散之四方」。

此段記述宋儒主要的經典，傳播於北方的經過，極爲重要。以下則記許衡從他錄書之事，再則敍趙璧來招，初見忽必烈上書後授貴族經學之事。

「上奇其才，由是動必見詢，使授太子經，以太師淇陽王之兒，故丞相木土各兒，故右相不華吉丁，今司徒買奴爲之伴讀，日以三綱五常，先哲格言，薰陶德性」。

這幾件事，對儒學的流播，皆是大關節目。性理之書能够傳於北方，蒙古統治者，能够稍知儒學，姚

樞先容之功，實不可沒。以下當叙趙復。關於趙復北渡之事，於姚燧所撰序江漢先生死事爲最詳，據原文：

「其歲乙未，王師徇地漢上，德安由嘗逆戰……先公（姚樞）受詔，凡儒服掛俘籍者，皆出之。得故江漢先生，……與之言，信奇士，即出所爲文若干篇。以九族殫殘，不欲北，因與之訣，蘄死。公止共宿……『曰……從死無義，可保吾而北，無他也』。至燕，名益大著，北方經學，實賴倡之。游其門者，將百人，多達材其間」。

元史儒學傳，趙復傳說：

「字仁甫，德安人也。……先是南北道絕，載籍不相通，至是復以所記程朱所著諸經傳註，盡錄以付樞。（姚）自復至燕，從者百餘人，在潛邸嘗召見……不强之仕……惟中（楊）開復論議，始嘗其書，乃與樞謀，建太極書院，立周子祠，以二程楊游等六君子配焉。選取遺書八千餘卷，請復講授，……作傳道圖，而以書目條於復，別著伊洛發揮，以極其宗旨。朱子門人，散在四方，則以見之登載與得之傳聞者，共五十六人，作師友圖，以寓私淑之意。又取伊尹顏淵言行，作希賢錄，……樞既退隱蘇門，乃即復傳其學。由是許衡，郝經，劉因皆得其書而尊信之，北方知有程朱之學，自復始。……元好問，文名擅一時，其南歸也，復贈以言，以才博溺心喪本爲戒，以自修讀書，求文王孔子之用心爲勉。……學者稱之曰，江漢先生」。

這篇傳記，把理學北來的授受淵源，記叙明白。從這裏，我們才了然於楊惟中姚樞之學，皆接自趙復，而開魯齋（許衡）一派的北方性理之學。更由此而知道元好問和他不相投合，也許爲他的臨別贈言，過傷切直之故。

正統的儒學，僅有姚趙諸人，仍不能在北方學術界立足。因爲趙係南方老儒，不能有聲氣之呼應。姚係名宦，不能專力於講學；惟有許魯齋（衡）出來，才大開庭戶，使有元一代，尊崇儒學，程朱義理，定於一尊。茲略述其事功言行。元史許氏本傳嫌簡略，桐氏新史本傳，將其立政諸議和學制規條列入。黃宗羲宋元學案，專立魯齋學案，均爲人所周知。歐陽玄圭齋集，元中書右丞文正許先生神道碑，對魯齋學行，鋪叙甚爲切至，也許是史傳的原始史料。其論魯齋繼承理學道統：

「若魯齋許先生，以純正之學，上接周公孔子曾思孟軻以來不傳之道，而爲不世之臣。君臣遇合之契，崇階都俞之言，所以建皇極，立民命，繼絕學，開太平者，萬世猶一日也。……論世祖之爲君，則見我元國家之初，當貞元會合之氣運。故善言先生者，必以道統爲先，而後及其功業，則可以稱悉聖天子命……」。

此段鄭重言之，可以見許氏學術地位之份量。接着叙學術所受的淵源及遇合的經過。

「……其與人交，中剛外和，一介取予，必揆於義。人與居之，雖有忮求，馴致俱化，所至學者，翕然歸之。察其誠至，方留館下誘掖忘倦，……於是師導尊嚴親友日至。在魏友竇默，蘇門友姚樞，相與論辨，探幽析微，詣者慴服。凡伊洛性理之書，及程子易傳。朱子語孟集註，中庸大學，或問小學等書，言與心會，與所從游，教以進德之基。慨然思復三代庠序之法。甲寅（一二五四年），世祖受地秦中，聞先生名，遣使者徵赴京兆。……廉希憲宣撫陝右，傳敎令授以京兆提學，卜居雁塔之東。……建元中統，召先生爲家敎，既至謁歸，復召至上京開平，入見。上問所學，以學孔子對……時相王文統用事，而先生及姚樞竇默，日被顧問」。

許氏在世祖朝，始終是師臣地位，原文又說：

「先生之謀國，譬工師，受命作室，既得大木，不斷而小之，是以率不受工師之命，而必使學焉」

立學校，是許氏一生大事業，此處不擬多述，再抄虞集送李擴序前段，以見其規模：（元文類卷三五）

「國學之置，肇自許文正公。文正以篤實之資，得朱子數書於南北未通之日，讀而領會，起敬起畏，及被遇世祖皇帝，純乎儒者之道，諸公所不及也。世祖皇帝，聖明天縱，深知儒術之大，思有以變化其人而用之；以爲學成於下，而後進於上，或疏遠未卽自達，莫若先取侍御貴近之特異者，使授敎焉，則效用立見。故文正自中書罷政爲之師。是時風氣渾厚，人材樸茂，文正故表章朱子小學一書，以先之；勸之以洒掃應對，以析其外；嚴之以出入游息，而善其中；掇忠孝之大綱，以立其本；發禮法之微權，以通其用。於是數十年彬彬然號稱名卿材大夫者，皆其門人矣。嗚乎！使國人知要聖賢之學，而朱子之書，得行於斯世者，文正之功甚大也！」

由這些有關紀述看來，許氏學術規模，近於下達一路。謹厚拘謹，不尙文彩，正是北方學者的氣象。以小節來範圍青年後秀，銷其英俊之氣，亦正是蒙古統治者所夢寐以求的，所以一拍卽合，備受尊崇。但剛明之氣，太不够了。只注意心性與言動，和經傳章句，一切高深的思想學術，無所討論，又給一些束書不觀，游談無根的空疏之士，作一護符。同時許氏生於憂患，太怕事了，在汗庭常常以退爲進，是以同時的劉因，對他頗表不滿。即虞集對他的門弟子的作風，也有微詞。虞氏安先生文集叙（元文類卷三十五），引劉氏的言論：

「而靜修之言曰：老氏者，以術欺世而自免者也。陰用其說者，莫不以一身之利害，而節量天下之休戚；其終必至於誤國而害民。然而特立於萬物之表而不受其責焉，而目以孔孟之時義，程朱之名理，自居而莫知奪。」

此文是引靜修集退齋記，宋元學案江漢學案全謝山斷爲譏諷許氏，辭執政而就國學之事。前引歐氏文神道碑也說：

「其事君以責難陳善爲務：其教人也，以洒掃應對進退爲始？故君召輒往，進輒思退，……及至，仕不受祿。人以爲高，則喟然嘆曰：『甚矣，余之幸而有是名也！仕豈不有食君祿者哉，食無忝而已』。……

輟耕錄（陶宗儀著）也記劉因和許氏一段公案：

「中書左丞魏國文正公魯齋許先生衡，中統元年應召赴都，道謁文靖公靜修劉先生因，謂曰，「公一聘卽起，毋乃太速乎？」答曰：『不如此，則道不行。』至元二十年，徵劉先生，以爲贊善大夫，未幾辭去，徵爲集賢學士，復以疾辭，或問之乃曰，『不如此則道不尊！』

此可與上引的議論參閱。拙著劉靜修學行述評收「蒙古漢軍與漢文化」內可參閱。在蒙古初期，儒學不絕如縷之際，一般儒生，救死不遑，出而行道，即是自救，像纓冠救火的一般，豈能夠多所顧慮？我們對許氏出處，到不願有所苛求；不過學術規模，終嫌狹小，尊經與尊君有同樣的作用，因而開明清以來，絕對專制政體，却是許學的流弊了。

（二）金蓮川幕府　金蓮川有二，一係蒙古大汗的夏宮。清張穆蒙古游牧記卷八，引元耶律鑄雙溪醉隱集，金蓮花甸詩註：

「和林西北餘里，有金蓮花甸，金河界其中，東滙爲龍渦。陰岸千尺，松石騫壘。」

又引龍和宮賦註：

「金蓮川卽山北避暑宮殿，瓊島卽山南避暑宮。」

此金蓮川，有說卽忽必烈以皇弟領治之處。窩濶台汗時代，駐夏於此，風物都麗，從而撥給他使用。所謂「金蓮川開府」者卽指此地。（憲宗蒙汗哥元年公元一二五一年。）但在開平之東南有地曰王國崖，亦係沙遼金時代君王避暑之地，所謂「金蓮涼陘」王惲中堂事記：

「十五日丙子至察罕腦兒，時行宮在此，……亂灤河西北，次東北土樓下，羣山糾紛，形平易，……草疏茂，極利畜牧。按地志，灤野，蓋金人駐夏金蓮陘一帶，遼人曰王國崖者是也。」

考所紀行程十五日至此，十六至二十三日，皆停留不進，二十三日甲申，次鞍子山，距灤河四十里，二十四日乙酉，次桓州故城西南四十里，二十六日未進，二十七日戊子，次新桓州西南十里外。二十八日乙丑飯新桓州，未刻扈從入開平府，大約每日行四十五里。王惲之去開平是隨燕中書省全部北上的，所以走得很慢。從二十三到二十七日，共五天，以每日四十五里計算，約走二百二三十哩。那末這個金蓮川距開平之地不遠，而且還有「行宮」，作為治理漢地的根據地，似以此處較為適合。馮譯多桑史第三卷，第一章（上册三〇一頁）曾說……「先是其兄皇帝蒙哥指定桓州為其駐夏之所。」此桓州即後來之開平——上京。金蓮川可能即其通名。遼金史所謂川者，係指平甽，並非河流。草原民族，以游牧為生。遼金皇帝狩獵駐夏，皆係行帳，非有數百里的平川，不足以供其馳騁。故所謂金蓮川者，應該指桓州一帶地方。此地又為蒙古入塞的起站，當成吉思汗時代，耶律阿海，即以桓州尹來投誠，引之入塞，故蒙古汗才指定為漢地行政中樞。史官記事，好用辭藻，遂以金蓮川代之。如前引楊惟中傳之記載，即是此例。忽必烈開府後，又在一二五三年，受封京兆，從京兆封區之六盤山禡牙西征大理，範圍更廣，儒臣的進用也更多。所有應聘的儒臣，為便於記述起見，統名之曰「金蓮川幕府。」

金蓮川幕府裏面，也有兩個系統，一是親王左右，一是徵聘而來的。從元史各傳看，著名的有下列諸人：

一、劉秉忠　元史本傳說，「世祖在潛邸……應對稱旨，屢承顧問」。

二、張文謙　元史本傳說，「世祖居潛邸，受邢州分地，秉忠薦文謙可用，歲丁未來，召見應對稱旨，命掌王府書記。」

三、姚　樞　元史本傳說，「世祖在潛邸，遣趙璧召樞至，大喜，待之以客禮。」

四、竇　默　元史本傳，「世祖在潛邸，遣召之，……既至……不令暫去。」

五、王　鶚　元史本傳：「世祖在潛邸，訪求遺逸之士，遣使聘鶚，……命近侍闊闊，柴楨等從之。」

六、李　冶　元史本傳：「世祖在潛邸，聞其賢遣使召之。」

七、張德輝　元史本傳：「歲丁未，世祖在潛邸召見。」

八、魏　璠　元史魏初傳，「從祖璠，庚戌歲，世祖居潛邸，聞璠名，徵至和林，訪以當時之務。」

九、李俊民　「元史本傳，世祖在潛邸，以安車召之，延訪無虛日，遽乞還山」。

十、商　挺　元史本傳：「癸丑，世祖在潛邸，受京兆分地，聞挺名，遣使徵之，至鹽州入對稱旨」。

十一、郝　經　元盧摯翰林侍讀學士郝公神道碑，「世祖居潛邸，……遣使者一再起之，既奉清問，……帝大喜逾所聞」。

十二、李德輝　元姚燧中書左丞李忠公行狀：「歲丁未用故太傅劉公秉忠薦，徵至潛藩」。

還有趙良弼和趙璧兩人，都是久居塞漠，服事藩邸的，後來又立功甚多，當然也要歸入金蓮川幕府之列了。這許多人，以劉秉忠忽必烈對之最爲親幸，預聞大計最多，張文謙也因他的關係而見重。他們都雅愛儒學，許衡一系得其支持很多，節抄下面幾篇文獻證之。

劉秉忠　元史左傳（卷一五七）

「字仲晦，初名侃，因從釋氏始改今名，……歲庚戌木華黎取邢州……以其父爲都統……秉忠年十三爲質子，十六七爲邢台節度府令史，卽棄去隱武安山中，久之天寧靈照禪師，招致爲僧。世祖潛邸，屢承顧問。秉忠於書無所不讀，尤邃於易，……論天下，如指諸掌。世祖大愛之。……遂晉諸藩邸、……被旨還和林，上書數千言，……又言邢州舊萬餘戶，兵興以來，不滿數百，得良牧守……治之，猶可完復，朝廷卽擢（張）耕爲邢州安撫使，（劉）肅爲副使」。

秉忠輔佐忽必烈汗創建大業，平生大事，有一、修建開平府爲上京，（見本傳）。二、創議行交鈔，（見輟耕錄柯氏新史本傳採入）三、建議以大元爲國號，（見本傳）此外還有頒章服，定朝儀，給俸祿，立官制等。（見元史百官志及禮志），沒有他，也許中統至元的政治，不能那樣的漢化。可是薦人用事之始，是自他的故鄉邢州，正因爲忽必烈的封地在邢州，他薦人治理得法，才能認識儒生的有用。

張文謙的進用，亦自邢州之事始。元史本傳（卷一五七）

「太保劉秉忠同學，……文謙與秉忠言於世祖，乃選近待脫兀脫，尙書劉肅，侍郎李簡三人至邢，協力同心，不期月，戶增十倍，由是世祖益重儒士，使之以政，皆自文謙發之」。

又元文類載李謙所撰中書右丞張公神道碑，（卷五八）亦論文謙與儒者的關係：

「世祖皇帝，始居潛邸，招集天下英俊，訪問治道。一時士大夫，雲合輻輳，爭進所聞，……其愛民憂國……若時政之臧否，生民之利病，知之無不言，言之無不盡，曾不以進退累其心者，公一人而已。……自入小學，與太保劉公同研席，年相若，志相得，其後太保祝髮爲僧，先侍世祖於潛邸，薦公才可用，丁未驛召北上入見召對稱旨，擢置待從之列……每以薦達士類爲己任。一時聞人，揚歷內外者，多公所舉，……晚歲篤於義理之學，楅衣魯齋，求是政之，有自得之趣。無他嗜好，惟聚書萬卷而已」。

後來虞集所撰張氏新阡記，（道園學古錄）也稱述張氏的左右儒學。

「太保劉公，學術通神明，……乃獨薦公爲謀臣，……在上左右。主儒臣，使陳先王之道，……許文正公生于搶攘之間，……其孰知先後扶持，時其進退，……使其身安乎朝廷之上，而言立道行者，公實始終之也」。

從以上引述的紀載，我們才知忽必烈用儒學自劉張二人發之。儒治的表現，又是自邢州一隅，初露頭角。此兩人對於儒學，可謂穿針引線的人物。

（三）儒生的表現　忽必烈之繼承大汗在蒙古人繼承汗統的法例上並不算合法。並未經「庫利爾台（宗親大會）的正式推戴，即在開平，匆匆自立。這實在是用漢地的兵馬，做護衛的力量；用漢地的人才，做爭位的謀臣，與以前諸汗，宮廷決議，屬國風從的情勢，迥然不同。自從邢州儒治，小試其端以後，接着開藩秦中，兵伐大理，以及班師爭位，幾幕大劇出現，才正是儒生獻策，大試身手之時。這一階段，以姚樞，郝經關係最大，因爲他們是定策者，華化的畏兀兒人廉希憲，女眞人趙良弼，與商挺等，則奔走其間。現在就姚郝兩人的定策，一加分析：

一、姚樞的貢獻　他最大的成功，是在初見忽必烈時的獻策，差不多把中元儒治的規模，皆爲預定，純粹是中國歷史上英主爭天下者所應採的道路。此後姚卽侍從左右，以「不殺人能一天下」的道理，來勸忽必烈攻下大理，而不屠城，從此博得了四方歸心。這便是統馭中國人的竅要。姚燧所作的神道碑說：

「……俾居衞從後列，惟不直宿。時召與語，隨問而言，久之詢及治道，公盡其平生所學，敷瀝心胆，爲書數千百言。首以二帝三王爲學之本，爲治之敍，與治國平天下之大經，彙爲八目，曰『脩身力學、尊賢、親人、畏天、愛民、好善、遠佞』；次及其救時之弊，爲條三十，曰『立省部則庶政出一，綱舉紀張。……辟才行，舉遺逸，愼銓選，汰職員，則不專世爵。……班祿俸，則贓穢塞。……定法律，審刑獄，則取生殺之權。於朝……設監司，明黜陟，則善良姦窳，可得而舉刺。……閣徵歛，簡驛傳，修學校，旌節孝，以爲育人才，厚風俗，美敎化之基。……重農桑，寬賦稅，省徭役，禁游惰，肅軍政，布屯田，通漕運，以廪京都。……廣儲蓄，復常平，立平準，……却利便，以塞倖進。杜告訐，以絕訟源』。各疏弛張之方其下，本末兼賅，細大不遺。文不具述「上奇其才，由是動必見詢」。

這許多大議論，都是中國歷代儒家政治的條目。後來中元之治，多半不出這個範圍。姚又勸忽必烈受封關中，取得對漢地的控制，對後來王業，也有重大關係。神道碑說：

「勅上（忽必烈汗）於南京（汴）關中，自擇其一。公曰，「南京河徙無常，……不若關中厥田上上，古名天府陸海，上願有關中」。

姚在忽必烈左右，還有一件大功，便是獻策消除蒙哥汗對他的疑忌。碑載：

「歲丙辰，……或讒王府得中土心。帝遣阿藍答兒大爲勾考……上聞不樂，公曰，『帝君也、兄也、吾弟也臣也、事難與較，違將受禍，未若盡是邸妃主以行，爲久居謀，疑將自釋』。翌日語再及曰，『臣過是無策』，久之曰，從汝。先遣使以來覲告，及見，天顏開霽。大會之次，上立酒尊前，帝酌之拜退，復坐，再拜，又酌之三至，帝泫然，上亦泣下，竟不令有所白……」。

此事在世祖與憲宗之間，是很嚴重的事件。蒙哥汗性頗猜忌，如果沒有弟兄會面這一舉，阿藍答兒等的讒譖得行，忽必烈的地位，便眞可慮了。至於渡江之役，姚亦有功。碑載：

「歲己未，秋及江，而憲廟崩問至，上猶濟江，……臨攻鄂城，賈似道聞公諮謀軍中，比爲王猛。……」。

在這時間，以郝經最有表現，班師爭位，出自他的議論居多。

二、郝經的建議　郝經是元好問的學生，學術淵源，應該屬於金源文化的一脈。但立身大節，又近於理學士一路。所以宋元學案，全祖望將之列入江漢學案之內。他是金源的文學世家，祖天挺，父思溫，皆係名士，又受遺山的傳授，所以文章樸茂，假如他不受王文統的排擠，出使被拘，可能官居顯要，有一番的事業。元史本傳（卷一六八）。

「字伯常，其先潞州人，徙澤州陵川。祖天挺，父思溫，天挺有重名，元好問之師也。金末思溫避地魯山……，經甫九歲，人皆異之，金亡徙順天，爲守帥賈輔所知，二家藏書皆萬卷，經博覽，學日進。憲宗元年，世祖以皇弟開幕府金蓮川，召經諮以時務，條上數十事，世祖大悅。遂留王府，及伐宋，從至濮州」。

郝經對憲宗伐宋親征四川一舉，始終認爲不當。故在濮州時，卽進東師議。本傳載其大要：

「國家創業，垂五十年，而一之以兵，遺黎虔劉殆盡，自古用兵，未有如是之久者也。其力安得不弊乎？……爲今之計，則宜救已然之失，防未然之幾而已。西師旣構，猝不可解，……殿下宜遣人稟命於行在所：大軍壓境，遣使喻宋，示以大信，令降名進幣，割地納質，律必受命，姑與之和，偃兵息民，以全吾力。……稟命不從，殿下之義盡，而後進吾師。重愼詳審不爲躁輕，假西師以爲奇，而用吾正，申以文移，喻以禍福，使知殿下仁而不殺……」。

原文甚長，和戰兩計並進，對戰事形勢，洞若觀火。文章氣勢也恣肆精悍，出自三蘇策論，正是元遺山一派的文章心法。但所有打算，都是爲忽必烈，而不是爲蒙哥汗的。大約在金蓮川開府後，忽必烈已有圖王定霸據漢地自制的企圖，所以幕府裏皆向這方面畫策。等到蒙哥汗死於釣魚山，宋賈似道在鄂州拒守，甚爲得法，郝經馬上便進班師之議。據元文類（卷十五）載此文說：

「易言知進退存亡者，其惟聖人乎？……今國內空虛，且額埒而格（阿里不哥）……行皇帝事矣。雖大王素有人望，且握重兵，獨不見金世宗海陵之事乎？……願大王以社稷爲重，與宋議和……率輕騎而歸，直造燕都。遣一軍迎大行靈轝，收皇帝璽，使召台實喇額（旭烈兀）穆格諸王，會喪燕都。差官於諸路安輯，命皇子珍戩（眞金）鎭守燕都，示以形勢，則大寶有歸，而社稷安矣」。

這篇文章，差不多是忽必列爭位的全盤計畫。忽必烈採納了，照計而行，道中又得商挺的建議，元史本傳（卷一五九）：

「憲宗崩，世祖北還，道遣張文謙與挺計事。挺曰：『軍中當嚴符信，以防姦詐。』文謙急追及言之。世祖大悟，罵曰：『無一人爲我言此，非商孟卿，幾敗大事！速遣使至軍立約！』未幾阿里不哥之使至軍中，執而斬之。」

同時參與班師爭位的，還有以下幾人，均見各人本傳：

一、趙良弼　「字輔之，女眞人也……初舉進士，教授趙州，世祖在潛藩，久對稱旨。……巳未七月，世祖南征，……召參議元帥事。…世祖北還，良弼陳時務十二事，言皆有徵。至衞遣如京兆，採訪秦蜀人情事宜，不踰月，具得實還報，…其言皆見采用。庚申良弼凡五上言勸進…。」

二、趙璧　「字寶仁，雲中懷仁人也。世祖爲親王，聞其名，召見時呼秀才而不名。……憲宗死，世祖卽位，中統元年拜燕京宣撫使，……經畫饋運，相繼不絕……」。

三、廉希憲　「字善甫，布魯海牙子也。……世祖爲皇弟，年十九，得入侍。……篤好經史，手不釋卷，一日方讀孟子，聞召，急懷以進。世祖問其說，遂以性善義利仁暴爲對。……世祖渡江取鄂州，……憲宗崩，晉至，希憲啓曰，『殿下太祖嫡孫，先皇母弟，……願速還京，正大位，以安天下』，世祖然之，且命希憲先行審察事變，……庚申至開平，希憲復以天時人事進言，世祖然之，明日卽位」。

這些人都是讀儒書的。外之姚樞郝經商挺，內之張文謙趙良弼廉希憲等，同謀贊畫，竟成大事。使忽必烈以劣勢的地位，而擊敗阿里蒙哥，和漠北的蒙古一系的親王貴族集團。不可不謂儒生們的出色表現。所以中原之治，便決定以漢法建國；而中國的儒學，在蒙古帝國中，才能與西域文化及各種宗教抗衡對立了。

（四）　儒學崇重時期（中元儒治及江南文化的北來）

在世祖忽必烈正位以後，儒學卽正式被朝廷所尊崇，構成所謂中元儒治之局。中統是世祖朝第一個年號；自公元一二六〇年，至一二六三年止，共四個年頭。接着便是至元年號，自一二六四年起，至一二九四年止，共三十一個年頭。從至元八年起，纔改國號曰「大元」，前此均蒙古國號。至元十一年（一三〇四年），伯顏伐宋，十三年（一三〇七年）兵入臨安，南宋亡國，而江南士大夫，聯翩北上，形成了江南文化的北來，與北方文化合流，儒道定於一尊。茲分兩節引述：

（一）中元儒治　作爲儒治的規劃，應該引述兩篇奏議，一是郝經在中統元年八月上的立政議，二是許衡於至元元年上的時務五事，皆以用漢法以立儒治的根本。據元文類卷十四，載郝經立政議：

「臣聞所貴乎有天下者，謂其作新樹立，列爲明聖，德澤加於人，令聞施於後也。……天下一大器也，……夫綱紀禮義者，天下之元氣也；文物典章者，天下之命脈也；非是則天下之器不能安……」。

開端先請建立綱紀禮義，創制文物典章，這是儒治的根本。以下則歷敘中國史上歷代治世的君王，從「人倫不至於大亂，綱紀禮義，典章文物，不至於大壞，數君之力也」，來打動忽必烈，要他以這些賢主爲模範。下面便來檢討蒙古立國之後，不行漢法的弊害：

「於是法度廢則綱紀亡，官制廢則政事亡，都邑廢則宮室亡，學校廢則人材亡，廉恥廢則風俗亡，紀律廢則軍政亡，守令廢則民政亡，財賦廢則國用亡，天下之器雖存，而其實則無有…」。

批判得可謂痛快淋漓，又說：

「今皇帝陛下，統承先王，聖謨英略，恢廓正大，有一天下之勢。自金源以來，綱紀禮義，文物典章，皆已墜沒，其緒餘土苴萬億之能一存。若不大爲振作與天下更始，以國朝之成法，援唐宋之典故，參遼金之遺制，設官分職，立政安民，成一王法，是亦因仍苟且，終於不可爲……」。

以下接着陳述歷來異民族入主中原，用漢法之成效：

「元魏始有代地，便參用漢法，至孝文遷都洛陽，一以漢法爲政，典章文物，粲然與前代比隆，天下至今稱爲賢君。（金源略）今有漢唐之地而加大，有漢唐之民而加多，雖不能使爲漢唐；爲元魏，金源之治亦可也……」

末後，曾具體地建議：

「方今之勢，在於卓然有為，斷之而已。去舊染，立新政，創法制，辨人才，綰結皇綱，藻飾王化，偃戈息馬，文致太平，陛下今日之事也……」。

郝經此議，上於將要奉使江表之前。那是候的中書大政，漢人稍見抬頭，但是儒治的規模，並未大建。王惲中堂事記，是起自中統元年庚申春三月十七日，終於辛酉九月，正是開國用儒之初，其中紀載，當可參證。據事記有關立政規模者，只有以下幾條：

一、世祖皇帝條中統元年秋七月十三日，立行中書省於燕京，劄付各道取儒士。

二、十二月甲午朔時於省東，置司集諸路計吏，校一歲簿帳……時又於煙霞觀，摘委房長，纂類一切令奏機務。

三、夏四月……十二日，……侍中和者思，召諸相入朝，遂以軍國大政上聞。……十七日巳酉，省奉准條畫民事凡廿七條施行之。

四、五月……七日……都堂命惲編類歷代水利營屯田漕運錢幣租庸調等法，及漢唐以來宮殿制度等事。

五、五月……廿二日，癸未，申刻堂議定省規一十七條。（條規略）

六、秋七月……廿七日承旨，公（王鶚）因與惲議曰：前朝士人無幾，若比老使得霑一命，儘有光矣。遂保奏廿餘人，擬爲隨路提舉學校官。是日有詔……在這裏底先與職名者外，未到人員，候來時定奪……。

中書是出政之地，王惲親自參預中統初年的中書省，所記的軍國大政，仍只是簿書錢穀的事，沒有什麼論道經邦之大政。是時主持政務者，是王文統，有吏材而非儒臣，所以對儒學了無設施。對三四儒者，皆設法使之尊而不親。前文所述金蓮川幕府之一的竇默，在此時已開始和王文統衝突。許衡行被徵召，又請引退，姚樞則被排斥，宣撫東平，姚燧所作的神道碑，曾記此事。眞正的儒治，還有待於安童作相，才能建立規模。

許衡的時務議，全文亦以行漢法爲主。與郝經之論相表裏，是當至元二年，安童作相，被命輔佐受任中書右丞，而向忽必烈汗建議的。安童是成吉思汗四傑之一穆華黎的曾孫，幼而不凡，見知於忽必烈。又受蒙漢臣僚的愛戴，才以世臣出爲宰相，支持儒學，最爲有力。據元明善丞相東平忠憲王碑：（元文類卷二四）。

「忠憲王嶷然若山，莫捫其高；湛然若淵，莫測其深；其粹如玉，其精如金，其嚴如秋，其溫如春，夷險安危，死生榮辱，確乎中處，一皆不動。自十八入相，薦引忠良，責成職守，漢士如史丞相天澤，姚左丞樞，許右丞衡，商參政挺，竇學士默，尤傑者也。立御史臺，以正紀綱；立太常寺，以崇禮樂；劃除苛虐，開布寬平，抑奢尙儉，薄征厚施。由是朝廷清明，海內寧壹，倉穀滿盈，年穀屢豐。天子嘉之曰：『安同爲相，朕寢乃熟』，時向承平，方與諸儒經畫典制，贊理樞機，公退，府南開一閣，延見賢士大夫，講論古今治道，評品人物得失，亹亹應接不倦，而請謁絕迹」。

可謂極贊譽之能事。安童相業，元史及同時私家記載，都很稱道，其實是許衡和漢儒生的抒展。中國儒學由於這個少年的蒙古貴族之支持，而飛躍進展，一代典章，皆立於此時。其規劃應溯源於許氏的時務五議（元文類卷一三）。

五議亦爲元文類收載，元史及柯氏新史本傳，皆錄其大要，現在略述此文的主旨與篇目：

一、原文立國規摹，一以行漢法爲主。他說「國朝土宇曠遠，諸民相雜，俗旣不同，論難遽定。考之前代，北方奄有中夏，必有漢法，可以長久」此與郝經見解相同。蓋行漢法，是儒治的前提；不能漢化，儒治雖行也不能長久。但蒙古統治，者却始終未能全盤接受，所以儒學也與時爲消長。

二、次爲「中書大要二」這是安童相業的計劃，全文爲中書爭權，卽爲安童鞏固地位；也就是爲儒學培養力量。全文以「用人立法」兩者爲主。這是針對蒙古宮廷政治，干涉行政之弊。（關於蒙古的宮廷，與政府間權力衝突，與利害影響，他日另爲文說明）。但是安童後來仍是敗於宮廷侍從的一羣言利之徒。

三、再次是「爲君難三」小條目是「踐言，防欺，任賢，去邪，得民心，順天道」主旨是「得民心」一點，這與姚樞勸不殺人的意旨相同。

四、更次爲「農桑學校四」，這是儒治的下手方法，也是政治的根本之圖。建議「自中都下及司縣，皆設學校，使皇子以下，至於庶民之子弟，皆從事於學」。此議果然見諸實行，乃成功有元一代的學制。後來許多名臣師儒，多出自國學，少數蒙古貴族的漢化，也因爲受了國家的教育。各路州縣學，則爲金宋亡後，許多故臣宿學，藏身施教之地。儒學所以綿綿不絕，不可不說是許氏生平最大的貢獻。

五、最後爲「愼微五」，這是理學家一派相傳，治心愼獨的話頭。蒙古大汗宮廷，日從事於畋獵聲色之不暇，恐怕對這種理論，難於接受？

在許氏的時務五議影響下，中原儒治，有幾項大政，值得一說，茲爲分別引述：

甲、御史台　陶南村輟耕錄載：

「御史台，至元五年置，秩從二品，後增至十六人，皆漢人，又增蒙古色目人，如漢人之數，今三十二人。至元十四年既取宋置南行台，二十七年專涖江南之地，號江南諸道行御史台」。

虞集御史台記：（元文類卷三〇）

「昔我世祖皇帝卽位之十年，始立御史台，以總國憲……乃考帝王之道，酌古今之宜，建國紀元，而著令典焉。……按御史台，至元五年置，秩從二品，二十一年陞正二品，御史本三六，後增至十六人，皆漢人，又增蒙古色目人，如漢人之數，今三十二人。至元十四年，既取宋，置南行台，二十七年涖江南之地，號江南諸道行御史台。……始建台時，大夫則塔察兒也……」。

御史是監察之官，在儒臣之建議，則主於諫諍。在至元中，漢人御史之卓卓有聲者，如姚天福，張雄飛等，中堂記事的作者王惲，在御史台時，建白很多，秋澗集中有烏台補筆，多建白當時天下的大事。輟耕錄巴而思條：

「阿南江北行中書省，參知政事姚忠肅公天福，字君祥，平陽人，至元十一年拜監察御史，彈擊樞臣，無所顧畏。世祖賜名「巴而思」，國言虎也」。

我曾粗加分晰，御史論事最有風骨者，唐宋而下，實推元代，對國計民生，頗多裨益。

乙、學校　此爲儒治之中心。元史選舉志，所載制度甚詳，皆許衡之所規劃。經世大典，禮冊序學校條（元文類卷四一）：

「我朝自太宗皇帝，投戈講藝，建學於燕，四方諸侯，相繼興學：世祖皇帝……即位，即以道建極，文軌混同，內設冑監，（國學）外設提舉官，以領郡縣學校之事，於是遐邇絕漠，先王聲教之所未暨者，皆有學焉」，

又治典序，儒學教官條（元文類卷四〇）。

「世祖皇帝，既立國子學，以教國人，及公卿大夫之子，取其賢能俊秀而用之，又推其法於天下，郡縣皆立學，其師儒之命於朝廷者，曰儒學教授，路府上州則置焉」。

考學校建制的次第：國學之始，據元史選舉志，（卷八十一）學校條，「世祖至元八年，春正月始下詔立京師蒙古國子學，教習諸生，於隨朝蒙古從人百官，及怯薛歹、（侍衛）官員，選子弟俊秀者入學」，地方學則較早，同篇「國初燕京始平，宣撫王檝，請以金樞密院爲宣聖廟，太宗六年設國子總

教命貴臣子弟，入學受業。中堂事記：「秋八月（中統二年）徵君許衡；授懷孟路教官。」志又載：「至元十三年，授提舉學校官，六品印」。二十四年，既遷都北城，立國子學於國城之東，廼以南城國子學，爲大都路學。

其實在太宗朝以後，地方長官都在興學教士，最著的爲東平嚴氏父子，其他各處，如史氏之在眞定，張氏之在燕南，所轄羣縣，皆有修學之舉。文人多爲作記，見於遺山文集者，有眞定學記，趙州學記，姚燧的牧庵集，亦有此類文章，皆可證明。許衡於至元八年辭左丞而爲國子祭酒，（見本傳）徵門弟子十二人伴讀各齋。（卽今之助教），據姚燧河南道勸農副使白公墓碣銘（牧庵集）。

「尋由避宅左揆（許衡辭中書左丞）以集賢館大學士，祭酒國學，乃奏召舊子弟，散居四方者。以故王梓自汴，韓思永、蘇郁自大名，耶律有尙自東平，孫安與凝（高凝）燧（姚）燉（姚）自河南，劉季倫、呂端善、劉安中自秦，獨公（白棟）自太原，十二人皆驛致闕下」。

元史許氏本傳，及耶律有尙傳，皆載此事。從國學教出來的貴冑，以不忽木最得儒士家風。立朝正色，以禮自持，爲忽必烈所信用。後來對儒學的支持，亦最力，元史本傳紀載他的奏對，可見蒙古設學的內容：

「受學於國子祭酒許衡，日記數千言，衡每稱之，以爲有公輔器。……至元十三年與同舍生堅童，太答禿魯等上疏曰『……臣等嚮被聖恩，俾習儒學，欽惟聖意，豈不以諸色人仕宦常多，蒙古人仕宦尙少，而欲臣等曉識世務，以任陛下之使令乎？……爲今之計如欲人才衆多，通習漢法，必如古昔遍立學校而後可，……若曰未暇，且於大都弘闡國學，……然後續立郡縣之學，求以化民成俗，無不可者』。

原文甚長，此不備錄，亦可見設學校爲蒙古漢化之一大關鍵。可惜蒙古色目人之當權者，不喜歡學問，對學政每有妨害，執政大臣，多數不識漢字，元代國祚之短，恐怕這也是原因之一吧。

丙、勸農桑　經世大典政典序（元文類卷四一）。

「我世祖皇帝，從左丞張文謙之請，立司農官，頒農政，化天下，以敦本就實之道，……牧民之官，法其勤惰，風紀之司，嚴其體察，歲終以爲殿最，其法可謂勤矣」。

農政也是許衡建議，而由張文謙的奏請實行。此制在元代行之久，而有效。所以施行的原因，爲自金亡前後，中原鋒鏑，人民不死於兵，則被俘係，戶口虛耗，農田荒蕪。到忽必烈時代，既遷都長城以內，便以中原爲根本之地，非恢復正當生產秩序，不足以維持國用；所以農政爲元代的大典。畢氏續通鑑，卷一七〇：

「詔主勸農使，以天鈞（高）爲中都山北道巡行勸農使，陳邃、崔斌、成仲寬、紐祜祿、洪中、爲濱棣平陽濟南河間勸農使，李士勛、陳天錫、張膺武、蒙古岱爲邢，洺，河南，東平，涿州勸農使」。

虞集道園學古錄，天水郡伯趙公神道碑：

「世祖建元中統，始置十道勸農使，使總災農。爲之使者，皆取於故國老人，君子長者，親行鄉里，諭以安輯，敎以樹藝」。

這與三國時，曹魏之屯田汝穎政策的動機一樣，皆是大亂後安輯流亡的措施，却因此而建立鄉社之制，爲中國地方自治之權輿，也是另外的一種收穫。據元史食貨志農桑條：（卷九十三）。

「至元七年，立司農司，……是年又頒農桑之制，一十四條，條多不能盡載。載其所可法者：縣邑所屬村疃凡五十家，立一社，擇高年曉農事者一人爲之長，增至百家者，別設長一員，不及五十家者，與近村合爲一社。地遠人稀，不能相合，各自爲社者聽。其合爲社者，仍擇數村之中，立社長，官司以教督農桑爲事，……社中有疾病凶吉之家，不能耕種者，衆爲合力助之；一社之中災病多者，兩社助之。凡爲長者，復其身」。

大體謹嚴，極合中國農村的需要。可惜傳到明代，辦自治事業的社長，却變成官家的催糧征丁的工具，農村仍成漫無組織的狀況，未免有失設制的初衷了。

丁、開經筵　中國歷代爲君主所開的經筵，明是講學，實在是儒臣藉古事以議今制，最能影響君主的言行。蒙古人雖不知道這些，可是當成吉思汗初起時，卽有「說話人」的設置，元朝秘史，卷十漢文：

「太祖於訶額侖母親，並斡惕赤斤處，與了一萬個百姓，委付古出，濶濶出，種賽，豁兒合孫等，四個人。拙赤處，委付忽蘭，蒙克兀兒，客帖等三個官人，察阿歹處，委付了合剌察兒，蒙克亦多，忽歹等三個官人，又說阿歹，性剛，子細教濶客搠思，早晚根前說話者」。

這個「說話」，意義是師傅，後來各王子身邊，都有這種「說話人」。畏兀人塔塔統阿投降後，被命教諸字子書，也就是這種職務。馮譯多桑史第一卷第二章：

「蒙古軍擒太陽汗官畏吾兒人塔塔統阿，……鐵木眞善之，命居左右，是後凡有制旨，始用印章，仍命掌之，並命教太子諸王以畏吾兒字書國言」。

由於此一措施，而畏吾兒文化，乃行於蒙古帝國，歷代大汗，大概都會畏吾兒文，所以西域人，能見親幸，掌握很大的權力，這是一個重要關鍵。中國儒生，開始與汗廷接觸時，也是幾個能通國言的（如楊惟中）亡金遺臣。在漢軍各諸侯幕府，提倡讀通鑑，在太宗窩濶台汗時代，通鑑節要一書，似乎是很流行的書，最初便有譯本。忽必烈在藩邸時，劉秉忠、張文謙、趙壁等漢人侍從，也許先爲進講通鑑。元遺山集，有通鑑輯要引（卷三九）：

「汝下弋唐佐，集諸家通鑑，成一書，爲卷百有二十，凡二百餘萬言，……時授館張存惠、魏卿家，……請爲唐佐鋟木以傳」。

又十七史蒙求序（同卷）。

「後三十七年，予過鎭陽，見張參議耀卿，……問以此書之所以，乃云板蕩之後，得於田家故箱中，因得而序之」。

可見兵亂之中，史籍仍是通行，張耀卿卽德輝，曾在忽必烈左右，大約曾以進講。又畢氏續通鑑卷一七六：

「蒙古左右司郎中賈居貞，從北征，每陳說資治通鑑，雖在軍中未嘗廢書。」

元史王鶚傳：（卷一六〇）。

「世祖在潛邸，訪求遺逸之士，遣使聘鶚，及至，……進講孝經書易，及齊家治國之道」。

王惲中堂事記載：

「六日丁酉……未刻諸相入見，進大定政要，因大論政務於上前，聖鑒英明多，可其奏」。

這三件故事，已可說是經筵的初步了。竇默在中統初年爲翰林侍讀學士，極論王文統姦邪，也是利用經筵講學的機會。我讀許衡的時務五議，文字淺明，委曲周至，也好像是在經筵之講稿。因此中元儒治的推行，我以爲開經筵，也是重要的條目。所以經世大典序進講條說：

「國初嘗求儒者於兵間，已有問道考治之意。世祖之在潛藩也，監收亡金諸儒學士，及一時豪傑知經術者，而顧問焉。論定大計，厥有成憲。在位三十餘年，凡大政令，大謀議，諸儒老人，得以經術進言者，可考而知也」。

這可以說是開經筵一事，所收成效的結論。

從上面所敘述，儒治在世祖忽必烈汗時代，可說是備受尊崇。儒治幾項大政，都成爲一代典章，可是這三四十年間也不是沒有受過挫折。第一次是中統初年，受挫於王文統，便是竇默姚樞兩人對他的鬭爭。前引姚樞神道碑。

「帝卽大位，以王文統爲平章，盡出藩府舊臣，立十道宣撫使，乃以公爲東平，……公受命卽南，或勸無行，當入覲陛辭。公曰，『文統新當國，彼將以爲奪其位』：」

姚是當日儒臣之首，已不滿於文統如此。又元史許衡傳：

「中統元年至京師，時王文統以言利進，爲平章政事。衡輩入侍，主治亂休戚，必以義爲本，文統患之……。」

所以當時授姚許竇等爲太傅，明尊而奪其權，姚許皆不就，只留下竇默一人在內，和文統搏鬭。元史竇默傳「卷一五八」。

「世祖卽位召至上都，……王文統頗見委任，默上書曰『……若夫鈎距揣摩，意在排斥諸賢，蘇張之流也。』他日俱在帝前，復面斥文統曰，『比人學術不正，久居相位，必禍天下』！……」

後來王文統以李璮作亂受累被殺，一般儒臣，又抬頭了，才有安童之相，和至元初年的設施。第二次受挫是阿合馬時代。那時國學的給養，都不依例支給，弄得許衡境遇非常狼狽，稱病歸田，明明是色目人排斥漢化的用心。許氏本傳：

「十年（至元）樞臣屢毀漢法，諸生廩食幾不繼，衡請還懷。」

直到阿合馬被王著殺死，儒學又漸抬頭。可是桑哥，盧世榮輩，利臣繼起，與儒生不斷衝突，雖有陳君祥的政本議，也無能爲力。在世祖忽必烈汗末年，儒學又見衰頹，安童再相也沒什麽表現。在那些時候，江南的儒生，於宋亡後新進汗庭，祇以個人的文彩風華，博得大汗的垂青，祇把南學與北學合流，却沒有什麽劃時代的措施。

於此還要引述的，在中元間，北方儒學全盛時代，還有一派學人，未受覊勒，孤芳自守，爲漢人儒生，保存風節，那便是劉因。據元史本傳（卷一七一）：

「字夢吉。保安容城人也，世爲儒家，因天資絕人，……甫弱冠。才器超邁，日閱方冊，思德如古人者友之……。國子司業硯而堅，教授眞定，因從之游……。因性不苟合，不妄交游，家雖甚貧，非其義一介不取……不忽木（蒙古人中的儒生）以因學行薦於朝，未幾以母疾辭歸，……二十八年，復以疾固辭，事上朝廷不强致…。」

劉氏的學術淵源，以傳世的靜修集的文字來研索，不知出自何家。宋元學案著者，因爲硯彌堅是江漢學派的儒生，遂以爲江漢一派的學者。但他生平不與許姚一派水乳，研究老易頗深，似乎是天資高明一路。又絕少與南人接近，對南方朱陸之學皆不能有所深造。其詩文氣概，有似元好問，他常流露對亡金的眷慕，有麥離麥秀之意。集中如金允恭太子墨行，白河行等詩，皆可彷彿，似乎是元氏一派的投受。容城是張柔轄地，元郝諸人常常經過，大概有點淵源。在全集的詩文，從無苟且求人之語。所以歐陽玄作他的象贊說（見元文類卷一八）：

「微點之狂，而有沂水風雲之樂，資由之勇，而無北都鼓瑟之聲；於裕皇（太子眞金）之仁，而見不可留之四皓；於世祖之略，而遇不可召之兩生。」

極能寫出此人的風格。虞集安先生墓表：（道園學古錄）

「皇元平江南，其書（指朱學）捆載以來。保定劉先生篤志獨行，取文公書，會粹而甄別之，其文精而深，其識專以正」。

也能道出劉學的輪廓。劉因之後，有安熙，是私淑他的弟子，並不及門，他的學行，却極爲當世所重，也是隱逸孤芳。這些人，都可解釋爲對蒙古統治的儒臣，一種無言的反抗。

劉因一派以外，還有關中之學。中心人物，爲蕭𣂏與楊恭懿，宋元學案均列入江漢學案。算作許衡的支派。可是他們都不是依傍門戶的。我以爲楊奐在元初，有「關東夫子」之目（見元好問集楊氏神道碑）也許他的流風所被，蕭楊等有所薰陶。手頭無其他文獻可證，祇好從闕。兩人在元史皆有傳，史官對蕭氏極爲推崇。當時學者有「元初第一儒生」之號，想見其品行的高潔。楊氏精於天文又知卜筮，至元八年，曾被召，向忽必烈汗，密陳宋亡的徵兆。後來和郭守敬（元初水利與天文的專家）共事，對元代的曆法，有所貢獻，又像是劉秉忠一流人物。

（二）南學北來　至元十三年，伯顏兵入臨安，一百四十二年的南宋江山，（一一二七——一二七五年）自此歸入大元版圖。蒙古之南伐，事前是有計劃的。南宋又是不抵抗投降，所以接收工作，有條不紊。對待降人，相當寬大。因此江南文化，幾乎全部地保存，衣冠文物，車航北來，這是伯顏的德政；也是東平學士孟祺和王構的幕府作用。（見東平興學考）其實這時蒙古人之受華化，已經五十多年，對中國的禮樂文章，已知尊重。中統建元後的儒治，更對南宋理學，悠然嚮往；所以南土儒臣，多半北渡。劉因書事詩：（靜修集卷三十四）

「臥榻而今又屬誰？江南回首見旌旗；路人遙指降王道，好似周家七歲兒！

「朱張遺學有經綸，不是清談誤世人；白首歸來會同館，儒冠爭看宋師臣！」

當時南宋儒臣北上後所受的待遇，也遠較金亡士大夫優厚得多了。遠溯南宋儒學，大概可分三派。第一是道學，所謂「朱張遺學」者，在宋亡前幾年，賈似道當國時，曾爲權臣用爲政治工具。太學三舍淸議橫行，其實都是爲個人利祿，和權臣喜怒而彈射；眞正的風節和經濟之士却未見收錄，而潛身山野。（如金履祥）這一派仕於杭州的，初北上時，也許襲理學的糟粕，到北庭來弋取利祿。（癸辛雜錄，曾記方回北渡後，許多穢事，方回亦朱學之後勁）要不是文天祥柴市死節；和二十年後的謝枋得，絕食謝聘，以及金（履祥）許（謙）諸儒的隱居樂道，道學眞要成爲「僞學」了。

第二派是博洽之學。葉夢得石林諸集開其端，朱元晦，考訂經史，撰述繁富，在理學中爲博洽。鄭樵的通志，李心傳的家傳史學，又加上印板的初興，書籍的流播與蒐羅，都較容易。江南百十年太平休兵，朝廷上面，黨禁常興，（秦檜一次，韓侂胄一次），學人便鑽向故紙堆中，以博洽見長，而逃避現實。另一派是呂祖謙的中原文獻的紹述，也開博洽之端。直到臨安旣下，閩廣澄淸，舊國學人，無所栖止，更向網羅舊聞方向轉進。於是在入元以後造成三個大師：一是撰文獻通考的馬端臨（南宋相馬廷鸞之子）將宋以前的典章文物，記錄會通，做了一個總結；一是撰玉海及困學紀聞的王應麟，以勝國的老臣專門考訂由博返約，把經史子集的精義名物，考訂精深，含英咀華，來承先啓後；一是註資治通鑑的胡三省，在干戈擾攘之中，三度屬稿，僅能成書，把這部中國史的總滙，治國修身的寶鑑，使它大衆化，讓後來的讀書人，個個能讀，作爲「致君澤民」之用。這三位大師，也像明末淸初的顧黃王諸公。如果當時沒有理學家反對「玩物喪志」的逆流，也許淸代的漢學，早已實現於元明兩代。可惜被假冒道學之名的那些帖括家壓抑，只盛行四書講章，而不談訓詁名物，不可謂非中國學術的厄運。

第三派，是經濟之學。卽衆所周知的永嘉與永康之學。始自永嘉薛季宣。宋元學案，列爲艮齋學案，陳傅良，葉適(水心)繼之，以葉適的方面最多。永康創自陳亮，（同甫）宋元學案，列爲龍川學案。同甫的三上孝宗皇帝書，議論駿發，目光如炬，是民族精神最豐富的文學。道學家批評他們是「粗材」，是「雜伯」，其實他們尚論興亡，偶談功利，正是針對當時國勢，做救亡圖存的運動。可是道學盛行之際，處處不受欣賞，進不能進用於朝廷；退不能大行於庠序；等到異族入主，盜憎主人，當然更談不到流傳與延續了。此派入元以後，祇有行於金華一帶，所謂婺學者。如黃溍、吳萊，還多少地傳其風格。最著名的有謝翺（皋羽），品節抱負，都是第一流人物。但終於山水之間，了無事功的表現。卽此一點，在儒生干祿風氣之下，已足够頑廉懦立了。後來明祖起兵，幕府儒生，還是金華一帶的人多，容可以歸功於永嘉永康的學派精神。

以上略述宋亡前的南學大概，至於理學源流，有傳世的宋元學案，及道學諸家文集，宋元史傳，皆曾詳列，此處不再贅及。現在來分晰入元後的儒學踪跡，也分三點：一、初期北上的儒生，二、隱逸徵訪，三、南北學派的傾軋。

甲、初期北上之儒生，據周密癸辛雜識續集上所載：

「丙子歲春，三學士子入燕者，共九十九人，至元十五年，所存者止一十八人，各與路學教授。

（計太學生一十四人，文學二人，武學二人）。

所有分授儒學的人，皆列有姓名，在元代儒學之賴以維持者，州郡、學校、制度、最爲得力。元史儒學傳中所列漢人儒士，大半皆以教授爲業，玆不煩引。同時與三學士後先北渡者，則有趙氏宗室。以趙與票氏爲最著。據閻復翰林學士趙公墓誌：（元文類卷五一）。

「至元十四年間，公以驛召來朝。深衣幅巾，見世祖於上京……言宋亡根本所在，親切感動，世祖傾屬。自是入翰林爲侍制，爲直學士，屢遷爲眞學士。……嘗與魯齋先生許公，論伊洛閫域，以力行爲致知首」。

趙與票的傳誌，同時作者還有幾篇，袁桷淸容居士集中，亦有一篇行狀，從文章的字裏行間看趙在北方，等於俘縶。窮困燕都，並不得意。南學北來，還有一不甚知名之人，據虞集平章政事張公墓誌（道園學古錄）。

「得宋禮部侍郎鄧公光荐，而師事之，鄧公以相業授公（張珪）曰：熟之，後必賴此用矣。」

張珪是宏範之子，爲大德延祐間一代名相。而受敎於南宋亡臣，這也和元好問敎嚴氏子弟的讀書，作用相同。又虞集送墨莊劉叔熙遠遊序：論修三史事連帶說到入元後的江南文學之士。

「世祖皇帝，既取江南，大臣有奏言，國可滅，其史不可滅，上甚喜之。……宋晚禮部尚書王公伯厚最彊記，而我從大父秘監公，（待考）蒙世祖特起之，任以輿地之事，今其書在秘省。予幼時得豫章布衣孫吾，每得書，覽記之不忘，又能參錯考定非是，蜀人范大冶亦善記。……時范已七十餘矣。」

當時南士北來的人很多，而無赫赫之名。袁桷淸容居士集中，師友淵源錄，以袁氏一家爲中心，旁及儒學的流衍，略引如次：

「黃震：……性不喜鄉里，獨作書以所爲日抄一篇。

「戴表元：……辛未進士，善論策，失仕歸里，力從諸先生，能古文，爲金陵敎授，時與之同官」

「謝昌元：……資州人，淳祐甲辰，別院第一，能道蜀士大夫言行，可傳錄。言蜀亡事甚慘，居於鄞，入朝爲禮部尙書。

靑陽夢炎：……仕元朝爲吏部尙書，多智。」

其餘的人，有在宋已死的，有自有文集（如周密）或行事見史傳者，不再迻錄。（我在元初江南士大夫與正一敎文中，亦有引述，可參看）。又庶齋老學叢談筆記的作者盛如梓，亦是南宋亡後入元的。據原書林佶跋：

「右庶齋老學叢談，三卷，乃宋從仕郎，崇明州致仕判官，盛公如梓著，觀叢談中語氣，知公是揚州人」。

此書談宋末及元初的掌故頗多，大抵是周密一類人物。

乙、徵訪遺逸　世祖忽必烈大概很傾向江南的文儒。在初下臨安時，北來者多是賈似道當國時的渣滓，不大見重。留在江南的名士，多和文謝從事復國工作，不受爵祿。直到二王巳沒，才有徵聘江南遺逸之舉。綰轂此事的重要人物，爲程鉅夫。其地位與關係，相當於太宗時之楊惟中。據元史本傳：

「父飛卿，任宋，通判建昌。世祖時以城降。鉅夫入爲質子。他日召對，帝大奇之，奉詔求賢於江南，……帝素聞趙孟頫，葉李名，當臨行帝命必致此二人。鉅先薦趙孟頫……萬一鶚，張伯淳、胡夢魁、曾晞顏、孔洙，曾仲子、包鑄等二十餘人。……」

袁桷師友淵源錄載：

「程鉅夫，舊名文海，善鑒裁。爲侍御史時，奉詔徵江南遺逸，所薦士，皆知名，多至大官。」

程鉅夫一行之薦引，有似於楊惟中姚樞之奉詔軍中求儒生；與劉秉忠薦引金蓮川幕府，亦復相似。據元史各傳，許多江南名人，都出於程氏的薦舉：計

一、葉李　元史本傳，（卷一七三）「至元二十三年，御史程文海，……致之來。」

二、趙孟頫　同上（卷一七二）「宋亡家居，至元二十三年，行台御史程鉅夫，奉詔搜訪遺逸於江南，得孟頫入見。」

三、袁桷　同上，（卷一七二）「程文海……薦爲翰林國史院檢閱官。」

程所薦引的士類，不過是文學侍從之臣，祇有袁桷對宋代文獻，蒐集之功甚大。虞集祭袁學士文（元文類卷四八）。

「先宋既亡，文獻淪墜，遺老或愁，力拯淵懿，家藏多書，侔昔石渠……博學洽聞，瑰問精

讐。」

可以見其爲人。袁氏在廷，曾進郊袷議，討論禮儀，又進遼金宋史搜訪遺書，條列事狀，後來宋史的編纂，受此文的影響不小。不過袁氏籍隸四明，是史彌遠家的親黨，宋史不列彌遠於姦臣傳，對史浩(孝宗時相彌遠之父)頗有好評，也許是此人在史館的關係。

綜觀這次遺逸之披訪，却無眞儒之至，南宋道學及文學之統，還要求諸在野，大約以金履祥爲首。據元史本傳(卷一八九)。

「字吉父，婺之蘭溪人，……幼而聰睿，比長，益自策勵，凡天文地形，禮樂、田乘、兵謀、陰陽、律歷之書，靡不畢究。及壯知而濂洛之學，事同郡王柏從登何基之門。基則學於黃榦，而榦親承朱熹之傳者也。……會襄樊之師日亟，因進牽制擣虛之策，請以重兵由海州直趨燕薊，且備叙海船所經，凡州郡縣邑，下至巨洋，別隝，難易遠近，歷歷如數，宋終莫能用。……宋將改屋，屛居金華山中，履祥居仁山之下，學者因稱爲仁山先生。……」

新史本傳同，宋元學案，列入北山四先生學案。三種傳記，都甚簡略，未詳記元亡後的行動。我記得似乎金氏還被召入見，覲見世祖一次辭不受祿而還，手頭無書，不能引證。金氏之學，得其門人許謙而大昌，元史本傳(卷一八九)。

「……受業履祥之門，……不數年盡得所傳之奧。……讀四書章句，有叢說二十卷，……延祐初，謙居東陽之八華山，學者翕然從之。尋開門講學，遠而幽冀齊魯，近而荆揚吳越，及門之士，著錄者千餘人，不出里門者四十年。四方之士，以不及門爲恥。……嘗以白雲山人自號，世稱爲白雲先生。」

北山學派與金履祥同輩者，還有張𥜥一人。元史本傳（卷一八九）。

「其先蜀之導江人，蜀亡僑寓江左，金華王柏……從而受業焉……至元中，行台丞吳曼慶，聞其名，延至江寧學官，俾子弟受業。中州士大夫，欲淑子弟以朱子四書者，皆遣從𥜥游。……大臣薦諸朝，特命爲孔顏孟三氏教授，鄒魯之人，服誦遺訓，久而不忘。其高第弟子知名者甚多，夾谷之奇（東平學士）楊剛中尤顯。」

張氏傳朱學於山東，較之金許諸儒，屏跡山中，又算是「顯學」了。研究宋學的授受，不可不注意金許之學，因爲他們是創立金華學派，將朱子衣鉢，一代一代的傳至明初。其最後弟子宋濂，即明代學術之開山者，宋之後，還有方孝儒的奇忠大節，實在不愧於「眞道學。」

金華之學以外，可重視的，是江西之學。馬端臨鄱陽人，杜門著書，終身不出，牟伯龍，經留夢炎之招而不應，反留書愧之，（見虞集牟先生墓誌銘）熊朋來，在世祖招尋名士之際，不肯表襮，隱處州里，教授終身。（見虞集著熊先生墓誌）這些人，不惟傳學術之方來；抑且揚清風於濁世。至於鄭所南的誓死仇元，著心史來記蒙古人的暴虐，那更爲人人共知的人物了。

丙、南北儒士的傾軋　在蒙古統治下，以降附的先後，來區分人民的階級。南宋後亡，故南人在當時的地位最低。史稱元明善（東平學士的後起）與虞集（江西臨川人）不和，董士選（藁城董氏漢軍貴族）勸他說：

「如復初（元字）與伯生，（虞字）他日必皆光顯，復初中原人也，必當道；伯生南人，將爲復初摧折，今爲我飲此酒，愼勿復如是也」：

同一文人，而社會上，以籍別來待承他們，其高下如此。所以吳澄以南方大儒北上，就國子監司業，卽被北方學者指爲「非朱子之學」，狼狽出都。明爲朱陸異同之爭；實則是南北儒生的傾軋。到後來明朝起於南方，只有南學，不見北方的儒士，也不外是這種恩怨在作祟。吳澄生平，據元史本傳（卷一七一）：

「字幼清，撫州崇仁人。三歲穎悟日發，九歲從羣從子弟試鄉校，每中前列，既長於經傳皆通習之。至元十三年，（宋亡後）民初附，盜賊所在蜂起，樂安鄭松，招澄居布水谷，乃著孝經章句，校定易書詩春秋儀禮及大小戴禮記。程御史奉詔求賢江南，起澄至京師，未幾以母老辭歸，鉅夫請置澄所著書於國子監，以資學者。至大元年，（武宗）召爲國子監丞。皇慶（仁宗）元年，陞司業。爲敎法四條，一曰經學，二曰行實，三曰文藝，四曰治事。未及行，澄一夕謝去，諸生有不謁告而從之者。初澄所居草屋數間，鉅夫題曰：「草廬」，故學者稱之爲草廬先生。」

吳澄在國子監，謝去南歸的內幕，虞集送李擴序後段，曾發其端：

「文正歿，國子監始立官府，刻印章如典故，其爲之者，大抵踵襲文正之成而已。然予觀其遺書，文公之於聖賢之道，五經之學，蓋所志甚遠焉。其門人之得於文正者猶未足以知文正志也。

而後之隨聲附影者，謂脩詞申義爲玩物，而從事文章；謂辨疑答問爲躐等，而姑困其師長；謂無所敎爲涵養德性；深中厚貌爲變化氣質；皆假美言以深護其短，外以聾瞽天下之耳目，內以蠹晦學者之心思。

這一大段文字，批評許衡一派末學之弊，實亦南宋末年，朱學末流之弊。周密癸辛雜識，記道學之僞說：

「嘗聞吳興老儒沈仲固先生云：道學之名，起於元祐盛於淳熙。其徒有假其名以欺世者，凡治財用者，則目爲聚斂；開閫扞邊者，則目爲粗材；讀書作文者，則目爲玩物喪志；留心政事者，則目爲俗吏；其所讀者，止四書，近思錄，通書，太極圖，東西銘語錄之類。」

這和虞集所批評許學末流者，如合符節。正不可以周密的詞人之言，而認爲所言不當。虞又記吳澄在國子監說：

「近者吳先生之來爲監官也，慨然思有以作新其人，而學者翕然歸之，大小如一。於是先生之爲教也，辨傳註之得失，而達羣經之會同；通儒先之戶牖，以極先聖之閫奧；推鬼神之用以窮物理之變；察天人之際，以知經綸之本，禮樂製作之具，政刑因革之文。考據援引，博極古今，近世以來，未之或先也。惜夫在官未久，而以病歸。……未幾近臣以先生名薦於上，而議者曰，『吳幼清，陸氏之學也，非朱子之學也，不合於許氏之學，不得爲國子。是將率先天下而爲陸子清矣』，遂罷其事。」

直叙施教次第，與受排擠的始末，可見當時兩派儒生們傾軋之激烈。虞氏還有一篇文章，送彭德路經歷韓生叙，（元文類卷三五）談當時儒生的無用說：

「適者聖上嘉尙儒學，而爲儒者，或以迂緩巽懦取訾。嗟夫非儒者之不足用也：儒者之名之不振，非有特立獨行之識量，不足以極其至」。

大概南方的學者們，在元貞大德之間，想抬出一個吳澄來，做儒學的泰斗，取許衡的地位代之。吳氏識解通明，文章爾雅，對古文尙書，首發其僞造的痕迹，爲淸代閻若璩一派開其先河。論學問實非北方之儒所能躋及。可是限於「南人」的地位，終其身不曾大行其道，到不如金許諸儒，閉門教授，不仕王侯，反覺得高視千古了。

綜合南學北來，在至元時代，確無多大影響。直到延祐（一三一四——一三二〇）以後，科舉重開，南方詞華之士輩出。吳澄以後，又有虞集，揭徯斯，歐陽玄之流的文學家出來，廻翔史館，聲華藉甚，才漸取得優勢。那時北方儒學，只有眞定蘇天爵一人，（元文類作者）身任文獻之責。其餘無論性理詞章，都黯然失色了。南學對元代之貢獻，要數宋遼金三史的修成。總纂是歐陽玄，前後參預斯役，如袁桷、揭徯斯，虞集等，皆是南士，三百年的文獻人物，能够保存不致湮毁，這是後人所應當感謝的。

（五）結　語

以上引述元初儒學之淵源，其次第，簡括的說來：第一期是草昧初興，蒙古人，並不知什麼是儒學，因爲他們用兵立國有用，才被容納。多少金源士大夫，做了俘虜，藉其所能，以求生存，以卜筮（如耶律楚材）以工匠，（如劉敏）爲進用之階，漸漸地使蒙古人認得中國文明。這一期雖無儒學之名，而他們見用後的設施，却不脫儒生思想與作風，便形成了儒學的啓蒙時期。這期大約自公元一二一三年起，（蒙古伐金），至一二三三年止，中分爲兩個階段，前期是以耶律楚材爲中心，開太宗窩濶台汗一朝的文治；最主要的措施，是復儒戶，開科選，立十道徵稅所，創經籍所；尤其是中朝有儒生出身的人做宰相，一般草莽風塵的讀書人，便有所歸依了。但此期的儒生用世，祇可以說是求生，不能說是行道。後期是以元好問爲中堅，最大的表現，爲影響漢軍藩鎮的向學，與倡立文章流派，蒐羅中州文獻，遊揚金末流落兵間的名士。但所成就的，止於文章著作，與禮制儀容，是儒學之粗，不是他的精要。這是金源制科氣習的傳留，不是中國儒家治國平天下的抱負，可是儒學在此時總莫大放曙光了。

到了第二期，則儒學見用，眞儒北來。此期約自公元一二五〇年（憲宗卽位）至一二六〇年，（中統建元）以江漢學派爲中堅，傳播有宋五子的新興理學，始於趙復的北來，楊惟中姚樞諸人，爲之羽翼介紹濂洛之學。儘管蒙古汗廷，宮闈亂政，骨肉構釁；但漢地的建書院，印行四子書，小學，近思錄等，各地尊孔興學，却把金源以來的士習變化過來，由「干祿」而「志道」。影響了若干傑出人物，如劉秉忠、張文謙之薦引儒生，來充實忽必烈汗幕府，使藩邸賓僚，成爲瀛洲十八學士，把草原酋長式的忽必烈，陶鑄成漢文唐太宗一流人物；又如郝經立政諸議，姚樞之三十策，皆是爲萬世建太平的大計。這一期文化形態，已漸窺儒學之閫奥，儒生的地位，亦從俘虜與奴隸中，解放出來。蒙古統治者，更認識了儒生的有用，用「漢法」成爲當時流行的口號。

直至第三期，（公元一二六〇年至一二九四年，世祖中統元年——至元三十一年），纔是儒學被眞正崇重的時期。因爲學制定了，國府州縣儒學的規模，與各種儒治的措施，保證了儒學的存在。其間以許衡爲主要人物。他的時務五議，是安童作相用儒的中心政策。國學的建立，把中國的儒學，傳給了蒙古色目人的貴冑子弟，門弟子遍佈北方，使濂洛關閩五子之學，成了儒學的偶像。一直影響後來，使程朱學說成爲思想界的正統，支配了中國政治社會，乃至日常生活，其功罪如何，固當別論，可是其收穫不可不謂大了。至於南學北來，祗是朱子之徒，出其師之所學，來訂正北方的儒學，另一面以南方的文藻，來潤飾汗庭的儒治，在基本上，並未發生多少作用。却因北學盛行，統治者需要「守道有恒」之士，反把原來永嘉派的致用之學，和博洽多聞如王應麟馬端臨制度名物之學，壓抑住，間接地也壓抑多少有霸才英氣的學術人才；形成了明代儒生的空疏，與淸代文儒的迂濶。這是今天未研究此一問題，所應當探討的消息。

四十一年九月九日改寫完成於屏東

三　元初正一教與江南士大夫

蒙古人初起時，由於生長草原和信仰原始宗教——珊蠻教——的關係，遂有敬天畏鬼神的傳統習慣，因此對各種宗教，皆肯接近。各種宗教，在蒙古帝國疆域內，都許其存在。迷信成分愈大，神秘色彩愈濃厚者，愈邀大汗以及王公貴族的崇信，得到許多特權與便利。如喇嘛教，高居帝師寶座，其權力與大汗抗衡，即其一例。且自成吉思汗起，歷代各汗，莫不信用巫祝和術數；行軍議政，卜而後行。據趙珙蒙達備錄，祭祀條：

「凡占卜吉凶，進退殺伐，每用羊骨扇以鐵錐火錐之，看其兆圻，以決大事，類龜卜也。」

徐霆黑韃事略，亦載燒琵琶：

「霆隨一行使命至草地，韃主數次燒琵琶，以卜使命去留。想是琵琶中當歸，故得遣歸。燒琵琶即鑽龜也。」

馮（承鈞）譯多桑蒙古史（第一卷第一章第三十三頁等）關於珊蠻教之記載：

「珊蠻者，其幼稚宗教之教師也，兼幻人，解夢人，卜人，醫師於一身。此輩自以各有其親狎之神靈……妄言吉凶。人生大事，皆詢此輩巫師，信之甚切。」

此與中國遠古以來巫覡之一切活動很相類。所以番僧的禁咒，中國道士之驅神役鬼，祈雨齋醮，以及士大夫所傳信的卜筮數理，五行陰陽之說，一與之接，即相契合。「答失蠻」（回回）和「也里可溫」（基督教），沒有這些迷信。但科學的天文智識，可能附合到星像迷信上面。「十字架」，在蒙古人心目中，也許是一種法術的象徵，據馮譯馬可孛羅遊記七十六章，大汗討乃顏條：

「乃顏爲一受洗之基督教徒，旗幟上以十字架爲徽誌。」

又云：

「忽必烈軍中之猶太教徒及回教徒，日嘲此種投降皇帝之基督教徒：乃顏雖舉十字之旗，而耶蘇基督未曾佑之！」

可見基督教也曾爲蒙古人內戰時所利用。同時中國的儒生，在蒙古宮廷進身之階，也多以術數。據元史（卷一四六）耶律楚材傳：

「蒙古未有歷學，太祖十五年五月望夕月食。楚材曰：『否』，果不食。明年楚材奏：『十月望當月食。』西域人曰：『不合。』是夜月食八分。帝曰『爾天上事，尙無不知，況人事乎？』是年八月長星見西方，楚材曰：『女眞將易主矣！』明年而金主殂。帝出兵，必命楚材卜，帝亦自燒羊髀以應之。」

又卷一五七劉秉忠傳：

「秉忠於書無所不讀，尤邃於易，及邵氏經世書。至於天文、地理、律曆、六壬遁甲之屬，靡不精通。世祖大愛之。……帝謂羣臣曰：『……秉忠陰陽之數尤精。占事知來，若合符契。惟朕知之，他人不得聞也。』」

此可證明當時的中國士大夫多以術數爲進身之階；所以難怪他們後來多與宗教給合的。

全眞教的祖師丘處機，依其教義，本是言理不言數的「陽老陰儒」。可是劉仲祿薦他於成吉思汗時，硬說他得長生之術，壽有三百餘歲，才邀到徵召殊榮。結果，雪山講道，大相契合。全眞教幾躋爲元初國教，便因此而廣聚徒衆，拯救生靈，發揮其救世宏願。據姚燧牧庵集長春宮碑：

「故帝錫之虎符，副以璽書，不斥其名，惟曰神仙。乃大辟元門，遣人招求於俘殺征殺之際。或一戴黃冠，持其署牒，奴者必民，死賴以生者，無慮鉅萬人。……」

這是中國的道教，與蒙古政權接觸的伊始。接着佛教也乘時而起，與蒙古宮廷結納，宏揚佛法。喇嘛教遂漸得勢，成爲元朝的國教。士大夫支持佛教的，以耶律楚材爲最早。他是萬松老人的弟子，禪宗的篤信者；一部湛然居士文集，多半是禪宗的語錄話頭。劉秉忠則始終衣僧衣侍從忽必烈汗。這都是以佛教爲他們的政治資本。所以有元一代，浪費於佛寺、道觀、法會、道場、齋醮的費用，爲數實爲鉅大。終至民窮財盡，不可收拾。（參閱趙翼陔餘叢考卷十八元時崇奉佛教之濫條）。

道教的宗派頗多。據元史及新元史釋老傳，共有一、全眞教，二、眞大教，三、太一教，四、正一教四大派。原來在當時凡道術通玄，經大汗賞識的，便可以自成一教。據虞集道園學古錄卷五十六（方外稿）眞大教……岳眞人碑所記，道教各派的建立，約如下述：

「國朝之制，凡爲其教之師者，必得在禁近；號其人曰眞人，給之以印章，得行文書視官府。而眞大教者，則制封無憂普濟開微洞明眞君劉德仁所創也。以弟子嗣守其業，治大都南城天寶宮。又嘗得郡置道官一人，領其徒屬，與全眞正一之流參屬矣。」

由此可以約略窺見元初道教各宗立教創業的規模。關於全眞教及眞大、太一兩教，本文不擬討論。茲欲依據讀書所得，談談元初正一教與江南士大夫的關係。

原來正一教卽是天師教，也就是中國道教中最老最正統的嫡派。南宋亡後，江西歸入版圖，道教嫡派的第三十六代天師張宗衍，纔北來受封，受到忽必烈汗的寵賞。同樣地也與佛教道教其他宗派一樣，爲南方士大夫在蒙古帝國的政治壓迫下盡了相當的掩護作用。天師下面的高級道官（現在天師府所謂法官者）張留孫，與其弟子吳全節，尤善運用政治關係，藉着奉旨禱祀的機會，外而交通地方官吏，內而對政治也參加意見，被封爲玄教大宗師，在正一教中，自樹一幟。又經過鐵穆爾汗（成宗，一二九五——一三〇七）海山汗（武宗，一三〇八——一三一一）的尊崇寵信，其聲勢煊赫，簡直後來居上，全眞教此時對之也黯然失色了。

爲什麼南來士大夫階級，會與正一教互相結納呢？

當忽必汗平定南宋，統一中國時，蒙古帝國的政權，已傳到四代。北方統治的基礎，早已穩固；朝廷上的制度文物，早已燦然大備。漢人中的儒臣，以金蓮川幕府人物爲中心，大半是北方的儒士。例如許衡、姚樞、竇默、宋子貞諸公，都是道學一派；踐履篤實，不尙詞華。這是江漢先生（趙復）所傳來的程朱理學的一派，也是北方學派固有的風氣，似乎並不需要江南文士來點綴昇平。那時北來人物，只有趙與票、趙孟頫幾個勝國王孫，尚受新朝寵遇。但是趙孟頫曾受摧抑（見趙翼廿一史札記），其精神上的待遇，並不怎樣優越；趙與票久羈北部，貧困不堪。據袁桷清容居士集三十二卷翰林學士趙公行狀說他。

「自鄂之來京師，凡廿七年。每恨乖隔愈久，冀一得請以終，常忽忽不樂。……不灰木，復爲公奏：逋負歲積，不能自養。……」

可想見其落寞無聊的情況！其他積學之士如馬端臨、王伯厚輩，只有伏老窮鄉，著書傳世（文獻通考與困學紀聞），始終不受招聘。氣節之士，如謝枋得則餓死不降；鄭思肖，謝皐羽輩，則佯狂物外，不與異族妥協。不過臨安舊有一班詞臣名士。却不甘寂寞，不免紛紛北來。這些人高一等的不過放在詞館史院，任他們消磨歲月；低一點的只有奔走權貴，做新興貴族的弄兒。虞集道園學古錄卷十五，嶺北等處行中書省左右司郎中蘇公墓碑曾說：

「我國家初以干戈平定海內，所尚武力有功之臣。然錢穀轉輸期會工作，計最刑賞，伐閱道里名物，非刀筆簡牘無以記載施行，而吏始見用。固未遑以他道進士。公卿將帥，畢出此二途而已！」

這可謂慨乎言之。主子用他們不過是經管刀筆錢穀：他們要想爬得再高一點，勢必要找一個憑藉，才能在政治上站得住。袁桷清容居士集內有「修遼金宋史搜訪遺書條別事狀」，末稱：

「自惟志學之歲，宋科舉已廢，遂得專意宋史。……然而家世傳聞，猶能記憶。或者謂國亡史不宜修。南方鄙儒，詎敢置論？年齒衰邁，分宜歸老田里，曠廢職，實爲罔功！」

袁桷字伯長，是鄞縣舊家，與史氏（史浩——彌遠）連姻，家世文學；而北來以後，寂寞如此。再看他著的師友淵源錄說到周密，晚歲以鑒賞游諸公，「微失雅道」。觀其所著癸辛雜識中多記北地肉蓯蓉諸藥（即媚藥），可想其北降後的生活形態。又據癸辛雜識續集上載，

「南宋三學士子，丙子歲入燕者共九十九人，至至元十五年，所存者一十八人，各與路學教授。」

這與蒙古初入中原待遇文士的情形，寔屬迴殊了。

南方士大夫階級，這樣的受到冷落，而同時北來的正一教的道士們，却在新朝炙手可熱。張留孫的墓誌銘，是一代文人虞集所撰。虞氏久任史官，熟於典故；他說的話，當然可信。他記張留孫，說他曾參與忽必烈汗時代的「命相之議」。據道園學古錄（方外稿）張宗師墓誌銘；

「上將命相，召公以周易筮用完澤，得同人之豫。公曰：『同人，柔得位而應乎乾，君臣之合也。豫，利建侯，命相之事也。願陛下勿疑！』完澤旣相，遂受遺輔立，身係天下之託者十有餘年。誠由世祖之聖，宗社之福；然與聞贊決之密，事亦重矣！」

又記他在海山汗朝的榮遇說：

「武宗、仁宗之生也，公皆受命世祖爲製名興聖宮記其事……進講老子於東宮，推明謙讓之道。及仁宗在御，猶恒誦其言。上嘗坐嘉禧殿，顧謂大臣近侍曰：『累朝舊德，今爲誰？』衆未及對。上曰：『無踰張上卿矣！』」

這足見他的威重名高，其因緣契合，則純從卜筮得來。至於張留孫的弟子吳全節，更負有「儒學」之名，和士大夫的交游尤廣。虞氏方外稿內河圖仙壇之碑，便是他的行述。對此點記述極詳。說他：

「至順二年（一三三一），公進宋儒陸文安公九淵語錄，世重知陸氏之學，是以進之。」

又記他支持吳澄的事說：

「故翰林學士吳公澄始，董公士選薦于朝。……與時宰論不合。公言於集賢貴人曰：『吳先生大儒，天下士；聽其去，非朝廷美事！』集賢貴人聽公言，趨奏吳公爲直學士。」

當時北方之學，是傳朱子一派「道問學」的，對陸學絕無知者。但南方江南一派，却又自二陸而上論王安石、曾鞏、歐陽修，自存其古文之一派。也就演述陸氏尊德性之學，以擴大讀書人的心胸。此派以吳澄——即所謂草廬先生者——爲巨擘。但吳氏北來以後，備受排擠。也許這一派的議論與道家之學偶合，也許是鄉親的關係（天師居龍虎山，吳澄虞集皆臨川人，吳全節亦臨川人），因此出面支持。本文又說：

「至元大德之間，重熙累洽，大臣故老心腹之臣，莫不與開府(張留孫)有深契。至於學問典故，從容裨補，有人所不能知；而外廷諸君子，褒衣儒冠，以論漢唐之治，無南北皆主於吳公矣」。

這裏特提「南北」二字，可見當時士大夫確有南北之分。接着他又歷舉當時吳全節交結的士大夫有：

「若何公榮祖、張公思玄、王公毅、高公昉、賈公鈞、郝公景文、李公孟、趙公世延、曹公鼎新、文公約、王公士惠、韓公從益諸執政，多所諮訪。閻公復、姚公燧、盧公摯、劉公敏中、高公克恭、程公鉅夫、趙公孟頫、張公伯淳、郭公貫、元公明善、張公養浩、李公道源、商公琦、曹公元彬、王公都中諸君，雅相交善。交游之廣，蓋不盡紀也。」

本文又有一段說到吳氏推賢進士以及與士夫的交誼，也很親切：

「薦引善良，惟恐不及；憂患零落，惟恐不救。其推轂之力，至於死生患難，經理喪具，不以恩怨異心。」

以一個道士而這樣地慷慨論交天下士，眞是少有！後人從此處可以窺見吳全節與當時南方士大夫的關係了。他和其師張留孫，是道教的中心領導人物，也是天師府的師相，所謂「神仙宗伯」。但他們所做的，完全是政治圈子裏人物的活動。當時北來的士大夫，以及其他漢人儒臣，實把他當作聯結宮廷的橋樑。難怪以虞伯生這樣有地位的大手筆，爲他們做這樣的大文章來宏揚他們呢！

如果我們遠溯上去，宋代的中原文化，先天的本含有釋老的成份。唐五代的寺觀保存經籍，供給士大夫以讀書的場合；僧侶的道士們，又糅和三教的義蘊，創造先天太極，開理學的先河。靖康以後，理學隨之而南。尤其道教，經宋徽宗尊爲國教，殫全力以宏揚之後，南宋各朝，仍時斷時續地崇奉齋醮表章，成爲社會日常生活的一部份。如老學庵筆記載秦檜病一條：

「秦檜之初得疾，遣前宣州通判李季設醮於天台桐柏觀。季以善奏章自名。行至天姥嶺下，憩小店中，邂逅一士人，頗有俊氣。問季曰：『公爲太師奏章乎？』曰『然！』士人搖首：『徒勞耳！數年間，張德遠當自樞府再相，劉信叔當總大兵桿邊：若太師不死，安有是事耶？』季不敢與論，卽上車去。醮之明日，而聞秦公卒。」

又虞氏方外稿王侍宸記也說：

「高宗定都江南，將二十餘年，聞侍宸猶在，命守臣物色之。有詔曰：『敎王文卿（侍宸之名）先朝高士，退隱林泉，枕石激流，多歷年所。兵戈之後，杳不可聞。朕甚思之。其出山一來以副虛佇』。又敕守臣以禮津發，辭以老病不至闕，使人畫其像以進。世人多傳之」

從這兩條記載來說，秦檜以宰相之尊，有病卽專人齎醮，可想當時道家符籙禱祀之普遍。以高宗南渡時的兵馬倥偬，還下詔來訪一個在家養靜的道士，道敎勢力的歷久未衰，概可想見。這些皆是南宋亡國以後，道敎北來，與南方士大夫援引互助的準備條件。

從元人各家文集所載有關道敎碑傳之多，使我們獲得以下的印象。當時全眞、眞大等敎的勢力，行於北方；而正一敎却盛行於江南。加以蒙古諸大汗迷信神鬼，一時中國的舊有神道，如玉皇、城隍、文昌；新興的海神，如天妃等廟，以及道家所傳的洞天福地的祠觀，皆大加興造，爲羽士所棲息。就道園學古錄的方外稿說，單單屬於正一敎的碑記文章，便有下列各篇：潭州重建壽星觀記；四川順慶路蓬州相如大文昌萬壽宮記；著成閣記（吳全節私第）；相山重修保安觀記；成都正一宮碑；開元宮碑；玉泉山清眞宮碑；崇壽宮碑；仙都山玉虛宮碑；九萬彭君之碑；倪文光墓碑；非非子幽室誌；再加上本文所引的「張宗師墓誌銘」，「河圖仙壇之碑」兩篇，皆是有聲有色的文章。當時正一敎興盛之況，可以概見。大的祠宇既多，儒士文人，不願屈身異族，或逃避苛政的，自然也紛紛遁跡其中，如前引河圖仙壇之碑：

「臨川有雷空山先生者，隱居種湖之上，深明易老！」

金華黃學士文集四十四卷玄明宏道虛一先生趙君碑：

「先生諱士祺，姓趙氏，故宋魏悼王十一世孫。南渡後家於龍泉，父曰若舒，生先生於宋亡之明年，廿四學道於武夷山。」

以勝朝的遺裔，也栖身道門，與前引雷先生，均可爲當時道流多儒素世家之證。大亂之時，知識份子的處境，最爲艱難。玄門方外潛藏的正不知有多少傑出的人物。在這個時候，中國的傳統文化，所以綿綿若存者，北方的全眞敎與南方的正一天師敎，實有其不可磨滅的功績的。（近著元代正一敎考收元代道敎之發展內東海大學出版可參閱）

元代北方之儒

一

陳邦瞻宋史紀事本末，曾輯有「北方諸儒之學」一章。始於姚樞建太極書院於燕京，以趙復北渡，爲北方儒學之開端，而將許衡諸人之學行出處紀爲本章之中心史實。復於所撰元史紀事本末輯「科舉學校之制」。以見元初諸儒之行誼。雖未盡將元史紀傳關此方面之事首尾悉記；但元代用儒大端，已可使後世讀者窺知。流俗所傳「十儒九丐」之說，適見出於一時失職文士之讕言，與明人不察本末之語。

中國儒學，由於六經之教，優游浸漬，久在人心。孔孟之學，如日月經天，即使四方夷狄入主中國，也不敢輕言廢棄，反之却嚮慕華風，用夏變夷。如北魏孝文之改從漢法，女眞世宗之取法唐太宗貞觀之治，都是歷史上彰明較著的事例。蒙古人雖以草原民族，入侵中國，但對漢文化自始即未敢輕視。元史郭寶玉傳（卷一四九）。

「木華黎引見太祖，問取中原之策，寶玉對曰……『建國之初，宜頒新令』，帝從之，於是頒條畫五章」。

此事爲畢氏續通鑑採入。雖然條畫僅止於律令，但禁殺，丁稅，皆是儒家法制的精神。而成吉思汗，一入燕京，即召見素習儒術的耶律楚材，宋子貞撰的「耶律公神道碑（元文類卷五七）說：

「國家之興，肇基於朔方，太祖皇帝，以聖德受命……而公以命世之才，値興王之運，本之以廊廟之器，輔之以天人之學。」

這可見儒學之用，已在草昧開天之初。不過明人對北方諸儒之評論，却頗有貶抑，如張溥之論說：

「……蒙古初興，宋祚未絕，一時大儒，如姚樞、竇默，許衡者流，相率事虜。因歎人不如古，讀書行道而不知海上之節者，又何衆也。」

這實在是明人的迂拘一偏之論。他們不知道金元之際，北方政治社會情形。自從石晉割燕雲以後，山後各州，久已與南朝隔絕。北宋亡後，金人幾朝撫治，衣冠禮樂，悉用中邦，讀書人心目中，久已把金當作了父母之邦，很難再論夷夏之防。元遺山一代大儒，詩歌極力規撫杜甫的忠愛，所謂「精衞有寃塡瀚海，包胥無計哭秦庭」壬辰東狩，「神龍失水困蜉蝣，一舸倉皇入宋州」衛州感事「滄海忽驚龍穴露，廣寒猶想鳳笙歸」出都 這些低徊故國，感歎興亡的詩句，其對象不都是爲的異族人女眞王朝。所以此時只能求得綿儒學的危亡，〔註一〕救黎民的性命，〔註二〕不能再論其爲宋爲元了。

當南宋金元之際，在中國學術史上，正是理學的如日中天。可是理學五子之書雖成於兩宋，而大顯於末季理度兩朝；要沒有元代諸儒的死守信道，把它說動汗庭，垂爲令典，定于一尊，〔註三〕理學還不能成爲中世紀以來中國唯一的儒學正統。在這一點，元儒，尤其北方之儒，實有其不朽之功績。

不過元代的北方之儒，其學術精神，亦有其獨特之點，那就是富於救世與用世的精神，所學也多注意於經世實用之學，人倫間則重視禮經的典範，出用於朝廷，則以天文律歷或者典章制度有所表現。〔註四〕此風自耶律楚材開其端，〔註五〕元世祖忽必烈汗，自皇太弟開府以後，即用儒臣行漢法。〔註六〕憑仗此點來使漢軍各大藩歸心擁戴，〔註七〕拿來做爭帝位的實力。中統至元的漢法之治，又靠這些來收拾中原，統一四海。所以許衡諸人，並不是呻吟無用的迂儒，確是能做一番事業的豪士，這與南方諸儒，標榜心性，閉門講學的作風，便迥不相同了。

二

元代北方之儒，服膺義理，見諸實用，應該自姚樞許衡算起，至元季蘇天爵止。如以地區分，則懷衛爲一區，以許衡爲首，許門弟子附之，宋元學案所立的魯齋學案中人物，多屬此區。懷衛之外，眞定保定爲一區，其中心人物爲劉因而安熙衍之，直至蘇天爵止，宋元學案所立靜修學案中人物，多屬於此。二者之外，關輔應爲一區，在學術上是許衡的支流，但關中地理環境所造成，仍有宋代張橫渠及關中諸呂的篤實之風，此派以楊恭懿，蕭𣂏等爲中心，蘇天爵滋溪文稾蕭呂諸人碑志，表彰頗力。宋元學案所立的蕭同諸儒學案，應屬於此。現僅擇其重要人物，略加評介。

（一）懷衛地區儒學

元代北方學術文化，在太行山區曾經光輝燦爛地表現於世。這是由於這一區下臨河濱，是交通的孔道，文化人物接觸頻繁；內則緜亘地山岳地帶，亂世棲遁，可以保全文化。所以金亡而元遺山北來，即在這一區往還講學。龍山三老〔註八〕，爲世艷稱，對儒學的保存與流播，影響甚大。所以許姚二氏兩人便藉蘇門講學，而把程朱義理之學，傳衍於北中國，受到汗庭的崇重。許衡是家喻戶曉的人物，他的生平見於元史本傳，他的學術大要可分兩點：

①經世之學：道學家的傳記，向以心性修養，風節操持爲大端，但我以爲論元代諸儒，實應注意他對時代的貢獻如何。許氏在這方面，實有大功，因爲中統至元儒治，實出於他一手的導演。本傳說：

「尋居蘇門，與樞（姚）竇默相講習，凡經傳子史禮樂名物星歷兵刑食貨水利之類，無所不講，而慨然以道自任」

他所講的學問是禮樂兵刑……無一不是經世之學，而「以道自任」，儒家傳統的道，即是治國平天下之道，孟子「當天今下舍我其誰哉！」即是自任這個道。范仲淹做秀才時以天下爲己任，也是這個「道」。所以他在元世祖中統至元兩時代晉見之始，即有一篇有名的奏議：「陳時務五事」，此文收於許魯齋集，首見於元文類（卷十三），本傳略加翦裁。此文要旨在於用漢法以治國爲立法的根本。分論中書要務，君德大目，最後之愼於號令，安定民志。委曲詳盡，曉暢明白，所舉的都是眼前的實例，大概是便於傳譯的。綜核世祖一代的制度如朝儀、曆法、農桑、學校，無一不是出於許衡之手。雖然有的和劉秉忠，張文謙共事，但潤色創制一定是出於他的手筆。尤其爲後人所稱道的是創建國學，本傳：

「帝久欲開太學，會衡請罷益力，乃從其請，八年（至元）以爲集賢大學士，兼國子祭酒，親爲擇蒙古子弟俾敎之。衡聞命大喜曰『此吾事也，國人子太朴未散，視聽專一，若置之善類中，涵養數年將必爲國用。』乃請徵其弟子……爲伴讀……分處各齋，以爲齋長」。

至於許氏敎法，也有一段說明說：

「時所選弟子皆幼稚，衡待之如成人，愛之如子弟，出入進退，其嚴若君臣，其爲教因覺以明善，因明以開蔽。」

這樣地循循善誘，把草原子弟都感化得彬彬有禮了。本傳說：

「久之，諸生人人自得，尊師敬業，下至弟子亦知三綱五常爲生人之道。」

蒙古色目人的華化，正得力於這樣的教育。至於他定立官制，有一個要點，實非常人可及，本傳說：

「又詔與太保劉秉忠，左丞張文謙定官制。衡歷考古今分併統屬之序，去其權攝、增置、冗長倒置者。」

中國官制，由於官職權責的混淆，常生弊患。許氏能這樣地簡化，可見他實在有「王佐之才」。至於制定律歷，雖然出於他弟子郭守敬王恂，但原則還是許氏所訂，可見他傍通技藝，確非無用的迂儒。

②心性之學：許氏的爲學，是子夏一派篤固有恆的一路，本傳說他：

「始得易王輔嗣說：夜思晝誦，身體而力踐之，言動必揆諸義。」

又說：

「凡喪祭娶嫁，必徵於禮，以倡其鄉人。」

又說：

「其言煦煦，雖與童子語如恐傷之。」

元歐陽玄所撰中書右丞文正許先生神道碑（圭齋集）說他：

「凡伊洛性理之書及程子易傳，朱子語孟集註，中庸大學或問，小學等書，言與心會……」

至於許氏學問所守，似乎在於愼思持敬，學案餘論記其語錄說：

「愼思，視之所見，聽之所聞，一切要個思字。君子有九思，思曰睿是也。要思無邪……惟知故能思。」

又說：

「凡事一一省察，不要逐物去了，雖在千萬人中常知有已，此持敬大略也。」

學案又記他，「既得小學，則主此書以開導學者。」朱子小學之書，耑主人倫日用，所以許氏之學，不尙文華，也不尙空談。宋元學案補，〔註九〕又錄他的敬身序引孔子言「君子無不敬也，敬身爲大。」皆引伸朱子小學的條目，這是許氏一生用力之處。許氏有讀易私言，以卦位的進退剛柔，徵之於人事，也是伊川易傳的一脈。當時北方學者多以易名，爲汗庭所重視。但多言術數，像李俊民〔註十〕即以此得世祖的器重，中統建元，賜謚莊靖，魯齋却耑主人事，正是儒家的本色。

許魯齋身後，贊美他的文章很多，惟姚燧稱述極中肯綮。他是許的親傳弟子，文冠當代，所論自是灼有所見，宋元學案補，錄出一段說：

「先生之學，一以朱子之言爲師，窮理以致其知，反躬以踐其實，始而行其家，終而及之人。……其教也，入德之門始惟由小學而四書，講貫之精，而後進於易詩書春秋。耳提面命，莫不以孝弟忠信爲本。……語述作固不及朱子，而扶植人極，開太平之功，不慚德焉。」

許氏不以學問文章表現，但他却想從根本上把蒙古人嗜殺，好利、不講倫常之習，潛移默化。雖然曾扼於西域色目那些權奸，〔註十一〕但已教出許多蒙古的學者，像不忽木〔註十二〕那樣地稱述仁義的色目人，對人心的挽救，可謂盡到力量了。

與許衡同有功於儒學的是姚樞，此人功名赫赫，對當時儒學是居於媒介地位。他首進金蓮川幕府，以中國仁義之說感動元世祖，打開用儒的機運。但德性似不甚醇，元史竇默傳曾記世祖的說話「如姚公茂之才，竇漢卿之心合而爲一，斯可謂全人矣。」可見姚的德行還有可議。他對儒學最大貢獻，是南征保全趙江漢〔註十三〕邀之北來講學，開北方的學統。同時刋印性理之書，成就一代名儒的學問。此點亦以姚燧所撰「中書左丞姚文獻公道碑神」，元文類卷六十 最爲詳盡。摘錄於次：

「……江漢至燕，學徒從者百人，北方經學自茲始：遂携家來輝，墾荒雲門……自版小學書、語孟、或問、家禮。俾楊中書（惟中）版四書，田和卿尚書版聲詩折中，易程傳、書蔡傳，春秋胡傳皆於燕。又以小學書流布未廣，教弟子楊古爲沈氏活版，與近思錄，東萊經史論說諸書，教之四方。

時先師魏國文正公魯齋在魏。……遂造蘇門，盡錄是數書以歸。……則魏國公由窮理致知，反躬踐實，爲世大儒者，又公所梯接云」。

我舊撰元初儒學，對姚氏在金蓮川進言內容，曾加析論，現在不加詳引。〔註十四〕總之沒有姚樞，元代北方之學不能開啓，中元儒治，亦不會實現；儘管他沒有留下性理的著作，學案不能不收爲「魯齋學派」，畀以崇高的地位。

姚之外，懷衛學者，要數郝經較爲重要。郝以忠節名，詩亦俊邁，得元遺山之傳。早參金蓮川幕府，從世祖南征，建議正大，也是主張用漢法治中國的一人。我於元初儒學書中，也曾詳述他的主政議與時務五事，〔註十五〕此處不擬贅述，元史本傳記他的學術

「經爲人尚氣節，爲學務有用，及被留（使宋被拘）思託言垂後。撰續後漢書，易春秋外傳，太極演原，古錄，通鑑書法，玉衡貞觀等書，及文集凡數百卷，善議論，詩多奇崛，拘宋十六年，從者皆通於學。」

郝經實在是當時北方之儒中的奇士。他承襲家學，受文章之學於元遺山，但義理出於天性。他力主與宋議和，不惜奔走行間卽被拘囚，也還是拳拳勸和。看他的使宋文移，一片惻怛血誠，正是儒者心存正朔，不願南宋被蒙古人所滅亡；和王猛不勸苻堅南伐，千載而下，心迹相同。所以他修續漢書，以蜀正統，是發揮朱子綱目的精神。他在南方拘羈期間撰太極演原，正是道學一派的心傳，雖未講學，但使從者化爲儒生，〔註十六〕也可見其義理浸漬之功了。

在懷衛學派中，評魯齋的弟子最多，他立國子學所徵召的十六弟子中，以耶律有尚最傳其學。此人是耶律楚材的侄輩，元史本傳說他：「前後五居國學，爲師表者數十年。海內宗之，一如魯齋」。這不過是魯齋之學的傳人，對當世所關尙小。我以爲另有兩人，才眞是經世之儒，一是王恂，一是郭守敬。元史本傳說：

「王恂，字敬甫……世祖召見於六盤山，命輔導裕宗（眞金太子）爲太子伴讀。……初中書左丞許衡集唐虞以來嘉言善政，爲書以進，世祖嘗令恂講解，且命太子受業焉。……每侍左右，必發明三綱五常爲學之道，及歷代治忽興亡之所以然。……裕宗問以心之所守，恂曰『許衡嘗言人心如印板，惟版本不差，雖摹千萬紙皆不差，本既差，則摹之於紙無不差者。』裕宗深然之。」

此傳又說他深明算術，助許衡改定歷法，「推算極爲精密」。他和郭守敬，楊恭懿以及後來的齊履謙，都是深明歷算的儒者。關於郭守敬，元史本傳紀載他的修治水利，和訂定歷律的事實，這是儒者中的大工程家，大數理家，當另爲專文來發明他的學行，此處不擬多說。不過舉此來證明元代北方之儒都蘊抱着實用之學，利濟民生，確非空言治學的人。

在這個集團中，不以義理名，又不列許衡門下者還有汲縣王惲，文章高雅，治行極高。他著過承華事略，也是以儒術濟世的學者，我最近寫有王惲秋澗集一文，載東海大學圖書學報，此處也不擬詳介了。

（二）河朔地區儒學

眞定與保定，這個河朔地區，從金貞祐南渡以後，是一個兵戈俶擾之區。但却因禍得福，在蒙古入據，至於大元建國，却成了政治、文化的中心。不惟秩序恢復，抑且成爲文儒禮樂之區，這是得力於史張董漢軍三家的保全民生，愛護學術，也是亡金儒者如王若虛（藁城人）元好問，張德輝，李冶諸人的荐引後進，提倡儒學之功。但眞正的儒者，却只有保定劉因。自劉氏出而後稾城安熙繼起，接受程朱義理之學而加以發揮光大，竟與許衡一派分庭抗禮。直到元末，還有蘇天爵出來，結集儒學文獻，發揚劉安二氏的學派，在南來的義理之學以外，河朔之學，屹然爲一大派。宋元學案立有靜修學案，劉氏的生平，見於元史本傳，後來新元史，及蒙兀兒史記劉氏之傳，皆與此不相出入。蘇天爵滋溪文稾關於眞定人文之感，頻頻述說，如志學齋記說：（卷四）

「昔者國初丞相史忠武治眞定，敎行俗美，時和歲登，四方遺老，咸往焉依。若滹南王公、遺山元公、敬齋李公、頤齋張公、西庵楊公、條山張公、問學文章之富，言論風采之肅，豈惟政有所裨益，而搢紳儒者，皆仰賴其聲光模範，以成其德焉。當是時爲郡學官者，則有侍其先生乘之，吳先生蓋臣，硯先生伯因，張先生世昌；授徒其家者，則有安氏祖孫……皆其人也。」

此文所述，我們可以追想當時眞定的文化發達情形。關於史張諸家保護儒生，與學育材的事蹟，我另撰元初漢軍三世家考，略加闡述，不在本題範圍，此處只能探討純粹儒學的面貌。河朔一帶的儒學之興，張德輝最有力量，卽蘇文所謂「頤齋張公」也。元史張氏本傳（一六三卷）記他有功儒學的事蹟說：

「張德輝字輝（疑耀字）卿，冀寧交城人，……金亡北渡，史天澤開府眞定，辟爲經歷官。……歲丁未世祖在潛邸召見問曰『孔子歿已久，今其性安在？』對曰『聖人與天地終結，無往不在，殿下能行聖人之道，性卽在是矣。』又問：『或云遼以釋廢，金以儒亡，有諸？』對曰『遼事臣未周知。今（金）季乃所親覩，宰執中雖用一二儒臣，餘皆武弁世爵，及論軍國大事，又不使預聞。大抵以儒進者三十之一，國之存亡，自有任其責者，儒何咎焉。』

這是他初見進用儒之說。傳中又載他藉祭孔致胙於世祖，引導世祖走向尊崇孔子的路上，又載他：

「與元裕（卽元好問字裕之）北覲，請世祖爲儒敎大宗師……因啓累朝有旨蠲儒戶兵賦，乞令有司遵行，仍命德輝提調眞定學校」。

張氏在宋元學案、魯齋、靜修兩案中，都未掛名，其實他在北方之儒中是開啓門戶，性行篤實的一人，所以談眞定儒風的不能不先說到他。

劉因字靜修，起自孤寒而名滿天下，是天資高明的一路。宋元學案立有靜修學案，宋元學案補，對他的所學與同調，從學之人的學行更加蒐輯。首先我要引蘇天爵的靜修墓表（滋溪文稾）對他的贊嘆之語：

「……自聖賢之學不傳，禮義廉恥之風日泯，至宋伊洛大儒克紹其緒……我國家治平方臻，貞元會合，哲人斯生，有若靜修先生者出焉。氣淸而志豪，才高而識正；道義孚於鄉邦，風采聞於朝野，其學本諸周程，而於邵子觀物之書，深有契焉。」

說劉因的學問，近於邵康節，那是因爲他喜談易象，而且他久居山林，愛好自然，也近於邵氏的樂道恬退。靜修文集收有著說，推明爻象，宋元學案補引錄全文，可見其易學之偏於象數。劉氏有敍學之文，尙論經，次及子史，降至於詩文書法，一以性道爲本，宋元學案補也全部錄入。眞能把握住中國儒學的精要。他說：

「先秦三代之書，六經語孟……世人往往以語孟爲問學之始，而不知語孟聖賢之成終」

又說：

「治六經必自詩始……詩而後書……本立則可徵夫用，用莫大於禮……二書禮記周禮既治，非春秋無以斷也；窮理盡性以至於命，而後學夫易」

他以爲

「詩書禮樂不明，不可以學春秋，五經不明，不可以學易。」

他嘅嘆着說：

「夫不知其粗者，則其精者豈能知也：邇者未盡，則其遠者，豈能盡也。」

可見得他雖具高明的天資，但治學却脚踏實地，不尙空談。他對史學的認識也極爲精到。他說：

「六經既治，語孟既精，而後學史……第古無經史之分，詩書春秋皆史也。」

這與清儒所倡六經皆史之說若合符節。不過他以經學爲主，拿來做，「平衡」，做「明鏡」，不是後來史學家以六經爲史料的見解。接着他批評歷代史書，推重歐陽修的新五代史，那仍是春秋褒貶的傳統見解。所以他主張：

「學者必讀全史，歷代考之，興廢之由，邪正之迹，國體國勢制度文物坦然明白。時以六經旨要，立論其間，以試己意；」

這與程伊川一派以讀通鑑爲玩物喪志的論調又大有不同了。人當亂世，最容易愛好歷史，我看元初諸儒，多半留心史事。在蒙古汗庭，也往往進讀通鑑節要之類的書，像史天澤一名武夫，但晚年却讀通鑑，不忍釋手(註十七)可見此時的風氣，無怪靜修揚棄伊洛一派鄙夷史書的議論了。靜修的詩功甚深，元遺山後，北方之詩，似乎無出其右者，所以他論學說：

「孔子曰『志於道，據於德，游於藝』，志於道矣，藝亦不可不游也。今之所謂藝者，與古之所謂藝者不同……雖然不可不學也，詩文字畫，今所謂藝，亦當致力，所以華國，所以藻物，所以飾身，無不在也。」

以下他就對詩學流派，分別批判，以爲：

「作詩者不能三百篇，則曹劉陶謝，不能曹劉陶謝，則李杜韓，不能李杜韓，則歐蘇黃」。

於是力斥「晚唐之萎薾」「盧仝之詭怪」，這確是詩道正途，也是元遺山論詩詩一脈的主張。(註十八

劉氏平生，以風節著，他曾受聘一出，旋卽歸里，自後卽閉門至死。元史本傳（一七一卷）說：

「性不苟合，不妄交接，家雖甚貧，非其義一介不取。」

又記他力辭徵聘之後：

「世祖曰『古有所謂不召之臣，其斯人之徒歟！』」

所以歐陽玄撰靜修像贊說：（元文類卷十八）

「微點之狂，而有沂上風雲之樂；資由之勇，而無北鄙鼓瑟之聲；於裕皇之仁，而見不可留之四皓；以世祖之略，而遇不能致之兩生。」

「點之狂」和「由之勇」都是高明豁達一路。靜修的學問也趨向於深沈邁往，與許魯齋的謹篤自守不同。而且他除去道學之外，還以詩文名家，他認爲「華國」「飾身」，不能不具，與魯齋的質朴無文者更是不同。但在出處上他生當世祖儒治大行之時，以一個後進小生，不肯出仕，還對許魯齋一聘卽起，進言諷刺，〔註十九〕就不免引起後來人有所猜議。就有人說他心懷漢族，不肯出仕元庭，但又爲他有渡江賦和許多送北方將帥南征的詩，覺得有點矛盾。還有一件公案，就是靜修不滿於魯齋的出處，認爲他既出來而不能行道，有點「黃老自用」，後人指他集中的退齋記是譏刺許魯齋的。〔註二十〕以我所見，元代的儒治，始終不能澈底。蒙古人所接受的文化，是伊斯蘭與漢化並行，色目人中的回鶻和大食人，以言利進，如阿合馬等，是反對漢化的，與儒治常相傾軋。世祖忽必烈汗，本質上是嗜利黷武的，〔註二十一〕容易信任色目人使之當權，因之漢人儒生受到不平的待遇，如許魯齋所創建的國學，就常有「饔飧不繼」的現象（見後註）。大概儒治極盛之時，是安童第一次作相時代，（至元二年

——十二年）到了安童二次作相，（至元二十一年），便不能有所作爲了。靜修並不是不想行道，但灼知時不可爲，便甘於退藏。而許魯齋死時自懺的遺囑〔註二十二〕，也何嘗不是爲着儒治不能大行而恨恨不已呢？這點清全謝山很知道靜修的心迹，宋元學案靜修學案錄他的書渡江賦後有一文，現摘其警句如次：

「許文正（衡）與文靖（因）皆元人也，其仕元又何害？論者但以夷夏之說繩之，是不知天作之君之義也。豈有身爲元人而自附於宋者？眞妄言也。……文靖蓋知元之不足有爲也，其建國規模無可取者，故潔身而退。

文靖生於元代，見宋金相繼而亡，而元又不足爲輔，故南悲臨安、北悵蔡州、集賢雖勉受命、終敝屣去之，此其實也。」

此論可謂深知靜修之心。至於劉氏絀許魯齋之說，到元代中葉以後才大流行，虞道園（集）送李擴序還大加批判許學的末流。那是南學北行以後，南方之儒，受軋於北儒，所以藉此而排擊北儒的創始者。其實魯齋與靜修，所處的時代不同，許生在草昧之時，以救人行道爲急，不可執着於進退；靜修生當文明之運，自可以從容進退了。

靜修之學，在當時並不像許魯齋學派的煊赫，學案列他的門人，烏冲，郝庸〔註二十三〕之外，都沒有什麼名氣。身後的傳揚，要靠着他的私淑弟子安熙的門人蘇天爵，藉着稱揚其師安氏的學行，引起南來大儒吳澄與當代名公虞集的重視。後來歐陽玄袁桷都崇重劉，安氏弟子，蘇氏所撰墓表，確也道出其學行的本原來，於是靜修之學才永垂後禩了。所以論河朔之儒，劉氏外要討論到安氏。安氏名登元史儒學傳，及柯氏新史儒林傳，元史本傳說：

「安熙字敬仲，眞定藁城人，祖滔，父松，皆以學行淑其鄉人，熙既承其家學，及聞保定劉因之學，心嚮慕焉。……方將造其門而因已歿，乃從因門人烏叔備（冲）聞其諸說……熙則簡靖和易，務爲下學之功……」

此傳於安氏學問之功，所評頗能中肯。安氏父子的碑志，滋溪文稾中皆有撰述。安先生(松)墓志銘：

「……先生諱松字庭榦……金亡遷眞定……考滔眞定儒學正教授於家，以身先之，弟子從者多至百人；」

安氏在藁城原是世代教館。另一篇默庵先生安君行狀（卷二二）也說：

「祖滔……戊戌試中選，占儒籍，以郡博士舉，貳其學事，貴游子弟，多出其門。父恕齋先生松；中年謝事，教授於家。」

漢軍董氏，世守藁城，董氏子弟，多是安氏祖孫的弟子，所以安氏之學，見重於世。此文又敍默庵之學行：

「成童慨然有志於求道，聞容城劉公淑多士，親往從遊……將行會劉公卒，往拜其墓，錄其遺書而還。」

又記他擁護朱學的堅決：

「國初有傳朱子集注至北方者，滹南王公雅以辨博自負，爲說非之。陳公獨喜其說，後來爲眞定廉訪使，出其書示人。先生懼焉，爲書以辨之。……後陳公果深悔而焚其書，學者始服先生談經之精，識見之卓，而於朱子之學爲有功。」

又述他的影響：

「是時弟子去來者常至百人，出入周旋，咸共規矩，望之知爲安氏弟子。其間各以所學，分教他邦，仕爲名卿才大夫者不可勝紀。凡當時名公鉅卿，經過宦遊於眞定者，請問無虛日，先生各隨所聞而告之，莫不虛往實歸；」

安氏一家有功於儒學的，還是在喪亂之餘，保存文獻。此文結之以：

「嗚乎，昔者靖康之變，中原文獻，悉輦而南，金爲國百年，士爲學不過記誦詞章而已。其於性命道德之文何有哉！矧貞祐喪亂之餘乎？賴一二儒家傳其舊業，俾吾道不絕如線，若先生之家是也。」

贊嘆之深，情見乎詞。其實這正是元代北方之儒共同的功績。我們今天來鑽仰他們，還不是爲着他們在蒙古鐵騎之下，化干戈爲禮樂，存中國文化於一線的功業嗎？

安氏的事料，元文類收有袁桷著的安先生墓表（卷五六），其事實多是據蘇天爵所撰的行狀，稱述他的學問說：

「其學汪洋靜邃，謂文以載道，辭不勝不足以言理，故其言脩以立。於詩章幽而不傷，纂貞潔之實，將以自任於道者也。」

這似乎讀安氏的文章，很有所得。歐陽玄作安先生祠堂記，即是蘇天爵所發動安氏門下士修建的，文說：

「元有國以來，學者言處士，必宗容城劉靜修先生。方是時聞其風而起者曰眞定安氏敬仲焉。……劉氏高亢明爽，梯級峻絕，士親炙者寡；安氏簡靚和靜，襟韻敞夷，士樂附者衆，異時有祠宜乎！」

元史本傳對安氏學風的批評，大概取於此文。安氏的默庵集，現收入商務印書館四庫珍本叢書裏，叢書集成也收其書。文章很平實，數量不多，詩却很少風致，與靜修不可同日語了。要不是有蘇天爵編元文類存留下這些文章，怕很難於傳世。

安熙的弟子蘇天爵，是眞定人，祖父榮祖，父親志道，都是吏材而具儒術。元文類（卷五六）收有鄧文原撰的蘇府君墓表說：

蘇氏世居眞定之眞定縣……君諱榮祖，字顯之……然歲止三十有七，實至元十二年五月十六日也。……君性穎異，童齔已若成人，從鄉人賈先生授業……早嗜學……時南北兵阻，售書價視珍貝，君得書必鈔校讎，無豪忽舛異迺已。……其學自經史百氏陰陽卜筮書，靡不研賾，尤邃伊洛之旨，必以孝弟忠信爲本。嘗曰學貴適用也，故素尙操履，有古愿慐風。……嘗欲辨宗法以合昭穆，建家廟以嚴祭祀，設門塾以訓鄉之子弟，志未就而歿。取易家人之上九，榜其齋曰威如，故學者因號威如先生。」

宋元學案補，曾取此文補入蘇氏先緒。蘇志道的墓志是虞集的手筆，載於元文類（卷五十四）此文舖敍他的吏材，關於學行部份有

「好讀書，尤尊信大學及陸宣公奏議，未嘗去左右。篤於敎子，餘奉輒買書敎，子亦善學，卒以儒成名，如公志。」

從這一節敍事來看，蘇天爵之以儒學名家，實出自家傳，再加之其師安熙之敎育薰陶，宜其卓然有立了。關於蘇天爵的生平，我曾寫「元儒蘇天爵學行述評」並評介他所撰的滋溪文稾，不能再贅。所要闡明的一是他的經世之學，見於他的居官言行，元史本傳說：

「擢江南行臺御史，明年慮囚於湖北，湖北地僻遠，民獠所雜居，天爵冒瘴毒徧歷其地（傳文祥敍平反之獄）……其明於詳讞，大抵此類。」

關於此點，明劉基誠意伯文集收有「書蘇伯脩御史斷獄記後」

「及觀國子博士黃先生所敍蘇君慮囚湖北所平反事，曷嘗拘於成案哉！然後知賢人之所爲固與衆人遠矣。」

史官所記，當取此書。又記他在朝廷的進言說：

「……元統元年，復拜監察御史，在官四閱月，章疏凡四十五……知無不言，所劾者五人，所薦

舉者百有九人。」

此事又見黃溍金華黃先生集，跋蘇御史奏稿（卷四）

「伯修之爲御史，在中臺僅四閱月，而章凡四十五，上自聖躬至於朝廷政令，稽古禮文，閭閻幽隱，苟有關乎大體，繫乎得失，知無不言！」

史文說：

「復爲吏部尙書，陞參議中書省事。是時朝廷更立宰相，庶務多所弛張……天爵知無不言，言無顧忌，夙夜謀畫，鬚髮盡白：」

在滋溪文稾中所載章疏，最注意於刑獄與朝廷制度，了無高談心性的空言。其次是史學，此點可於他所纂輯的元文類，元名臣事略兩部大書中看出。由於他家世承接北方閥閱世家與碩學鉅儒之見聞，漸習很久，所排比的資料，爲今天治元代文化史所必須參考。四庫提要滋溪文稾條說：

「至其序事之作，詳明典格，尤有法度，集中碑版幾至百有餘篇，於元代制度人物，史傳闕略者，多可藉以考見。」

所以元史本傳贊他說：「於是中原前輩凋謝殆盡，天爵獨身任一代文獻之寄：」都可以想見他史學的深厚。蘇氏學術中心，在於義理，但終身仕宦，沒有講學的時間。所著只有詩經釋疑，是朱子詩學的系統，宋元學案與學案補，都摘記要義，在集中表彰道學的文章，用力深厚的有：①常州路新修廟學記②新樂縣壁里書院記③靜修劉公墓表④正學編序⑤故處士烏君（冲）墓碑銘⑥……太子左諭德蕭公

（斛）墓志銘⑦性理四書序⑧呂文穆（端善）神道碑銘，這些文章，或表彰大儒言行，或闡理義理之精微，或敍次北方儒學的淵源，皆可見其服習踐履的精勤，並非徒托空言。

（三）關中地區儒學

關中爲今陜西省一帶，在宋朝理學盛時，張載是關學的創始者。張氏之學，天資高明而又踐履篤實。由於陜西地當，宋夏用兵之衝，張氏少年頗喜談兵，折節讀書之後，仍以三禮爲歸宿。古代兵刑皆在禮中，儘管他究心義理，推極天人，但歸極到禮。他說：〔註二十四〕

「但拂去舊日所爲使動作皆中禮，則氣質自然全好。」

又說〔註二十五〕

「禮所以持性，蓋本出於性……凡未成性，須禮以持之，能守禮已不畔道矣。」

這種用禮來變化氣質的功夫，橫渠一派如呂大忠諸人都是競競於禮，蔚爲關學的風氣。元初關中儒學，開風氣於許衡提學京兆的教士，〔註二十六〕受其熏陶而願立門下者首推楊恭懿。他以禮爲一生治學行己的大端，關中人的喪禮復古，是防自楊氏。他究通天文律歷，輔佐許魯齋，同郭守敬，王恂完成元代的授時曆。他的品節極高，姚燧撰領太史院事楊公神道碑，以同時的友生，紀他的一生行事，最爲可信。文中引徵士蕭斛誌墓之文說：

「朱文公集周程夫子之大成，其學盛於江左。北方之士，聞而知者固有其人；求能究聖賢精微之蘊，篤志於學，眞知實踐，主乎敬義，表裏一致；以躬行心得之餘，私淑諸人，繼前賢而開後覺，粹然一出乎文正者：維司徒（許衡）暨公。」

蘇天爵蕭𣂏墓志銘說：

「關輔自許文正公，楊文康公鳴理學以淑多士……」

可見楊氏實是元代關學的開山者。楊氏生平元史有傳，據姚撰墓志說：

「……楊公恭懿字元甫…… 以正大乙酉（西一二二五宋理宗寶慶元年生）於其居京兆（今西安市）之雙桂坊。童而讀書，記識强敏，日數千言……年十七，（一二四二，蒙古元年乃馬眞后攝政），西歸……時已邃易禮春秋，思有述作，恥於章句而止，志於用世，反復史學。以下述其講求禮樂兵刑思以用世」

從此段可見楊氏治學動機，正與關學前輩相同，志在用世。此文又敍他：

「年二十四（一二四九，蒙古定宗二年）始得朱子集注章句四經，太極圖，小學近思錄諸書，誦其言而推其意。……於潛齋之下，自任益重，前習盡變，不事浮末矣。」

此時正姚樞許衡講學蘇門，版行性理書的時期。流風所動，楊氏便從以入道，所以也可說是私淑程朱之學的人。此文又特喪記他居執禮

「喪中大夫（其父），絕口漿五日，喪葬用牲，盡祛桑門惑世之法。爲具不足，稱貸益之，棺槨皆黃腸，衣衾必縛，疏衰𦃃讀衍、與稻米同齕。粥，悲憂爲疾，杖始能興。司徒會葬歸語學者曰『

小子志之，曠世墜典，夫夫特立而獨行之，其功可當肇建人極。……三輔士夫知由禮制自致其親者，皆本之公。」

明禮不難，能够身親奉行的就不容易了。當金元之際，正佛法大行之時，能够不用浮屠法舉喪禮者，無怪許魯齋要嘆爲「曠世墜典」之盛舉了。楊氏事功；在於制歷。他之死與世祖必烈汗同時。在姚志還留下來一段他預知國喪的神話。天文星象與數理之學，是元初儒者致身之階，使蒙古人崇重儒生者多在於此，也不再贅說了。

蕭𣂏與同恕，爲楊恭懿後兩大儒，元史入儒學傳，蘇天爵撰有蕭氏墓志。蕭氏本來志在棲逸，其爲學堅苦卓絕，但却博識多聞，爲陝西行省所舉，在成宗大德年間，幾經聘召，始入都，在武宗時爲太子賓僚（仁宗）不久仍回關中。他的出處，略似劉靜修，所擁集賢學士太子諭德這些官銜，都是贈賜，實則並未居官。他頗能文章，又善字學，大約終身教授生徒，但只成就了女眞遺族孛朮魯翀〔註二十七〕一人爲儒學大師。誌中說他少年時代：

「蕭氏益都人，國初著籍京兆，諱𣂏字維斗，年二十餘……於終南山下，鑿土室以居之，盡得聖賢遺經，以及伊洛諸儒之訓傳，陳列左右……如是者餘三十年，義理融會，表裏洞徹，動容周旋，容中禮節，由是聲名大振。」

又敍他的學問說：

「公之學自六經百氏，山經地志，下至醫經本草，無不極通其說，尤邃三禮及易。」

又說他通明字學說：

「太常博士侯均曰『今人識字及通六書者惟蕭公爲然。』關中字學不差，亦由公發之也。」

蕭氏明於三禮，恪行朱子小學，蘇志說：

「常作家廟以奉先世，祭則極其誠敬。……早値親亡，哀毀不用佛老，棺槨衣衾，悉遵禮制。蓋自楊文康公倡行其始，公復推明於後，長安士大夫家亦多化之。……臨川吳文正公獨稱公爲善於禮。」

蕭氏隱居名德，動於鄉里，連强盜都對之敬畏，蘇志說：

「有郡吏乘馬城南暮歸遇盜逐之，吏曰：我乃蕭維斗也，盜卽引去」。

以德感動宵小，可見不是純盜虛聲的處士，是一個謹篤的儒者。

蕭氏同時的儒者，還有同恕，元史本傳說：

「……奉元人……安靜端凝，羈丱如成人……年十三以書經魁鄉校……仁宗踐阼，卽其家拜國子司業……三召不起……卽奉元置魯齋書院，中書奏恕領教事；先後來學者千數。」

又說他的學問：

「恕之學由程朱上遡孔孟，務浹事理，以利於行。」

同氏與蕭𣂏在關中同爲後進所敬慕，元史本傳說：

「家無擔石之儲，而聚書數萬卷，扁所居曰榘庵。時蕭𣂏居南山下，亦以道高當世。……士論稱之曰『蕭同』……，縉紳望之若景星麟鳳，鄉里稱爲先生而不姓。」

在楊、蕭、同所形成的純正儒學風氣下，所育成的人才，便以抗佛老爲己任。像史所艷稱的孛朮魯翀對帝師的態度，見之於蘇天爵所撰「……孛朮魯公神道碑銘」：

「帝師至自西方，敕百官郊迎，公卿膜拜進觴，師坐受之。公立以觴進曰『師釋迦徒，天下僧之師也；余孔子徒，天下士之師也。』師笑而起，舉觴卒飮。」

宋元學案補，又記孛魯的軼事說：

「公在翰林時進講罷，上問曰三教何者爲貴？曰釋如黃金，道如白璧，儒如五穀。上曰然則儒賤耶？對曰黃金、白璧，無亦何妨，五穀於世，豈可一朝闕哉！」

這也是尊儒的議論。孛魯是華化的女眞人，與華化的色目人不忽木，同時爲元代保衞儒學的重鎭，也可見蕭同諸儒善於設教。

三

從前面略記的北方儒學形態，限於篇幅，並未能鈎探周匝，但也可粗淺地得出下列的結論：

一、中國孔孟之教與儒學的基本精神，是中國民族生存的寶貝。每到民族危亡，總能憑仗着他延續生存。像蒙古鐵騎，掃蕩中原之際，却掩不住儒學的光焰，藉一個瀕死的俘虜傳進來新興的義理之學，大明孔孟之道。草原騎士，蠻族大汗，都低首於俎豆玉帛之間。可見先民的禮教，仍然是國家社會的綱維。

二、北方諸儒，無論治學，出仕，都是出於救世的動機。最大的貢獻，是感動了世祖忽必烈汗，實現中統至元的儒治局面，把儒學成爲正統。即使蒙古人仍然尊重伊斯蘭文化和佛陀文化，但統馭廣大的中國，總是用儒。在「行道」的條件下，似乎不能對夷夏之防，和出處之際，過於吹求。許衡之於劉因，行事不同，其保存儒學的用心則同，於此不可拘執明人狹隘之見，誤會古人。

三、南方來的儒學，雖然是以心性爲宗，可是北方的儒生，却偏於用世的實學。道之外，還有藝（如天文水利）；保持之外，還重經世——禮與史，這與後來明儒空虛疏濶者不同。我們應該從篤實踐履中認識元代北儒的眞面目。

五三、七、卅、午稿成於東海校園

〔註一〕元遺山曾請忽必烈爲儒教大宗師見遺山集李治序，拙著東平興學考會闡論當時儒生之用心。

〔註二〕蒙古破滅一地屠僇至慘，當時儒生勸漢軍將領保全民命，拙著蒙古漢軍與漢文化，多論此事。

〔註三〕元仁宗皇慶開科試經義以朱熹章句註爲主，見元史紀事本末「科舉學校之制」。

〔註四〕蘇天爵滋溪文藁所撰蕭𣂏，耶律有尙等碑志，皆重此點，許衡弟子郭守敬王恂皆通天文，郭爲水利大家。

〔註五〕耶律楚材建議用士人筦十路征稅所，使窩濶臺汗知儒生之有用。氏本人深通天文律曆，見重成吉思汗。

〔註六〕忽必烈用劉秉忠張文謙之議，用張耕，劉肅以儒生治邢州。

〔註七〕忽必烈南伐北歸，張氏、董氏漢軍爲其效力，設侍衛親軍，以董文炳總之，見元史世祖本紀及張董諸傳暨王惲秋澗大全集中堂事記。

〔註八〕見元史張德輝傳（卷一六三）「與元裕，李冶遊封龍山號爲龍山三老」。

〔註九〕民國張壽鏞刊，清鄞縣王梓材，馮雲濠撰。

〔註十〕元史竇默傳（卷一五八）「世祖在潛藩，以安車召之，延訪無虛日」。李氏金史亦有傳。

〔註十一〕阿合馬當政，會斷國學供給。見許衡傳：「權臣屢毀漢法，諸生廩食或不繼。」

〔註十二〕元史不忽木傳（一三〇卷）「康里部」……受學於許衡日記數千言曾上疏論學制，不信佛。

〔註十三〕趙復字仁甫德安人也……學者稱之曰江漢先生，入元史儒學傳（卷一八九）姚燧撰有「序江漢先生死生序」收元文類卷三四。

〔註十四〕見元初儒學姚樞事。

〔註十五〕亦見前章元初儒學。

〔註十六〕宋元學案補魯齋學案，陵川門人荀宗道即其僚屬。

〔註十七〕見秋澗大全集史忠武公家傳。

〔註十八〕遺山論詩詩「風雲若恨張華少，溫李新詩奈爾何」。（世界版元詩選上遺山詩）

〔註十九〕見輟耕錄所記，宋元學案靜修學案亦錄其語。

〔註二十〕宋元學案靜修學案錄有清全祖望跋退齋記後。

〔註二十一〕清趙翼廿二史札記有元世祖黷武嗜貨條。

〔註二十二〕見宋元學案魯齋學案。『先生嘗語子師可曰「我平生虛名所累，竟不能稱官，死後愼勿請謚立碑」』。

〔註二十三〕烏郝均見靜修學案，郝，陵川之弟。

〔註二十四〕戴君仁先生著横渠學述所引。

〔註二十五〕同上。

〔註二十六〕見姚燧領太史院事楊公神道碑元文類卷六十。

〔註二十七〕元史有傳，蘇天爵滋溪文案有其墓志銘，詳記其人。

第三編　漢　軍

元代漢軍人物表 并序

序言：元代漢軍制度

蒙古入關，以種姓丁口稀少，略地廣遠，無力鎮戍。於是利用俘戍與降附人衆，建立了一種梯形軍制。以本族的武裝力量爲中心，另成立了依種族，或任務的性質爲區別的許多軍種〔註一〕；就中最重要而力量最強大的，要數着漢軍，其制度的建立見元史兵志（卷九八）：

「……若夫軍士則有蒙古軍，探馬赤軍，蒙古軍皆國人，探馬赤軍，則諸部族也。其法家有男子十五以上，七十以下無衆寡，盡僉爲兵，十人爲一牌，設牌頭，上馬則備戰鬬，下馬則屯聚牧養，孩幼稍長，又籍之曰漸丁軍。既平中原，發民爲卒，是爲漢軍；或以貧富爲甲乙，戶出一人，曰獨戶軍；或取匠爲軍曰匠軍；或取諸侯將校之子弟充軍曰質子軍，又曰禿魯華軍；是皆多事之際，一時之制。其繼得宋兵號新附軍，又有遼東之糺軍，契丹軍，女眞軍，雲南之寸白軍，福建之畬軍，則皆不出戍他方者，蓋鄉軍也。又有以技名者，曰砲手軍，弩軍，水手軍，應募而集者，曰答剌罕軍。……」

這樣紊亂混雜的軍制，是繼承遼金以來的傳統習慣〔註二〕，而且蒙元對漢人猜防很嚴，軍隊的編制數目，是列作最高機密，國史館的資料並不完全〔註三〕，所有以上的記載，祇不過是衍述世祖以後的制度而已。至於漢軍的建立，實非通常的制度，當遠溯於蒙古入關之初〔註四〕。蒙古的第一功臣，木華黎所部的軍隊，即包括有漢軍在內。經略太行以東，到處招降納叛，河朔山東，龍蛇起陸；因其所降之土地官爵以封之，利用他們鎮戍這些眞空地區，作爲大朝的藩籬，這樣形成了漢軍集團的存在。到了太宗窩闊臺時代分封漢軍三萬戶，以後擴充之爲五萬戶〔註五〕，滅金伐宋，以之爲前進主力。到世祖中統建元，率性以漢軍爲「打天下」的基本武力，以後整編爲侍衛親軍，削藩收地，漸漸夷爲通常的軍事部伍。末季修史的人，也就數典忘祖，連記載也模糊不清了。所以這個問題，在今天仍有重加分析深究的必要。

〔註一〕　蒙古軍事力量之形成，前編「蒙古初期軍略與金之崩潰」，第一章第二節，一、成吉思汗之軍制，二、基本武力兩節中分析建軍起源，可以參閱。

〔註二〕　金史兵志，序論謂：「在其得志中國，自顧其宗族國人尙少，乃割土地崇位號以假漢人，使爲之效力而守之……國勢寖盛……漸以兵柄歸其內族，然樞府簽軍募軍，兼採漢制，伐宋之役，係用漢軍及諸部族而統以國人……」可見邊疆民族進入中原，多吸收被征服的力量，致成複雜的軍制。

〔註三〕　元史兵志序論：「以兵籍係軍機重務，漢人不閱其數，雖樞密近臣，職長軍旅者，惟長官一二人知之。故有國百年，而內外兵數之多寡，人莫有知之者。」

〔註四〕　成吉思汗伐金，即收納降附，大約以郭寶玉劉伯林等爲最早，金烏沙堡陷後，郭寶玉即降，木華黎引見，即問取中原之策。劉伯林壬申歲（公元一二一二年）降，即以原職授之，而石抹也先之降，自立黑軍，亦後來之漢軍。前編蒙古初期軍略與金之崩潰的第一章第四節三，對降附者之態度，與拙著蒙古漢軍與漢文化之研究（東海大學出版），初期漢軍之建立，均有紀述，可以參閱。

〔註五〕太宗時漢軍三萬戶之建立，最早的紀錄見於蒙韃備錄：「燕京等處有紙蟬兒元帥（依王注即札剌兒）、史元帥（天澤）、劉元帥（黑馬）等甚衆。屠寄蒙兀兒史記斡哥歹本紀，以史天澤黑馬札剌兒為漢軍萬戶。」注之甚詳。拙著蒙古漢軍與漢文化之研究：初期漢軍之建立文內，亦予分析，可以參閱。

元代漢軍，如以時期分之，可得如下三期：

（一）入關初期，這是草昧初分，漢軍皆是當地的豪傑之士，乘時而趨功名，自立名號，蒙古人因以予之。〔註六〕

（二）建制時期：應以太宗窩闊臺，己丑年封漢軍三萬戶為起點，繼後又有五萬戶的封建〔註七〕，北方漢軍地大半由他們戍守。中更宮廷內鬨，而宋人仍不能北進，實此輩漢軍將領對蒙古人「效死勿去」的緣故〔註八〕。

（三）改制時期：此即世祖忽必烈汗中統建元，削平李璮變亂，改編漢軍成為侍衛親軍時期。以後漢軍的中樞基本武力，幾乎代替了蒙古鐵騎，而且投之於漠北內爭之中。但當時削地自雄的封建局面已打破了〔註九〕。後來南宋入降，宋兵雖然也改編用之於東北日本，南征交趾占城，但並不能成為一個獨立單位〔註十〕，所謂漢軍時代，已告結束。

如果以人物地區來分，可分為以下幾個集團：

（一）山後集團，以劉伯林爲首，在入關初期較爲活躍，以後就沉寂了（註十一）。

（二）眞定集團，即史天澤爲首的集團，自史秉直父子投效木華黎起，直至至元統一南北以後才漸次收束。

（三）滿城集團，以張柔爲首，在戰功上，這一集團對蒙古統一南北的貢獻最大，功名顯赫，也綿亙到元代中葉。

（四）槀城集團，即董氏漢軍。此一集團在起初很微弱，創始人董俊，不過偏裨附庸於史氏張氏之間，可是第二代因爲服事宮廷的關係，却飛黃騰達起來。中統至元以後在政治文化上有所表現的漢軍後代，都是他們。

（五）東平集團：以嚴實爲首而濟南張榮爲之附庸，在入關初期，地域最廣，聲勢最爲煊赫。可是中統削藩以後，便一蹶不振，因爲嚴氏之起，多少有點獨立性，和蒙古宮廷關係始終有欠圓融，所以遭受打擊，不能永保富貴（註十二）。

（六）鞏昌集團：以汪世顯爲首，本是金將後降，但以地居偏方，介在蒙古與南宋的邊界，所以能長久存在，但對大局不起作用。

（七）其他集團：在以上這些集團之外，還有若干起陸龍蛇或投機將帥，如「河上五萬戶」，歸德張子良，以及襄樊的游顯，但他們興起時間都不久，第二代也沒有什麼名人，勢力所及的地區也不大，只能視作漢軍的零星部伍。

以上這樣大概的分類，實在不很明晰，我正寫漢軍三世家考，已成永淸史氏本末，其餘張董二家，正在續撰（已撰成、見後文）。現在將有關漢軍的事實，列為漢軍人物表，就上列時期與集團根據元史與新元史及屠氏蒙兀史記傳志撮記之。

〔註六〕 初期漢軍將領投降後即以原官職委之。例如：

劉伯林：（元史卷一四九）……「遂以城降，帝（太祖）問伯林在金國為何官，對曰都提控，遂以元職委……」

石天應：（元史卷一四九）……「天應率衆迎謁，即承制授興中府尹，兵馬都提控……」

趙　迪：（元史卷一五〇）「……金末……遷稾城縣尉遷為丞，太祖兵至稾城，廸率衆來歸，授金符同知中山府事……」

邱　順：（元史卷一五〇）「歲甲戌率衆歸，太祖授行唐令……」

王　善：（元史卷一五〇）「……戊寅權中山府治中……遂率衆來歸授金符同知中山府事……。」

其他諸漢軍之起，無不如此。拙著「蒙古漢軍與漢文化之研究」，第一節初期漢軍之建置及第二節漢軍份子之分析內皆曾紀述此點。

〔註七〕 五萬戶者，邱順、王珍、郝和尚、孟德、梁瑛等五人，見屠寄氏蒙兀兒史記五萬戶傳，拙作「蒙古帝國初期漢軍之建置」文內亦述及。

〔註八〕 前引拙作「漢軍份子之分析」文內，有云：「……其他諸將，都為蒙古人效死不去，汪氏（世顯）

鎭西北，控制川甘，史氏鎭唐鄧，捍禦淮西，張（柔）嚴（忠濟）李（璮）在山東，扼住宋人的北嚮……。」

〔註九〕　世祖紀：中統三年十二月之始分各路軍民爲二，總管兼萬戶者，止理民事，軍政勿預。

又元文類卷五十八，王磐中書右丞相史公神道碑：「李璮變後，議者以諸侯權重爲言，公言於朝曰：『軍民之權，不可幷在一門……行之請自臣家始』，漢軍分封之改制實自此發。

〔註十〕　征交阯之役，以史弼，高興等北人將帥爲主，不過用南兵耳。征日本之役，仍以蒙古人阿喇罕（征東行省右丞相）爲主帥，南宋降將范文虎及高麗人洪榮丘等副之。事見元史弼傳，高興傳（一六二卷）及日本傳（二〇八卷）。

〔註十一〕　自太宗時代，增設漢軍五萬戶（劉傳作七萬戶）之後，劉伯林之子劉黑馬（嶷）卽統制西京、河東、陝西諸軍萬戶，憲宗伐宋攻川，黑馬鎭守成都，其子元振繼之，劉氏始終在川，事見元史劉伯林傳（一九九卷）。

元代漢軍人物簡表

集團	人物	降附時間	戍區	備考
永清史氏	史秉直 天倪 天澤 進道 天安	太祖癸酉（西元一二一三年）秉直率里中老稚數千人詣涿州軍門降——元史史氏傳。	眞定 衞 唐鄧	一、據元史史天倪傳。 二、據新元史史秉直傳。

	天祥 楫 權 樞 格 耀			
定興張氏	張柔 宏彥 宏略 宏範 珪 喬惟忠 賈輔	太祖戊寅(西元一二一八年)國兵出紫金口，柔率所部逆戰，馬蹶被執，遂以衆降——元史本傳。	滿城順天 亳	一、元史張柔傳。 二、新元史張柔傳。 三、三傳張珪入相。 四、喬惟忠爲張柔大將見元史賈輔傳。
山後劉氏	劉伯林 黑馬(嶷) 孫元振 禮	太祖壬申(西元一二一二年) 金末爲威寧防城千戶	山西 四川	一、元史劉伯林傳。 二、新元史劉伯林傳。

	夾谷常哥 子忙古帶	太祖圍威寧：乃縋城詣軍門降——元史劉伯林傳		新元史附劉伯林傳以其原守威寧後從征四川。
	郝和尚	幼爲國兵所掠，太祖授太原府行軍元帥	太原 宣德	元史，新元史本傳（卷一四二）
東平 嚴氏	嚴實 忠濟 範	太祖癸酉（西元一二二〇年）十五年，木華黎至濟南實遂挈二府六州戶三十萬詣軍門降——新元史本傳	東平	一、據元史本傳 二、據新元史本傳 三、王玉汝以下新元史附嚴實傳皆其部將 四、嚴實政績見前編元初儒學內「東平興學考」
	王玉汝			
	張晉寧 子好古			
	齊亨 榮顯			
	岳存			
	王德祿			
	信亨祚			
	畢叔賢			
	閻珍			
	孫慶			
	齊珪 子秉節			

	趙天錫 子貢亨	太祖己亥(西元一二一五年)歸嚴實，後依大將孛里海——元史本傳	冠氏	元史本傳 按元好問北渡先依趙氏集中有趙氏墓誌
稾城董氏	董俊 文炳 文直 文忠 文用 文蔚 士元	太祖乙亥(西元一二一五年)太祖十年木華黎南下，俊迎降——新元史本傳	稾城僉都侍衛親軍	一、元史董俊傳 二、新元史董俊傳 三、董氏第二代即以從世祖征伐見親幸，漢軍改制獨任董文炳領侍衛親軍(見元史本傳及兵志)
鞏昌汪氏	汪世顯 選 忠臣 德臣 良臣 惟正	太宗甲午(西元一二三四年)據鞏昌及皇子闊端至乃率衆降，新元史本傳	鞏昌成都	一、元史本傳 二、新元史本傳 三、汪氏降附較後，世守鞏昌與北方關係較小，與元同亡。
	鄭鼎	父皋金忠昌軍節度使	鼎初爲涇潞沁千戶從塔海紺布征蜀	新元史本傳(卷一六三)

邊塞降將	郭寶玉 德海 侃	太祖辛未(西元一二一一年)金人……築烏砂堡：寶玉率軍降木華黎引見太祖問取中原之策——元史郭寶玉傳。	從征西域	一、元史郭寶玉傳 二、新元史郭寶玉傳 三、郭傳敍事與史多忤，但曾廉元史考證有辨，確為第一投降之漢軍將領
邊塞降將	石天應	太祖乙亥(西元一二一五年)穆呼哩(華黎)攻北京之興中府，元帥石天應來降，以天應為興中府尹——元史太祖本紀。	從征配守河中	一、據元史太祖本紀 二、據新元史石天應傳
	李守賢 子轂 伯溫 守忠	金大安初降於國王木華黎——元史李守賢傳。	從征戰死	一、據元史本傳 二、據新元史本傳按當在壬申癸酉之初疑非在大安初年
	田雄	太祖兵至北京雄率衆出降——新史本傳按當在太祖十年己亥(西元一二一五年)	陝西京兆等路	一、據元史太祖紀 二、據新元史本傳
邊塞降將	王珣 榮祖	太祖己亥(西元一二一五年)太師木華黎略地珣率吏民出迎——元史本傳	從征後子榮祖立功高麗	據元史本傳
	郝和尚拔都	幼為蒙古兵所掠不詳年份	太原平陽延安	據元史本傳

河朔集團	王善	太祖戊寅（西元一二一八年）權中山府治中……率衆來歸	河北西路（副總管）	據元史本傳
	趙廸	太祖兵入槀城迎降按當在太祖戊寅年後	眞定槀城一帶	據元史本傳
	趙瑨	太祖兵至飛狐迎降，按當在壬申癸酉之間（一二一二—一二一三）	從征	據新元史本傳
	王玉	太祖兵至趙州迎降，按當在戊寅年左右（西元一二一八年）	從征	據新元史本傳
	賈塔剌渾	太祖時募用砲者授四路總押佩金符	隨征西域繼從滅金	元史本傳（卷一五一）
	張拔都	太祖辛未（西元一二一一年）昌平人太祖南征率衆來附	從征西域爲砲手都元帥	據元史本傳
	張榮	太祖甲戌（西元一二一四年）清州人從太保明安降——元史本傳。	從征西域領砲水手軍——元史本傳	據元史本傳
	邸順	太祖甲戌（西元一二一四年）金末聚衆數百人，分據石城元保兩砦來降，授行唐令——新元史本傳	五萬戶之一屯五河口	據新元史本傳
	浹			
	琮			
	澤			

集團	人物	事蹟	地區	出處
山東集團	張榮 邦傑 宏	太祖丙戌(西元一二二六年)山東盜起，率鄉民據濟南黌堂嶺，丙戌東平順天皆內屬，榮遂舉其兵與地，納款於按只臺那顏——元史本傳	濟南	據新元史本傳
	劉鼎 張廸	均見新元史張榮傳		
	張子良	太宗戊戌(西元一二三八年)率泗州西城二十五縣軍民因元帥阿朮來歸——元史本傳	歸德	據元史本傳
	孟德	歸附時期不詳，國初由鄒平縣令累官同知濟南路事，太宗八年爲元帥(按當係兼理或嚴實之部將)——元史孟德傳	扼守河上爲五萬戶之一	一、據元史本傳 二、據蒙兀兒史記五萬戶傳
山東集團	匡才	太宗癸巳(西元一二三三年)金邳徐兵馬都巡使，率所部降於都元帥大赤	邳徐	據新元史本傳
邊塞	何實	太祖己亥(西元一二一五年)大寧人：張鯨以叛誅，鯨弟致亦謀叛；乃籍戶口一萬，壬子來歸國王木華黎(按此當係錦州張氏部將)	從軍曾一度戍邢	一、據元史本傳 二、據新元史本傳

杜豐	太祖時太祖取太原，豐率所部來降—元史本傳（按平太原是木華黎在太祖戊寅（西元一二一八年））	太原一帶	據元史本傳
趙柔	太祖癸酉（西元一二一三年）易州淶水人避兵西山，柵險自保，大兵入紫金關，柔以衆降。	眞定等處，後改提調銀冶	據新元史本傳

說明：

本表未列之重要人物

一、石抹也先之子查剌，爲黑軍之首領，但常在征行，幷無防地，太宗時已廢（查剌被斬見元秘史）。

二、李庭、劉國傑，此係益都李璮集團之後起人物，以山東變後，至元間廢侯守，漢軍之地位已變，故不列。

三、南宋降將，在上列蒙古軍制中無獨立地位，征日本一役，等於全潛，故不列表，作者另有南宋降人羣一稿當另行整理問世。

原載於大陸雜誌特刊第二輯

元代漢軍三世家考

一、永淸史氏本末

(一) 關於史氏事功之紀載

永淸史氏，是元初漢軍的中堅。從史秉直帶領他的長子天倪，次子天澤，以及親屬族里同時迎降蒙古，天倪弟兄便成爲國王木華黎麾下最信任，也最顯赫的漢軍大將。在此以前，蒙古人自漢北入侵，雖然也有漢人將領投降（如郭寶玉父子等），但祇是配屬在大汗左右，隨從征伐，作爲行軍的嚮導（即使劉伯林亦不例外），並不使之獨當一面。惟有木華黎經略中原，才大量委任漢軍，開始獨領征伐的，便是史氏父子。關於史氏一家的傳記，元人私家的撰述很多，約略排比如次：

一、秋澗集：王惲撰

開府儀同三司中書左丞相忠武史公家傳（天澤）

大元故眞定路兵馬都總管史公神道碑銘（史楫）

大元國趙州創建……太尉忠武史公祠堂碑銘

中堂事記（關於史天澤的軼事）

二、牧庵集：姚燧撰

王磐平章政事：史公神道碑（史格）

江漢堂記

南平樓記

三、元文類：蘇天爵撰

中書右丞相史公神道碑

四、元代名臣事略：蘇天爵撰

丞相史忠武王……

以上是私家著述，至於官書紀載，計有：

一、元史一四七卷：史天倪傳（父秉直子楫、權、樞、弟天祥傳附）

又一五五卷，史天澤傳（子格附）

二、新元史：史秉直傳（天倪、天澤，暨史楫、史權、天安、天祥、懷德等傳附）

（清人魏源元史類編，曾廉元書，皆應有史氏列傳，未寓目。近人屠寄蒙兀兒史記，亦將漢軍三萬戶倂傳，新元史列傳多與之同。）

大概史傳的紀載，多取材於家傳及神道碑，上列私家著述中，最能表現史氏勛業者，要推王惲的史忠武公家傳，與姚燧的史格神道碑。王氏是史家的部民（汲縣人隸眞定帥府）與幕下從吏，曾與史天澤共事〔註一〕，見聞較爲翔實。姚是儒學世家，至元大德間的大手筆。當時貴宦世族的碑版，多出其手。他又是姚樞的侄子，許衡的學生，親與至元儒治，所記自屬可信。至於王磐的神道碑，却是奉旨撰述，應該與官書有同樣可採的價值〔註二〕。

（二）史氏之起事與勛業

史氏在元初漢軍將領中是最得蒙古人信任的一家。此種關係，也非偶然。因爲①他是當蒙古兵鋒尚未及里門，便舉族來歸，這是蒙古人最所悅納的，而且與蒙古用兵的舊制——降者不殺，任以原職的原則相符〔註三〕。②史氏是地方豪傑，家世行俠，信譽深入民間，並且有其歷史性的地方組織；降附之後，既可以號召其他地方，爭先歸附；又掌握住相當力量的民間武力，安定地方〔註四〕。③史氏在農村算是智識份子，尤其史天倪的智略與抱負俱不平凡，降附之後，可能爲木華黎擘畫軍謀，而且每役踴躍先驅，是以深得木華黎的信任，付以征行和留守的重任〔註五〕。④史天倪爲蒙古人殉守眞定，其弟天澤，用自己募集之部屬，恢復陷地，從此便自成一軍。其可親信的程度，幾與蒙古色目部隊相等。與山東嚴實之類，保有濃厚的地方色彩，而且依違於南北之間的情形，迴然不同〔註六〕。⑤史氏所據眞定與衛郡的防地，劃在拖雷皇妃藩地，也就是世祖忽必烈的潛藩之地，對拖雷一系，是「家臣」的地位。世祖潛邸時代，對史氏即多所倚畀；漢南開府所招徠的名儒碩士，和方外大德，可能不少是由史氏的引進；因之中統至元之間，史天澤遂入領中書，以漢人拜眞相〔註七〕。⑥史氏自太宗伐金以後，戰功煊赫，防地也節次擴展；在北面則跨有兩河，在南面則屯田唐鄧，虎視襄樊。新設的河上五萬戶，名位地望，皆不足與之抗衡。所以世祖以太弟南伐，便倚任之爲主力。直至中統建元，削平叛亂，史家兵馬，仍是汗庭所最倚重的力量〔註八〕。有此數因，史氏功名遂能「山河永固」；史天澤的風規，被文人們傳述，簡直與唐代郭子儀，宋代曹彬相彷彿了。

我們綜核史氏傳志，對他這一家的勛業，可分以下幾點述之：

一、**史天倪之創業**：天倪以驍勇效命，爲蒙古入關初期，木華黎帳下最忠實而慓悍的將領。當時木華黎入關，所收撫的漢軍，尚有石抹氏一門，但傳至第二代功名不終，歸順之初，也未立甚大的功績〔註九〕。只有史氏一門，史秉直以忠厚長者，留守後方，撫綏降人，轉輸漕運。（我因此想到蒙古入關，大肆勦掠，燕薊一帶，民戶逃散必多，所以必須借重有德望的地方人士，招集流亡，爲他們辦理供應。）〔註十〕史天倪隨木華黎平定遼東，史天祥（懷德之子，天倪從弟。）統黑軍爲帳前護衛〔註十一〕。深深地博得這位太師國王的信任，才能有後來的爵賞，乃「開國承家」起來，眞是風雲際會了。尤其當山東豪傑羣起，李全虎踞益都，打通滄景〔註十二〕。嚴實首鼠觀望，彭義斌懸師北伐，號召兩河豪傑，重樹大漢的旗旌〔註十三〕。梟雄的武仙，又盤踞肘腋，眞個是危機岌岌！史天倪却在這時，恩州一戰，擋住彭義斌北進的軍鋒，扼住眞定——西山一帶一路，使潞黨一帶的金朝游擊之師，不敢蠢動。雖然被武仙殺害，但根基已立。終於史天澤憑藉餘威，號召部屬，恢復陷地，而把親金的九公之流〔註十四〕，逐次消滅。彭義斌一戰授首，南宋從此不能北窺河朔，山東的漢軍，從此也就死心塌地效命新朝了。所以到太宗朝對史天澤纔有三路萬戶的授與，而伐金之役，轉戰大河以南，爲蒙古軍淸除後顧之憂的，也靠着史家兵馬。

二、論到史天澤：這是史家的創業人物，他之與天倪，有點像三國吳孫權繼承孫策一般。天倪恃勇輕脫，死於武仙，像伯符之行獵被刺；天澤被部屬推戴，收攬物望，善得人心，也像仲謀之奄有江東。不過他却小心翼翼，甘做新朝的順臣，不作自創局面的打算而已。關於天澤的事功，可就下列各方面述之：

（一）扼守眞定鎭撫河朔，使蒙古在華北的兩度眞空〔註十五〕皆未北退，他在眞定也確實做了些事，如：

（1）王惲忠武公家傳所謂：「公乃繕城壁，脩武備，明號令守禦，披荆棘、掇瓦礫，數年間官府民聚，以次完復？」這是表揚他的治理眞定之成績。

（2）王磐史公神道碑說：「兵火之餘，民間生理貧弱，往往從西北賈貸，周歲輒出貸息，謂之羊羔利……公奏乞令民間負債出利，至倍利止，上從之，遂爲定制。」〔註十六〕這是爲民請命，保全民間元氣的事實。家傳也載此事，又記述他奏移蒙古兵馬往嶺北的事，謂「迄今眞定兵甲民數，勝於他郡，由公牧養其根本故也。」〔註十七〕關於此事，元史新史本傳，皆曾記之。在初鎭眞定時期的戰功，要以和武仙的戰事，爲最重要。武仙在金末九公中最强悍，力量也最大，如果不遇史氏這樣的勁敵，也許可能恢復河朔，前編蒙古初期軍略與金之崩潰書中，曾略述之。

（二）從征伐金，略地河南，蒙古人以戰功爲重，對人才的選拔，也以勇力爲主。如成吉思汗的五投下，畏答兒子忙哥，封戶最多，卽以此故〔註十八〕。史天澤在滅金的大戰役中表現確是不凡。新史本傳記其事說：

「四年，太宗由白坡渡河，詔天澤以兵會河南，招降太康，睢、柘等州縣（此役擒金徐州行省完顏廣山）五年春金主突圍而出，使完顏白撒，自黃龍岡襲新衞。天澤率輕騎赴之，白撒等敗走蒲城，俘斬八萬餘人……金主自歸德遷蔡州，天澤當其北面有功……」

關於此役戰績，元史天澤傳，寫狀尤爲生色，家傳記述亦詳。

（三）結納世祖，治理河南。史氏以拖雷一系家臣的關係，忽必烈在親王時，卽賞識他，付之以重權。元史天澤本傳：

「壬子入覲，憲宗賜衞州五城爲分邑。世祖時在藩邸，極知漢地不治，河南尤甚，請以天澤爲經略使。」

那時忽必烈汗以皇太弟裁理漢南軍國庶事。劉秉忠（僧子聰）正在他的左右，薦劉肅、張耕，治邢州大行儒教；所以深知金亡以後河朔一帶的紛亂情形。本紀說：

「太宗朝立軍儲所於新衞，以收山東河北軍糧。後惟計直取銀帛，軍行則以資之。帝請於憲宗築五倉於河上，始令民入粟。宋遣兵攻虢之盧氏……帝言之憲宗，立經略司於汴，以莽格、史天澤、楊惟中、趙璧爲使，陳紀、楊果爲參議，俾屯田唐鄧等地，授之兵牛，敵至則禦，敵去則耕，仍置屯田萬戶於鄧，完城以備之。」

從這段紀載來看，才知天澤經略河南的使命，主要的是調度軍儲。所以史氏防區擴展到唐鄧一帶，正是豫鄂接壤地帶。那些地方，本是金宋的區脫地，拖雷伐金之役，大兵所過，田里爲墟，宋兵又常來侵伐(南宋隨郢一帶，是孟氏防地，亦以屯田游擊爲主要任務，事詳宋史孟宗政，孟珙父子兩傳。)，便成了空曠無人之地，所以需要屯田耕戰，正由於此。在蒙哥汗猜疑忽必烈，派阿藍答兒來鉤稽財賦之時，天澤才出身抵擋這次大風暴。史氏本傳與其他記載，均詳記之。世祖本紀亦特詳此事說：

「歲丁巳春，憲宗命阿藍答兒、劉太平，會計京兆河南財賦，大加鉤考。……」

姚燧牧庵集中書左丞姚文憲公（樞）神道碑，更詳記此一風暴的可怖，說：

「歲丙辰，公（樞）入見，或讒王府（忽必烈）得中土心，帝遣阿彌達兒（阿藍答兒），大爲鉤考。置局關中，推考宣撫官吏，下及征商無遺。羅以四百四十二條，曰俟終局日，惟劉史兩萬戶以聞，餘悉不請以誅。上（忽必烈）聞不樂。公（姚）曰：『帝君也，兄也；吾弟且臣，事難與校，遠將受禍，未若盡是邸妃主以行之，爲久居謀。』」

可見這次清算財賦，着意是打擊忽必烈汗對漢地的部署。可是史天澤態度堅定不移，憑藉他在漢軍將領中的聲威來與欽差大臣相抗，終於無事〔註十九〕無怪乎世祖繼統以後，拜相封王了。

紀述史氏在河南的政績，以元名臣事略，所引行狀爲最詳。其結語說：「宋爲墮其北門矣」，可見治汴是伐宋的根本之謀。至於忽必烈江漢之役，天澤並未能從，卻隸屬憲宗伐蜀一路，所擔任的是江面上的攻防。本傳說：

「戊午秋從憲宗伐宋……宋將呂文德以艨艟千餘泝嘉陵江而上。北軍迎戰不利，帝命天澤禦之，乃分軍爲兩翼，跨江駐射，親率舟師，順流縱擊，奪其戰艦百餘艘，追至重慶而還。」

這一役，在憲宗本紀內，沒有特別紀述，宋史理宗紀亦未紀述，怕是私家傳狀的誇張。阿藍答兒、劉太平等，是忠於憲宗蒙哥汗的一羣。忽必烈旋師開平，用廉希憲、趙良弼等，在關中川甘一帶，對他們施行「苦迭打」，才能鞏固帝位，卽種因於此。而史氏之功名赫奕，也許正由此時的不避危難，博得新王的寵眷吧。

（四）入相以後的功名：在世祖中統建元之初，史氏是擁戴漢臣中，惟一的實力派。他的子侄，鎭戍江漢，他的基本防區，又扼住太行山區，控制兩河一帶。（那時董氏還沒有多大兵力，張氏戍守亳州，勢力則在淮北。）又以德望爲忽必烈金蓮川幕府羣所推服，所以他就正位中樞了。關於中統命相的情形，王惲中堂事記，略有記述，可作側面的參考，節抄如下：

「十八日己卯（中統二年）上召前濟南宣撫宋子貞、眞定宣撫劉肅、河東宣撫張德輝、北京宣撫楊果於內殿，以榷用輔弼爲問。楊果等前奏曰：『王文統材略規模，朝士罕見其比，然以驟加登庸，物論不無新舊之間。如史天澤累朝舊臣，勛碩昭著，若使宅百揆大厭人望。令文統輩經畫其間，則省事成矣。』上曰：『置史某相位念之久矣，卿等所言，允洽朕意。』」

秋澗任中統初元中書省的掾吏，親在開平，直接見聞。可以窺見史氏的拜相，是漢臣所推戴，也是世祖所首肯，但主要的，還是爲王文統與藩邸舊人中間的緩衝〔註二十〕。在這裏我們還可以檢視世祖踐位初時對史氏的恩遇，如：

「中統元年：夏四月；乙亥立十路宣撫使，以……河南經略使史天澤爲河南宣撫使。六月己巳以萬戶史天澤扈從先帝有功，賜銀萬五千兩……癸酉以……河南宣撫使史天澤兼江淮諸翼軍馬經略使。中統二年……冬六月…以河南宣撫使史天澤爲中書右丞相，河南軍民並聽節制，以河南屯田萬戶史權爲江漢大都守，依舊戍守。又選銳卒三千，付史樞管領，於燕京近郊屯駐。」

抄這幾則官書紀載，可以見元廷對他的倚畀了。但天澤此時熟練政事，親近儒者，對治道也實有所見，與一般武臣不同。元朝名臣事略，引其行狀說：

「中統元年上卽位，首詔公，問以治國安民之術。公具疏以聞：大略以爲朝廷當先立省部，以正紀綱，設監司以督諸路，霈恩澤以安反側，退貪殘以任賢能，班俸秩以養廉，禀賄賂以防姦——庶能上下互應，內外休息。上嘉納之。」

元史本傳也說：

「天澤既秉政，凡前所言治國安民之術，無不次第舉行。又定省規十條，以正庶務。」

但此事核王秋澗中堂事記所載，不盡相符。記說：

「時旣相史公，所事皆倚重焉。丞相曰：『天澤武臣，何克負荷！但物議未安者，老夫通譯其間，爲諸君條達耳。』」

從這段話，可見天澤在位，並未銳意興革。實則那時中書大政，是操諸王文統的。中堂事記曾記載許多事務的參詳規畫，皆出自王氏，所謂省規十條，事記曾詳記之謂是堂議所定，可信其仍出文統的意旨，而由王惲承辦其稿。統觀史傳，對天澤的相業，皆以謹畏稱之。〔註二十一〕。那末入相後的史天澤其功名可稱者，只有兩事：

（1）削平李璮：本傳記李璮叛後，討叛的軍事，持久未決，才派天澤督諸軍圍攻，終竟全功。元史叛臣李璮傳，亦記其事，傳狀皆盛稱之。我於「元初李璮事變的分析」文內曾有較詳的析論，可以參閱，茲不詳論〔註二十二〕。

（2）促成至元漢軍改制之事：這是史氏的謹畏能夠長保功名之故。本傳記其事說：

「言者或謂李璮之變，由諸侯權太重，天澤遂奏『兵民之權，不可併於一門，行之請自臣家始。』於是史氏子侄即日解兵符者十七人」。

新元史本傳，亦取此說。王磐史氏神道碑，文與傳同。秋澗史忠武公家傳亦說：

「……言者或謂李璮之變，由諸侯權太重，天澤遂奏兵民之權，不可併於一門，行之請自臣家始，史氏子弟即日皆解紱而退。」

姚燧平章史公神道碑，也是這樣說。其實就當時情勢來看，天澤之奏，實在是承望元庭風旨，爲山東諸侯嚴忠實、張宏等作榜樣，所以能夠保全富貴。

（五）對漢文化的貢獻：元代漢軍將領，有一個共同傾向，就是延攬儒生，保全漢文化。我於蒙古漢軍與漢文化研究中，力伸此義。史氏在這方面，似乎不及張氏董氏，但其保全儒士，也有不可磨滅的功績。元史本傳記此說：

「當金末名士失所，悉爲治其生理而賓禮之。破歸德，釋李大節而不殺，送至眞定，署爲參謀。衞爲食邑，而命王昌齡治之。」

此段純取材家傳，而家傳所說更詳〔註二十三〕新史本傳，對天澤本傳蒐羅尤爲詳備，我們從那些記載裏，可以看出一個樸質的，寬緩的，靄然仁者的大將元勳，這許正是大動亂後的時代所需要的人材嗎？

（三）史氏後代

據元史及新史史氏本傳，他們的世系，可如下表：

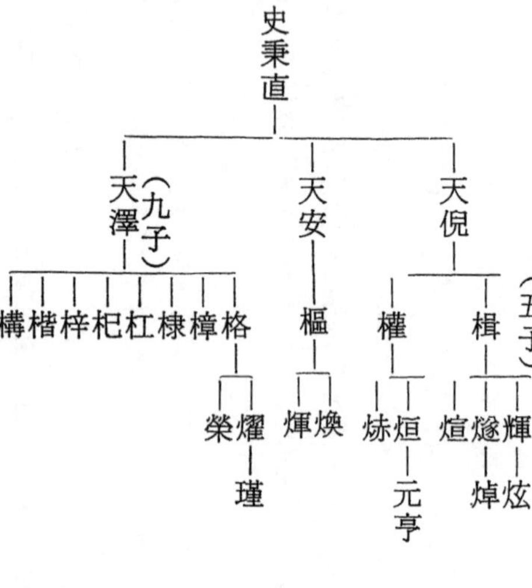

附記：史楫子列有史燀之名，新史史樞傳又列有燀名，從堂昆弟，似不應同名，不知何故？又元史天澤傳列八子，有名彬者新史列九子有楷構之名，無彬名，新史考證亦未記根據何處。

史氏後代，都是武將，即有表現，也是在軍功方面，這與張柔的第三代（珪）以相業儒臣出現；董俊第二代（文忠，文用等）以接納儒士，標榜道學者，頗有不同。他們末葉，已在至元的末期，與成宗元貞，大德，兩年代。這時已經是偃武脩文，所以他們也就無多表現。比較出色的，只有史樞（天安子）之從征高麗，史格之綏平南昭，但也不過是偏師奏效而已。紀述他們的事，新元史稍詳，茲參以私家著述，約略記之。

一、史天倪的後代：據元史本傳，天倪有子五人，因武仙之叛，幼子三人與妻程氏，均死於兵亂，存者惟史楫、史權兩人，（隨祖秉直到北京得免）。蒙古的制度，將帥本係世襲，父死子繼。史天澤的眞定萬戶，本是襲其兄職，所以到史楫長大，便引見太宗，「乞解職授之」，但未得到萬戶，只授與「眞定兵馬都總管」（註二十四）。眞定爲史氏世襲之地，史氏自天澤以後，墓皆在眞定，見於碑傳誌銘（註二十五），他的一生事業，只是些地方政事。元史本傳說他：

「眞定表山帶河，連屬三十餘城，生殺進退，咸倚專決。楫謹身率先、明政化、信賞罰、任賢良、汰貪墨、恤煢獨、民咸德之。」

史權官位勛名，較之史楫稍形重要。「他勇而有謀（元史本傳語），因之代天澤爲唐鄧萬戶，實際管領兵馬。他屯軍樊城，與宋人對壘，所以曾隨世祖忽必烈參加鄂州之役。元兵北撤，即由他總兵鎮江北之武磯山中。中統初年任沿邊諸管軍民萬戶，直至至元六年，始終爲監視南宋上游兵將的主帥。可是未趕上伯顏南伐，便由於至元八年從軍改制而解除兵柄了。新元史本傳，載他的二子名氏，而又附載其孫元亨之事蹟，元史則否〔註二十六〕。

二、史天澤的後裔：天澤八子，祇史格知名。元史天澤傳，只附載史格傳，新元史本傳却附載了格子史燿傳，這兩代的事蹟，皆來自姚燧牧庵集〔註二十七〕。史格初露頭角，是從阿南征戰程鵬飛（宋將後降元），圍攻潭州，從征靜江（今廣西南寧）又與宋二王戰，守禦兩廣，直到崖山覆滅，南方平定。後來又參預東征日本，負責造船，最後官於湖廣江西，與要束木（至元言利之臣）齟齬，無所表現而死。史燿本是史權的兒子，爲史格所愛，養爲己子，他的功蹟，也是在鎮戍靜江，對削平南宋亡臣的叛亂（江南羣盜），頗有貢獻，後來他也讓爵位於史格親子史榮，傳爲「史氏世讓」的美談。史燿之子史瑾官也做到江西行省左丞，再數下去，便再無人物之名見於史策，那怕也要到元朝衰亡之際了。

三、史樞二、三事：史樞是史天安之子，天安爲天倪之弟，天澤之兄，但功名遠不及天澤，固然是才德不及乃弟，也是因爲天澤的機會湊巧，當武仙叛平，主帥喪軀，天澤爲部曲迎回，削平叛亂，驟立大功，便一直風雲得意起來。天安祇是偏師會戰，僅爲天澤的輔佐（以功授行北京元帥府事，撫治眞定——元史本傳），但他的兒子史樞，却一躍爲征行萬戶，又從憲宗蒙哥汗入蜀有功。中統改元，又扈從世祖北征，李璮事變，史天澤秉節專征，實則仍以史樞一軍，爲其主力，不過他的功名爲蒙古及他將所掩罷了。他又曾一度入高麗，伐叛人金通精〔註二十八〕，後隨伯顏南伐，也無多大戰功，兩個兒子，都不過是世廕得官，僅附姓字於傳末，所謂「碌碌無足數」了。

〔註一〕 王惲、河南汲縣人，官至翰林學士，福建提刑按察使，元史及新元史均有傳，新史本傳謂：「天澤將兵過衞，一見接以賓禮。」

〔註二〕 姚燧：新元史附姚樞傳：「十三見許衡於蘇門，十八受學於長安……爲當世名儒。其文……大有西漢之風，三十年間，將相名臣，懿行碩德，皆燧所書……」

〔註三〕 ①元史史天倪傳及新元史史秉直傳，皆稱述史氏祖倫，以荒年救災爲鄉里所愛戴：「曾祖倫少任俠，因築室發土得金，故饒於財。金末（疑係遼末或金之中葉）中原塗炭，乃建塾招徠學者，所藏活豪士甚衆，以俠稱於河朔。甲子歲大祲，發粟振饑者，祖成，倜儻有父風。」（元史史天倪傳）

②癸酉，太師國王木華黎，統兵南伐，秉直聚族謀曰：「方今國家喪亂，吾家百口，何以自保？……乃率里中老稚數千人詣軍門降。」（元史史天倪傳）新史史秉直傳記載與此同。

③王惲秋澗集忠武史公家傳：「其先燕之永清人，世以族茂財雄，號農里著姓，曾祖倫，祖成瑾，繼有純德，百年來潤涵淵浸，……讀書尚義氣，爲一方嚮服……國朝癸酉歲……倡率義從，迎降軍門。」王磐中書右丞相史公神道碑紀其先世，亦與此同。

④以上官書與私家碑傳，可能同出於一源。據元朝名臣事略，史忠武公事實采取有西溪王公所撰行狀，當係最原始的資料，惜西溪集今不存。

〔註四〕 元史史天倪傳：「先倫（天倪曾祖）卒時，河洛諸社，結清樂社四十餘社，近千人，歲時象倫而祀之，至是天倪選其壯勇萬人爲義兵，號淸樂軍。」新史史秉直傳，天倪條下，亦記其事。

按此亦當係史氏行狀所載。史天倪碑志今無存，元朝名臣事略與秋澗史氏家傳，王磐神道碑，皆未紀載，而史載之，知其出於行狀。據此推想所謂淸樂社，自係民間幫會組織。燕地自遼亡以後，宋金兵往來其間，在異族統治下，漢人容有自衛組織，如郭藥師在遼末叛宋所組之怨軍，當亦改組民間武力而成。

〔**註五**〕①元史史天倪傳：「天倪……姿貌魁傑……及長好學，日誦千言。大安末舉進士不第，乃歎曰：『大丈夫立身獨以文乎哉！使吾遇荒鷄夜鳴，擁百萬之衆，功名可唾手取也。』」新元史史秉直傳，天倪條亦紀其事，可知史氏在永淸當地，至少是耕讀人家。

②前傳：「庚辰遂軍眞定……天倪乃言於木華黎曰：『今中原粗定，而所過猶縱鈔略，非王者弔民伐罪意也。』……王曰善！下令敢有剽虜者以軍法從事。」新元史本傳亦載此事，畢氏續通鑑亦收此，可見其得木華黎之信任，所以任命他做眞定統帥。

〔**註六**〕①元史太祖紀：「二十年：二月武仙以眞定叛，殺史天倪」……史氏本傳：「會義斌（彭）復陷山東郡縣，仙謀叛，乃設宴邀天倪……遂爲仙所害。」新元史記此亦同。

②元史天澤傳：「乙酉，天倪遣護送其母歸北京，旣而天倪爲武仙所害，府僚王縉，王守道追及天澤於燕……卽設資裝易甲仗南還，行次滿城，得士馬甚衆……合勢進攻，……會天澤兄天安亦提兵來赴，遂復眞定。」

③嚴實曾一度歸宋，又降彭義斌，自拔歸，見元遺山文集東平行臺嚴公神道碑。前編蒙古初期軍略與金之崩潰，彭義斌北伐節，曾述此事。

④秋澗集史氏家傳（四部叢刋景元刋本），亦載此事，爲府僚王縉、王守道等追返，招集士衆，謂「牙將□

（原文漫漶）卽推公攝行軍事。」可見史氏之起，自有其本身力量，故爲蒙古人所倚畀。

〔註七〕①眞定爲太后湯沐，見史元太宗紀：「八年丙申：秋七月，詔以眞定民戶，奉太后湯沐。」食貨志賜賚條：「歲賜太祖第四子睿宗子阿里不哥大王位，丙申年分撥眞定路八萬戶。」

蒙古習俗，幼子守家。阿里不哥爲拖雷幼子，其所得卽其母應分之物。丙申卽太宗八年，從而推知所謂太后湯沐，並非成吉斯汗大斡耳朶所有。蓋另條后妃公主下，太祖四大斡耳朶，大斡耳朶之五戶絲，乙卯年分撥保定路八萬戶。保定係張柔防地，那末眞定史氏當然是太后的家臣了。

②秋澗史氏家傳記天澤「騰章太后，徙「國兵奧魯數萬口於嶺北」之事，可證眞定爲太后之湯沐邑。此太后卽睿宗拖雷妃唆魯帖尼怯烈氏也。成吉思汗逝後，兵力大半在四子拖雷之手，河朔之名臣封邑亦在其封內。唆魯帖尼氏有智計，爲諸將畏服。多桑蒙古史曾記其行事。新史后妃傳顯聖莊懿皇后克烈氏傳，亦稱：「蒙古俗，父之遺產多歸幼子，太祖臨崩，部兵十二萬一千人，拖雷分十萬一千……拖雷早卒……事皆決於后，后有才智能馭衆。」史天澤當時可能已受克烈后之知，故世祖遂深信之。

③史氏荐引儒臣方外，見元史釋老傳太一教：「四傳至蕭輔道，世祖在潛邸聞其名，命史天澤召至和林。」至元名臣王惲，係其幕客，事見本傳。又元朝名臣事實，史忠武王條：「公好賢樂善……其張頤齋（德輝），陳之綱，楊西庵（果），孫議事，張條山，擢用至通顯云。」

〔註八〕①元史史天澤本傳：「太宗卽位，議立三萬戶，分統漢兵。天澤適入覲，命爲眞定河間大名東平濟南五萬戶……壬子入覲，憲宗賜衞州五城爲分邑。世祖時在藩邸，極知漢地不治，河南不治，請天澤爲經略使……還授河南等路宣撫使，俄兼江淮諸翼軍馬經略使。」在金亡之後，蒙古與宋對峙，史氏又屯田唐鄧，元史天倪傳子權附傳：「……勇而有謀，初以權萬戶從天澤南征。歲壬子，天澤以萬戶改河南經略使，乃以權代其任。」

②姚燧江漢堂記：（元文類二八卷）「與太尉忠武史公，其事差似。蓋公自事潛藩，嘗使經略於汴，總兵十萬，屯田千里，不事強武，而惠信是敦。」

③元史世祖本紀：「中統二年，以河南屯田萬戶史權，爲江淮大都督，依舊屯守。又選銳卒，命史樞管領於燕京附近……」可見衞戍燕都，亦責諸史氏。又李璮之變，仍以史天澤爲統帥討平之，亦見世祖紀及璮傳。

〔註九〕 石抹也先，元史重出，據新元史石抹也先傳（卷一三五），也先之功，僅有智取北京之事。據清曾廉元史考訂太祖取京東條，綜合太祖紀，木華黎傳，槊直腯魯華傳，耶律留哥傳，暨金史衞紹王紀，及畢氏續通鑑，所紀牴牾甚多。對石抹也先事，謂：「頗似傳奇家言，殆難憑信，」斷爲「並非也先賺門所取」，是其傳多溢美之詞。也先死於陣，子查剌，傳稱其領黑軍從太宗南征有功，又從國王搭思討蒲鮮萬奴；太宗十三年，授北京兩路遠魯花。史復紀蕭查剌爲三萬戶之一，但後來功名不顯，足知其對伐金之役，無大貢獻。也先父子本傳，皆據家傳飾詞（石抹氏之後鎭海上，南士如黃溍等，多爲之傳。），不可輕信。

〔註十〕 見元史史天倪傳，新元史史秉直傳，暨秋澗集史氏家傳。天倪傳謂：「……帝命秉直管領降人家屬屯霸州，秉直拊循有方，遠近聞而附者千餘家……乙亥北京降，木華黎承制，以……秉直行尚書六部事，主饋餉，軍中未嘗乏絕。」

〔註十一〕 史天祥，元史附天倪傳，新史附秉直傳：「父懷德，尚書秉直之弟也……木華黎命懷德就領其黑軍，隸帳下，署天祥都鎭撫。懷德歿於軍，乃以所統黑軍，命天祥領之。」

天祥戰功，有討平興州節度使趙守玉，從木華黎討平錦州，又會覲太祖於魚兒濼，從木華黎轉戰攻河中，後從太宗伐金，以傷殘改官提領人匠，因史氏子弟中驍將也。

〔註十二〕 李全打通滄景，係張琳以益都歸宋後事，滄州本金九公王福防地，金史本傳：「興定三年……七月宋人與紅襖賊入河北。」，此所謂「紅襖賊」，即李全彭義斌之兵也。可參閱前編蒙古初期軍略與金之崩潰，及另著蒙古漢軍與漢文化，山東忠義軍篇所紀述。

〔註十三〕 見前引拙著彭義斌北伐節。

〔註十四〕 趙翼廿二史札記卷二十八，九公封郡王條：「興定四年封滄海節度使王福爲滄海公，河間招撫使移剌衆家奴爲河間公，眞定經略使武仙爲恆山公，中州東路張甫爲高陽公，中都西路經略使靖安民爲易水公，遼州從宜郭文振爲晉陽公，平陽招撫使胡天作爲平陽公，昭義軍節度使完顏開爲上黨公，山東安撫燕寧爲東莒公。」前著「金末九公之封建」節，亦可參閱。畢氏續通鑑，金史宣宗本紀，苗道潤傳皆詳紀之。九公以武仙最強，雖曾一度降蒙古，但終爲金死。可參閱前編「金將武仙本末考。」

〔註十五〕 第一度眞空爲太祖逝世，拖雷監國，大位未定，蒙古兵歸漠北之時，其時甚暫。第二度爲太宗逝後，六皇后攝政，定宗不久亦逝，憲宗未立之前，耶律楚材憂憤而死，太宗法度盡廢。此時漠北內爭，不暇南顧。南宋經營襄樊，兩淮兵馬頗強，拙著蒙古漢軍與漢文化：漢軍份子之分析文內，引屠寄氏蒙兀兒史記古余克貴由汗本紀論說：「獨怪當時金源初滅，西域之師未頒，東道之王思亂，漠北無君，乃鑾眞斡亦刺可敦稱制，崇信奸回，疏斥親舊，政無統紀，內外離心，勢如槃卵……」可見北方空虛，予漢人以可乘之機。

〔註十六〕 羊羔兒利，見新元史食貨志斡脫錢，又見宋子貞耶律文正公神道碑（元文類卷五七）史天澤定制事，又見元王惲中堂事記（秋澗大全集）前引拙著內「斡脫錢與西域人對華剝削」一篇，曾加分析，可以參閱。

所謂羊羔兒息者，即高利貸也。

〔註十七〕 王惲史氏家傳：「監郡忙哥兒以國兵（蒙古）與魯數萬口，處州郡間。營帳所在，大致驛騷。公騰章奏太后悉徙之嶺外。」

〔註十八〕 拙著蒙史拾零（未刊）投下條：曾溯投下一詞來源，引畏答兒傳：「太祖至克烈王罕，對陣於哈剌眞。師少不敵，帝命兀魯一軍先發，其將朮徹台橫鞭馬鬣不應。畏答兒奮然曰：『我猶鑿也，諸君斧也，匪鑿，斤不入，我請先入。……』遂先出陷陣大敗之，……其子忙哥爲郡王，歲丙申，投忙哥泰安州民萬戶……帝曰：『畏答兒封戶雖少，戰功則多，其增封爲二萬戶。』……兀魯爭曰：『忙哥舊兵不及臣之半，今封顧多於臣？』帝曰：『汝忘而先橫鞭馬鬣時耶？』」

〔註十九〕 元史天澤傳：「阿藍答兒，鉤校諸路財賦，鍛鍊羅織，無所不至。天澤以勳舊獨見優容，天澤曰：『我爲經略，今不我責，而罰餘人，我何安乎？』由是得釋者甚衆。」王惲史忠武公家傳，亦記此事，文亦略同，史文當係本之家傳。

〔註二十〕 拙作「元初李璮事變的分析」，曾鉤稽元初北方儒臣各傳，對王文統皆有微詞，從知他和這些道學先生們（連許衡在內）是不相水乳的，可參閱蒙古漢軍與漢文化研究（五九——六一頁）

〔註二十一〕 稱贊史天澤之謹畏如秋澗史忠武公家傳：「公初大拜，朝野交慶有面說公不以威權自長者，公因舉周墀爲相，問於韋澳曰：『力小任重，何以能治？』澳曰：『願相公無權』。墀愕然不知所謂，澳曰：『利賞爵祿，與天下共。』言者悚服而退。」按此不免文飾，仍以中堂事記所記，近於情實。

〔註二十二〕 李璮係李全之子，出身山東忠義軍，原是傾心南宋。李全在韓侂胄開禧北伐時期，即據漣水以應宋，這與一向在遼、金統治下的河朔農民出身之史張董氏不同，後者始終效忠蒙古，而前者則歸嚮南朝；因之史張諸人。出力剷平此變，前引拙作內，曾提供此種線索。

〔註二十三〕　秋澗家傳之外，王磐丞相史公神道碑，亦載收容李大節，王顥之事。家傳云：「當歸德城潰，脫大節（神道碑曰李正臣）於白刃，俾參幕謀，留務無鉅細一以委之。參卿王昌齡代公治衞，亦以聽其注措。其裨贊籌劃，則王守道，納合松年，四人推誠委寄，雖骨肉莫能間。……北渡後，名士多流寓失所，知公好賢，偕來遊依，若王滹南，元遺山，白樞判（華）、曹南湖（疑曹之謙益甫，詩見河汾諸老集。）、劉房山（祁）、段繼昌、徒單顒軒（公履），為料理其生理，賓禮甚厚。……其張頤齋（張耀卿）、陳之綱，楊西庵（果），張條山、孫議事、擢府薦達至光顯云。」

〔註二十四〕　元史史天倪傳附史楫傳：「壬寅，天澤引楫入見太宗，奏曰『臣兄天倪死事，時二子尚幼，臣受詔攝行府事，今楫已成人，乞解職授之。』帝嘉曰『……朕自有官與之。』即以楫為眞定兵馬都總管，佩金虎符。」

〔註二十五〕　元文類五八卷王磐中書右丞相史公神道碑：「……公歸至眞定……訃聞，上震悼……以三月庚寅，葬府城西原。」又姚燧牧庵集平章政事史公（格）神道碑：「以其年（至元廿九年）十一月二十七日，葬眞定縣太保莊，太尉（天澤）兆次。」

〔註二十六〕　新史劉元亨傳：「……擢黃州，通判婺州（金華）……有吏能，豪民詐乘傳肆為奸利，元亨以法繩之。……婺州不產銅，元亨言於行省，罷鑄錢，民尤頌之。」

〔註二十七〕　前引牧庵集史公神道碑，述其攻拔靜江及留治該地之政績云：「……留治靜江，初城旣兵得，剽殺之餘，官舍民屋，盡於焚燬。公賦戲下，（所部）其視吾爲師，隙爲居第，市爲列肆，必完無苟。學校祠廟，大其故制。……民男女爲人所奴，從主北者，或思鄉亡歸，拘之有司，可籍究者三千人……皆籍民之，乃無敢覬取者。」

又記與要束木齟齬事云：「二十二年要束木以中書左丞來，而湖廣囂然多事……以公嘗督海艦，費計巨萬，大爲鉤考……毫推縷剔，求可中公者，無可得，乃責償軍民三萬定……元惡伏辜，可以待爲，而公亦薨……」案要束木，乃世祖朝姦臣，西域人桑哥之妻黨，見元史桑哥傳。

〔註二十八〕 元史史樞傳記征高麗叛人金通精事：「六年（至元）高麗人金通精據珍島以叛，討之歲餘不下……樞至謂諸將佐曰『賊勢方張，未易力勝，況炎海氣蒸鬱，弓力弛弱，猝不可用，宜分軍爲之……』與戰大破之，其地悉平。」

案此事元史高麗傳亦載，新元史本傳述金通精事較詳。

原載大陸雜誌第二十卷第七期

二、張柔行實考

（一）金史中的張柔

當金宣宗貞祐二年，棄中都燕京、南奔汴梁，河朔地方，成爲眞空。從當時人的記載看，那時河朔地方（今河北、山東、與山西的東南部），除去蹂躪這大平原上的蒙古鐵騎之外，到處是潰敗的金兵，地方上乘時而起的綠林豪傑；再有的便是待宰羔羊似地無告的人民了。金宣宗完顏珣在汴梁稍事喘息之後，便策劃利用地方武力來支拒敵騎，屏障河南。於是有「九公」封建的措施（註一），金史苗道潤傳詳記其事。當時所有武力活動情形，都呈現在這篇傳和九公的附傳裏，而張柔的起家，也附見於此傳。因爲苗道潤與賈瑀的一幕鬬爭、正是張柔起兵的政治資本啊。

金史有關張柔起事的紀事的紀載、凡有三處：

㈠宣宗本紀中，（卷一一五）用藝文版二十五史本

「興定二年（西元一二一八）春六月甲辰……樞密院言『賈瑀等刺殺苗道潤，乞治瑀等專殺之罪。』……八月庚子朔，河北行省以苗道潤軍隸涿州刺史李瘤驢、副以張甫、張柔。」

㈡苗道潤傳（卷一一八）：

「……旣而道潤與賈同賈瑀互相攻擊，……賈瑀旣與道潤相攻、已而詐爲約和……遂伏兵刺殺道潤……經略副使張柔奏『賈瑀攻易州寨，殺刺史馬信及其裨校，奪其所佩金符而去。』頃之張柔攻賈瑀殺之。」……

㈢張甫傳附苗道潤傳：

「興定二年苗道潤死，河北行省侯摰承制以李瘤驢權道潤中都經略使，甫與張柔爲副。於是時張柔，安民（靖）實分掌道潤部衆。」

苗道潤與賈瑀互爭兵權，私鬪攻殺，本是混亂期間游擊部隊的常態。可是張柔旣降蒙古之後，依然爲故主復仇，所以被人所稱讚、在有關張氏碑誌中，都極力渲染此事。如：

「興定初，道潤爲其副賈瑀所害……公怒叱使者曰『汝賊吾所事，乃敢以此言爲戲耶？』遂檄召道潤部曲、會易水之軍市川、告以復仇之意，衆因羅拜，推公爲長者。——元名臣事略引王磐撰神道碑。（叢書集成本）

（二）　起兵降蒙、開府順天

元史的漢人顯官各傳，都是根據當時有名文人所爲的家傳墓志而寫成的，每多溢美之詞。以我所知：史氏事料的根據，多爲王磐撰的神道碑，王惲撰的史忠武公家傳，和姚燧撰的史氏各碑志。(註二)張氏亦然，依元臣事略所引王磐撰之神道碑，王鶚所撰的墓志，王若虛、元遺山所撰的勳德碑，以及虞集所撰的廟堂碑等。所以其本人事蹟的搜羅，可謂詳備，但有關史事的眞實性，就不免要打點折扣了。柯氏新史、屠氏蒙兀兒史記、對元史所列的漢軍人物傳、都加以補訂。以張柔傳論，柯氏傳補的多、訂的少。屠氏則訂的有幾處、紀載遠較新史嚴正。不過有點貪多，捃拾廣而斷裁寬、所以今天仍需我們叅互各種紀載、爲之分析。

張柔本人的特質、是驍勇善戰，果於然諾，一個典型地燕趙豪傑。他不像史天澤以寬和得衆而建立功業；正因爲張是一個創業的英雄，史却是繼承父兄的好子弟，所以他兩人的平生事業，給與人們印象便逈然不同。如所周知，元初漢軍之起，都在中原無主、河朔大亂之後，凡是起陸龍蛇，當然有一套本領。據張柔本傳（卷一四七）說：

「張柔字德剛，易州定興人，（今河北省）世業農。柔少慷慨，尚騎射，以豪傑稱。」

「慷慨」、「尚騎射」、是一個大俠的本色，在晚宋金元各風雲人物中，常見有「大俠」的稱謂。如宋史李全傳稱「定遠人季先嘗爲大俠劉佑家廝養」，又稱張惠爲「燕山大俠」，即其一例。（註三）張柔所以能率衆起兵者，大概平日也是行俠仗義、爲人所推服。柯氏新史張傳（卷一三九）便這樣寫：

「以豪俠稱，右額有異肉墳起……河北盜起，柔年三十四、有女道士蔡氏語之曰『金祚將訖、君當以諸侯輔新朝』以兵法授之。」

屠氏蒙兀兒史記，也是如此地寫，大概取材於出土的張氏的碑誌。關於女道士一段近乎神話的紀載，透給後來讀史者一個消息、便是在女眞人佔有北中國之時、漢人中奇材異能有志興復之士，多藏身於道教，我在元代太一教考一文中曾略見其意，（註四）於此又多一佐證。可是宋濂脩元史時並未採取、許是因爲史法貴嚴、而柯、屠兩先生又補入此點，怕是好奇之故吧。

張柔起家、是以民兵爲金招撫、附於苗道潤部。又以苗爲賈瑀所殺而分領其部、驟致顯要。降元以後，竟以原官開府，利用原有的基礎，吞噬並起的民兵，打擊金的河北游擊基地，爲蒙古人綏靖新附地區，而取得後來的地位。元史本傳說：

「金貞祐間河北盜起，柔聚族黨保西山東流寨，選壯士結隊伍以自衞、盜不敢犯。」

新史與蒙史，所記此處都一樣，其來源爲張氏墓碑，元名臣事略萬戶張忠武王條，引王文忠公（鶚）說：

「金貞祐間，河朔擾攘，土寇蜂起、公聚族黨數家，壁西山東流塢、選壯士，團結隊伍以自衞⋯⋯撰神道碑⋯⋯」

此節原始資料，仍似取諸於元好問遺山集及郝經陵川集的紀事。遺山集喬千戶墓誌銘、及陵川集喬千戶行狀、皆涉及張民起兵東流塢事（註五）「塢」字曾見於宋史李全傳、當係堡寨之義。張柔附苗道潤部，見於元史本傳、新史蒙史均同，道潤既死，張柔獲得他的符節、是出自何伯祥之力。元史本傳說：

「既而道潤爲其副賈瑀所殺⋯⋯遂移檄道潤部曲，會易州軍市川，誓衆爲之復讐，衆皆感激。適道潤麾下何伯祥，得道潤所佩金虎符以獻，因推柔行經略使事⋯⋯」

新史、蒙史所記均同。何伯祥爲張部大將、本身有傳、郝氏陵川集何氏神道碑銘（卷三五）說：

「……年十五，事中都經略使苗道潤。初道潤與其副賈瑀有隙，一日從數騎出，瑀伏甲射之，顚於道左，從者星散，侯獨下掖之。道潤憊絕不能乘……遂取道潤所佩金虎符以出……是歲以符節歸今萬戶張公……」

此事對張柔取得行經略使的關係很大、所以何伯祥一直爲張氏重要助手。張柔歸附蒙古，在戊寅年（西元一二一八，宋寧宗嘉定十年，金宣宗興定二年）據元史太祖本紀說：

「十三年兵出紫金關，獲金行元帥事張柔，命還其本職。」

柯氏新史太祖本紀紀此事與元史不同，是這樣說的：

「十三年戊寅……秋八月石抹明安出紫金關，獲金經略使行元帥事張柔，柔不屈，明安壯而釋之，詔還柔舊職，得以便宜行事。」

屠氏蒙史又不然，他說：

「戊寅……夏六月木華黎大集兵應州南飛狐口。秋八月出紫金關、與金行帥事張柔戰於狼牙嶺、獲之，柔降復其職。」

從蒙史紀事看，似乎降張柔者爲木華黎。元史紀事文簡質、「出兵」上未繫何人。但此年爲木華黎專制中原出兵伐金之年，尋書法之義，也似屬於木華黎。元史本傳於此說：

「戊寅，國兵出紫金口、柔率所部逆戰狼牙嶺、馬蹶被執、遂以衆降、還其舊職、得以便宜行事。」

似乎降張柔者又是成吉思汗本人了。新史本傳說：

「太祖十三年，大兵出紫荆關，柔戰於狼牙嶺，馬蹶被執，遂以衆降，太祖還其舊職，得便宜行事。」

此文與元史同，但與同書本紀所載不同，顯然失於照應。蒙史本傳記此說：

「是年（戊寅）八月，蒙兀軍出紫荆口，柔帥所部逆戰狼牙嶺，馬顚被執見主帥，立而不跪。左右強之，柔叱曰『彼帥也，吾亦帥也，大丈夫死卽死，終不爲他人屈，』帥壯而釋之，成吉思復其舊職，得以便宜行事。」

這裏所謂主帥，未著人名。屠氏自注說：

「此主帥非木華黎、知者以舊紀及木華黎傳均未著出紫荆口將名也。」

案元史木華傳（卷一一九）明著「戊寅自西京由太和嶺入河東」。確無入紫金口事。石抹明安傳（卷一五〇）歷敍戰功，亦無領兵入紫金口降張柔之事。柯氏新元史考證，太祖本紀各條亦未注降張柔事出處，究不知根據何書？以三史傳紀互勘，一定是木華黎戊寅南伐之軍所俘係，至還其原職的命令，決不是來自太祖方面。因爲那時木華黎已被封國王專制太行以南，一切承制行事了。元史不考仍以屬之太祖，是與史實不符的。所以張柔之降而復領原職，仍應屬於木華黎的承制招撫。其實不獨張柔，元初漢軍除郭寶玉，劉伯林是成吉汗初次伐金所招納的外，大概都要屬於木華黎的系統纔是。〔註六〕

張柔降蒙古以後，即以驍勇善戰見稱。大概他所部的兵也是較有節制之師，所以很快地便肅清了河北中部平原，橫行燕魯趙魏。南金所辛苦建立的公府，尤其是武仙一枝强大的游擊部隊，便在和他數次征戰中被打得七零八落，以致於退回黃河以南。〔註七〕我以為凡史傳所鋪敍張柔的誅賈瑀，平武仙這些功績，都是他背叛故君，效忠新朝的罪案。此點他與史氏、董氏乃至其他漢軍將帥不同。因為史氏，董氏不過是以農民家族武力，為保全身家，避免屠僇而向蒙古人投靠，〔註八〕其動機是可哀憐的。他們對地方元氣與漢文化的保全，也確有其誠意。張氏則不然，他是金的元帥經略，陣前投降、不能效死、反而拼命做敵人的鷹犬，毀滅故國的恢復力量，這種行徑與用心實在不可饒恕。可是屠氏蒙兀兒史記、反採取諛墓的浮詞，說他在投降時「嘆曰：『吾受國恩，不意蒙兀猘獗至此！顧忠孝不能兩全，姑為親屬遂降」，這一套鬼話，未免太容易受古人欺騙了。

關於張柔此時期的功績有兩點㈠破滅武仙，蠶食趙燕。㈡建設順天（今保定）成為重鎮。先說第一點、據元史本傳：

「柔招集部曲，下雄易安保諸州，攻破賈瑀於孔山（墓志佔孔山臺）……瑀黨郭收亦降，盡有其衆，徙治滿城。」

新史本傳記載同，但郭收名作「郭瑀」，屠氏蒙史記述較兩史皆詳，郭收名作郭攸，究不知孰是？元名臣事略未載郭收之名，恐出於張氏墓志。元史傳又說：

「金眞定帥武仙，會兵數萬來攻，柔以兵數百出奇迎戰大破之。……己卯仙復來攻、敗走之，進拔郎山，祁陽，曲陽諸城寨聞之皆降。既而中山叛、柔引兵圍之……遂據中山。仙復會兵攻滿城……開門突戰皆敗走，略地至鼓城。……闢地千餘里，由是深冀以北、鎭定以東、三十餘城……相繼歸附，與仙遇者凡十有七，每戰輒勝。

柯氏新史所記與此同，屠氏蒙史所載更詳，那是取材於元遺山集和郝陵川集的。〔註九〕武仙經此拼鬬，元氣大傷，蒙古鐵騎一到，遂僞裝投降做眞定副帥了。張柔積下這些戰功，遂獲得「加榮祿大夫，河北東西等路都元帥，號拔都魯」的官位、可見其以殘害同胞的血肉，爲升官晋爵的階梯。他在蒙古汗庭，一直是以忠勇的鷹犬姿態出現，直到晚年，猶不爲改，所以他的兒子張宏範，繼承先志，非把崖山鑱削淨盡而後已。〔註十〕

其次看張氏的營建順天：張柔的本籍是涿州定興、在今保定之北，入元以後，他卽以保定爲他的根據地。從兵火灰燼中、重建起都市，元遺山順天萬戶張公勳德第二碑，詳記其事。元史與新史，蒙史記這件事皆據此文。現在節抄於下：

「……初公下東流，軍滿城也，滿城小而缺且無戰備……（以下敍迎戰武仙及他部的戰績。）丁亥之春，以滿城隘狹，移軍順天。順天焚毀之後，爲空城者十五年矣。公置行幕荒穢中，以營建爲事。繼得計議官毛居節共爲節度，民居官府，截然一新。遂引雞距一畝二泉、穴城而入、爲亭榭、爲池臺。方山陽（今江蘇淮安）則無蒸鬱之酷，比歷下（濟南）則無卑濕之患，此州遂爲燕南一大都會，無復塞垣之舊矣。」

順天卽今之保定，蒙古初蹂金時，焚掠甚慘。這是張氏生平原始資料之一，還有金王若虛滹南文集中張公勳德第一碑，也紀述此事，舖敍較少，就不再徵引了。

（三）入汴祭與招納文人

從張柔本傳看，他完全是粗豪明快草莽英雄的典型。可是自開府順天，從太宗窩闊臺南渡伐金以後，氣質變文雅了，作風也多所改變。元名臣事略引神道碑說：

「公將南渡也，語於衆曰『吾戰爭二十年殺人多矣，能無悔乎？自今非對壘不復殺！』卒如其言。」

從這句看，他在入汴以後，招納南金文士，維護故家名族，是由戒殺的一念而生。但於此也可以窺見他在起兵降蒙縱橫燕趙之時，所造殺孽也就夠重的了。

南金末期，死守汴梁一隅，萃聚名家大族，精兵良將和物資圖書，都在這一座大城裏。速不臺破城以後，雖然太宗用耶律楚材之言而免去屠城之慘（註十一）但戰勝後的擄掠掃蕩畢竟是相當地慘重。作為一個蒙古軍內的漢軍將帥，目覩同胞身受的慘狀，驅於良心不免出來設法救助，所以在史天澤傳裏曾記述他護送河朔名士家屬的事實，（註十二）而張柔傳內也出現這種義舉。元名臣事略說：

「壬辰、天兵渡河，明年汴降，諸將爭取金繒。公獨入史館、收金實錄，秘府圖書。仍訪求鄉曲耆舊望族十餘家，若高戶部夔，李都運特立、趙禮部之子贄、克剛、克基、楊翰林子恕、堉賈廷揚、護送北歸。」

元史也取此事入本傳說：

「金主敗睢陽，其臣崔立以汴京降。柔於金帛一無所取，獨入史館取金實錄，並秘府圖書，訪求耆德及燕趙故族十餘家，衞送北歸。」

保存金實錄，是金史存亡的大關鍵。諸史皆載此事，後人談到這一點都歸美於張氏。我認爲此事首尾、恐與元遺山有關。遺山北渡後，念念以金史自任，常數至順天，抄撮實錄，見集中與人書（註十三）金史本傳亦載此事。元氏妻家姓毛，與張柔妻家同姓，張部大將喬惟忠，也是元氏僚壻。遺山集潞州錄事毛君墓表（卷二十八）曾記之說：

「……女二人長適千戶喬惟忠，次適順天路軍民萬戶張德剛（柔）」

又說；

「曩予婦翁提舉君以宗盟之故，洎君伯仲通譜諜，恩文備至，有骨肉之愛。」

又集中千戶喬公神道碑銘（卷二十九）亦記此說：「以僕辱在葭莩之末，以神道碑爲請」。可見元氏因內親之故，而與喬惟忠往來，或因而與張柔通消息。前引張氏勳德第二碑，遺山也是應喬的請求撰寫的。以此推知、張柔入城、首赴史館取金實錄，正是應元氏的指示。至於「護送故家名族」，却是因爲毛家親屬也在圍城，「扳茅連茹」，因類及之。前引毛君墓表說：

「居仁（毛子、張柔妻弟）避亂南渡，居數年始知二姊所在。羸服裹糧，千里就訪。及兵破河南，張侯委居仁舉夫人族屬之留汴梁者北歸。」

這節記事裏，不正透出此項義舉的內幕線索嗎？張氏偶然爲善，使金史得完。後來元兵滅宋入臨安，董文炳取宋實錄說「國可亡史不可滅」，正是受此事的影響。中原文獻、在瀰天兵火中得以保全，無怪其贏得後人的贊嘆了。

蒙古汴京之役，張柔不過是一員裨將，戰功上沒有多少表現。但蔡州亡金之役，他却大爲活躍。元史本傳記此說：

「金主走汝南，汝南恃柴潭爲阻。會宋孟珙以兵糧來會，珙決其南潭水涸，金人懼啓南門求死戰。柔以步卒二十餘突其陣，促轟福堅擒二校以歸。又遣張信據其內隍，諸軍齊進，金主自殺。……入朝，太宗歷數其戰功，班諸帥上。」

此文原採元名臣事略，據事略引遺山撰之勳德碑說：

「汝南之役，金兵軍南門外，決死戰，宋兵瞻望不進，公率士卒二十餘，涉水入陣、莫有能當其鋒者。」

又說：

「甲午入覲、王勞之、歷數戰功……乃論功行賞升萬戶。」

其實蔡州之役，張柔實在沒有功績，還幾乎陷沒敵陣。柯氏新元史及屠氏蒙史皆予以補正。新史張氏本傳說：

「……金人懼開門死戰，柔中流矢如蝟、爲金人所獲。珙（孟）麾兵救之，挾柔出。已而宋兵奪柴潭樓，柔使聶福堅先登破外城。」

屠氏所記與柯氏同。惟在蔡州事下注引宋史孟珙傳說：

「『倴盞遣萬戶張柔帥精兵五十人攻城。金人鉤二卒以往，柔中流矢如蝟，珙麾先鋒救之，挾柔以出。』以上宋史。按此戰尚在未決南潭之前。蔡州之役，宋人功多，一事實不可掩。王鶚撰墓志，乃謂『宋兵觀望不進』，非事實也。」

宋史孟珙傳，似乎是採劉克莊撰「孟少保神道碑」。此文載後村先生大全集一四三卷，詳記此事說：

「倴盞諾，會其萬戶張柔領八都魯五十人踰壕突城。城中鉤二人以往，柔亦罣鉤。公麾兵救之。池深飛劍斫鉤，挾柔以出，遂逼柴潭立柵。」

此節下面，就詳敍決潭後攻進蔡州南門情形說：

「使人覘西北、則金、韃尚相持於土門水上，乃開西門，下吊橋邀倴盞入。」

可見蒙史注說「宋人功多」，有堅强的根據。倴盞卽塔察兒，柯氏新史附於博爾忽傳（卷一二一），據說：

「一名倴盞，居官山，伯父伯爾忽，太宗伐金，塔察兒從師。授行省兵馬都元帥，分宿衛與諸王軍士俾統之。……癸巳金主奔蔡州，塔察兒復率師圍蔡。甲午滅金，遂留鎮撫中原，分兵屯大河之上、以遏宋師。」

蒙古人行師征伐的慣例，預定攻擊某一國家、或某地方，卽起諸部族的丁壯成軍。某一戰役完了，各部族便帶同所擄獲的降人，財物，散回本部，這時所破滅的地方已經蕩然無存了。他們並不要土地，只是要財富。所以下金之後，窩闊臺聽蒙古親王們的話，打算把中原荒爲牧地，幸經耶律楚建議、設官征稅才把漢地保全。〔註十四〕當速不臺攻下汴梁之後雖未屠城，但部族仍然肆意搶掠，各回塞北。我們讀元遺山的詩，和劉祁歸潛志的紀載、〔註十五〕以及宋人所記端平北伐一路荒涼的情況，〔註十六〕可以想見。因此攻蔡州的蒙古部隊並不多，都是些漢軍部隊，在打死老虎立功，那能比得上南宋的節制之師呢。爲張柔記述功德的多係亡金遺老、如元遺山、王鶚等，他們傳統的成見輕視宋人，便不免信筆變造黑白，修史者取以入傳，自難確信。

（四）貪功伐宋、獨當防河

當金亡之後，蒙古人並未認眞經營華北，河淮地區，更是視同區脫。宋人又不爭氣，端平北伐，草率進軍，終以缺糧敗退，〔註十七〕便洩氣到底。他們對中原恢復事業，旣無整個地計劃，而且情報不明，畏敵如虎。像這樣一小部分留鎭中原的蒙古人，夾雜着大部分降俘草莽的漢軍部隊，在江淮邊界上進出騷擾，便使得南宋的君臣將帥，皇皇然無一夕之安，以至於坐失事機。却讓這些漢軍將領史、張兩氏，坐成不世的功勛，眞是可憐，可笑！我紬繹元史太宗本紀，此時雖曾幾次定議伐宋，但皆未出全力。據本紀所載的軍事動態如次：（藝文版景印殿本二五史。）

「六年甲午……遣達海紺布征蜀，帝在巴爾斯達爾巴之地，議自將伐宋。七年乙未春，皇子𨶸䲅（闊端）征秦鞏、皇子庫春及呼圖克伐宋。……秋七月諸王琨布哈獲宋何太尉……。冬十月庫春圍棗陽伐之，遂徇襄鄧入郢，虜人民牛馬數萬而還。八年丙申……奎騰率汪世顯等入蜀，取宋關外數州，斬蜀將曹友聞。……冬十月奎騰入成都……張柔攻郢州拔之。九年丁酉……冬，琨布哈率師圍光州，命張柔，鞏彥暉，史天澤攻下之，遂別攻蘄州，降隨州，略地至黃州，宋懼請和事還。十年戊戌，春塔思軍至北塔關……宋兵復取襄樊。十一年庚子春正月……命張柔等八萬戶伐宋。」

我們讀蒙古秘史（漸西村舍本）成吉思，窩闊臺兩汗朝，凡有大兵役皆紀之。但在滅金之後，只記着說。

「掠其金帛頭畜人口以歸，於汴梁北平等處，立探馬赤以鎮守之。（李文田注「探馬赤軍則諸部族也。」）遂回至嶺北下了。」

聖武親征錄（與秘史同出一源）於此記的稍多、據說：（漸西村舍本）

「是年（甲午）五月於答八思始建行宮，大會諸王百官，宣布憲章。是年羣臣奏曰：『南宋雖稱和好，但殺我使，侵犯我邊，』奉揚天命，往征其辜。又遣忽都忽主治漢民，別遣達海紺孛征蜀。……丙申冬十二月，赤典、闊端等克西川。」

對江淮戰事，亦鮮記載。可是宋史理宗本紀中所見蒙古侵邊軍事，却已如火如荼，上下游調兵遣將，像是大禍將臨了。〔註十八〕

元史張柔傳列他在太宗時立功的事有：

一：棗陽與隨邳兩役。這是乙未年的事。從端平甲午南宋入洛之師敗潰之後，在淮西的隨州、棗陽、在淮東的徐州、邳州、南宋所招的亡金潰卒與游擊部隊，已因主力南撤而不能支持。蒙古這兩次戰役都是清勦的性質，柯氏新史闊出太子傳（卷一一一）：

「太宗七年三道伐宋，濶出與諸將忽都禿，國王塔思由中道：冬十月拔棗陽，遂徇襄鄧諸州入郢州，大掠而還。」

未載柔從征之事。可是此役關於漢文化的傳衍於北方者甚大，因爲就是這一役與後來的光州之役，纔獲得趙江漢（復）北來，傳授南方的道學，開後來世祖一朝的儒治。〔註十九〕徐邳之役，大約以勦滅國用安這一紅襖餘孽的集團爲主。在淮北豫東南一帶的游離部隊，本是游離於金宋之間的，國用安原是益都李全的部將，後來叛入於金，封到郡王，金史有傳。〔註二十〕金亡後，又降於宋，似乎始終不肯降蒙古。所據徐邳一帶，阻湖泊以爲固，但勢單力薄，內部又分裂鬬爭。張柔在此役，是毋須出多大力量的，所以元史本傳只說他「繼從大帥大赤攻徐邳」，新史與蒙史記得較爲詳細。新史傳說：

「又從大帥大赤攻徐邳，奪其外城。宋守將出戰，諸將悉力拒之。柔繞出敵背擊之、敵潰走溺死者甚衆，又與史天澤擊潰走者盡戮之。」

蒙史與此記同。宋史理宗紀記國用安死於端平三年說：

「七月丁己……詔權徐州國用安力戰而歿。」

在其他有關傳中並無此事的紀載，大約南宋久視徐邳爲區脫之地，軍事進退，視爲盜賊出沒，所以不注意了。

㈡ 光黃之役，此爲丁酉歲，即宋嘉熙三年（西元一二三九），從上一年到本年，南宋江淮上下游軍事都異常緊張。見於理宗本紀者，有以下幾條：

「端平三年……八月……大元兵破固始縣……六安霍邱，皆爲羣盜所據。

十一月……戊午……大元兵圍光州，詔史嵩之圍光，趙葵援合肥，陳韡扼和州爲淮西聲援。

嘉熙元年……八月甲申……詔陳韡、史嵩之、趙葵於沿江淮漢州軍、備舟師戰具防遏堡隘。」

宋人如此地緊張，那裏知道蒙古這邊還是偏師的進退呢。元史張柔傳紀着說：

「丁酉詔屯兵曹武以逼宋……遂下曹武遠下緣山諸堡，攻洪山寨破之……遂會諸軍取光州，又進趣黃州破三山寨，……宋師懼請和乃還。」

此處所謂「宋師懼請和」，那是史嵩之軍前請和的事。劉克莊後村集端嘉雜詩說：

「一番旗鼓建行臺、勇者投軀富輦財，邊將不須橫草戰，國王只要撤花囘。」

蒙古人嗜利，倴盞（塔察兒）原只負防河的責任，後來濶出太子又急於囘漢北，所以一經宋人「撤花」（義卽納賄）便許和了。其實這次黃州之役，正遇孟珙來援，並未得手。據宋史孟珙傳說：

「大元大將咸沒得入漢陽境，大將口溫不花入淮甸……光守董堯臣以城降，合三部人馬糧械攻黃。黃守王鑑，江帥江萬勝戰不利。洪入城，軍民喜曰，『吾父來矣』。駐帳城樓，指畫戰守，卒全其城。」

在此傳中未著有張柔之名，可見仍以蒙古貴族騎士爲主，漢軍並非主力，張氏不過一部分的帶兵官而已。

在光黃戰役之外，張氏又隨察罕攻滁州安豐，據元史本傳說：

「大帥察罕攻滁州、柔以二百騎往。（以下敍與宋兵肉搏情事）柔率銳卒六十七人先登拔之。」

察罕攻滁之事，在丁酉以後，庚子以前，正宋嘉熙二三年間的事，但不見於太宗本紀。元史察罕本傳（卷一二〇）說：

「皇子闊出，忽都禿伐宋，命察罕軍爲斥候。又從親王口溫不花南伐宋，乙未克棗陽及光化軍。未幾口溫不花赴行在，以全軍付察罕。丁酉復與口溫不花進克光州，戊戌授馬步軍都元帥，率諸翼軍攻拔天長縣及滁泗壽等州。」

再看宋史理宗紀嘉熙二年間的軍事紀載：

「二年春正月……乙未詔史嵩之，趙葵應援黃州安豐……三年春正月……己巳竄趙邦永，坐救滁不見兵。」

宋史未記失滁的月日，可能是失而復得。這時宋人守禦江淮是倚宋史嵩之與趙葵，但淮東突出一位名將杜杲，以守安豐而出名，嗣又守廬州而大敗元軍註二一皆察罕總兵時事。張柔這時大概都在軍中。因爲他是一位慓悍的突騎，作戰時常常突入敵陣，攻蔡如此，在滁州戰役又曾表演一次，亦可見其貪功之心。前引元史本傳有這末一段。

「比至滁，察罕以滁久不拔，欲解去，柔請決戰從之。旣陣，宋驍將出挑戰。柔佯却，宋將驕，柔馳及之，撾擊墜地，宋將執柔轡曳入其陣，飛石中柔鼻，兩軍鬭，柔得還。」

從這節文字與前面寫的蔡州之役被鉤陷陣合看，張柔完全是匹夫之勇的戰將，也可以看見蒙古作戰，以勇力爲尙，漢軍所擔任的也就是這些「打前鋒」的工作。

不過從察罕還北以後，張柔的勛名日起，又因爲任用得人，方略得宜，便屹然爲河淮的漢軍中心，從庚子八萬戶伐宋起，到移鎭亳州時期，在蒙，宋戰爭中，他扮演一個重要脚色。這個期間他的貢獻是：㈠屯墾河南、且耕且戰。㈡綏撫淮北，接應上游。先看第一點，元史本傳說：

「庚子詔八萬戶伐宋……柔率師自五河口濟淮……師還分遣部下將千人屯田於襄城，察罕奏柔總諸軍鎭杞……柔乃卽故杞之東西中三山夾河順殺水勢，築連城，結浮梁，爲進戰退耕之計……」

據柯氏新史傳稱屯墾之計，出於王汝明，據說：

「有王汝明說柔曰『明公終歲用兵，惟資兩淮糧穀以給軍食，非久遠計也。莫若用許鄭兩州戍兵開屯墾以給糧儲』，柔從之。」

屠氏蒙史所記與柯氏同。自南金滅後，淮北河南，兵燹蹂躪，久已成爲一片荒墟；蒙古人行軍不携糧秣，只以馬肉充饑，或者因糧於敵。所部漢軍征伐，大約也是擄掠當地的物資。所以其來也如飄風驟雨，但不可以久，留得了地方也不能據守。從屯田計劃實行，史氏屯於唐鄧（豫南），張氏屯於許潁，行軍便不愁饑乏了。尤其是到後來在亳州他還建立甬道，保護商運，更使兵後的社會經濟，漸能復甦，所以他纔能以淮河下游的兵力，接應蒙古憲宗南征，爲忽必烈南征江夏一大助力。現在再看他綏撫與接應的事蹟，元史本傳說：

「甲寅（一二五四宋理宗寶祐二年）移鎭亳州，環亳皆水，非舟楫不達。柔甃城壁爲橋梁，屬汴隄以通商賈之利，復建孔子廟，設校官弟子員。」

以下就是接應上游的事：

「巳未（一二五九、宋開慶元年）分裨將張杲、王仲仁從憲宗征蜀，王安國胡進、田伯榮、宋演，從荆王塔察兒攻荆山，柔從世祖攻鄂。」

柯氏新史較此有所補充，在甲寅以前，憲宗卽位以後曾有「柔遣王安國與總管叱利攻宋廬州，四年（甲寅）王安國略漢南深入而還，柔遣張信戍潁州，自率山前城亳州移戍之」一段紀事，屠氏蒙史與此略同。在張柔這幾年生聚教養期間，南宋理宗朝廷裏，正是丁大全，董宋臣用事之際；土木女謁，宴安酖毒，鬧得烏煙瘴氣〔註二二〕讀史至此，怎不令人長太息呢！所以張氏墓志撰作者綜合這一期間的功勛極力誇張說：

「……奏公總諸軍鎮杞，公乃相地形以殺水勢，築爲連城，分戍戰士，結浮梁以通往來，遠斥候以防衝突；險要旣固，奸謀坐折，瀕河居民，始得安矣。久之移鎮亳州，亳去杞又五百里，四面皆黃流，非舟楫莫能致。公至之日，奠民居，建府第，城壁悉甃以石。又爲橋梁以通歸德，人民坌集，商旅舟車往來，如承平時，宋人睨視不敢犯。」

淮北千里，本來是兵匪混擾一團，齊東野語紀端平北伐，宋軍沿途所見是一片荒涼。宋人兵敗棄之如遺，却讓張柔來收拾這破碎河山。所以後來李璮叛變，宋人夏貴軍至蘄宿，便不敢進窺徐邳，遑論汴洛？「張家兵馬在淮陽」，眞是對元初統一事業貢獻不小。

（五）結納興王、善保功名

新元史張氏本傳在前述「八萬戶伐宋下」曾記一閒筆，說「柔聞陵川郝經賢，請敎其諸子，經爲柔論經國大要。」這件事不獨與張氏第二三代浸漬漢文化，保護南方學者，開延祐的儒治有關；而且也是張柔與新起的蒙古賢王深相結納的一大因素。郝經的事蹟，我想另文敍述，在這裏先引他的傳志與此有關的文字看一看。據陵川集卷首荀宗道撰「郝公行狀」說：

「……旣冠……數年公聲名日盛，萬戶蔡國張公聞之，禮請公館於帥府，授諸公子學。張公復有書萬卷，付公館鐍，公乃大足平生之願，卒成偉世之器。……歲壬子（憲宗二年西一二五二）今上以皇太弟開府於金蓮川，徵天下名士而用之，故府下累荐公於上……歲丙辰（一二五六）正月，見於沙陀……自是連日引對論事甚器重之。」

郝經爲金蓮川幕府的後期之秀（前期是李冶，張德輝等）他的奏對，均見於元史及新史本傳。最有名的東征議，是隨世祖忽必烈南征鄂諸時進言的。他初論軍事，元世祖疑爲張柔所教，亦見於本傳〔註二三〕，此人在忽必烈左右，張柔與這位新興賢王當然結合無間了。元史本傳說：

「柔從世祖攻鄂……會憲宗凶問至，宋亦行成，世祖北返，命統領蒙古漢軍以俟後命，城白鹿磯爲久駐計。」

大軍北伐、張氏部隊斷後，這時蒙古親軍、漢軍史氏部隊、大概都已從行。可是忽必烈北返是和阿里不哥爭帝位的，那時蒙古諸王並不全部傾心，阿里不哥在和林，是蒙古的根本重地，忽必烈的勢力祇有中原的漢軍可靠，那是他從金蓮川開府以後引用儒臣，撫綏漢軍的成效。元史張氏本傳紀此說：

「中統元年世祖卽位，詔班師，阿里不哥反，世祖北征詔柔入衞。至盧朐河（卽克魯倫河，明史名驢駒河）有詔阻止之。分其兵三千五百衞京師。」

元史世祖紀也說：

「二年；冬十月……壬寅命亳州……七萬戶以所部兵來會。」

自中統建元，張柔的年齡已老，子弟多已成長、所以他不久卽請致仕。在這期間，他有兩件事，可謂善保功名。一是對討李璮之叛，與誅王文統之事，他的態度最積極，據元史叛臣王文統傳（卷二百六）

「……猶召竇默姚樞王鶚、僧子聰及張柔等至……文臣皆言人臣無將、將則必誅，柔獨疾聲大言曰『宜副』

又虞集道國學古錄淮陽獻武王廟堂之碑（卷十四）有這一段紀事說：

「三年李璮叛……以王（弘範）爲行軍總管……忠武(柔)……乃命之曰『……圍城無避險地……』……璮蹙遂敗死，論功王最多。忠武聞之曰：『眞吾子也。』……」……

蒙古人收降之後，從不猜疑，所以漢軍大將都分茅胙土，傳之子孫。李璮叛後，忽必烈對漢人的信任動搖了。張柔這種明快的態度，所以能博得信任，遂有了張宏範督師南征滅宋厓山的奇蹟出現。柯氏新元史本傳還紀他入朝後的一件事說：

「二年正月入朝於上都廷議削諸侯權……柔言於上曰『今治郡者皆年少，未習於政事，若獲罪不加以刑則廢法，重繩之則沒其先世之微勞，請使老成人督之爲便。世祖大悅，遂立十道安撫司」。

這一節不知所據何書？按元史世祖本紀立十路宣撫司是在中統元年五月甲午日的事，元儒王惲，在中統初年，身在中書掾曹，著有中堂事紀，(註二十四)也沒有張柔建議之說。只有九道宣撫陛辭的紀事，亦無廷議削諸侯權之說，這怕與至元削藩的事混爲一談了。

綜合張柔一生，多是馬上的戰功，對漢文化傳衍的貢獻，只有一、收金史館實錄。二、護亡金士大夫北歸，元遺山也受其庇蔭。三、禮用郝經，養成他的學問，使諸子也浸染儒風。四、在順天營建時重建孔廟學，在亳州也興復廟學，這些似乎比不上史天澤對漢文化的關心；對地方人民的愛護、也

似不如史氏。他的三傳以後。遭遇滅門之禍，難道眞是殺孽過甚的報應？〔註二十五〕

〔註一〕 金末九公爲王福滄海公，伊喇重器奴河間公，武仙恒山公，張甫高陽公，靖安民易水公，郭文振晉陽公，胡天作（一作祚）平陽公，完顏開（卽張開）上黨公，燕寧東莒公。前編蒙古初期軍略與金之崩潰及蒙古漢軍與漢文化兩書均有敍述。

〔註二〕 詳見永淸史氏本末。

〔註三〕 見宋史李全傳，張惠後與夏全等降金，死於三峰山之戰，見金史完顏合達傳。

〔註四〕 見拙作元初漢軍與漢文化一二三頁——四九頁。

〔註五〕 遺山文集（商務四部叢刊本）卷二十九千戶喬公神道碑銘：「公從今萬戶張公聚族屬鄉曲，保西山之東流堝。」郝文忠公陵川全集（淸乾隆三年澤州刻本）卷三十四喬千戶行狀：「從張公鎭撫西山諸堡砦。」喬名惟忠，元史及新史皆有傳。

〔註六〕 參閱蒙古初期軍略與金之崩潰論木華黎有數節。

〔註七〕 見金將武仙本末。

〔註八〕 見前註永淸史氏本末及元初漢軍與漢文化漢軍分子之分析。

〔註九〕 遺山文集卷三十六順天萬戶張公勳德第二碑及陵川集卷三十五左副元帥初陽賈侯神道碑銘並序，同卷何伯祥神道碑銘，皆敍其功，遺山文已見本文節引。

〔註十〕 張宏範元史有傳，新元史，及蒙兀兒史記附張柔傳，元名臣事略（商務叢書集成版）卷六元帥張獻武王條均詳記匡山之役事。

〔註十一〕 見宋子貞元故領中書省耶律公神道碑（元文類卷五十七，商務國學叢書本）

〔註十二〕見前註史氏本末。

〔註十三〕前編元初儒學

〔註十四〕亦見宋撰耶律神道碑。

〔註十五〕元遺山有小娘曲，見本集，劉祁歸潛志收稗海。

〔註十六〕端平北伐見周密齊東野語，後編「劉後村與晚宋政治，」及晚宋政爭中之劉後村，端平變政時期前編第一節曾引其文。

〔註十七〕見上註所引文內。

〔註十八〕仍見前文第二節後村與史嵩之。

〔註十九〕見姚燧牧菴集及元文類江漢先生行實，元初儒學，詳予分析。

〔註二十〕宋史叛臣李全傳國安用等五人殺李福。全使國安用殺張林邢德以自贖，「王義深走降金。」安用入金會表請遷徐州，金賜姓完顏，封兗郡王。

〔註二十一〕劉克莊後村大全集杜尚書神道碑（卷一四一）詳紀守安豐與守廬州之事，宋史本傳多採其文。

〔註二十二〕陳邦瞻宋史紀事本末卷九十七「董宋臣丁大全之奸」詳紀其事，董丁宋史有傳。

〔註二十三〕柯氏新史郝經傳（卷六十五）：「世祖愕然曰『汝與張拔都議耶？』」

〔註二十四〕中堂事紀收秋澗先生大全集（商務四部叢刊本）卷八十。

〔註二十五〕柯氏新元史張景武事附張柔傳，論曰：「以三世之忠，不能庇其子孫晞矣！」

原載東海學報四卷一期

附記：此文述張氏二三代之功名學行省以張弘範親立金山覆宋之功實不忍張珪着筆，與漢文化關係雜紀於董氏在定及拙著元代道教之中故均從略。

三、槀城董氏本末

（一）前　言

蒙古人用兵，善於用降。開始威之以屠殺，使之不得不降；降後卽坦然信任，爵祿、土地、恣其所欲，而且子孫世襲職位，幾乎與國同休〔註一〕。因此構成了元代漢軍制度與一個特殊的軍事集團。在漢北四朝時期太祖憲宗——大河南北，全是這些漢軍戍守〔註二〕。少數蒙古鐵騎，僅僅往來策應，使南金不能渡河北爭尺寸，南宋一度北伐，也終於無成，不可不謂是漢軍的功績。

在這些漢軍中，河朔以史氏、張氏、董氏爲最著。山東則推東平嚴氏，與濟南張氏；但嚴氏與汗庭關係較疏，早期撤藩，一傳之後，便沒沒無聞〔註三〕。張氏依人成事，早請歸朝，部族後裔以科名進身，不再是漢軍的面目〔註四〕。只有史、張、董三家，既親信，又有威重，子孫功名顯赫，直到元末才漸衰歇，實在是漢軍的中心人物，與各方關係也較複雜。我發願作元代漢軍三世家考，已寫過永清史氏本末，刋布於大陸雜誌，張實行實考刋於東海學報，現再將槀城董氏本末，撰爲此文，以足成全篇。

董氏與史張兩家情形略有不同。史張二氏第一代卽以戰功顯，開府一方面，致身顯貴，開展許多事業〔註五〕。董氏第一代却只是偏裨的身分，歿身行陣，幾乎勛名沈沒。到了第二三代才以侍從宮廷的關係，以謹慎忠勤得到大汗的寵睞，成爲宿衞親軍；又薰陶於儒學很深，爲南北儒生所歸嚮，對漢文文化的傳衍方面，貢獻了更大的力量，所以紀述董氏的事蹟，第二三代纔是重要的階段。

元代漢軍，儒學與道教三者同爲漢文化傳流的重要支拄〔註六〕。史張二氏，對北方道教與儒學曾予維護汲引，使中原文化，得以維持不墜，爲至元儒的前奏；董氏却進一步汲引南方的儒學，弼成延祐——至順之間的後期儒治，幫助不少的南方儒士，過渡到後來爲入明的儒學打下基礎，其影響當在史張兩家之上。所以撰寫董氏本末，這一點是重要的一環。柯氏新元史董氏傳論說：

「槀城董氏與永淸史氏、定興張氏皆爲功臣之胄，董氏被服儒術，家法尤嚴，父子兄弟世濟其美，出任干城，入爲腹心。詩云：惟其有之，是以似之。其董氏之謂與!?」

這就是我對董氏事業過程的看法。

〔註一〕參閱前編「蒙古初期軍略及金之崩潰」蒙古之用俘擄。

〔註二〕參閱拙著「元代漢軍人物表」。

〔註三〕關於嚴實事蹟見拙著東平興學考（元初儒學，現收元代漢文化之活動內）。嚴實之子忠範嗣於至元初撤藩入朝，後於南伐時奉使臨安死於獨松關，見元史，新元史嚴實傳。

〔註四〕張榮事見元史本傳，其孫宏事見元文類卷五十。張起巖撰濟南路大都督張公行狀，起巖延祐開科進士第一人，及元中葉名臣張養浩，皆濟南人，張氏部族之裔。

〔註五〕史天倪爲眞定元帥，死於武仙之叛，史天澤世祖中統間入相，保全功名。張柔爲伐宋萬戶，結納元好問，保存金實錄。其子宏範襲其餘業，統帥南征之軍，滅宋崖山。前編「永淸史氏本末」及「張柔行實考，鉤考其事。

〔註六〕 拙著「元代太一教考」，及「元代道教特質」均有說明。前者東海大學出版之「蒙古漢軍及漢文化研究」，後者收將出版之「元代道教之發展」中。

（二） 河朔雲擾中之農兵董氏

女眞的崩潰，是由外在的蒙古鐵騎風雨雷霆式的一擊；長城一破，即下中都，衛紹王被胡沙虎所弑，擁立了昇王珣（本名吾覩）改元貞祐，是謂宣宗。他避兵南遷汴梁，把河北地區委棄不守，於是各地人民，紛起自衛。蒙古兵來了，有的開門迎降；被蒙古人收編，而成爲後來的漢軍部隊；有的仍爲女眞人守土，受金廷的封授，如金末九公公輩；有的依違南北之間，以游擊姿態，獵取功名，如南宋山東忠義軍。這些形態，我在舊著「蒙古漢軍與漢文化研究」書中各篇，以及史張兩考文中，皆曾詳加分析，茲不再贅。本文所述的稾城董氏，即其中之一。他的起事也和其他漢軍相同。不過董氏却更富於篤厚保守的農民性質，所以傳之子孫，與儒學結緣，有「漢萬石君石奮」的美稱（事見漢書）。

永淸史氏之起，是憑藉他家先世的社會組織——淸濼社，史秉直與史天倪皆負地方重望，挾其宗族武力投靠蒙古大軍。史天倪又有雄略，是有意問鼎中原的人物。張柔原起行伍，爲金兵統帥，敗後投降，爲蒙古軍先驅綏靖，這都不能算是起於阡陌。惟有董俊才，眞是以農夫起家，初起時也沒什麼大志，不過是保全身家，苟活亂世而已。自他被蒙古人收容之後，即死心塌地爲新朝效命，決不依違於蒙金之間，像劉成，李全（均見元史董傳）諸人的反覆取巧，和武仙的再降再叛，終於走死道路。他最後還以身殉職，做一個蒙古治下的忠義之士——戰沒於歸德。這樣才是蒙古人所衷心信賴的，所以他的兒子們都做了宮廷的宿衞。在世祖忽必烈汗的帷榻之側，幾乎有父子的情誼，這與其他漢軍始終是外臣身份者不同。

董俊起於農畝，但卻懂得敬重讀書人，教子義方，護庇了許多儒士，不惟使他的家庭儒化，也使眞定，槀城成爲元初北方的漢文化之中心。談到元代的北方儒學，董氏的維護之功，實不可沒。但他們始終服膺道學，不好辭章，在至元之間，支持着許衡一派義理之儒，與金末制科之士徒單公履等對峙；到後來又支持南方儒吳澄一系，實現延祐的儒治。這一家開始的表現是默默地，遠不如史氏之在眞定，張氏之在保陽那樣地招賢納士。但卻源遠流長，史張既衰之後，他的第三四代依然翱翔仕途，不時有所表現。我之所之選中此一家者，就是這一點——與儒學的關係。藉此也可證我一貫的看法，蒙古治下，漢軍、儒士、道教皆有延續漢文化之功臣的觀點，並不是「隨便云云。」

關於董氏的家世資料，就我所見，排列於下：

㈠正史：

1.元史董俊傳（卷一四八）附其子文蔚、文用、文忠、文直。

2.董文炳傳（卷一五六）附子士元、士選。

3. 柯氏新元史董俊傳卷一四一附文炳、士元、士選、文蔚、文用、士廉、文直、文忠、士珍、守中、守簡、士良、士恭。

4. 屠氏蒙兀兒史記董俊傳卷五十五，子孫均附傳。

(二)元人文集中之碑傳及紀事：

1. 王惲秋澗先生大全集：

千戶董侯夫人碑銘卷五十二。

2. 姚燧牧庵集：

A. 董氏大本堂記。

B. 董文忠神道碑。

3. 虞集道園學古錄：

A. 翰林承旨董公行狀卷二十

B. 槀城董氏世譜序

4. 黃溍金華黃先生集：

A. 御史中丞魯國公謚忠肅董公（守簡）神道碑卷十。

B. 資德大夫董公（士恭）神道碑卷六

5. 蘇天爵滋溪文藁：

A.元故榮祿大夫中丞贈推誠佐治濟美功臣河南行省平章政事魯國董忠肅公神道碑銘。

B.元故朝列大夫(士良)開州尹董公神道碑銘。

6.蘇天爵元文類收：

A.元明善撰稾城令董君神道碑。

B.元明善稾城董氏家傳。

㈢關係文獻：

1.袁桷淸容居士集：眞定安敬仲墓表

2.蘇天爵滋溪文藁：節軒張先生神道碑銘，安先生墓誌銘。

3.蘇天爵元朝名臣事略：

左丞董忠獻公、內翰董忠穆公各條卷十四，樞密董正獻公條。

其他散見元史紀傳及元人文章中者尚多，以非主要資料，只好隨文徵引了。

就以上資料來判斷，董氏家乘之最完備者莫詳於元明善的稾城家傳，最早的大概要數姚燧牧庵集中的董文忠神道碑。據事略董文炳條注尙引有「野齋李公所爲墓志」，野齋不知是否東平李謙？容待查明。又屠著蒙兀兒史記董俊傳尙引有石刻追贈董俊聖旨碑。此文今亦不見他集，當與家傳同時，均爲較早資料。有關董氏家世文獻所以保存較完全者，實由於董氏二三代皆接近儒臣，同時又得同郡後起的名儒蘇天爵搜訪舊聞，具載入書：較之同時的其他風雲人物們就幸運得多了。

董俊名始見於元史太祖本紀（藝文影印武英殿版，以後同）。

「十五年庚辰（金宣宗興定四年，宋理宗嘉定十三年，西元一二二〇年）穆華哩（木華黎）徇地至眞定……趨滄州，分兵徇河北諸郡，是歲授龍虎衞上將軍，右副都元帥。」

× × ×

按元初漢軍將領，史氏首納降於木華黎之軍門，時在成吉思汗初入中原（太祖十年，西元一二一六年），張柔以金領兵先鋒，被執投降於紫金口，時爲太祖十三年（西元一二一九年）。董俊之以槀城降附，據本傳說是太祖十年，那末還在張柔降附之前。此人是一個十足道地的農人，以應本州召募，勇悍善射，而領鄉兵，終以蒙古人攻城爲保全州里而率衆歸附見於元史本傳。據說：

「董俊字用章，眞定槀城人，少力田，長涉書史，善騎射。金貞祐邊事方急，槀城令立的（箭靶子）募兵，……俊一發中的，遂將所募兵迎敵。」

柯氏新元史（以後簡稱新史）所記相同。屠氏蒙兀兒史記（以後簡稱屠記）董傳也如此說。投降的時間都說是「十年、乙亥」，不過屠記補充說他「與縣令劉成，縣丞趙廸，同降於郡王客臺」，係據「石刻聖旨碑陰，較兩史所紀更爲詳實。

槀城的地理沿革，據金史卷廿五地理志（藝文本）：

「河北西路，眞定府……縣九……槀城……」

元史卷五十八地理志：

「眞定槀城中，太宗六年爲永安州……七年廢州爲槀城縣，屬眞定。」

此縣自漢卽有，屬今河北省仍用故名，據中華版中外地名大辭典（一六六四頁）說：

「縣城位於滹沱河之南岸，陸路南達趙縣，北通無極，西北至正定，東由滹沱河以達晉縣。」

自是水陸衝要之區。顧祖禹讀史方輿紀要（新興書局臺版）論到眞定的形勝，引宋祁所說：

「河朔天下之根本，而眞定又河朔之根本。」

金末大儒王若虛也曾盛誇眞定的形（註七）。槀城爲眞定大縣，所以地理形勝甚爲重要。董氏起家於此，後來以偏師助史氏扼守眞定，撲滅武仙的抗蒙力量，並非偶然之事。

董俊初起，並沒有赫赫之功，只做了「知中山府事」（今定縣）卻因爲金將武仙在太行山區之縱橫反覆，而表現了他對蒙廷的忠誠，遂被封賞。關於武仙事蹟，我在金將武仙本末一文中，曾有詳盡的分析（註八）。元史董傳說：

「己卯（元太祖十三年，金興定三年，西元一二一九年）以勞擢知中山政事佩金符，金將武仙據眞定，定武諸城皆應仙。俊率眾夜入眞定，逐仙走之，定武諸城，復去仙來附。戊辰春（一二二〇），金大發兵益仙，治中李全叛中山應之，俊軍時屯曲陽，仙銳氣來戰，敗之黃山下，仙脫走，獻捷於木華黎，由是仙以窮降。木華黎承制授俊龍虎上將軍，行元帥事駐槀城。」

此事見於元明善撰槀城董氏家傳，史傳全用其文。元史木華黎傳載武仙之降是庚辰年。

「庚辰復由燕徇趙至滿城，武仙舉眞定來降」並未見有董俊之事。本傳又據家傳，紀董俊進言預洄武仙「終不爲我用」，於是得陞左都元帥，駐節稾城，遂爲後來武仙叛殺史天倪，俊助史天澤恢復眞定之張本。新史董傳紀此事與元史董傳同，惟屠記董傳辨止其第一次入眞定之事僅稱：

「已卯、客臺承制使知中山府事，時金將武仙據眞定，定武以南，悉爲金守，俊與仙戰輒勝。」

其下注云：

石刻家傳所述止如此，而元明善稾城董氏家傳則云（見上引）……乃誤以丙戌年事闌入者。」

屠記此傳，較兩史皆得情實，並補記董俊與木華黎合軍的一次戰役。據說：

「庚辰春，金大發軍張仙威，治中李全以中山叛應之。時俊軍曲陽，仙來攻，俊敗之黃山下，仙脫走。乘勝克稾城寧晉沃州，平晉、沃州、平棘……承制授俊左副都元帥，行元帥府事佩金府（原注：「舊傳誤作虎符。」）仍兼知中山府事，撫定中山靈壽……得便宜辟置僚屬，刻鑄符印，以賞麾下功者。秋木合黎謀眞定，遣先鋒肖乃臺將輕騎三千出倒馬關，與合軍盧奴，仙……棄軍走歸眞定，俊等追圍之，會國王大軍至，仙窮蹙遂出降。」

據注皆根據石刻家傳所加者，這就與元史木華黎傳庚辰之役情事相脗合了。由此可見武仙叛降不定，實造成董氏之功名。不過自此到太宗代金之前，董俊在軍，並無所表現，而太宗伐金之役，他也僅是一員偏裨之將，並未預「三萬戶」之行列。本傳只寥寥數語載他戰死於歸德之役。據說：

「太宗四年，會諸軍圍汴，金主棄汴奔歸德追圍之，金兵夜出薄諸軍於水，俊力戰死之，時年四十八。」

董俊死於歸德金軍的夜襲，此事元史太宗本紀與金史哀宗本紀都不載，只見於金史蒲察官奴傳卷一一六：

「……遂畫斫營之策，五月五日祭天，軍中陰備火槍戰具，率忠孝軍四百五十人自南門登舟，由東而北，夜殺外堤邏卒，遂至王家寺……四更接戰……北軍不能支，即大潰溺水死者凡三千五百餘人，盡焚其柵而還。」

這就是董俊死事之役，但也未見元兵將帥姓名。惟新史太宗紀始補記此事說：

「五年癸巳……五月金將蒲察官奴乘夜來攻，撒吉思不花，及都元帥董俊等，皆戰歿。」

這當然是據家傳及金史官奴傳補進去的。不過董俊此時官止「元帥左監軍」見屠記董傳並不是都元帥，新史稍嫌誇張。

以上是董俊一生出處的大事，但在各史本傳及家傳中都提出他的農民樸實寬厚的氣質，與親近儒生的行事來，其特點有二：

一親近儒素，孝弟傳家，如元史本傳：

「俊早喪父，事母以孝聞，廟祭　疾病，跪拜必盡禮……曰『祀以孝先也，禮宜如是』……待族親故人，皆有恩意……」

又說：「克汴時以侍其軸爲賢註九。延歸敎諸子，嘗曰『射百日事耳，詩書非積學不通：』」

此事新史，屠記皆載之，事皆出於元撰董氏家傳註。

二保惜民命，寬厚愛人：這是漢軍諸大將共同的作風，史董兩氏，尤具此持操。元史董傳：

「先是戊子歲蒙古拖雷建國一年，西元一二二八年朝於行在，諸將獻戶口，各增數要利，俊曰『民實少而欺以數多，他日上需求不應，必重斂以承命，是我獨利而民困也。』

新史亦記此事，屠記補「其以實獻」四字。其他愛惜民命，不殺降俘之事，三史傳都同。這可見董氏在稾城的深得民心。事皆出於元撰家傳之文。所以董氏後代，忳忳謹謹，簡直是儒學世家，我們讀到蘇天爵滋溪文稾所記眞定儒風，多與董氏有關，可謂君子之澤遠矣！

〔註七〕 滹南遺老集四部叢刊本卷四十三恆山堂記：「眞定古鎭，形勢雄壯，冠于河朔……。」

〔註八〕 原載東海學報，現收入本書。

〔註九〕 見後「董氏之親儒好士……」節。

（三）親侍汗庭的董氏第二代

董俊以樸質的農兵首領起家，不幸而身死行陣。所遺下的子弟甚多，因此乃以遺族身分而深得蒙古汗廷的親寵；內而侍從掌璽，外而討叛征行，遂造成了第二代以後的烜赫功勛。更因爲他們都謹愼忠藎，未預聞中葉後的宮廷紛爭，所以始終保全，直到末季還有功名。他不像定興張氏三傳而後，遽遭滅門註九，也不比永淸史氏之終於藩鎭，未挂名於儒術。河北漢軍三世家的結局，董氏算是最美滿的了。

茲據兩史蒙記董氏各傳，將他的世系列表於次：

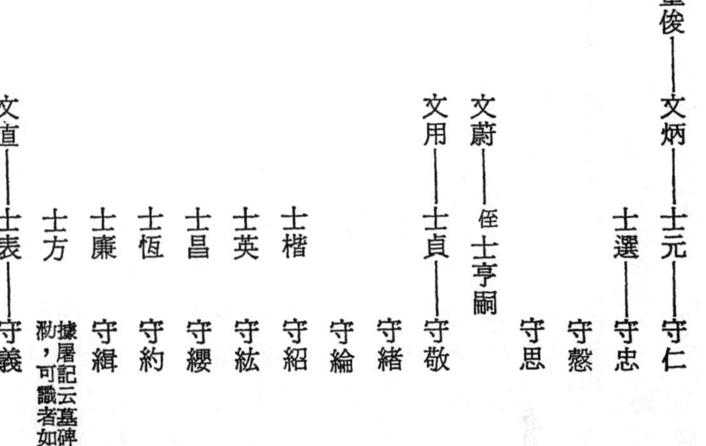

董俊—文炳—士元—守仁
士選—守忠
守懿
守思
文蔚—侄士亨嗣
文用—士貞—守敬
守緒
守綸
士楷 守紹
士英 守紘
士昌 守纓
士恆 守約
士廉 守緝
士方 據屠記云墓碑已泐，可識者如此
文直—士表—守義
文毅

文振早死
文進
文忠——士珍——守中——錇
　　　　　　　　　　　鉉
　　　　　　　　　　　錀
　　　　　　　守庸
　　　　　　　守簡——鉞
　　　　　　　　　　　鎧
　　　　士良
　　　　士恭——守讓
　　　　　　　守利
　　　　　　　守誠
文義早死

以上世系，元史董俊傳與董文炳傳分立，柯氏新史，雖合於董俊傳下，但僅擇其有名位者著於篇。惟屠氏蒙記晚得槀城董氏墓碑石刻，一一補列，最爲詳明，此表卽據以臚列。董氏在當時曾有世譜，見虞集道園學古錄影印景泰本卷五槀城董氏世譜序，據云：

「吾於國家功臣之系，得稾城董氏功德事狀，思見其子孫之德長久也，乃錄而序之。」

此文未敍及董氏的事功本末。道園和董士選甚有交誼，集中却沒有詩文來往，甚爲可怪。也許是元明善已撰家傳，所以就略而不書吧。關於董氏第二代以董文炳功業爲最著，沒有他追隨忽必烈汗西征大理，諸弟等隨之聯翩晋見，怕董氏的事業早就完結了。董文炳旣以戰功自顯，又以儒學教子弟，才開啓了董氏文治武功的一番事業。他的季弟文忠又久侍忽必烈宮廷，掌理符璽，傳宣王命，更加深了汗廷對董氏的印象，所以就「恩寵稠疊，世襲罔替」了。於此我擬分以下幾方面評述之：

㈠起自藩衞的親臣

董氏之所以在世祖一朝大見寵信者，實由於是他的湯沐家臣。據虞集翰林承旨董公行狀道園集卷十：

「弱冠以詞賦中眞定，時以眞定稾城奉莊聖太后湯沐，歲庚戌，太后使擇邑中子弟來上，公從忠獻公謁太后和林城，世祖皇帝在潛邸，命公主文書帳中，常見許重。」

莊聖太后，卽成吉思汗四子拖雷之妃怯烈氏，馮譯多桑史記其名爲莎兒合黑帖尼，謂其「有才智，能收攬軍心。」商務版二六二頁第五章蒙哥時代元代諸王后妃皆有分地，卽所謂「五戶絲」制度。元史太宗紀：

「八年丙申，秋七月，詔以眞定民戶奉太后湯沐，中原諸州民戶，分賜諸州貴戚……」

又食貨志三賜賚序言說：

「凡諸王及后妃公主，皆有食采分地，其路府州縣，得薦其私人以爲監……，其賦則五戶出絲一斤，不得私徵之，皆輸諸有司之府，視所當得之數而給與之。」

在同卷「太祖第四子睿宗子阿里不哥大王位」下記有：

「五戶絲，丙申年（即太宗八年）撥眞定路八萬戶。」

槀城屬眞定路，所以說是「太后湯沐」了。董氏兄弟文用既早侍忽必烈於潛邸，文忠又親侍於宮廷，親狎的情形，如姚選神道碑所說（收庵集卷十五—四部叢刊本）：

「中統之元，置符寶局，以公爲郎……居益近密，上嘗不名，惟（帝）呼董八，亦異數也。……從始至終，實三十年，征伐蒐田，無地不從。凡乘輿衣服，鞶帶藥餌，大小無慮數百十橐，靡不司之，中夜有需，不須燭索，可立至前……」

碑又記文忠自述之語說：

「吾固日鷄一鳴而跽，燭入而出；後或長直四十日不至家，夜雜妃嬪候侍，休寢榻下，上呼之，方僊熟寐不名，命妃蹴興之……」

像這樣地親近，眞是蒙古統治者最忠實，最勤謹的幹僕了。所以董氏的功名，並不純是漢軍征伐的功勛，實在是皇家親臣的關係。

〔註九〕新元史張珪傳（卷一三九）「卒、五子，景武定遠大將軍……天歷元年，紫荊關敗卒，南走保定，沿途剽掠，景武率鄉民挺擊數百人，參知政事也先捏以兵至保定執景武兄弟五人盡殺之……至順元年，帝：復籍五子家資。」

㈡漢軍改制之重鎮——軍功

董氏第二代，再以軍功建樹，起於董文炳的從征大理，元史董文炳傳：

「世祖在潛藩，癸丑秋，受命憲宗征南詔，文炳率義士四十六騎從行。人馬道死殆盡，及至吐蕃，止兩人能從……然志益厲，期必至軍。會使者過遇文炳，還言其狀。時文炳弟文忠先從世祖軍，世祖卽命文忠解尙廐五馬，載糗糧迎文炳……由是日親貴用事。」

忽必烈之建立威望，是大理一役。在此之前，開藩金蓮川，用劉秉忠言，收攬儒生，親近漢人，定以漢法治漢地之計〔註十〕。董氏兄弟既居中用事，漢軍史、張兩氏也就樂爲之用。漢軍終於成爲擁護忽必烈躍登大位的主力，而董文炳也被選拔成立侍衛親軍，接替史張兩集團的任務，可謂皆自西征之役開始。

李璮之叛〔註十二〕，使忽必烈不敢相信山東的漢軍，只有重用親臣的董文炳來鎮撫東方。我前撰「元初李璮事變的分析」一文，曾說：「董文炳爲董氏的第二代，對平李璮事變的關係很大。」李璮既平，所有益都方面的善後，都交給他。其事載於元史本傳，事料出於元撰家傳，元朝名臣事略董忠獻公條也摘引之。玆鈔兩節，以見他在這一階段關係之重要：

「璮伏誅，山東賊未靖，山東搖，以公爲山東東路經略使，率親軍以行，所部大悅，山東安。

至元三年，上懲李璮，潛弭方鎮之橫，以公代史氏兩萬戶爲鄧州光化行軍萬戶，河南等路統軍副使……預謀取宋方略……」（事略卷十四引家傳）。

漢軍改制，是元初漢軍封建制度的結束，其事散見於元史史天澤，張柔諸傳，我於寫史氏本末及張柔行實考時皆有說明。董文炳侍衛親軍的建立，實在是漢軍的收場。武衛親軍之名始見於世祖紀中統二年九月朔，武衛親軍都指揮使李伯祐董文炳言……」據元史兵志卷五十九宿衛右衛條：

「中統三年以侍衛親軍都指揮使董文炳兼山東東路經略使，共領武衛軍事……至元元年改武衛為侍衛親軍……」

忽必烈即位後，北方親王屢有叛亂，蒙古部族，多不能盡為朝廷之用，漢軍遂在這兒，扮演很重要的脚色。董文炳次子士選與漢軍李庭在討乃顏一役中頗立功勳。元史董士選傳卷一五六：

「宗王乃顏叛，帝親征召士選至行在所，與李勞山李庭之字同將漢人諸軍以禦之。乃顏軍飛矢及乘輿前，士選等出步卒橫擊之，其眾敗走，緩急進退有禮，帝甚善之。」

新史傳文同，北征用漢軍也載於李庭、劉國傑兩傳〔註十二〕。這種契機怕是自董氏發之。

董氏戰績在至元十二年伯顏南伐之役，極著勳勤。文炳既以前鋒將兵入於臨安，並撫定兩浙。其長子士元，復戰死揚州，一家子侄，皆從南征。元史伯顏傳卷一二七中有關董文炳者：

「(至元十二年)十月……壬戌至鎮江，罷行院，以阿塔海，董文炳同署事。……十一月乙亥，伯顏分軍為三道，期會於臨安……參政董文炳等為左軍，以舟師自江陰趨澉浦華亭……乙酉十三年正月……

……分遣董文炳，呂文煥、范文虎等巡視城堡八安諭軍民……」

元史、新史及屠記文炳傳，皆極言文炳南征之役的戰功。我以為伯顏入浙之後，先遣范文虎、呂文煥皆宋降將，文炳同行，實負監護之責。也因此而使他能發揮儒學的風契，保全南宋史乘、文物、安撫江南士大夫，為南學北來鋪路。董氏効命南征的事蹟，元撰家傳也有鋪敘。而且從文炳跟隨忽必烈汗渡江鄂卅之役起，鋪敍卽詳，大概是史傳紀事的藍本。摘抄於次：

1.鄂州之役：「已未秋宋理宗開慶元年西元一二五九年上命世祖伐宋至淮西，有臺山寨者……上命公取之……守者遂降。九月師次羊羅洑（按卽後來夏貴拒伯顏扼守兵敗之處），宋之要害也，築堡於岸，陳船江中，軍容甚盛。公請於世祖……與勇敢死士數十百人當其前，率弟文用文忠載艫衝鼓疾趨，士譟叫呼畢奮……宋大敗，文用驅船報捷，世祖大喜，戟手上指曰『天也！』」

文炳戰功見於世祖本紀：

「壬辰至黃陂，遣廉希憲招臺山寨，比至千戶董文炳已破之。」

又說：

「湖之東曰陽羅堡……宋以大舟扼江渡，希憲遣兵奪二大舟……」

所遣當卽董氏兄弟。他們那時官正千戶，僅屬裨將，但在宿衞，所以一戰而嶄露頭角，忽必烈北歸卽位遂付以侍衞親軍之任了。家傳說：

「二年（中統）……會立侍衞親軍，上曰『親軍非董文炳難任』，卽追授侍衞親軍都指揮使。」

元史世祖本紀中統二年又載賞董文炳渡江之功，皆可證明。

2.南征之役：此役董文炳爲主，表現最多，董文用亦隨行，其侄士表，子士元皆從行，而士元竟死於揚洲之戰。家傳說：

「王師大舉入宋，……及宋人戰於羊邏洑，公以……十一年正月，會丞相（伯顏）于安慶，行樞密院駐箚鎮江……久之張世傑，孫虎臣誓眞揚兵致死於我……世傑等陳大艦萬艘，砲之焦山下江中，動卒前……，公身犯前左，載士選別船，而弟子士表請從。公顧曰：『吾弟僅汝一息，脫吾與士選不返，士元、士秀足殺敵，吾不汝忍也。』士表固請乃許，公乘輪船，建大將旗鼓，翼二子船，大呼突陣……宋師大敗……獲戰艦七百艘，宋力自此窮矣。冬十月，王師分三道而左，公由江並海趨臨安（此下復記招降張瑄事）。」

董文炳長子士元的死事，見本傳附士元傳說：

「伯顏克江南，宋兵保兩淮未下，士元數與戰，以功遷武節將軍，從大帥博羅歡攻揚州，駐師灣頭堡……揚州守將姜才乘隙來攻……士元……以部兵赴敵死戰……至四更敵衆始退，及旦……見士元臥泥中，身被十七槍，甲裳盡赤，肩舁至營而絕。」

董士選是文炳的次子，最爲知名，本傳紀其南征之功說：

「幼從文炳居兵間，盡治武事，夜讀書不輟。文炳總師與宋兵戰金山，士選戰甚力，大敗之，追至海而還。及降張瑄等，丞相伯顏臨陣觀之，壯其驍勇。……」

關於董氏二三代的戰功，大概就是這些，他們的表現仍在親近儒學與修勤吏治方面。

〔註十〕　見拙作「元初神秘人物劉秉忠」，收蒙古漢軍與漢文化——東海大學出版。

〔註十一〕見拙著「元初李璮事變分析」，收蒙古漢軍與漢文化中。

〔註十二〕　元史劉國傑傳：「宋亡入朝，會北邊有警，加鎮國上將軍漢軍都元帥，將衞兵定北方。」又李庭傳：

二十四年宗王乃顏反，驛召至上都，統諸衞漢軍，從帝親征。」馮譯多桑史紀海都之役亦紀漢軍從征之事（原書三三六頁）。

（三） 董氏與儒學

由前面的敍述，稾城董氏自第二代一度以武功自奮通顯之後，即以儒學自名。此點當先看最早的資料，姚牧庵的董氏立本堂記卷六：

「今評董氏者曰『世將如漢絳侯，世相如韋賢，家法則石奮。』以故十七年故商大參（挺）爲今中書左丞公士選時以翊衞親軍使書先正平章忠獻公（文炳）碑，因扁堂曰『立本』。嗚呼非知道者，孰能名斯堂，非篤道者孰可居斯堂哉！」

姚燧是貞元大德間北方的文人領袖，深沐許魯齋道學之教，言不輕發。此文如此推重，可見同時人已經以儒素家風推許董氏了。考董氏愛重儒學，起於董俊，前節已略述。元撰家傳曾說：

「汴陷時以侍其軸先生爲賢禮請歸教諸子。」（下同史傳語。）

侍其軸其人，屠記董傳注說：

「沈濤常山金石志董忠烈公家傳跋云『軸子乘之，見蘇天爵志學齋記。』」

侍其軸後與董氏結爲姻好，董文炳長子士元之妻，即侍其氏（新史訛爲凌氏。）見王惲秋澗先生大全集卷五二故武衞將軍侍衞親軍千戶董氏夫人碑銘云：

「夫人侍其氏，　臒澤士家，父松岡先生諱軸。……先生素剛正有文行，嘗提舉眞定八州學校，忠獻公文炳聞其賢淑，求配長嗣士元，」

一個農夫家庭，和儒學世家結親，當然能夠濡染儒風，教養子弟讀書學道了。

關於董氏親儒保護漢文化事，第二代以文炳、文用、文忠爲最著，第三代以士選爲「儒素親賢」。以下分別說明：

㈠董文炳之保存漢文化與儒素家風

董文炳雖然是以武功傳家，但却對漢文化有深切的愛好，兵下臨安，獨能保全宋朝史志元。史本傳說他：

「伯顏以宋主入覲，有詔留事一委文炳。時翰林學士李槃奉詔招宋士至臨安，文炳謂之曰：『國可滅，史不可沒，宋十六主，有天下三百餘年，其太史所記在史館，其悉收以備典禮。』乃得宋史及諸注記五十餘冊歸之國史院。」

新史、屠記本傳皆同，此事亦出於家傳。惟記注「五十餘冊作『五千』、似以家傳爲是。宋史保全由于董氏，與金史之保全由張柔，如出一轍。不過張柔武將，所以出此者，由元遺山之提撕[註十三]董氏則出於自發，更爲難得。由此可知漢軍人物對漢文化之保存傳衍，實有不可磨滅之功。

文炳之近學問，出於少年，本傳說他：

「文炳師侍其先生，警敏善記誦，自幼儼如成人。」

家傳記他持家嚴肅的情形說：

「奉祀事一遵其父而有嚴，教諸弟如嚴師，諸弟事之如嚴君。維貴顯如文用、文忠、歸休沐，不敢先私室，侍立終日夜……及喪公，毀瘠逾禮……世之言家法者，比諸萬石君奮家云。

又說他延禮儒士：

「公好讀書，延禮儒士，士雖賤，必接以禮；若翰林直學士濟南王若虛先生，真定提學侍其先生軸，存則師尊之，歿則卹其孤……雖在兵馬間，教諸子不暫廢。公退日，一再至塾程其學，與儒者講明聖人之道。評品史事，夜分乃休。」

撰家傳的元明善是文炳之子董士選的賓僚。撰文不免夸飾，但證以姚牧庵立本堂之記，文炳親近儒學，當係事實。

(二)董文忠之斡旋儒治

董氏的功名，由於宮廷的親幸，文忠侍內三十餘年，實爲重要關鍵。文忠做人的風格却是道學的一脈，此點詳記於姚牧庵的董文忠神道碑。據說：

「明年壬子年二十有二，始入侍世祖潛藩，承旨王文康公鶚言詩教，問公能乎？對曰『臣少讀書，惟知入則竭力以事父母，出則致身事君而已。詩非所學。』」

當時在忽必烈左右的儒生，原有詞章義理兩派。曾獲金代科名的如王鶚，王磐，以及徒單公履，都是詞科出身，與元好問同一趨向，重視辭賦詩文。而姚樞、張文謙、許衡等，則接受南宋周張程朱之學，列江漢先生趙復之門[註十三]主張道學，重躬行 薄文詞。因此有至元間一場道學科舉之爭辨。碑稱：

「八年，侍讀徒單公履，欲行貢舉。知上于釋崇教抑禪，乘是隙言『儒亦有是；科書生類教，道學類禪。』上怒，己召少師文獻公姚樞司徒許文正公與一左相庭辨。公自外入。上曰『汝日誦四書；亦道學者。』公言『陛下每言，士不治經，究心孔孟，而爲賦詩，何關修身，何益爲國；由是海內之士，稍知從事實學。臣今所誦，皆孔孟言，焉知所謂道學哉！而俗儒守亡國餘習，求售己能，欲固其說，恐非陛下上建皇極，外修人紀之賴也。』事爲之止，君子以爲善於羽儀斯文。」

此事元史、新史及屠記文忠本傳皆載入。蘇修元名臣事略，樞密董獻公條亦據碑載入。元代中統至元間，漢法畢行，獨獨未行科舉，只行國學教士之法，實許衡道學一派，重經學抑科舉的關係，董文忠以近臣爲之斡旋，也是重大的助力。

㈢董文用的儒雅好士

董氏第二代中，文炳，文忠之外，以文用最爲儒雅，而且道學氣很重。大概是在忽必烈藩邸時，奉命招集儒士，與姚、許諸道學之士親炙，遂也沾些理學氣味吧。他的生平親儒之外，以政事擅長，具載於道園的翰林承旨董公行狀，元文類收在卷四十九，蘇撰元名臣事略，內翰董忠穆公條採集甚多。據行狀述他的儒學：

1,早年接近諸老儒：「丁己、令授皇子經，……又使爲使，召遺老於四方，而太師竇公默，左丞姚公樞，鶴鳴李公俊民，敬齋李公治，玉峰魏公璠偕至，於是王府得人爲盛。」

這些亡金諸老儒，學行皆高，董文用與其親炙，不怪其立身具有本末了。

2, 持家孝友，爲學誠實，行狀說：「公性孝友，四時祭祖禰，輒思慕感愴如將見之。事伯兄如事父，教弟子嚴而有禮，爲學以誠實爲主本。故其文章議論，皆質直忠厚，不爲華靡……祿俸盡以買書，而家無饘粥之資。」

這豈不是古代儒臣的風範嗎？

3, 推賢荐士：行狀又說：

「其好賢樂善，尤出天性，雖待下士必盡禮……人有善必推舉……故天下士爭歸之。」

文用有荐士的美德，故其侄士選乃能汲進文士，爲延祐——至順儒治的中堅。在元史士選傳中還載他的明於掌故，此爲行狀所未及。據說：「文用於祖宗世系功德，近戚將相家世勳績，皆記憶貫串，史館有所考究詢問，文用應之無遺失。」這也是世臣碩德的規模。

㈣董士選的親儒好士，與汲進南學

董氏第三代，以文炳之子士選譽名最著。他與文儒虞集，元明善最有交誼。在南方從宦甚久，所以肯汲進南儒，對南學北來，大有關係。可是他的傳記，未見於元人文集與元文類，元名臣事略亦未載其行事。大約因此兩書之成，尙在士選生前，元明善淸河集又經散佚。槀城家傳，係應士選之請，士選生存僅載其官閥。所以關於他的事蹟，仍當求之史傳。元史本傳所紀，新史、屠記都無出入。元史本傳記其親近士流，荐引名士的情形說：

「其禮敬賢士尤至，在江西以屬掾元明善爲賓友，既又得吳澄而師之。延虞汲（道園之父）於家塾以敎其子。諸老儒及西蜀遺士，皆以書院之祿起之，使以所學教授。遷南行臺又招汲子集與俱，後又得范梈等數人，皆以文學大顯於時，故世稱求賢薦士，亦必以董氏爲首。」

吳澄爲元代後期儒學之中心，由程鉅夫薦引登朝，但不久南歸，後來再起登朝，把南方儒學，大傳揚於北方。怕由於北方親貴之董氏汲引之力。董士選之識吳澄，由於元明善爲先容。元史吳澄傳（卷一七一）：

「元貞初游龍興……行省掾元明善以文自負，嘗問澄易詩書春秋奧義，歎曰『與吳先生言，如探淵海』，遂執弟子禮終身。左丞董士選延之於家，親執饋食、曰『吳先生天下士也！』既入朝薦澄有道，擢應奉翰林文字。」

可見董之識吳，實由於元明善先執弟子禮於吳氏，才引起董的尊敬，而接近了理學門庭。又虞集傳（卷一八一）：

「……出則以契家子從吳澄遊，授受具有源委。左丞董士選自江西除南行臺中丞。延集家塾。」

虞氏也爲董之家庭塾師，難怪後來在朝互通聲氣，與元明善同列董門了。但與他因緣最深的還數元明善。元氏爲元代中葉的北方大文學家，朝廷侍從甚久，集名「清河集」久已散佚，清繆荃孫曾有輯本，收於藕香零拾叢書中。我在元代儒學一書及「元人文集中之道教文獻」一文中，略介生平、茲不再贅。只抄摘傳文有關與董士選之交往：

「弱冠游吳中已名能文章。……辟掾行樞密院董士選僉院事，待若賓友，不敢以曹屬遇之。及士選陞江西左丞，又辟爲省掾。」

本傳又記士選調停他與虞集的交情說：

「……二人初相得甚讙，至京師乃復不能相下。董士選之自中臺行省江浙也，二人俱送出之都門外……明善送至二十里外。士選下馬入邸舍中爲席，出橐中肴酌酒同飲，乃舉酒屬明善曰『士選以功臣子出入臺省，無補國家，惟求得佳士數人爲朝廷用之。如復初與伯生他日必皆光顯，然恐不免爲人構間。復初中原人也，仕必當道，伯生南人，將爲復初摧折，今爲我飲此酒，愼勿如是。……」

此事我於前寫道園集題記注十五也曾記入，於此可見士選的拳拳愛士之誠了。

士選傳中又說到詩人范梈，元史此人傳附虞集僅記說：

「年三十六始客京師，卽有聲諸公間，中丞董士選延之家塾。」

並無他語，大概也以江西士子的關係而相識。

〔註十三〕 元好問遺山妻王氏與張柔妻家有連。元兵入汴，柔護金史，後來元氏屢往保陽，抄金實錄，此事前編元代儒學及張柔行實考皆述之。

〔註十四〕 見姚撰書江漢先生事及姚樞神道碑，文皆收元文類，前編元初儒學皆述及。

〔註十五〕 載東海大學圖學館學報，現收入本書中。

（四）董氏的吏治與立朝大節

在蒙古治下的漢軍人物，其作風有一共同的趨向，那就是「保全漢文化與愛護人民」。史氏如此，張氏如此，董氏更是如此。董氏的儒學家風，在前節說過，現在再看他們幾代人物在地方吏治與立朝大節如何。關於此，元史、新史、屠記各本傳，皆有記載，其取材爲董氏的碑誌家傳。茲分兩方面述之。

㈠董氏歷代的愛民勤政

自董俊以農兵首領，率槀城降附後，即世代兼領槀城縣令。元史記董俊治理槀城重視農耕：

「爲政寬明，見人善治田盧，必召與歡語，有惰者必怒罰之。」

屠記董傳也載入，語出於元撰家傳。當大兵之後，農田墾治，實吏治當務之急，當時漢軍治下的地方長吏，莫不如此。第二代董文炳少年時爲槀城令，治績更彰。元史本傳說他：

「歲乙未以父任爲槀城令……文炳明於聽斷，以恩濟威……里人亦大化服。」

又記文炳的愛民之政：

「縣民重以旱蝗，而徵斂日暴，民不聊生，文炳以私穀數千石與縣，縣得以寬。前令因軍興乏用，稱貸與人，而貸家取息歲倍，縣以人民蠶麥償之。文炳曰：『民困矣，吾爲令，義不忍視也……』乃以田盧若干畝。計直與貸家，復籍縣間田與貧民爲業使耕之，於是流離漸還，數年間，民食以足。」

「貨家」就是蒙古初期的羊羔兒息，也卽元史食貨志所謂斡脫錢，當時漢軍史氏曾建議滅息，我曾寫文考證註十六此不再贅。文炳此舉與史氏在眞定的惠政用意相同。本傳又記他：

「文炳使民計口而居，少爲戶數……由是賦歛大減，民皆富完。」

那更是在蒙古人的剝削下保全民力之善政了。這些事也見於元撰家傳。董氏兄弟有名文直者，也做過藁城縣令，元明善撰「藁城令董府君神碑」元文類卷六十五記他的惠政說：

「忠獻文炳令鄉縣，縣大治，號爲神君，數年去從世祖軍，久之上復以君嗣，實佩黃金符，盡蹈前蹟，益勵清敏。……振德孤弱，勸率耕蠶，而均賦役。……苞苴一絕，豪不得曲法放貸；訟罔不平，民自以不訟，乃修孔子廟，廣黌舍，招名儒……凡十五年民土著，盜賊屛息，物阜家給，俗厚而人能。」

諛墓之文，容有不實，但董氏世代之重視吏治，大概是事實。

董氏第二代治藁城之外，卽數董文用在衛輝路之治蹟。計有①罷免境民接運江南圖籍金玉財帛的任務，改用州縣吏卒。②立驛置法以運糧，民力以舒。③駁議開沁水之役等，事皆出於虞撰行狀。但董文用之表現者，仍在立朝之大節，吏治不過其餘事而已。自第代二以下，董氏第三、四代，有士良、守簡兩人，皆以吏治名，浙史，屠記，據家乘補爲列傳，他們的傳記資料，見於⑴蘇天爵滋溪文稿畿輔叢書本有二篇：元故朝列大夫開州尹董公士良神道碑銘與元故榮祿大夫御史中丞……河南行省平章政事冀國董忠肅公墓誌銘。(2)黃溍黃文獻集（商務四部叢書本）有二篇：御史中丞冀國公守簡忠肅董公神道碑與資德大夫董公神道碑。滋溪所記董士良、董守簡事，我曾寫入元儒蘇天爵學行評述文中註十六其董守簡治績係在淮安路總管任內爲疏運糧道，減省民力，要不失爲好官。屠記董氏傳，記董文忠最有名之三子士珍、士良、士恭及其孫守中、守簡之事，關於吏治部分：

1,董守中「改河南行省參知政事，河北饑，部使者下令逐流民南渡，守中止而振之，全活無數。……遷湖廣行省參知政事……興國路龍閣諸山亦產銀，有請包辦蒙山銀者，守中曰『此姦利之民』斥弗聽。……遷湖北道廉訪使，歲饑，豪民控米商遏糴，城中斗米至萬錢，守中適至，杖其黨與七十餘人米大賤，又撥貢士莊錢入學養士……士論翕然頌之。」

2,守簡部分：「除淮安路總管，歲旱，條荒政便宜奏之……先以祿廩倡官民輸錢粟……刋溝洫，發官帑浚之，使饑民得其力。……未幾遷汴梁路總管……（敍淸江治獄事）汴人以爲神明。

此外董士良，董士恭居官行事皆有記載，並非大節此不再贅。以董氏歷官都能重視吏治，保民省事，實不愧爲儒學的家風。

(二)董氏二代以後的大臣風度

董氏功名，實盛於第二代，董文炳不獨平南的戰功烜赫，受到汗庭的寵異，還在忽必烈北征時期，受命留守。董文忠更是始終侍居禁闥，董文用也敭歷內外，參預行省。可是他們的立朝風度端凝，都不與姦邪妥協，對蒙古親貴也不爲阿附。到第三代董士選仍保有這種氣節，即使是末代人物，在朝也有他的風度。現在分別摘引傳記來說明之。

①董文炳不附阿合馬：「元撰家傳說『十四年，北圉有警，上將北狩，正月，亟召公；比至上曰『……山以南國之根本也，盡以託卿，卒有不虞，便宜處置以聞！中書省，樞密院，事無小大，咨卿以行。』……公留士選宿衞，即日就道……至中書樞密，不署中書案。平章阿合馬方怙寵用事，生殺任情，惟嚴憚公，姦狀爲少斂。」

此事元史本傳亦載之，忽必烈時代，任用西域人爲相，前後有阿合馬，桑哥，盧世榮等都是貪黷貨利，民不聊生。中國儒臣，多和他們犄扢。略爲漢人爭得一點喘息的機會。董文炳如此，董文忠也與桑哥爲敵。

(2)董文忠不附利臣：姚撰僉書樞密院事董公神道碑載有：

「……廷臣三日，始奏公爲侍中門下省……其臣弗便也，入言『……今聞盜詐之臣，與居其間。』言多目公，公恚辨曰『……其顯言盜詐何事。』上出奏者，公猶懟不止，且攻其賊國之姦……」

此事見元史文忠本傳亦記其事，都沒有說出其人姓名，惟屠記文忠傳，說此人爲桑哥：

「廷議以文忠爲侍中……汗亦欲廉希憲爲省長，桑哥恐省立不遂其私，而尤忌文忠……以上文同元史」

此文下注稱：

「桑哥爲宣政使，與阿合馬表裏爲奸，舊傳不著其名，但稱近臣，姚燧撰墓志，亦止稱某臣，時桑哥尚未得罪，故臨文諱之。」

此注得其情實，但元史修成於明初，爲什麼不改傳文呢？大概成書倉卒，史臣失其照應吧。

⑶董文用的守正不阿：董文用生平詳見於虞集所撰行狀，所記有議行御史臺與面折盧世榮及在江南與西僧抗爭三事據說：

「九年……召公爲大中大夫兵部尚書……二十年江淮省臣有　專肆而忌廉察官者，建議行臺隸行省……狀上集議。公曰『不可御史臺譬之臥虎，雖未噬人，人猶畏其爲虎也……後悉從公議。」

這是保存南臺御史及按察司之事。當至元初平江南，北方親貴，肆虐地方，賴有這兩個機關，爲儒臣所領，略能抗拒豪强，爲民請命。所以後來程鉅夫建議參用南人，江南訪賢，多安置到這些地方[註十八]董文用此議可謂知本。行狀又說：

「遷翰林集賢學士，時中書右丞盧世榮，本以貨利得幸權要……乃建議曰『我立法治財，視常歲當倍增而民不擾也。』公陽問曰『此錢取諸右丞家耶？將取諸民？……取之以時，猶懼其傷殘也；今盡刻剝無遺毳，猶有百姓乎？』世榮不能對。」

元史文用傳，未載此事，而記其抗違權臣桑哥之事說：

「三十五年，拜御史中丞……是時桑哥當國，恩寵方盛……文用……獨不附之……乃摭拾臺事百端，文用日與辨論不屈，於是具奏桑哥姦狀。」

像這樣的獨立不撓，更勝於文炳，文忠以消極不合作的對抗阿合馬了。

⑷董士選的方正敢諫：董士選的荐引賢才，已見前述，他的在朝大節，據元史傳說他：

「拜江南行御史臺中丞，廉威素著，不嚴而肅，有大臣風，。入僉樞密院事，俄拜御史中丞……

風采明俊，中外竦然。」

又記他苦諫成宗鐵木耳汗遠征八百媳婦國註十九的大役，說：

「未數月常聞師敗績，慨然曰『董二哥之言驗矣，吾愧之！』」

以上所摘敍的，皆是他們董氏二三代在朝的大節。至於其他人如董士珍，董守簡等，史傳都有所紀之處。但那不過是太平時代居官者本分內的事情，也毋勞瑣記了。但董家也有不成材的，即董士珍幼子守庸在英宗時代御史中丞任內，黨附逆臣鐵失註二十被許有壬彈刻而免官，不免有辱家聲了。

〔註十六〕　見拙著蒙古漢軍與漢文化「蒙古治下西域人的斡脫錢。」

〔註十七〕　文載東海圖書館學報，現收本書中。

〔註十八〕　參閱本書「江南訪賢與元祐儒治」一文。

〔註十九〕　八百媳婦國，西南夷一種，在今泰國境內。

〔註二十〕　見元史許有壬傳。

（五）餘　論

在河朔漢軍三世家中，董氏最爲文雅，因之對眞定地區文化之發達，頗具影響。河朔地區，從史氏建立眞定帥府，張氏建立保陽帥府以來，北方文儒，羣往趨附，當地亦復大儒輩出，但似乎皆以眞定爲中心，正如山東方面以東平爲中心一樣。劉因生於保定而傳其學者的烏冲安熙兩大儒，都在眞定方面，又皆與董氏有甚深之關係。至元代論眞定文化者莫如蘇天爵，他撰的志學齋記，論述眞定文儒之盛，有以下一段：

「昔者國初丞相史忠武王天澤之治眞定，教行俗美，時和歲登，四方遺老，咸往焉依。若滹南王公若虛遺山元公好問，敬齋李公治頤齋張公德輝西庵楊公果條山張公，學問文章之富，言論風采之肅，豈惟時政有所裨益；而搢紳儒者，仰賴其聲光模範，以成其德焉。當是時，爲郡學官者，則有侍其先生乘之，吳先生蓋臣，硯先生伯固，張先生世昌授徒其家者則有安氏祖孫，馬氏父子。仕於中朝，若翰林學士李公，參知政事王公，宣慰使周公，御史中丞于公，皆其人也。是則百年以來，公侯大夫之所表帥，父兄師友之所散養，衣冠人物相繼而作者，其盛矣乎？」

從上面一大段文章看來，元代眞定文物之盛，可以想見，眞定籍中傳世的元人文集，著名的如王若虛滹南遺老 集，蘇天爵氏滋溪文稿之外，還有王沂的伊濱集，侯克中的艮齋集。同時眞定人物也散處各方，如侯克中卽位居杭州，與當地士大夫唱和，均足以支持蘇氏的論證。其中所擧的侍其乘與安氏祖孫，張世昌諸人，皆董氏的賓友。硯伯固名彌堅是劉靜修的道學之師，蘇撰劉氏墓表說：

「故國子司業硯公彌堅，教授眞定，先生從之遊。」

可見劉氏之學屬於眞定文化。安氏祖孫，祖名滔，父名松，子卽安熙，滋溪文稾有安先生松墓志銘說：

「教授於家，嚴條要以身先之，弟子從者多至百人，動作悉有規矩。」

烏冲是劉靜修的弟子與安熙的授受，亦見蘇撰「故處士贈秘書郎烏君墓碑銘」，據說：

「眞定安君熙通經學古，數欲謁見劉公不果，君（烏）盡以所聞告之，安君由是深有發焉。」

董氏與烏家連姻，董守簡之妻即烏冲之女，見黃溍所撰「御史中丞……忠肅董公神道碑」黃文獻集卷之十下

「公娶烏氏，國朝名士冲之女，於經史無不通。」

再合看前述董文炳之子士元妻侍其氏，即侍其軸之女一事來看，董氏與儒學的漸漬可謂深厚了。當中張世昌，又見蘇氏所撰「故眞定路儒學散授節軒張先生墓碣銘」，據云張之行狀即「國史院編修官董士廉所述」。士廉即董文用之子，名見屠記董傳。據蘇氏此文：

「先是邑中大族若董氏，趙氏、王氏……各遣子弟就學，先生師道尊嚴，諸生賴其訓誨，進多貴顯……」

從以上這些文獻來看，由於漢軍將領的保全文化，而文儒趨附；又由於文儒之來，使漢軍子弟們，一變至道。從眞定地區文化之發展過程，可以得到漢軍與儒學的相互關係。而董氏家庭，尤其是儒雅過人，不止親炙元代北方儒學，而且引進南方儒學，促成元代後期——延祐、至順間的儒治。不怪元代文人爲他家作碑銘的都津津樂道了。（完）

五七、四、二脫稿於東海校園

本文參考要籍

一、元史帝紀，志、列傳。臺北藝文書局景印本

二、新元史帝紀，志，列傳。同前

三、屠敬蒙兀兒史記董俊傳臺北世界書局景印本

四、蘇天爵國（元）朝名臣事略商務叢書集成本

五、蘇天爵國（元）文類商務四部叢刊本

六、清顧祖禹讀史方輿紀要畿輔部份

七、金元人文集多采四部叢刊本

元好問遺山先生文集　王若虛滹南遺老集王惲秋，澗先生大全集　姚燧牧菴集、虞集道園學古錄　黃溍黃文獻集叢書集成本

蘇天爵滋溪文稿民初汴梁石印本

八、宋元學案：魯齋學案　草廬學案

九、馮承鈞譯法人多桑蒙古史上冊商務版

元王檝使宋事補

——讀蒙札記——

王檝，是蒙古與南宋間，最有名的和平使者。元史、新元史、蒙兀兒史記，皆有傳，可是所紀事蹟皆不甚詳悉。我讀劉後村大全集，和郝經陵川集，曾發現有關他的紀載，其他文獻資料，也有關於他的事蹟，茲略略疏記如次：

考南宋自成吉思汗入金攻下燕京以後，即和蒙古有使節來往。明薛應旂宋元通鑑卷二〇一寧宗紀，嘉定十四年十二月，閏月紀有「遣使如蒙古通好，蒙古尋遣使來報。」清畢沅續資治通鑑卷一六二，宋紀寧宗本年於「六月蒙古主駐鐵門關」後即紀「遣夢玉通好於蒙古蒙古，尋遣使來報。」其見諸元史太祖本紀者，有兩則：

一、太祖十六年（西元一二二一）「宋遣苟夢玉來請和」。

二、太祖十八年，「是歲宋復遣苟夢玉來」。

但均未紀有報聘之使。王國維氏據耶律鑄雙溪醉隱集凱歌凱樂詞注，考得報使姓名據說：（註一）「……詞注云『昔我太祖皇帝出師問罪西域，辛巳（西元一二二一）夏駐蹕鐵門關，宋主寧宗遣國信使苟夢玉通好乞和，太祖皇帝許之，勅宣差噶哈送還其國。』」

此文下夾注又記着：

「劉時舉續宋中興編年資治通鑑（十五）『嘉定十四年辛巳，韃遣葛合赤孫來議事。』噶合赤孫，即……宣差噶哈。」

這次南宋所以與蒙古接觸者，大約是山東忠義軍石珪一股北降蒙古事件，引起宋人對蒙古的重視〔註二〕。那時淮東制閫是賈涉，專負處置山東忠義軍之責。他曾派有趙拱往河北山東，聘問蒙古，著有蒙韃備錄箋證。苟氏北使，自亦出賈之建議。苟夢玉之名，屢見於宋史叛臣李全傳內，足可知其因緣關係。到了蒙古太宗時，進軍河南，滅金近在眉睫，兩國間有聯合一致的需要，於是始有正式使節來往。王檝便以儒臣身分，擔當這個脚色。這時有關使節來往的紀載，元史太宗本紀有：

「三年（宋理宗紹定四年西元一二三一年）……夏五月……命圖類（拖雷汗）出師寶鷄，遣綽布干使宋假道、宋殺之。」

宋史理宗本紀，未紀殺使之事，却有：

「紹定四年……十月癸酉，大元兵破蜀江諸郡，御前中軍統制張宣戰青野原有功，詔授沔州都統。」

此事亦見元史睿宗拖雷傳中（卷一五）。

「遣搠不罕（即綽布干）詣宋假道……宋殺使者，拖雷大怒曰：『彼首遣苟夢玉來通好，遽自食言背盟乎？』乃分兵攻宋諸城堡！」

這是一件不愉快的開始，後來南宋屢有囚使，殺宋的事件發生，可能受此事的影響。錢大昕十駕齋養新錄，趙翼廿二史札記均記此事。以後即至蒙宋聯兵滅金的時期，太宗本紀紀之說：

「宋遣荆鄂都統孟珙以兵糧來助。」

却不見有派遣使節的明文，宋史理宗紀却紀着說：

「嘉定五年……十二月，大元再遣使議攻金，史嵩之以鄒伸之報謝。」

可見蒙古自遣使被殺後，迄未正式使節入宋。當時往返交涉聯兵滅金的，都是蒙古大帥所派，其頻繁促進兩國邦交的人物，如王檝者，其動機則是出於不忍生民塗炭，而且還想保存中原華胄的一線政權。但由於他未經朝命，南宋又恥於和議，廷論龐雜，所以終於無成，使命未達，而身死江南。

王檝使宋事見元史本傳說：

「壬辰從攻汴京，癸巳奉命持國書使宋，以兀魯剌副之。至宋，宋人甚禮重之，即遣使以金幣入貢，檝前後凡五往，以和議未決，隱憂卒於南。」

柯氏新元史，紀載相同，無所補訂。屠氏蒙兀兒史記王氏本傳（卷六一）紀述較詳，說：

「癸巳奉命齎國書約共滅金，副以兀魯訥，宋人優禮，以兵送之歸，即遣使報聘，命將孟珙助兵糧攻蔡……未幾宋人乘我師還襲汴取洛陽，檝奉使復往，責其背聘。然往復數四，竟不得要領。檝隱憂成疾，庚子五月，卒於臨安，宋人重贈之，使歸喪！」

這篇傳頗能說明當日的事勢，尤其「未得要領」四字，我參覈晚史宋實，熟觀理宗一朝端平寶慶間的朝議，才深服其妙。原來聯蒙滅金，僅是史嵩之的主張，他祇是統制上游荆湖方面，而下游兩淮二趙（范葵）狃於拒破李全之戰勝，頗有北上立功之意。鄭清之爲相，又想乘時建立大勛，所以有三京之役。史嵩之頗不贊成，兵糧皆不肯策應，才有端平出師的敗仗出現。但談到講和，又非理宗與在朝文臣之所喜，所以王檝奉使之終於無成。關於端平之役和史嵩之事蹟，我曾在劉後村與晚宋政治一文中分析過，讀者可以參閱(註三)。在這裏可以借後村集中眞德秀行狀（大全集一六八卷）奏對此事的紀載來印證一下。原文如此說：

「（九月）乙卯除翰林學士知制誥兼侍讀，再辭不允。韃人遣王檝來通問，公言不可恃此緩於脩備。十月……（上）具問韃使未聞外議頗紛紛，公奏『兵使在其間交，今或却（疑爲欲字）却絕，或欲拘留，皆不可行，但當以禮遣之，萬一露遂和之意，却不可信。』……王檝言其國欲和，公謂『和之一字易於溺人，遠則宣和，近則金虜皆殷鑒也。檝離穹廬已久，所得韃酋之語在吾國未進兵之前，我進兵，在彼豈復更守前說？自古未有受人之兵而不報者。檝與劉溥，鄒伸，諸人之語不無揑合，惟其間有云：『韃相移剌楚材曾上平南之策，與王檝議不合。』又云：『李實獻策韃酋。勸其先謀犯蜀，順流下窺江南。』凡此却似實語，願朝廷於其語之涉虛者勿遽輕信，於其語之近實者深念而亟圖之。時邊臣尙欲深入。公言是以前日之敗爲未足，而又求敗也。又欲覊縻泗宿漣海亳蔡息唐鄧諸郡。公言『新復之彊如的然可守，尙恐虜由他道擣吾腹心，雖能塊守數城，無捄於敗，況未必可守乎。』又言『淮西退師喪失最多，蒙蔽不言，宜早覈實塡補。……』……韃使久留，公進吳越故事以諷，略曰：『言辭之甘，藏鋒刃於飴蜜也；禮貌之卑，設機穽於康莊也；斂兵遠去，鷙鳥將擊之形；委地不爭，芳餌致魚之術也。』上曰：『此說極是。』……十一月壬戌進讀，因言『兵興之後，三陲戍守方嚴，當此大冬隆烈之時，窮閻委巷，有饑凍切膚之慘絕，巴塞有風眇眯目之悲極，願擇良吏賢將以拊綏之。』癸亥以已見求對。言『韃人讐我之深，其思以報也必力舉。兵愈緩則其爲計愈工，我方創艾前事，幸，其眞有愛我之情，豈不誤哉？願自强以立國，毋自沮以畏敵。』又言『王檝挾金使例冊自隨小使敢爾，他日使介果至何以待之？又聞檝求金翠以自媚其妻妾，若從所請，何異故相以褒服遺逆全之妻，而冀其不返也。』上笑曰，此舉極未是。」

這段奏對的文字，正是眞德秀端平二年入朝時的情事。宋史眞氏本傳未予紀錄，那是不重視蒙宋和議的原故。其實這次王檝來南，往返議和，關係後來南宋存亡是很大的。可惜宋廷把他當成泛使，一般言事之臣，又討厭史嵩之以疆臣而言和。宰相鄭淸之以下，又恥於三京之敗，諱言和議，以致於終於無成。其實當時北方漢人儒生，如王檝、楊奐、李邦瑞〔註四〕等都是熱心促進兩國和平的。這段文字還透露出耶律楚材有平南論的建議，耶律本傳亦未載過。以情理推之，耶律是遼人，不會同情宋室，而且追怨宣和聯金伐遼，自會贊成滅宋的謀畫。元史太宗本紀：「六年甲午……秋七月……議自將伐宋」的紀事，正反映和林朝議的結果。所以王檝之告宋人，並非恫嚇。楊奐有祭王檝文，曾歷道和議之艱難，披露王氏心迹，也透露當時北方漢儒生的心理。原文載元文類（卷四八）節抄如下：

「嗚乎兩軍之間，寥寥數騎，江湖十年，風霜萬里。不知其幾往幾來，而率至於此乎？人主察其深誠，天下仰其大義，鬼神錄其陰功，簡策炳其高義。然事之濟與否也，非智力之不周，或期運之未成。不然以公之行，不能決和議之一言，載信書於萬世。而使干戈相尋，膏血塗地，獨執迷而不已。……蔡城既下，楚茅不來，殺氣盤礴，吞江噬淮，義膽披露，上心亦回。使星南飛，迓車擁路，歡動牛斗，歎其未暮。應對款曲，不武不怒，殷鑒不遠，請視全夏，剖析利害，略無假借。我不彼欺，彼不我詐，宴勞稠疊，相繼以夜。歸奏龍庭，君相交僉……丁酉之冬，公過平陽，贈我離篇，書我至誠，兩國好合，賴子以成。……頃間使車，淹留沔陽，忽報江陵、坐易星霜。一日漆棺，歸來朔方，將大限之難逃，抑生靈之患未央？」

楊奐是亡金遺臣〔註五〕，也爲耶律楚材所選拔的十路征課使之一。他籍隸關中，與王檝同爲關陝儒生，交情當然不錯，此文略道出和議的曲折。但於此我們要找出蒙宋間基本觀點的扞格來，那就是蒙古人一直以來通和的是投拜降附，在漠北時對西域諸國，皆是如此。定宗朝，法蘭西國王曾遣教士來聘。但汗庭竟以爲是來降附的，使得法蘭西深悔其遣使之非〔註六〕。皆是一例。當南宋遣苟夢玉北上，不過是一個泛使來北方覘視虛實的，而蒙古人竟以爲畏威降服。所以綽布干被殺，拖雷大怒指爲背盟，亦是此意。南宋人與蒙古聯兵滅金，在宋人謂是共同滅敵，而蒙古人以爲來助兵糧，是歸附的表現。王檝請命汗庭去南宋議和，在北方却說是招降，而想南宋人以事金之禮事蒙古，這又豈是南宋君臣所能接受？從楊奐祭文裏「楚茅不來」，正是視南宋爲藩屬的意識。此中曲折，後來郝經使宋文移中，才透露出來。據陵川集（卷三七）郝氏在宿州與宋國三省樞密院書說：

「……而乃不報，必以為王檝矣。王檝挾兩國而庇一身，言於北則以為降，言於南則以為和，終於兩國交兵，而身以之斃。」

郝氏身在北方，與前期漢人儒生元遺山諸人均有甚深之淵源，對王檝當日行事，自必知之甚悉。所謂「言於北則以為降，」實中王檝失敗的癥結。復參互前引眞德秀奏對，有「求金翠自媚其妻妾」之語，其操守也不甚可靠，無怪其不能取信敵國，遠不如郝徑的高風直節了。

〔註一〕見觀堂集林卷一六蒙韃備錄箋證跋（王忠慤全集本）

〔註二〕見宋史叛臣李全傳，元史忠義石珪傳，拙作蒙古漢軍與漢文化，山東議軍文內亦析記其事。

〔註三〕大陸雜志二三卷七——八期。

〔註四〕見元史李邦瑞傳（卷一五三）「歲庚寅受旨使……未幾命復往。」耶律楚材湛然居士集有和邦瑞韻送奉使之江表詩，遺山集亦有贈李邦瑞的詩。

〔註五〕楊奐傳見元史一五三卷，前編元初儒學，亦紀其人。奐著還山集，清修四庫總目提要，紀其詩文。

〔註六〕馮承鈞譯法多桑史第二卷第四章貴由時代有云「當時蒙古視法蘭西國王之使者為稱臣入貢之使臣。」

五一、七、十、寫於大度山東海校園

原載大陸雜誌二十五卷第六期

忽必烈時代南中國人民之反抗

——讀蒙札記——

在蒙古統治下的中國，八十五年間，實際從未臻於安定。由於蒙古族之征戰爲其第二天性，對外和宗族間的戰爭頻繁，徭役之多，不可勝計，促成人民的不安與憤怒，因之有後至元間的大動亂，以致覆亡。當明初修元史的諸君，草率了事，雜取官書，不加考證。不止是對蒙古語文的智識缺乏，錯誤百出；卽對蒙古統治下南中國部份，也未將其騷亂反抗事實，蒐集暴露出來，使後人至今還保留下一個印象：以爲忽必烈——元世祖中統、至元兩年代的中國，可以媲美「貞觀」。只有清代趙翼在他著的廿一史劄記，和陔餘叢考中，纔將忽必烈的黷武嗜利的惡德發掘出來，說他：「嗜利黷武之心，則根於天性，終其身未嘗稍變。」他據元史紀傳，舉出忽必烈的嗜利事實。如一、「用阿合馬以掊克斂財爲事。」「天下之人無不思食其肉」，「流毒海內，已二十年矣。二、用盧世榮，「亦以增多歲入爲能」，凡肆惡二年。三、「未幾又用桑哥」，「理算六省錢穀，天下騷然」，「統計帝在位三十餘年，幾與此三人者相終始」。關於黷武的事實，有一、伐南宋。二、征日本。三、興安南之役、占城之役、緬國之役、爪哇之役。「緬國凡兩征」，「征占城也，舟爲風所碎者十之七」、「其征爪哇也……亦不得要領、逡旋」，「統計中統、至元三十餘年，無歲不用兵」。這裏還漏了他在北方和海都汗的長期戰爭，與在東北和乃顏、合丹的大戰鬬。其初是用蒙古兵，後來便用漢人、南人爲主力，西南各國的征討，更純粹是江浙閩廣之人。

當忽必烈武功赫奕之時，正南中國「亡宋遺民」喋血起義之際。終忽必烈之世，南方迄未寧靜，不過被作史者，一概以「叛逆草竊」看待他們罷了。據新舊元史各紀傳及畢沅的續通鑑，此時代的反抗事件，有如下述：

一、「至元十七年，先是索多唆都軍士擾民，故南劍等處復叛。及蒙古岱往招徠之，民始獲安」。

二、五月甲寅，汀漳叛賊廖得勝伏誅……癸寅南康杜可用叛，命史弼討擒之」。

三、秋七月，漳州賊陳吊眼，聚衆數萬，劫掠汀漳，時黃華聚黨三萬人，擾建寧，號頭陀軍」。

四、「至元十八年，漳州陳吊眼聚衆十萬，連五十餘寨，扼險自固。……」

五、「十一月盜起雲南，號數十萬……」

六、「二十年三月丁卯，廣東新會縣林桂芳、趙良鈐等聚衆僞號羅平國，稱延康年號」。

七、「秋七月建寧路管軍總管黃華（因曾於至元十七年納降）叛，衆幾十萬，稱祥興五年，犯崇安、浦城等縣，圍建寧府」。

八、「十二月湖南盜賊乘舟縱橫刼掠」。

九、「至元二十一年春正月，漳州盜起」。

十、「至元二十三年八月辛酉，婺州永康縣民陳選四等謀反，伏誅。」

十一、「至元二十四年八月，江浙行尚書省參知政事高興討婺州盜柳分司，擒斬之。會丁母憂請起復討處州盜詹老鴉，溫州盜林雄……又奉省檄平徽州盜汪千十等。」

十二、「至元二十五年春正月壬寅，賀州賊七百餘人，焚掠封州諸郡，循州賊萬餘人掠梅州。」

十三、「夏四月，廝州賊董賢舉，循州民鍾明亮，各擁衆萬餘，相繼起稱大老」。

十四、「湖南盜詹一仔……聚四望山，久不能平。」

十五、「三月壬寅，循州賊萬餘人寇漳、浦、泉州。賊二千人寇長、泰、汀、贛。畲賊千餘人寇龍溪，皆討平之」。

十六、「二月癸未，台州賊楊玉龍據玉山反……」

十七、「四月，廣東賊鍾明亮復反。」

十八、「丙申，婺州賊華萬五以衆萬人寇武義縣，殺千戶一人。」

十九、「壬子，漳州賊陳機察等八千人寇龍岩……」

二十、「癸丑，建寧賊黃華弟福，結陸廣、馬勝復謀亂，事覺，皆論誅。」

二十一、「至元二十七年二月乙丑。……江西賊華大老等掠樂昌等縣」。

二十二、「癸亥，建昌賊邱光稱大老，集衆千餘人，攻南豐諸縣」。

二十三、「甲子，楊鎮龍餘衆剽浙東」。

二十四、「辛未，太平縣葉大五集衆百餘，攻寧國」。

二十五、「五月，亥，徽州績溪賊胡發、饒必成伏誅」。

二十六、「庚午，婺州、永康、東陽、處州、縉雲賊呂重二、楊元六等反」。

二十七、「泉州、南安賊呂七師反」。

二十八、「戊午，建平賊王靜照伏誅」。

二十九、「九月，武平盜賊乘地震爲剽掠。」

三十、「十二月丙戌，興化路仙遊賊朱三十五，集衆寇青山」。

三十一、「處州賊劉甲乙等，集衆千餘人，寇溫州、平陽。」

三十二、「至元二十八年十二月，汀、漳劇賊吹狗，久不平，福建平章徹爾引兵征之。」

以上都是忽必烈時代，正所謂元代的「太平盛世」。直到他死後，成宗鐵木耳元貞二年，還有「贛州民劉六十，聚衆至萬餘，建立名號，朝廷遣討之，觀望退縮」的一段紀載，可見那時南中國的反抗，是如何的激烈了。

爲什麼江南人民有這樣多的反抗呢？還得求之於當時的觀察。據元史崔彧傳：

「二十年，復以刑部尚書上疏，又言江南盜賊相挻而起，凡二百餘所，皆由拘束水手與造海船，民不聊生，激而成盜，日本宜姑止之。」

這是說當日江南叛亂，由於征日本之役。還有由於官吏的貪殘，如續通鑑載：

「以王惲爲福建閩海道提刑按察使，惲上言：『福建所轄郡縣五十餘……自平宋以來，官吏貪殘，故山寇往往嘯聚，愚民因而墤附，剽掠村落。』」

又載至元三十年，惲上書說：

「江南平定……侵漁掊克，慘於兵凶，至盜賊竊發，指此爲名。」

這是直接促成叛亂的因素。我以爲普遍激起人民反抗的，還有三點：

一是蒙古征服者擄掠民戶與官田政策的壓迫。關於此點，可參閱趙翼廿一史扎記元初諸將掠人爲私戶條，及元代以江南田賜臣下條。據此條的按語：

「案元史張珪疏言『累朝以官田，賜諸王公主駙馬及百官宦者，寺觀之屬，其受田之家，各任土著姦吏爲莊官，巧名多取。又且驅迫郵傳，征求供應，折辱州縣，閉償逋負，至倉之日，變賣以歸，官司交憤，農民遠竄……』

二是番僧橫暴，引起遺民憤慨。最著名的是楊璉眞珈，盜發南宋諸陵一事。當時倡義瘞骨的唐珏等，爲士大夫所歌頌，名士謝翶即曾參加此役。陶九成輟耕錄和周密癸辛雜識都曾愼重紀載。那時宋亡不久，已經不保其故君的朽骨，怎怪不激起人民的抵抗暴政之思想呢？

三是其中可能有南宋遺臣名士的暗中策動。叛亂的區域，以福建、江西、廣東爲中心，浙東和徽州、湖南等地次之，在初期叛亂時，福建的陳吊眼爲中堅。他便是張世傑的部將。張世傑曾率他以攻蒲壽庚，見於他的本傳。黃華撫而後叛，也是在福建區域。後期叛亂，以鍾明亮爲最著。鍾起於廣東江西的邊區。江西是文天祥的故鄉，有名的絕食而死的節士謝枋得先生，那時奔閩贛之地，恐怕是籌劃恢復，所以福建行省參政魏天佑纔於至元二十五年薦之入朝，迫他餓死呢。

不過這時期的反抗，都是偶發的，並沒有一個中心力量以統籌全局，此仆彼起，不相統屬，終於被降附蒙古的那些漢奸羣，替新主子出死力的把它平定了。對平定江南叛亂，最出力的人物，有高興與劉國傑兩人，管如德也曾效力不少。據元史高興傳：

「至元十四年春還鎭婺州，羣盜張念九、張和尚殺宣慰使陳祐於新昌，興捕斬之。……十五年夏，詔忙古吉立行省於福建，興立行都元帥於建寧以鎭之。政和人黃華，邵武人高日新、高從周聚衆叛，皆討降之。……十八年，盜陳吊眼聚衆十萬，連五十餘寨，興至山寨，誘與語……擒斬之。……降人黃華復叛，有衆十萬，戰於鉛山，追至赤岩，華敗走，赴火死。……二十四年討處州盜詹老鴉，溫州盜林雄等……又奉檄平徽州盜汪十千等。……」

初期叛亂，幾乎是他一手所平定。至劉國傑的戰功，尤其煊赫。據新元史本傳，在初期協助完者都平黃華之盜，後來於二十三年「拜湖南省左丞，平湖南盜李萬二」，「明年廣東盜起，寇肇慶」，「國傑擒斬二人」，「二十五年湖南盜詹一孜……嘯聚四望山，官軍久不能破，國傑破之」，「十一月破蕭太獠於吉水」，「二十六年東入肇慶」，破閻太獠、嚴太獠，攻曾太獠等，「掩殺略盡」。「二十八年，置湖廣等處行樞密院，遷副使，還軍武昌……繼又經，茶陵、衡郴、桂陽，凡廣東江西盜所出入之地，南北三千里，置戍三十有八，分屯將士以守之。」這眞可謂新朝的「干城」了。

至於管如德，本是南宋的降臣。在至元二十六年遷江西行省左丞。「時種明亮以循州叛，命如德統四省兵討之……」這是個以政治方法勦平叛亂，和王惲在福建的作風大致相同。反之「叛亂」方面，却無一個名臣大將，可資號召。上一等的士大夫，如趙氏的宗室，和留夢炎輩，已經是新朝侍從之臣；在草野的謝翶，鄭思肖輩，名士氣太重，並不能有實際行動，不過寄懷抱於詩歌嘯傲而已。因此亘二十年的反抗，只不過爲南中國的人民，在反抗異族思想上，烙下一個慘痛的血印。眞正的革命行動，還有待於後來。

五三、九、校寫十年前舊稿

（原載香港民主評論第十六卷第六期）

第四編　儒生與其著作

江南訪賢與延祐儒治

（一）前　言

蒙古人進入了中國之後，接受中國人的儒學思想，也曾搞過「以儒術緣飾政治」的把戲。不過在此治下的文化形態，始終是雙軌的：一是伊斯蘭文化，所用的是畏吾兒文字，那是成吉思汗戰敗乃蠻時，從俘擄中的塔塔兒人塔塔統阿那裏學來的。他叫塔塔統阿做了皇子的「說書人」，引進了許多文化制度以後，蒙古宮廷便以畏吾兒語言爲通用的語言〔註一〕。削平西域以後，用回回理財，給與他們以政治權勢，又陸續引進些西域文明〔註二〕。這都是未進中國前打下的基礎。自從攻下中都，收用了契丹人耶律楚材，慢慢地認識了中國文化〔註三〕，大量招收了北方漢軍，部分地以漢法治漢地〔註四〕。傳到第三代，蒙哥、忽必烈兩汗朝，漢軍的力量比重增加，漢文化隨之被重視，純正的儒生許衡、郝經等被引用而後出現了中統至元間儒治，我們名之爲第一期的儒治〔註五〕。可是回回們憑藉理財的才智與傳統的政治力量，還是高踞儒臣之上，不斷地阻撓掣肘〔註六〕。最糟的是大汗與其皇子們，並不識漢文，漢人非憑藉怯薛們的汲引與舌人的傳譯，無法接近宮廷〔註七〕。以是儒治的局面，形成時斷時續的現象。自安童第一次罷相以後，第一期儒治，也幾乎隨之停擺了〔註八〕。所以能夠有元貞大德之文明小康〔註九〕，促成了仁宗愛育黎拔力八達汗皇慶延祐之儒治局面；其關鍵要在於至元廿三年（西一二八五年）御史程文海「江南訪賢」之舉；這種由於大汗一時間的小小措施，竟延續了中國文化在元廷的壽命，而且間接促成了支配後來明清兩代文人運命的科舉制度之出現，眞是「涓涓之水，流爲江河」了。爰就此兩事及程文海本人行實，略加考述，以饗讀者。

〔註一〕以上所述情形，參閱元史卷一二三塔塔統阿傳，前編蒙古初期軍略與金之崩潰。第四節註七。及蕭啓慶君著西域人與元初政治（臺灣大學文史叢刊）。第二章第三節。原書十七頁、十八頁。

〔註二〕參考蕭著西域人與元初政治（第二章第二節。十一頁、十四頁）。

〔註三〕參閱前編元初儒學。第二元初儒學之淵源關於耶律楚材部分。及元史卷一二七耶律楚材傳。又拙著蒙古漢軍及漢文化：湛然居士集之中原儒士。

〔註四〕參閱前編元代漢軍人物表序言及元代漢軍與漢文化。（東海大學出版）。

〔註五〕參閱元初儒學第二、三儒學表現時期四一頁及元代北方之儒。

〔註六〕如世祖時先後任用權相阿合馬、桑哥、盧世榮，皆西域人，掊克財貨，蔑視漢文化，許衡退居於野，國學的膏火都不能供給。參閱元史安童傳（卷一二六）許衡傳（卷一五八）姦臣阿合馬等傳（卷二〇五）

〔註七〕參閱淸趙翼廿二史札記卷三十元諸帝多不習漢文條。

〔註八〕參閱註六所引資料。

〔註九〕 成宗改元元貞大德，頗晉用老成之儒臣，屢見虞集道園集碑志序引之文。

（二） 江南訪賢

一、程鉅夫其人

所謂江南訪賢之舉，見於元史程鉅夫傳（卷一七二）程鉅夫本名文海，因爲避武宗海山汗之諱而以字行，傳云：

「二十四年……奉詔求賢於江南，初書詔令，皆用蒙古字，及是帝特命以漢字書之。帝素聞趙孟頫、葉李名、鉅夫臨當行，帝密諭必致此二人。鉅夫又薦趙孟頫、余恁、萬一鶚、張伯淳、胡夢魁、曾晞顏、孔洙、曾冲子、凌時中、包鑄等二十餘人，帝皆擢置臺諫及文學之職。」

此事在元廷當日，並不是什麼了不起的大事。據元史世祖本紀載諸二十三年所說：

「廿三年春正月……集賢直學士程文海言：『省院諸司，皆以南人參用，惟御史臺、按察司無之。江南風俗，南人所諳，宜參用之。』三月己巳，御史臺臣言，『近奉旨按察司參用南人，非臣等所知。宜令侍御史程文海與行臺官，博采公潔知名之士以名聞，帝命賫詔以往……」

這就是「江南訪賢」的本事。關於程文海的生平事蹟，除元史及新元史本傳外，我所見的有顧嗣立元詩選乙集程鉅夫詩小序（世界書局學術名著本）及宋元學案雙峰學案「文憲程雪樓先生鉅夫」小傳（商務書局排印本）及清修四庫提要雪樓集小序，程氏身後當時另有揭徯斯撰的墓誌銘，及程世京所編的「楚國文憲公雪樓程先生年譜」，但因收在另一本雪樓集中，未能得見，只能就所見事料，加以引述。

程氏的籍貫是江西抑或湖北？頗有疑問，本傳說：

「其先自徽州徙郢州京山，後家建昌……」

宋元學案却說他是：

「新建之吳城人」叔父飛卿，通判建昌……」

此點不知是否據揭撰墓志？此文今本揭文安公集（四部叢刊本）內未收，未曾寓目，不敢遽定。顧編元詩選小序，及提要所稱皆與元史相同，在雪樓集卷三十有「六日到吳城山詩」

「過家上塚一流連，風景依然故可憐！」

似乎是吳城人，但新建屬於舊南昌道，與建昌並非一道，究不知何故？依中國地名大詞典所記：

「建昌路，元置，今江西豫章道東南部地，治南城，今江西南城縣治。

建昌縣……元升爲建昌州，明降爲縣，屬江西南康府，淸因之。民國改爲永修縣」。

雪樓集中，屢有先世與郢州關係之文字〔註十〕關於如何寄籍吳城之說，上引詩句之外，尙無所徵。他所以入元登仕是他的叔父降元的關係，本傳說：

「叔父飛卿仕宋，通判建昌時以城降，鉅夫入爲質子，授宣武將軍管軍千戶」。

程飛卿宋元史皆未列傳。蒙古人的習慣，兩軍對峙，能降附者，即官其原職，北方漢軍大多以金軍將領投降，多是如此。南宋投降大將如呂文煥一家，范文虎、高達亦然，不過那是管兵而且鎭守一方的纔得到這樣的待遇。文臣如方回以嚴州知府降，也僅得原官建德總管，並不能使他的兒子得到封土世襲的職位，〔註十一〕何以程飛卿一員建昌的州判微官，降後却到得這麼優厚的待遇？文獻無徵，只好闕疑。

程氏生於宋理宗淳祐九年（西一二四九）到瀛國公德祐二年（西一二七六）宋亡入元，已經二十九歲。在此之前，他受學於饒雙峰（魯）弟子程徽庵（若庸），宋元學案雙峰學庵程氏小傳說：

「初先生讀書臨汝書院受學於族叔徽庵」

雪樓集（卷十四）「雙峰先生文集序」：

「僕不肖少獲事徽庵程先生，知雙峰之學爲詳」。

又，「故將仕郎建昌路儒學教授吳君墓表銘」說：

「某少從徽庵先生於臨川」

臨川在南宋，是東南文學都會之一，大儒吳澄家於此，虞集僑寓於此，程氏在這裏讀書，得以與吳澄兄弟訂交，而又薰陶於理學風氣之中，纔能爲後來「奉詔求賢」的政治資本。

程氏登朝於世祖至元十六七年，而大用於二十二三年。那時北方的儒臣强半凋謝，南方的聞望之士如王應麟、金履祥等裹足不來，只有亡宋降臣狀元宰相留夢炎和漢奸王積翁等在朝〔註十二〕。只有引起宋室遺民，江南遺民的痛恨，無補於安撫人心。所以江南義軍蠭起，我曾摘記史傳所紀江南義軍反抗事件爲「忽必烈時代南中國人民的反抗」一文（見前編）大約自世祖至元十七年起，至成宗元貞初年迄未寧息。客觀形勢也需要一番緩和工作。所以程氏以一個疏遠微臣，少年新進，立談之間便蒙天寵，而擔任此一措施的主持者，並非偶然。

由於程氏深受南宋理學之薰陶，雖擧家降附新朝，仍不忘保存中國之禮樂制度，尤其軫念江南民間之疾苦。他在至元十九年奏陳五事，皆關於江南官民之事，所請江南御史行臺及按察司參用南人，實在是解除民困的「釜底抽薪」之擧。那時蒙古人以佔有者的姿態，囊括江南之子女玉帛，生殺由心，掊克無度。御史是糾彈官吏的，按察司是主理刑獄的，有一二南人參加，可以使北方官吏略有顧忌，却因此而迸出求賢之擧，引進一部分在野遺逸，也算是意外地收穫了。

程氏本傳以江南訪賢爲一大事，此外卽輔佐仁宗皇慶延佑儒治擧行科擧之事，據說：

「至大（武宗）四年，……留爲翰林學士承旨，皇慶元年修武宗實錄……二年……詔鉅夫偕平章政事李孟，參知政事許師敬議行科擧法。鉅夫建言經學當立程頤朱熹傳註，文章宜革唐宋宿弊，命鉅夫艸詔行之！」

這是他晚年的大節。由於科擧之行，南人拔茅連茹而進，有的主試擧子，有的新科及第，如揭徯斯，虞集等皆在此時嶄露頭角，而吳澄也主講太學，蔚爲許衡以後的儒學盛事，不可不謂皆自程氏發之。關於程氏出處詳考及文學著作，當另爲文考述，此姑不贅。

〔註十〕雪樓集有郢中先墓祝文「仰惟高曾，卜居於郢，再世經營，生計旣定。」

〔**註十一**〕拙著「癸辛雜識方回事疏證」，收蒙古漢軍與漢文化中及方回詩評（收臺北學生書局出版詩與詩人中），記其出處。方退居杭州，其子中全北游是一小官，見戴表元送方中全北行序。（剡源集）

〔**註十二**〕留夢炎相宋慶宗臨危奉降表入元，世祖使趙孟頫作詩嘲之，見趙氏本傳。王積翁新元史有傳（卷一七七）奉使日本，舟中爲部屬所殺。

二、南來名士

江南訪賢之收穫　爲世所稱道的只是趙孟頫、葉李的北來。葉李是以在宋末以太學生上書攻訐權相賈似道的關係，被世祖忽必烈汗所重視，刻意網羅他入朝：趙孟頫却是程文海的薦舉，因爲世祖指名的趙孟藡，並未應詔北來，松雪與孟藡是兄弟行，拉他北上，也可以塞責了。歐陽玄趙文敏公神道碑紀此事（圭齋集卷九）

「侍御史程公文海出訪江南遺逸以應詔，公在旨選。」

松雪北來，以趙氏王孫，挾書畫的絕技與詩文的眞賞，果然傾動朝野，得到世祖的寵待。筆者舊著松雪齋集題記（見後文）有「松雪生平與其詩學」一節，曾加述論，此不再贅。葉氏傳在元史一七三卷，記其入元事說：

「會宋亡歸隱富春山……至元十四年……御史大夫相威行臺江南，且求遺逸，以李姓名上……二十三年侍御史程文海奉命搜賢江南，世祖諭之曰『必得葉李來』！」

葉李以攻賈一疏而顯名，其人却非正人。入元以後，與江南士大夫並不融洽，却投靠權相桑哥。桑哥既敗，江南儒生揚州學正李淦上書言。

「葉李本一黥徒（在宋以攻賈被削籍充軍），纔近天光，即以薦桑哥爲第一事，……以非罪殺參政郭佑……罷御史大夫門答占……侍御史程文海。」

事載葉氏傳末，可見其人不過是一縱横權謀之士而已。趙葉兩人之外，程氏所薦賢士，以吳澄爲最有學術地位，對南學北來影響最大。吳與程氏同學於程徽庵之門，宋元學案別爲草廬學案，元史吳氏本傳（卷一七一）記此事

「程鉅夫奉詔求賢江南，起澄至京師，未幾以母老辭歸。鉅夫請置澄所著書於國子監，以資學者，朝廷命有司即其家錄上。」

吳氏北上，官雖未登臺閣，但所學却大行其道；前此有程氏的揄揚，後此有虞集的尊奉，虞氏所撰吳氏行狀，敘次學術與其出處心迹，最爲精切。筆者有元代南方之儒一文（載臺北孔孟月刊）曾略述其事。松雪齋集送吳幼清南還序（卷六）

「近年以來天子遣使者巡行江左，搜求賢才，與圖治功，而侍御史程氏亦在行。程公思解天子渴賢之心，得臨川吳君澄與偕來。吳君博學多識，經明而行賢，達時而知務，誠稱所舉矣。既至京師，吳君翩然有歸志曰『吾之學無用也，迂而不可行也』賦淵明之一章，朱子之詩二章而歸。」

吳氏首次北來，快快而歸，那時正桑哥當權，以言利爲急，程鉅夫且被排外出，何況所薦之人。故趙氏此文有：

「吳君之心，余之心也；以余之不才，去吳君何啻百倍，吳君且往，則余當何如也。」可見當時北來南儒的心情了。吳氏與程的交誼極深，我想將來有機會評述雪樓、草廬兩家文集時，再爲細論。

由於江南訪賢，其動機不過爲參用按察司與御史行臺之人選，故所薦之人，仕途多未大展，行誼多埋沒不彰，只張伯淳一人較爲顯達，其墓志見雪樓集，其餘名見雪樓集者還有胡夢魁、曾冲子、王泰來諸人，各記如下：

張伯淳：傳在元史一七八卷，柯史新史卷一八八〇元史傳文甚簡。在宋時爲幕官，入元於至元二十三年授杭州路儒學教授，後入朝屢預大議，大德四年，即家拜侍講學士。其學術並無發明，新史較詳，據云：

伯淳與妻弟趙孟頫俱以文學擅名，其文源出韓愈，謹嚴有法，得立言之體，著養蒙集十卷。

雪樓集有「翰林學士張公墓誌銘」，即伯淳墓銘。據云：

「……至元二十三年，某以侍御史受詔選士南方，未行聞廷紳有言公賢者。既至杭……乃薦之。明年招命，有旨問『所薦有可相者乎？』對曰『惟上所試以觀其材耳。』由是公晉居憲幙。」

此文亦只稱其治行，未及其文學造詣。大約張之被薦，或許是松雪親戚，「拔茅連茹」而被薦舉的吧。

胡夢魁未登史傳，雪樓集有「僉廣西提刑按察司事胡公墓碣」：據云：

「累遷浙西制置司參議官，歸國朝，奉母還里……適余將指傍求，遂薦於上。」

曾冲子：名登新元史循吏傳（二二九卷）此人是撫州金谿人，雪樓集有「僉福建提刑按察司事曾公誌銘」，據云：

「……其先徙居撫州金谿……冲子字聖和，公也。……守南安軍……未幾罷郡歸。至元二十四年，憲臣奉詔選士，公起家，授承直郎，僉福建提刑按察司事。」

其人似極有吏材。

余恁：名見新史循吏傳黃順翁傳云：

「旋擢武岡路新寧縣尹……新寧人卽順翁種竹之處立生祠。湖南廉訪副使余恁題曰種竹堂。」

余恁傳記尚未發現，雪樓集有祭余秋山廉使文，似卽此人。據云：「歲丙戌蒐賢東南，公適在盱，首以應詔。」此人官至江西廉訪副使，他與胡夢魁、曾冲子都是一流人物。

王泰來：其人不見程氏本傳薦賢名單內，但松雪齋集「有元故徵士王公墓誌銘」（卷八）却撮記他的生平，頗有國士之風。據說：

「公諱泰來，字復元姓王氏，故爲華亭人……二十三年，侍御史程公鉅夫……奉旨顓召兩人，其一人儒學提擧葉李，遂與偕見，館于集賢院。……」

王泰來以與葉，意見不合而退居田里，雪樓集中亦沒有和他往還的詩文。

江南訪賢所得的名士，事蹟可見者，暫時只得此數，由於南士之紛來，遂促成後來仁宗延祐的擧行科舉，蔚與儒治，而仍以程鉅夫爲其關鍵人物。

（三）延祐儒治

一、仁宗用儒

元仁宗名愛育黎拔力八達，武宗海山汗之弟，武宗之所以能踐大位，實在是這位「太弟」之力。他在蒙古人各代皇帝中，與文宗圖帖睦爾二人算是漢化較深的。尤其是他，接近儒臣，興復儒治，出於誠意，並不似文宗的有意粉飾。他在藩邸，得李孟爲師傅，深受他的濡染，也由於李氏悉心輔佐，才戰勝宮廷的「奪權鬬爭」。元史仁宗本紀所紀他的仁政，很有點宋仁宗的風度。由於他接近儒臣。因此恢復了停罷已久的科舉，並且訂定了以道學經義爲主的考試科目，一直行之於明清兩代。在這方面看來，文治的績效，實在不亞於世祖忽必烈的中統及至元初年之治，所以我名之曰「元代二期儒治」。

元武宗仍不脫草原粗獷的氣習，近臣弄權，色目人當政，朝政相當紊亂。仁宗既正位，首先即召用世祖時推行儒治的老臣，仁宗本紀：

「至大四年（仍武宗年號踰年始能改元）正月……壬子日……召世祖朝諳知政務素有聲重老臣平章程鵬飛、董士選、太子少傅李謙、少保張驢、右丞陳天祥、尚文、劉正、左丞郝天挺、中丞董士珍、太子賓客蕭𣂏、參政劉敏中、王思廉、韓從益、侍御趙君信、廉訪使程鉅夫…等，給傳詣闕，同議政務。」

這是新政第一炮。賢人進而小人自退，儒臣用而近戚自遠，這許是李孟的調度，其間程鉅夫雖僅奉陪末座，可是却做了儒治的推進力量。因爲他做了翰林承旨，得在皇帝左右司掌詔命，取得了「內相」的地位。元史程氏本傳說：

「至大……四年與李謙、尙文等十六人同赴闕賜對便殿……留爲翰林承旨。」

仁宗之重視儒生，在藩邸卽如此，要得力於他的漢文師傅李孟，李氏傳在元史卷一七五，柯氏新史卷二二一。據元史傳：

「字道復，潞州上黨人……父唐歷仕秦蜀，因徙漢中。……武宗仁宗皆未出閣，徽仁裕聖皇后求名儒輔導，有薦者曰『布衣李孟有宰相才，宜令爲太子師傅。』大德元年，武宗撫軍北方，仁宗留宮中，孟日陳善言正道多所進言。……仁宗侍昭憲元聖皇后降居懷州，又如官山，孟嘗單騎以從。……每進言曰『堯舜之道，孝悌而已矣。』仁宗深納其言……有暇則就孟講論古先帝王得失成敗及君君臣臣父父子子之義。……仁宗入淸內難、敬事武皇，篤孝母后，端拱以成太平之功，文物典章，號爲極盛。嘗與羣臣語獨拳示之曰『所重乎儒者，爲其握持綱常如此其固也。』其講學之功爲此其固者，實孟啓之也。」

從這一點看，李孟對仁宗的「蒙以養正」之功，實在是用儒的前奏。可惜仁宗之世，母后干政，寵信蒙古人鐵木迭兒，常常妨害儒生，敗壞政治，使他不能盡其所學，所以儒治的表現止於恢復科舉一事，其他都是具文。

仁宗本紀所紀儒治的表現，還有以下各事：

「至大四年：命中書平章事李孟領國子監學。諭之曰『學校人材所自出、卿等宜數詣國學，課試諸生，勉其德業。』」

由於注重國學，一代大儒吳澄才登入國學，作育諸生，養成了像蘇天爵那樣的儒學名臣。本紀又載：閏七月：丁卯完澤李孟等言「方今進用儒學，而老成日以凋謝。四方儒士成材者，請擢任國學翰林秘書太常或儒學提舉等職，庶學者有所激勵。」

又載：

「皇慶二年……六月：甲申建崇文閣於國子監之中，宋儒周敦頤、程顥、顥弟頤、張載、邵雍、司馬光、朱熹、張栻、呂祖謙承故中書左丞許衡從祀孔子廟廷。」

升宋五子於孔子廟廷，使宋儒道統完於一尊，這大概是肄習理學的南方儒者所建議。虞集傳記此時事曾有：

「仁宗……拜臺拜臣爲祭酒，除吳澄司等業，皆欲有所更張，以副帝意！」

程雪樓集大元國學先聖廟碑卷六紀建立上都先聖廟及尊崇宋五子之事說：

「皇慶二年春皇帝若曰：我元祚百代之統，建萬民之極，誕受厥命，作之君師。世祖混一區宇，亟脩文教，成宗建廟學，武宗追尊孔子；朕纂丕圖，監前人成憲，期底郅治，可樹碑於廟。皇帝御極，陞先儒、周敦頤、程顥、程頤、司馬光、張載、邵雍、朱熹、張栻、呂祖謙、許衡從祀。

廣弟子員爲三百……誠欲人人被服儒行，爲國家用耳。……」

虞氏道園集，許有壬至正集，蘇天爵滋溪文稾都有國學碑志，皆可以見仁宗用儒興學的盛況。尤其是蘇天爵氏於「故集賢大學士光祿大夫李文簡公（衎）神道碑」文首段誇說其事（滋溪文稿卷十）

「仁宗皇帝臨御之初，方內安寧，乃興文治。一時賢能材藝之士悉置左右。……當是時宿學碩儒，名能文解翰墨者，若洺水劉公賡，吳興趙公孟頫，保定郭公貫，清河元公明善，皆被眷顧，士林眷顧以爲榮。」

這些人都是有地望的儒臣、李孟、程鉅夫復周旋於其間，再加上科舉所得的名士，這就構成元代二期儒治的中堅力量。

二、延祐開科

科舉在歷代政治上並不是什麼十分完善的制度，但在元代漢文化被踐踏的狀況下，科舉却是保障漢儒生的生存，延續漢文化的傳衍，允稱大事。元史選舉志序論說：

「元初太宗始得中原，輒用耶律楚材言以科舉選士。世祖既定天下，王鶚獻計，許衡立法，事未果行。至仁宗延祐間，始斟酌舊制而行之；取士以德行爲本，試藝以經術爲先，士褎然舉首，應上所求者，皆彬彬輩出矣。」

仁宗本紀記此事於皇慶二年說：

「十月：甲辰行科舉，帝謂侍臣曰朕所願者安百姓以圖至治。然匪用儒士，何以致此？設科取士，庶幾得眞儒之用，而治道可與也。」

李孟傳紀此事說：

「帝每與孟論用人之方。孟曰『人材所出，固非一途，然漢唐宋金科舉得人爲盛，今欲興天下之賢能，如於科舉取之，猶勝於多門而進，然必先德行經術而後文詞乃可得眞材也。』帝深然其言，決意行之。」

可見科舉之行，實出於李孟的建議。但宮廷內也有人助成其事，元史陳顥傳（卷一七七）

「及仁宗卽位……仍宿衛禁中，政事無不與聞，科舉之行，顥贊助之力居多。」

陳灝與程鉅夫頗有交誼，雪樓集中有陳氏先德之碑紀其家世及灝本人的榮遇。關於用經義及程朱之說課士，程鉅夫之功居多。前引程氏本傳：

「鉅夫建言『經學當主程頤朱熹傳註，文章宜革唐宋積弊』命鉅夫草詔行之。」

選舉志紀此事說：

「至仁宗皇慶二年十月中書省臣奏『……夫取士之法，經學實修己治人之道，詞章乃摛章繪句之學。今臣等所擬將律賦省賦詩小義皆不用，專止德行明經科。以此取士，庶幾得人。』帝然之。乃下詔：」

此詔書卽程鉅夫所撰，載雪樓集卷一，全文如次：

「惟我祖宗以神武定天下，世祖皇帝，設官分職，徵用儒雅；崇學校爲育才之地，議科舉爲取士之方，規模宏遠矣。朕以眇躬獲承丕祚，繼志述事，祖訓是式。若稽三代以來，取士各有科目。要其本末，舉人宜以德行爲首，試藝則以經術爲宜，詞章次之，浮華過實，朕所不取。爰命中書，參酌古今，定其條制。其以皇慶三年八月郡縣興其能者，充貢有司，次年二月，會試京師，中選者朕將親策焉。於戲！經明行修，庶得眞儒之用；夙移俗易，益臻至治之誠！」

這次所訂科舉制度及考試科目，竟做了以後各代取士的定制，不但宋儒義理之學，成爲讀書人必治之學，八股文章也成了一代的文體，對士習，「崇實黜華」的理想，雖未必做到，可是「學定於一，文歸於散」却成爲定局。故虞集跋雪樓遺稿把端正文體之功，歸於程鉅夫，是這樣說的（道園學古錄卷四十）

「故宋之將亡，士習卑陋，以時文相尙，病其陳腐，則以奇險相高，江西尤甚，識者病之。初內附時，公之在朝，以平易正大振文風，作士氣，變險怪爲靑天白日之舒徐，易腐爛爲名山大川之浩蕩。今代古文之盛，實自公倡之。」

所謂古文，自韓歐以來，卽以經術義理爲內容，程氏文格如此，他理想中的文章標準，當然也是經義之文；所以施諸科舉來丕變文風，與歐陽修在北宋仁宗時主持貢舉，變革文風，同是一般作風。

三、科舉名流

蘇天爵（生平見後著元儒蘇天爵學行述評）滋溪文稿，跋延祐二年廷對擬進貼黃後說：

「延祐乙卯仁皇初策進士登第者五十六人。今三十二年，以文詞政術知名者十餘人，不幸才勿滿用而歿者又十餘人，官之崇卑，則在所不論也。」

元史仁宗本紀「延祐元年……二月之己卯朔會試進士之三月乙卯試進士，賜護都沓兒(蒙古人)張起巖等五十六人及第出身有差。」此事亦載於選舉志。此次首行科舉，典試與所取之人，儘多碩學名儒，狀元張起巖傳列於元中卷一八二據說：

「字夢臣，章邱人……中延祐乙卯進士首選；俄拜御史中丞，論事剴直，無所顧忌……詔修遼金宋三史，復命翰林爲承旨，充總裁，起巖熟於金源典故，宋儒道學源委，尤多究心。」

此傳復誇張他與仁宗同日出生爲文運興起的瑞兆說：

「先是至元乙酉（二十二年西一二八五）二月乙亥，太史奏文昌星明，文運將興。時世祖行幸上京，明日丙子，皇孫降生於儒州，是夜起巖亦生。是後皇孫踐祚，是爲仁宗，始詔設科取士。及廷試起巖遂爲第一人，論者以爲非偶然也。」

從傳文看，當然本諸張氏家傳，可見那時文人們是多麼重視此番盛典啊！是科登第者又有許有壬，元史本傳稱（卷一八二）：「擢延祐二年進士第。」此傳曾載當時試官之名云：

「初有壬舉進士，知貢舉李孟。參知政事趙世延（色目人）學士趙孟頫第高下未定。世延曰『觀此策異日必爲名臣，請置第二甲。』孟不許，世延辨論不已。孟頫立請曰『宋東南一隅，一科取士數百人，以國家疆域之廣，正七品多取一人，不爲濫也。』孟乃從之！」

許有壬爲元末漢人中有名的宰執，最近我寫至正集題記，詳述他的生平，已刋佈於東海大學圖書館學報，（見後文）此處不再贅。又有歐陽玄，是順帝元統間負重望的儒臣，纂修宋遼金三史，本傳（元史一八二卷）亦記之說：

「延祐元年詔設科取士，玄以尚書與貢，明年賜進士出身：」

歐陽玄的文章，典重紓徐，雅似其先世歐陽修的風格，是元末的大手筆。所著圭齋集，因元亡後收拾遺文，諸多殘佚，但幾篇重要的碑版，如虞雍公（集）神道碑，許文正公（衡）神道碑，都是有關元代儒學的重要文獻。其人與許有壬及同時稍後的蘇天爵，色目文人馬祖常等都有甚深的交誼，宋史修成，保存故國文獻，也算是大有功於元代漢文化的保持流衍了。

以上三名臣之外還有一位大詩人楊載仲弘也應首科的進士。本傳（元史儒學卷一九〇）

「……四十不仕，以布衣待詔爲翰林國史院編修官……延祐初，仁宗以科目取士，載首應詔，遂登進士第……」

楊氏與揭曼碩、范梈和虞集詩名相並，當世稱「虞楊范揭」，傳世有楊翰林集，僅收詩篇。至於揭曼碩，雖未登科，但在延祐元年被薦翰林國史院編修，順帝初年同修三史，集名「揭文安公集」。歐陽玄爲他撰墓志銘，備加稱揚，附記以見延祐開科之盛。

× × × ×

以上所考述的江南訪賢與延祐開科兩事，其中心人物爲程鉅夫，旨在說明他對元代儒治與漢文化活動的重大關係。文字粗疏，實不足以發明，他日有暇，當對雪樓集與程氏學行和他周遭的關係人物，詳加鈎稽，再爲詳論。

原載東海學報八卷一期

程鉅夫與其雪樓集

（一）前言

元代漢文化之活動，自始卽以儒學爲中心。支撑此事的重要力量，在蒙元建國之始，（成吉斯汗六年辛未西一二一一年）直至甲午金滅，爲河朔漢軍；延攬亡金士大夫，通過新道教（全眞、太一）的掩護，而培養北方儒學，以待趙復北來，姚樞許衡之入幕。（金蓮川）此時之關鍵人物，在朝爲耶律楚材（太宗朝）與劉秉忠（世祖潛藩）在野則元好問遺山；前者荐引儒生，建議參用漢法；後者保存文獻，教導後進，以詩文鼓吹儒學與民族思想。此爲第一階段。迨元世祖忽必烈汗以漢軍集團之擁護，漢儒生之策劃，繼憲宗蒙哥汗攘除漠北之阿里不哥集團，而躋登天位，中統建元，傾心漢法。至元丙子一十三年（西一二七六）統一南北，南士登朝，南學北漸；厥後成宗貞元大德間參用老儒，仁宗皇慶延祐恢復科舉，漢法大興，南方文學之士，連翩登進，後來文宗至順間開奎章閣，立藝文監，修經世大典；文質彬彬，儼然唐宋中葉文儒之治。此爲第二期。其關鍵在於至元廿三年江南訪賢之舉，主其事者爲程鉅夫。他以南宋遺臣，受江右理學的薰陶（從饒雙峰之門），侃侃進言，藉安靖南士而荐引賢才，從而啓後來用儒之機運。他挾大儒吳澄北來，與北學許衡一派抗衡，與正一教道士張留孫、吳全節師弟相爲羽翼，以弼成「延祐儒治」的實現。在元代二次儒治的局面實有其不朽的貢獻。筆者曾就

「江南訪賢」與「元祐儒治」兩事，略加考述，刊於本年東海大學學報。茲再就程氏生平與其所著雪樓集，以徵引所見資料，予以評述。元代後期儒臣許有壬、蘇天爵，筆者皆曾論述其生平，評介其遺集，他日儻再得吳澄吳文正集，併同時人物袁桷虞集黃溍柳貫之學行文章，更爲析論，那末元代漢文化之活動或者可得較明顯之輪廓，悠悠此願，政不知何日可以成就呢。

（二）雪樓集板本源流

程鉅夫所著名雪樓集，正名應爲「楚國文憲公雪樓程先生文集，」今在島上可讀的有兩種：一是湖北先正遺書本，係借文津閣本景印，現爲臺灣大學圖書館所藏；一是陽湖陶氏涉園景刻洪武本程雪樓集，現爲中央研究院所藏。我從先正遺書本，抄撮全書目錄，暨重要詩文，而涉園本則迄今尚未寓目，但借姚從吾先生所抄該書附錄傳狀暨年譜，得以考鏡程氏生平。雪樓集，據清修四庫提要說：

雪樓集三十卷，「鉅夫所撰玉堂集類稿，奏義存稿及詩文集雜著，本各自爲部，其子大本合輯爲三十卷，乃至正癸卯（二十三年西元一三六三）其曾孫濳所重緣。刊校未竟，至明洪武詔取其書入秘閣，越明年始刊成之。」

關於刊集源委，紀述不算詳細，茲將公私著錄，抄之於次：

清錢大昕元史藝文志補：開明廿五史補　程鉅夫雪樓集三十卷

清盧文弨補倪璨補遼金元史藝文志：同前

程鉅夫雪樓集三十卷

清金門詔補三史藝文志：同前

程鉅夫雪樓集無卷數

清修續文獻通考經籍考

程鉅夫雪樓集三十卷原注「其子大本合輯爲四十五卷，今本併作三十卷」

清魏源元史新編藝文志上海大光書局版中國歷代藝文志

程鉅夫雪樓集三十卷

以上史志之類

清黃虞稷千頃堂書目廣文書局景印「書目舊編」卷二十五集部：

「程鉅夫雪樓集三十卷」。

清陸心源皕宋樓藏書志卷七十九

楚國文憲公雪樓先生文集三十卷景寫元刻本

清張金吾愛日精廬藏書志卷三十三

「楚國文憲公雪樓程先生文集三十卷明洪武刊本程鉅夫撰，奉直大夫秘書監著作郎男大本轉錄，門生揭徯斯校正。前有元史本傳，附錄一卷，年譜一卷，闕卷至七十三抄補　寬按此似即涉園景刻之本。

清莫友芝郘亭知見傳本書目卷十四

雪樓集三十卷，明洪武二十八年曾孫㴉刻。

清丁丙八千卷樓書目卷十六：

雪樓集三十卷，觀稼樓抄本。

又丁氏善本書室藏書志卷五十三：

楚國文憲公雪樓先生文集三十卷，附錄一卷，影鈔洪武刊本 原註「至正二十三年刊於建陽劉氏之肆，元亡肆燬。」此京之子程淳程㴉續刊，明洪武二十六年丙戌，江陵熊釗序之。附錄年譜行狀，神道碑誌贊詩詞書後祭文爲一卷，此觀稼樓呂氏依洪武本景寫。

清潘祖蔭滂喜樓藏書記

元刻楚國文憲公雪樓程先生文集三十卷十六册

清繆荃孫藝風藏書續記卷七

雪樓集三十卷原注「原本呂晚村校多草草」

民國北平圖書館善本書目卷四

楚國文憲公雪樓程先生文集三十卷

又傅增湘藏園羣書題記續集卷四

楚國文憲公雪樓程先生文集三十卷，洪武刊本。

以上公私藏書著錄之類

關於雪樓集近代藏書家之題跋，以潘氏滂喜齋藏書記考辨板本源流，及傅氏藏園題記所記原書編次與抄補原委，允爲精評，摘抄如次：

一滂喜齋藏書記

「國朝虛舟王氏，五研袁氏，芙川張氏有收藏，黃蕘圃(丕烈)亦有題字（案黃氏題識傳本中無此集）冊首篆書十三字『元初槧雪樓先生詩文集三十卷。』陳蓮史筆也。又以隸書跋其後云：『洪武間亦有刊本，是則元初。』竊謂不然。此書常熟瞿氏，歸安陸氏皆藏明刊本。有彭初吉序云：『程文憲公集三十卷，癸卯歲刻於建陽市，僅成十卷：其後二十卷未刻。』又有曾孫潛跋云『後二十卷寫而未刻，洪武辛未刻於朱氏之肆』。以此證之，第十一卷以後皆明時續刻也。前人所謂元刻明刻，實卽一部，蓮史謂有二刻誤矣。陸氏著錄『一明刻本，一影元刻本』，所謂影元者，仍有洪武中諸序，矛盾極矣。」

此跋所考確實無訛，張氏愛日精廬書志——此集題記錄有程潛之序，繼敍原委，雪樓集最早傳本，實推洪武辛未所刻之本。

傅氏跋說：

「……宜陽彭氏跋言『文憲文集本有四十五卷，至正戊戌，揭泫重定爲二十卷，值戊申革命劉氏書肆被兵燹，其後二十卷携歸盱江。又四十餘年乃繡梓（刻板）得完。」故序文及附錄世京所記二行。皆在元代，而熊釗、彭從吉序跋已遲至洪武季年也。」

此跋又述補鈔成書經過說：

「余自十五年前，歲在庚申，以南遊黃山，道出白下，獲此本狀元境書肆，缺第二十五至三十凡八卷。適近歲陶君蘭泉覆刻洪武本既成，乃從文友書坊，搜得舊紙一百餘番，屬蘭泉檢所缺各卷摹印補入，雕本既精雅絕倫，紙墨復古香馣靄，泯然無迹，可云躊躕滿志矣。」

中研史語所所藏涉園翻刻本，當卽傅氏所稱之「陶君蘭泉覆刻本」，可惜我未能得此本和先正本一相讐校，只好俟諸異日了。

（三） 雪樓的生平

程鉅夫是南宋一個不大顯赫的世家子弟，他的本名叫文海，後來避元武宗海山汗的諱，就以「鉅夫」字行（註一）。他的叔父名飛卿，在宋時服官建昌通判，當伯顏大軍下江南，沿江守臣，紛紛降元，他也奉表歸附，博得了「千戶總管之職」（註二）。不過我很疑惑通判官幷不大，何以得授管軍千戶？也許程飛卿在招納降附方面曾爲元廷盡力。因爲那時江西福建邊區受文天祥、謝枋得策動義軍的影響，州縣紛紛動亂，程氏可能瓦解義軍，爲蒙古人招降綏靖，可惜現無飛卿的碑誌之文，只好存疑了。

程鉅夫家世徽州，但上世在湖北做官，寄居過郢州，又一度在江西吳城住居，兩處皆有祖墓。到鉅夫入元之後，竟以建昌爲家，成爲江西人了。程氏的上世，詳見危素所撰「大元故翰林學士承旨知制誥兼國史光祿大夫司徒柱國追封楚國公文憲程公神道碑銘」。又程世京編之雪樓先生年譜，譜頭亦詳著家世，爲元史本傳所自出。自南宋中期以後，理學盛行，朱熹爲徽州人，又提學江東、江右、白鹿洞講學，使徽州與江右的道學風氣甚熾。所以程氏在這樣風氣熏陶之下，也浸漬理學甚深。他是饒魯（雙峯）的再傳，與大儒吳澄同學於程徽庵之門（註四），故能挾以登朝，傳正學於北方。

他的相貌很英特，元世祖在他入朝謁見之時，說他相貌奇偉，可以大用。他是在至元十年隨其叔北上謁帝於開平，這次是隨一大批南宋降臣同時朝謁的。本傳說世祖「問賈似道何如人，鉅夫條對甚悉」因此而「上簡聖眷」。元世祖對賈似道是深惡痛絕，南宋降臣入元，必詳問賈氏禍國罪狀，沿邊降將，本不滿賈氏，便把亡國之罪都推到他身上。董文忠看不下去，才說「賈似道酷待爾等，爾君亦薄待爾耶」？程鉅夫之條對，當然也迎合這種形勢而言的，不過說的更有條理吧了（註五）。

他的事業發軔在江南訪賢之舉，何以世祖肯採一位新進降臣之言？那是由於海上二王未滅，江南義軍蜂起，程氏生長江右，對南宋抗暴遺民情形較熟，可以擔當「統戰」任務的，藉着他的建言，遂派他下江南去訪賢，作釜底抽薪之計。危撰程氏神道碑，頗誇張此點，大概出於揭傒斯所撰之行狀，本傳據之，遂爲程氏生平對當世一大貢獻。關於此點，我在江南訪賢文中，已有析論，不再贅說了。不過程氏究不失爲儒學之士，對南宋亡後，北方軍帥與不法官吏壓榨人民，引起民怨的情形，不忍緘口。所以他的建言，切合現實，並直陳按察司御史合參用南人。他的建議主點，載在本傳，雪樓集未收，危撰碑誌，略敍大要。當時北方統治階級在江南的爲非作歹，民怨沸騰，所以有黃華、陳吊眼、鍾明亮之亂，我曾寫「忽必烈時代之南方動亂」一文，（見後文），鉤勒出此一事變之輪廓，正可爲鉅夫建言訪賢之動機參考。

程氏的政治主張不外用賢興學，在朝也不迎合當時權臣，像葉李勾結桑哥一樣（註七）。危撰程碑載他至元二十六年入朝論宰相一點。此點亦不載雪樓集，不知何故？他論宰相不宜問決獄、錢穀，其實蒙古汗庭以西域人爲相，其任務卽在理財。而此輩西域人又皆貪黷好貨，於是不旋踵間，又誅殺抄家，所得財貨仍歸於宮庭。蒙元一代所以很短促的便滅亡者，實由於聚斂過度，貪吏爲虐，凋喪民間元氣，民不聊生，發生民變；加以種族之界限，遂一潰不可收拾了。如果程鉅夫一輩儒臣能握政權，眞正以漢法治漢地，國祚也許不至如斯的短促呢。

程氏第二度入朝在成宗元貞大德之間，但不久外出，做各地的廉訪使，似乎沒有多大表現。直到仁宗皇慶元年他被召入朝，和李孟諸人合作，出現了恢復科舉一大事，我已析論，不再縷敍。自此以後，他也衰老了，延祐間歸老故鄉，臨去時頗爲風光，直到七十歲那年才歿於建昌里第。程氏在建昌，鄉評似乎不佳，元史胡長孺傳曾記有一事說：

「元貞元年移建昌，適錄事闕官，檄長孺攝之。程文海方貴顯，其家氣燄薰灼，卽違法，人不敢呵問，其樹外門侵官道，長孺卽命撤之。」

文中有「氣燄薰灼」之語，可想見其敎子弟不嚴，不能平易近人，有愧于道學之名了。

他平生愛士甚殷，江南訪賢所得之士，我已在「訪賢」文加以徵述，還遺漏了一人，即是袁桷之父袁洪，據雪樓集故同知處州路總管府事袁府君神道碑銘：

「世祖卽位二十有七年，某被旨求賢江南，時四明袁君以永嘉之命居里，應詔不起。」

又撰對床夜話的范晞文，也曾被荐引，見於雪樓集卷十四送范晉教授江陵序，所以後來之士，敍次他的生平，都以此爲他的優點（註八）。

關於程氏生平傳記資料，就所見的文獻，摘記如次：

㈠揭曼碩撰程氏行狀（此文揭文安公集未收，先正遺書本無附錄，洪武本亦無）

㈡程世京編楚國文憲公雪樓程先生年譜

㈢危素撰楚國文憲程公神道碑銘（附洪武本今涉園叢書景印本）

㈣元史一七二卷程鉅夫傳

㈤宋元學案雙峯學案，（卷四十）

以上碑傳

㈥虞集道園學古錄跋程文憲公遺墨詩集

㈦柳貫柳待制集（卷八）程鉅夫謚文憲議

㈧黃溍黃文獻公集（卷三）程楚公小像贊

㈨許有壬至正集（卷六十七）程雪樓小像贊

㈡顧嗣立元詩選程鉅夫序詩

以上雜著

（四）程鉅夫之文章

程鉅夫平生自附道學，但一生宦遊，不曾講學。宋元學案所記甚簡，王梓材馮雲濠所編宋元學案補，才從文集補入若干條有關道學的議論，又增補其同調的姓名。我以爲雪樓集中學記多道學議論，他的思想很平實，不過重視踐履的德行，主張詞章以明禮義。在他參訂皇祐初行科舉，即以經義爲主，似乎是道學之粗，所以講學家不大稱道他。茲就雪樓所收的文章，略加析論。

程氏文章的評價，以虞集跋雪樓遺墨之文爲最中肯，他說：

「故宋之將亡，士習卑陋，以時文相尙，病其平弱，則以奇險相高，江西尤甚，識者病之。初內附時，公之在朝，以平易正大，振文風，作士氣：變險怪爲靑天白日之舒徐，易腐爛爲名山大川之浩蕩，今代古文之盛，實自公倡之。」

元代之詩宗唐薄宋，元代之文趨尙八家，在北方以王惲姚燧爲主，姚氏力摹韓愈，文句典重，有時過于求古奧，讀之有詰曲聱牙之感。他是許衡之高弟，平日之受敎以文章爲末技，自然以義理爲文章的內容。程鉅夫至元後期始登朝，與姚燧相接；而南方道學之文多宗朱子，朱子之文，私淑曾鞏的紆徐委曲，程氏之文，頗近此體。至虞集的文章，却以歐陽修爲法，頗講風神，所以在跋中把恢復古文之

功，屬於程氏。我現分㈠道學㈡經世㈢紀傳三類來綜析雪樓集的文章風格

㈠ 道學之文

此類文章，最重的如大元國學聖廟碑、與雙峯先生文集序、以及宋元學案補所徵引的學記之文，玆引廟碑警要之語如下：

「竊謂天地至神，非風雨霜露，罔成其功；斯道至大，非聖君賢相，罔致其化；人性至善，非詩書禮樂，罔就其器」。

排比典重，不愧廟堂之文。雙峯集序說理學：

「書者修齊治平之方也，聖作明述，昭昭具存，理學至伊洛而大明，逮考亭而益精，學者家庋其書，歲而求之，有餘矣。」

以上兩文，可以見其對理學歆嚮的一斑。

㈡ 經世之文

程氏平生所在於康主濟世，對政務亦極留心。他的集子裡政事文章不少，但皆平通正直，詞氣十分平和，所建議皆切近時弊，並不敢言及大經大法，這是時勢使然。因爲北方諸老如郝經、許衡等已經「開張聖聽」，陳述漢法許多條目，中統至元間據以施行，立下了建國的規模；程鉅夫晚附小臣，那敢多所饒舌呢。他的奏議存稾（卷十）所議的爲吏治五事與民間利弊，皆針對當時苛待南人的情況而言。吏治五事計：

㈠江南買賣微細，宜許用銅錢或多置零鈔。

㈡軍人責過甚者，責其主將，仍重各路達魯花赤之權。

㈢百姓藏軍器者死，而刦盜只杖百單七，故盜日滋，宜與藏軍器同罪。

㈣江南和買物件及造作官船等事，不問所出地面，一切遍與合屬，處處擾害，合令標出產地面行下。

集中所載，實止六條，元代鈔法混亂，吏官常藉此為姦，和買物件，直是徵發。當時造船東征與南討安南，軍用船料徵自地方，苛擾萬狀。至北軍騷擾良民，常見於史傳，為江南義軍蠭起的根本原因，程氏雖站在元廷立場，借箸代籌，實亦為江南的人民請命。

以上是消極地除弊之言，至積極在建議，都是有關興學之事，集中

㈠科舉詔卷一

㈡議學校同卷

㈢議好人同卷

㈣議公選同卷

關于科舉詔亦載元史選舉志，我在「訪賢」文中已說過。議學校文中有：

「臣愚欲望陛下明詔有司重學校之事，慎師儒之選。京師首善之地，尤當興建國學，選一時名流，為國人矜式，優以廩餼。隆以禮貌，庶四方觀感有所興起！」

此議上於世祖時代，後來仁宗呈慶年間，國學告成，大概程氏與有力焉。至好人一條，卽江南訪賢之前奏，此文述當時出使求才的情形，殊爲可笑。如：

「且陛下遣使江南，叮嚀之曰『求好人』。夫所謂好人者，大而可以用於時，細而可以驗於事…而凡出使者，皆昧陋愚淺，不達聖見之高明，止以卜相符藥工技爲好人之尤，此何謂也！」

讀這條才知江南道敎各派並進，都是至元混一後應求賢而來，所以程氏扼腕而言了。「議公」選，請按察司參用南人，前文已述茲不再贅。

奏議中有論行省之文說：

「……名稱太過、威權大盛，凡去行省者皆以宰相自負，驕倨縱橫，無敢誰何。所以容易生諸姦弊，錢糧羨溢，則百端欺隱，如同己物」

他主張裁併爲六個宣撫司，將宣慰司悉予裁減，合併諸道元帥，爲一個元帥府，正是切中時弊的意見。但蒙古人旨在鎭壓漢人，分立諸道，互相制衡，何曾顧到事理的不妥？後來明淸兩代都採行省制度，明祖又立各衞來掌兵，淸以旗營巡防控制東南各省，皆出於猜忌民間的動機。我以爲鉅夫此文，可供研究元代地方制度的參考。

㈢　碑傳之文

雪樓集裡碑版文字極多，蒙古色目貴人的碑志亦夥，我曾摘抄以下各篇目：

㈠趙氏先廟碑（卷五　趙世延）

(二)梁國何文正公神道碑卷七何瑋——漢軍何伯祥之後

(三)秦國昭宣公神道碑同卷蒙古人撒海禿

(四)武都智敏王述德之碑畏吾爾人默色伯仕

(五)陳氏先德之碑陳顥先世

(六)稾城王公墓志銘漢軍元帥王善之後

(七)拂林忠獻王神道碑卷五西域人

(八)冀國王忠穆公碑王慶端，漢軍王善之子

(九)濟南王世德之碑卷十六漢軍張榮

(一〇)匡氏褒德之碑卷五漢軍匡才

(一一)涼國敏慧公神道碑卷五名阿尼波羅王子

(一二)海雲簡和尚塔銘卷六劉秉忠之師

(一三)忠烈廟碑播州楊氏

(一四)翰林侍講學士張公墓誌銘儒臣張伯淳

(一五)諸路頭陀教門都檢點誠公塔銘

(一六)故昭勇大將軍欽察親軍都指揮使巴約特公墓碑欽察人

(一七)故平陽路提舉學校陳先生墓碑陳庚金末遺老

(一八)鄭眞人碑眞大敎

集中碑版之文不止此數，但在元代有關係之色目人阿尼哥爲西方天文歷數的學者，此碑詳記生平，足補元史方技或疇人傳。趙氏先廟碑，可考證色目儒臣趙世延之家世，漢軍王匡諸碑，爲漢軍研究之參考。尤其海雲和尙碑，足供撰秉忠傳記者之取資。欽察巴約特墓碑爲硏究欽察人在華事蹟之資料。凡此文章風格，皆典重冲融，沒有劉須溪一派的瑣碎，與北方之遺山一派的華贍，確是古文正脉。

(九)徐眞人道行碑全眞敎

以上簡單地列出雪樓集有關係之文章，至於他的道敎文字也不少，筆者另寫元人文集中道敎篇目，已爲臚列，也不再詳述了。雪樓既以古文名家，集中碑版紀傳之文篇幅較長，不能抄引，玆錄歲寒亭詩序一文以見其風格。

歲寒亭詩序

大德四年秋，余之官沙羨，既至，得老屋數楹於黃鵠山下以居。居數日，旁出而後望，則莽焉坡陁糞壤榣翳之聚。雙栢出其中如弟昆，如古丈夫冠服並立，若有所待，余意升高可以見遠，而未暇也。風霜益淸，使事益有緒，退食之餘，試命僮奴剗拔蕪穢，求一徑以上，則江湖湛然，雲烟在下。凡西南可覽者，無不獻狀，自是亭與心目謀矣。然既月而址始平，又月而茅竹僅集烏銜鵲構未就，而天大雪。起視則卉木無小大，方偃立受雪。獨雙柏意韵沈雄，蒼顏黠白，相對增媚嫵。亭既成，栢謖有喜氣。余戲語坐客曰，黃鶴歸於此乎？當名欸鶴。』客延目久之曰『無鶴有栢耳。之二栢者待公已久，亭又成於雪中，語不云乎？歲寒然後知松栢之後凋，歲寒何如？』余喟然曰善。雖然無此君，無以相之，遂益種以竹，而題其顏曰『歲寒。』噫雨露亦勤矣！其閱歷之久近，余不得而知之；有所待與否，余亦不得而知之；獨念其蔚乎相扶於朝菌之墟，貫四時而不改；又幸斧斤之屢逃，得至於長以老，乃一邂逅於余，是亦可念已。余既念之深，又念吾亭草創不數弓，材工弗良，覆又不以瓦，其能與爾相壽於無窮耶？噫亭栢不可相無也，繕完封殖，後日誰非歲寒亭長乎？是又不得而知之，系之以詩。程氏不以詩名，雪樓集卷二十六皆收其詩，但與顧選元詩所收之篇目不盡相同，集中所收皆壽輓之作，並應自抒性靈之篇，也再不引述了。

（五）餘　論

程鉅夫生平資料，以我所見的，已足夠寫一評傳了。只以課業太繁，人事瑣屑，不能詳細鈎稽，只好寫這一篇簡略的評介文章。他的交游應該很廣，也可以專寫一篇交游考，這都留待他年，不過有幾點要說的：

其一程鉅夫未得江浙名儒的推獎，在傳世的南方名士集中，如戴表元剡源集，鄧文原巴西集中，均未多見有往還的文字。卽周密癸辛雜誌，和其他著作，亦均未記有往還。程氏訪賢江南，所荐士人中除吳澄、趙孟頫外，皆晚宋末之地方官吏，通儒碩德，闃焉無聞；浙江金華之金履祥，四明之王應麟，皆未見鉅夫有所論薦。只在方回續桐江集中，看到「送程侍御文海」兩首五律，其第二首云：

「大門賢叔父，共載曲江春，談笑今如夢，東南有此人。竹林猶小阮，蓮社已遺民，老死看公等，煙霄要路津。」

以後幅語氣看，頗有憤惋不平之意，也沒有什麼深交。方以嚴州降元，爲士林所不齒，其詩的品評也不足重輕了。

其二：程鉅夫也未得北儒的推重，與他同時在朝的王惲秋澗集，姚燧牧庵集中，均看不見往還的文字。他在皇慶間與北方大臣李孟合作甚密，因之在雪樓集中有「李秋谷畫象贊」，又壽李秋谷五言排律，極力舖張，還有次韻秋谷西齋書七律一首，這大概是政治上氣類相同的關係。我在魏初青崖集中，見到程侍御鉅夫七律一首，末二句說：「自昔楚材須晉用，中原麟鳳莫深猜」之句，可想見北方人看不起南方人的情形，無怪姚牧庵與他沒有詩文來往了。

其三：是揭傒斯和他的關係，洪武本雪樓集說是門下士揭傒斯校正，又說程氏行狀是揭所撰，但揭狀我到現在未讀到，洪武三十卷本，彭序說是揭的兒子揭汯所定。在傳世的揭文安集中，未見揭與程氏的詩文，歐陽玄揭氏墓志說：

「司徒程楚公爲湖北憲使，奇其才，妻以從妹，皇慶初程公入朝，公館其門。」

兩家姻婭，雪樓集中有「揭曼碩詩引」，又「跋揭景曼文稿」兩文，都很有情分，揭氏對他不應落漠，這只好存疑了。（完）

〔註一〕　元史卷一七九本傳：「程鉅夫名文海，避武宗廟諱以字行。」

〔註二〕　見元史本傳「叔父名飛卿，仕宋通判建昌，世祖時以城降，鉅夫入爲質子，授宣武將軍管軍千戶」，鉅夫所授之職當卽襲叔父之官。

〔註三〕　元史本傳「其先自徽州徙郢州京山，後家建昌」。危素撰雪樓神道碑銘洪武集附錄「其後自歙遷休甯至公高祖宥與徙居郢之京山。（今湖北京山縣）……祖德秀自武昌東上彭蠡寓龍興、（今南昌吳城山）案雪樓集卷三十有「六日到吳城山詩」，此已見拙著「江南訪賢與延祐儒治」當時未讀危誌，曾致疑問。

〔註四〕 宋元學卷案二十商務排印本雙峰學案：「文憲程雪樓先生鉅夫……初先生受學於族叔徽庵，與吳艸廬同門久：」案徽庵名若庸，學案小傳說他：「字逢南休甯人，從雙峰及沈敬齋得朱子之學，其從遊者最盛，稱徽庵先生」。又雪樓雙峰先生文集序「某少從徽庵先生於臨川」。

〔註五〕 危撰神道碑銘：「至元十五年十一月五日，召見香殿，問『宋何以亡？』對曰『孟子有言，三代之得失天下也，以仁與不仁，宋非不仁，權相賈似道誤之也。』問『似道何如人？』對曰『當其爲邊臣，是一似道，也；及爲似道又一似道也。」

元史本傳稱「帝說給筆札書之，乃書二十餘幅以進。」

〔註六〕 危撰神道碑銘：

「條陳五事，一曰取會江南仕籍，二曰通南北之選，三曰置考功曆，四曰置貪贓籍，五曰置江南官使俸祿皆釆行之。又云：

「其三年改集賢直學士……入見首請建興國學，又上疏曰『臣聞治天下，必用天下之才，故日旁招俊乂，又日立賢無方……國家既已混一南北，南北人才，視同一體，若有所偏幸，有所避棄，此羣臣之通計，非陛下至之心也。」未幾復上疏論之請，參用南人御史臺按察司。

〔註七〕 見拙作江南訪賢一文。

〔註八〕 見神道碑：

「居家以孝聞，待宗族親戚朋友曲盡禮意。救人急難，捐家發廩無吝色，常曰『士生天地間，當以濟人利物爲心。』」

（原載五七年份東海大學圖書館學報）

元儒蘇天爵學行述評

（一）前　言

宋元學案於蒙元北方諸儒事蹟、學術、每苦叙次過簡，未能盡明其處境，如蘇天爵氏，即其一也。蘇氏名在靜修學案，安熙（默庵）門人之列，僅節叙生平與李士學、楊俊民並列，其學術行誼，皆無所發明。其文曰：（卷九十一）

蘇天爵字伯脩，眞定人。累官吏部尚書，參議中書省事。終於江浙行省參知政事。前輩凋謝，先生獨自任一代文獻之寄。常集一代之文，選成元文類一書，晚歲復以釋經爲己任，學者因其所居，稱之爲滋溪先生。

簡略已甚，幾不知何故能列入道學門墻。張壽鏞刋淸人四明王梓材、馮雲濠、兩君輯宋元學案補，於蘇氏事蹟，始稍補輯。〔註一〕於蘇氏之先世，本身之事蹟，暨講學之言論，皆據元史及元人文集抄撮成之。此則生當元史學大興之際，觀感不同，取材較易，而蘇氏之行誼始彰。余於舊撰元初儒學曾讀蘇氏之傳卽心儀之。去年冬季，始獲蘇氏文集滋溪文槀諷讀，發覺其文章樸茂，造詣平實。非獨元末諸儒之佼佼，在道學傳中亦本末兼賅之人物也。

〔註一〕　民國張壽鏞刻宋元學案補遺靜修學案補「蘇氏先緒」，列有領稅蘇威如先生榮祖，郎中蘇先生志道，蘇氏之父祖也。安氏門人附參政蘇滋溪先生天爵，按語及附錄，錄其生平著作，本文錄其讀詩疑問。

元代學術，南北風氣、規模、均有不同，而眞正表現此一時期之特色，實在北方之學。蓋蒙古以草原氏族聯盟之鐵騎進入中原，所過之處，城郭爲墟，生民幾滅，遑論文化，更遑論于儒學。幸耶律楚材以亡遼貴冑，材藝上動大汗，開儒生在汗庭顧問之途。〔註二〕邱處機以神仙方技，神道設教，抑止殘暴之屠殺，招納俘係，儒生得以託庇其間，稍存文獻。太宗繼統，耶律入相，藉理財而薦用儒生，請科試而保全儒戶。中原士夫，翕然歸之。亡金之後，元好問北來，爲燕趙漢軍將帥所重，因而宏奬風流，育才興學，指授後進從事詩文，而禮樂文章，稍收拾於兵戈塗炭之際。〔註三〕此北方儒學草昧初興之狀態也。

〔註二〕元史（卷一四六）耶律楚材傳「字晉卿遼東丹王突欲八世孫……及長博通天文地理律歷術數及釋老醫卜之說。太祖定燕，聞其名召見之……重其言處之左右……每征討必命楚材卜……」宋子貞元故領中書省耶律公神道碑，亦載西征卜歷筮法之事，文收於元文類卷五七。

〔註三〕前編元初儒學之淵源二儒學接觸時期（二）後期記述元氏北渡對漢軍之影響，又同編東平興學考。專記元氏對嚴實父子之影響。姚從吾教授新著「金元之際元好問對於保全中原傳統文化的貢獻」一文發揮尤詳，可以參看。

洎乎金亡之後，與宋接壤，端平壞盟，鐵騎南侵。德安一役，姚樞獲趙復北來，而後南宋性理之學，濂洛關閩之書，始入北方〔註四〕。而一代大儒許衡以儒術起家，姚樞爲之輔翼〔註五〕，北方儒學始盛。與金源遺士文章制科之學，抗衡並進，〔註六〕終開中統至元儒治先河。此北方儒學初盛之期也。

〔註四〕　姚燧牧庵集序江漢先生死生：「其歲乙未，王師徇地漢上……先公（姚樞）受詔『凡儒服挂俘籍者皆出之』得故江漢先生（趙復）……至燕名益大著。北方經學，實賴明之，游其門者將百人。」（此文亦收元文類三十四卷）又姚氏中書左丞姚文獻公神道碑（元文類卷文十）「繼拔德安，得江漢先生趙復仁甫……遂還盡出程朱二子性理之書付公。江漢至燕，學徒從者百人，北方經學自茲始。」前編元初儒學江漢學派的建立，略敍其事。

〔註五〕　許魯齋集附錄元歐陽玄魏國文正公許先生神道碑：「所至學者翕然歸……既得伊洛性理之書及程子易傳，朱子論孟集註，中庸大學章句，或問小學等書，言與心會，召向所從游，教以進德之基，慨然忠復三代庠序之法。」前引姚文公神道碑：「自版小學書語孟……先師許魏國文正公魯齋在魏……遂造蘇門，錄是數書以歸……則魏國公田竆理致知，反躬踐實，為世大儒者，又公所梯接云。」

〔註六〕　金源遺士，以元好問為首。如王磐、王鶚、孟攀鱗徒單公履等皆金科甲。元氏頗不慊理學，為文譏之，見集中東平府興學記。前編元初儒學曾引之。姚燧牧庵集董文忠公神道碑曾記侍讀徒單公履欲行貢舉，許姚諸人與之廷辨，董助之曰「而俗儒守亡國之習，求售已能」可見北學中文士與儒生之對抗。

自斯厥後，世祖徵聘儒生，在潛邸有邢州之治，而劉秉忠實為用儒之樞紐。〔註七〕迨及中統建元，大用漢法。至元改號，安童作相，許衡輔之。〔註八〕立學校之基，〔註九〕行監察之制，〔註十〕化及蒙古色目之士，悉為儒臣。北方之儒學遂定於一尊，此儒學鼎盛之時期也。儒學之外，北方文學，亦復極盛。元遺山為一代宗工，北渡後游食多在保定、眞定、張史兩大漢軍防區之內。故河朔文風勃然，名家飇起，眞定尤為文化中心。蘇天爵生於眞定故家，慨然以文獻自任。而又漸漬南來袁虞諸儒，〔註十一〕兢兢以倡導理學為職志。紬繹集中文章，於鋪陳制度，表章聖哲之餘，即於義理之學三致意焉。

〔註七〕 元史世祖本紀及劉秉忠傳。

〔註八〕 元史安童傳（卷一二六）：二年……冬十月召許衡至，傳旨令衡入省議事……三年帝諭衡曰「安童尚幼未更事，善輔導之……」許衡傳（卷一五八）「至元二年」，帝以安童爲右丞相，欲衡輔之，復召至京師，命議事中書省……」又許魯齋集對御條（卷二）亦云「安童尚幼，苦未更事，汝謹輔導之。」安童相業，元人艷稱，其實能用許衡張文謙諸老儒一樹立漢法規模而已。

〔註九〕 許衡本傳：「八年以爲集賢大學士，兼國子祭酒。」學校之制，大都衡所建立。虞集送李擴序（道園學古錄，元文類收於卷三十五）云：「國學之置，肇自許文正公」。滋溪文中，亦屢言此事。又見元史百官志國子監條。

〔註十〕 陶宗議輟耕錄載「御史臺至元五年置……」又虞集御史臺記（元文類卷三十）「昔我世祖皇帝卽位之十年，始立御史臺，以總國憲。」元史張雄飛傳（卷一六三）「帝曰『今任職者多非材，政事廢弛……』雄飛對曰『古有御史臺，爲天子耳目……』帝曰『善』，乃立御史臺」。

〔註十一〕 滋溪文稾有袁文淸公墓誌銘，虞爲蘇氏先世作文，多道及天爵。道園學古錄卷一有賦蘇伯脩滋溪書堂，五古卷三有送蘇伯修御史七律詩，卷六安敬仲先生文集序稱蘇氏爲其門人。

（二） 蘇氏家世出處與著作

蘇天爵傳在元史卷一八三，柯氏新元史蘇傳在二一一卷，兩傳所敘事蹟，大體相同。然柯史於蘇氏文獻之學無所發明。清初顧嗣立元詩選三集庚，採錄其詩，篇幅甚少，小序所述家世處，多據本傳，惟於學術，則頗加揚摧，殆據集中詩文可見者考之(註十二)，頗足以見天爵之本原也。茲就蘇氏家世，時代環境，事功表現各方面述之。

一、家　世

蘇氏父名志道，祖名榮祖，皆以吏進而學道愛人，有儒者之風。王氏宋元學案補遺靜修學案，列諸安氏（默庵）講友之列。其「領稅蘇威如先生榮祖」條即據鄧文原巴西集蘇府君墓表，巴西集，余尚未得睹，此文見元文類卷五五，據謂：

「蘇榮祖字顯之，眞定人……事大父孝，早嗜學……時南北兵阻，售書價視珍貝。先生得書必手鈔……其學自經史百氏陰陽卜筮書，靡不研賾。尤邃伊洛之旨，必以孝弟忠信爲本。嘗曰『學貴適用也』。里閈之昏姻喪塟者每從之問禮。先生援古訓式，鏤解銖分，不爲世俗陰陽家拘忌之說。……嘗欲辨宗法以合昭穆，建家廟以嚴祭祀，設門塾以訓鄉之子弟，志未就而歿……先生子志道。」

準此所述，「學貴適用」一語，實爲當時北方儒風所共宗。天爵之學，以文獻，經世爲用，而所爲時人碑志，當兢兢於宗法之禮，殆其家學所自出也。歐陽玄曾爲蘇氏兩代象贊，榮祖象贊曰：（元文類卷十八）

「英英紫芝，皎皎素絲，冥搜遠討，默識近思。子雲精深，季海孝友，德人之容，君子之守。」

曰「精深」，是知其邃於易數；曰「孝友」，則行已之大端。天爵之行已報國，皆可謂無忝先德矣。

〔註十二〕元詩選蘇詩序云：「伯修多知遼金故事，爲文長於序事，而詩尤得古法。」又云：「晚歲復以釋經爲己任，學者因所居稱爲滋溪先生。於時中原前輩凋謝殆盡，伯脩獨身任一代文獻之寄。故自成均諸生，以至曆官翰苑，凡前言往行，與當世之所可述者，無不策之於簡冊。國子助教陳旅，稱其『學博而識』，非虛言也。」

天爵之父志道，爲一幹練之能吏，其事蹟見於虞集所撰「嶺北行省郎中蘇公墓志銘。」元文類收其事料之文有數篇，道園所撰墓碑最詳。文中盛道其爲和寧行省左右司郎中之政績。余向著元代之和林文，曾擷取之。〔註十三〕茲不再引，而錄其論志道者曰：

「……然和寧之政偉矣。我國家初以干戈平定海內，所尚武力有功之臣。然錢穀轉輸，期會工作，計最刑賞，閥閱道里名物，非刀筆簡版，無以紀載施行，而吏始見用。固未遑以他道進士；公卿將相，畢出此二者而已。……若蘇公者其可以吏起家少之哉！」

此文敘志道之學行曰：

「公幼不好弄，寡言笑，不妄交，爲吏視文書可否奉行，不待請宣者。坐曹歸，闔門不通問請。對妻子如嚴師友，內多肅然。好讀書，尤尊信大學及陸宣公奏議，未嘗去左右。篤於教子，餘奉輒買書遺之。子亦善學，卒以儒成名。」

歐陽玄亦爲志道象作贊曰（元文類卷十八）

「……職是正直，弗究厥施，居家嗃嗃，在國諤諤……業以謹言，屢忤權相，晚著惠愛，足食邊讓。剛者必仁，仁必有後，宜爾有子，簡自造秀……」曰「嗃嗃」，見其居家之嚴，曰「諤諤」見其立朝之直。天爵之吏事精能，敢言直諫，眞蘇氏之肖子也。

〔註十三〕元文類所收蘇氏先世資料有：鄧文原蘇府君墓表，虞集袁桷送蘇子寧北行詩並序，馬祖常郎中蘇公哀挽詩，宋本題蘇氏家藏雜帖，柳貫題郎中蘇公墓志銘後，及本文所引虞氏蘇郎中墓志暨歐陽氏兩象贊。此外道園學古錄卷五有送蘇子寧北行詩序，及卷四之蘇君眞象贊，淸容居士集卷二有送蘇子寧和林郎中詩二首，又送蘇子寧北行詩二首，皆足考見其生平，其爲人儒雅學道從可知也。

二、時代環境

蒙古入主中原，惟世祖忽必烈時代，以用儒而內政稍修。元貞大德，守成謹飭，民生稍裕〔註十四〕而一傳之後，宮廷變起〔註十五〕武宗海山汗，兄終弟及，更肇亂源〔註十六〕。母后肆虐於閫帷，賊臣跋扈於朝列〔註十七〕，英宗被弒，泰定入繼，而身死之後，託付非人，致有懷王與上都之內戰〔註十八〕。儒治僅資粉飾，强臣專擅，荒淫骫法〔註十九〕，至元成憲，幾爲蕩然！此正蘇天爵入仕之時。其時儒臣祇奉文字；苟全性命，有建樹之名臣絕少。〔註二十〕故周旋期會之間，祇以蒐輯舊聞，網羅散佚〔註二十一〕備位朝列，鞅掌簿書，殊不足以言際會。

順帝妥懽帖睦爾汗，入承大統，元統建元雖有意於振作，而權姦疊進〔註二十二〕，政如置奕，內行不修，〔註二十三〕朝綱大壞。天爵於此時厠身臺鼎，進獻嘉謨，出莅名邦，平反刑獄。終以儒臣勢弱，無力迴天，而金隄一潰，大亂形成，亦終以身殉職矣。

天爵在元，其身分爲儒學之臣。顧自延祐開科，至順用儒，南學北來，詞華稍勝之後，北庭獷悍之風，已遠非漢人文學之士所可支拒。加以漢軍張董二氏門閥式微，能爲儒生張目者，盈庭殆無其人。順帝至元間，伯顏據位，竟廢科舉，並告朔之餼羊，亦幾不存。故儒生爲於至元元貞間易，而爲於中葉以後者難。北方儒學，竟成寥落，南土逸民，多甘肥遯；黎民輾轉呻吟於色目貴種，與同惡吏胥之暴政下，安得不挺而走險？所以蒙元以世莫與京之國力，而傳祚短促如此，用漢法而不終，躋儒生於駔儈，實厲之階。雖有儒雅忠誠如蘇氏者，亦莫如之何也已。此則論次滋溪之時代環境，不禁慨然長嘆也！

〔註十四〕 滋溪文稿卷十四，張文季墓碑銘：「當大德民庶晏然，年穀豐衍，朝野中外，號稱治平。」案成宗元貞大德間，任相完澤，本傳（元末卷一三〇）稱「元貞以來，朝廷恪守成憲，詔書屢下，散財發粟，不惜鉅萬以頒賜百姓，當時以賢相稱之」。又稱其「能處之以安靜，不急於功利，故吏民守職樂業。」則此文所謂「民生豐衍」，正大德間完澤相業也。

〔註十五〕 元史成宗本紀：「其末年連歲寢疾，凡國家政事，內則決於宮壼……」武宗本紀：「先是成宗違豫日久，政出中宮，命仁宗與皇太后出居……懷州，安西王阿難答與諸王明里鐵木兒……等潛謀推成宗皇后伯要眞氏稱制……」又后妃傳（元史卷一〇四）「卜魯罕皇后伯岳吾氏……元貞初立爲皇后……大德十年，后嘗謀貶順宗妃答吉與其子仁宗在懷州。明年成宗崩……后乃取安西王阿難答失里來京師謀立之」。陳邦瞻元史紀事本末，「武仁授受之際」曾紀此時宮廷之政爭。

〔註十六〕清孔廣森氏元武宗論（清朝駢體正宗卷八）云「國之將亡，非一手一足之烈也；亂之既生，非一朝一夕之故……職此之咎，武宗基之」謂其不傳子而傳弟，啓仁宗之背盟，以致內難疊興也。

〔註十七〕元史紀事本末（卷二），「晉邸之立」節，張溥論曰「然推尋禍本，不能不咎太皇太后也。……優游三朝……乃東朝既正，淫恣無忌；內則黑驢母亦烈失八用事，外則幸臣失烈門，紐鄰及時宰鐵木迭兒，相率爲奸。」又同書卷十九鐵木迭兒節，節取元史紀傳記其恃勢貪虐諸惡。仁宗崩後鐵木迭兒擅殺平章蕭拜住，御史中丞楊朶兒只等，天下寃之。虞集御史中丞楊公神道碑，歷紀鐵木迭兒殺蕭楊經過，謂其「恃勢貪虐，凶穢滋甚，中外切齒」。

〔註十八〕英宗剛明，鐵木迭兒之黨鐵失弒帝於南坡。泰定帝也孫鐵木兒，晉王甘麻剌長子被迎立。泰定逝世前，已立太子。而武宗舊臣燕鐵木兒，排衆迎文宗（時爲懷王）圖帖睦爾，泰定之相倒剌沙，亦奉遺嗣阿速吉八於上都，遂起內戰。燕帖木爾善戰終摧毀上都之軍，事見元史明宗，文宗兩本紀。元史紀事本末（卷廿二）三帝之立節彙紀之。

〔註十九〕元史燕鐵木兒傳（卷一三八）「燕鐵木兒自秉大權以來，挾震主之威，肆意無忌。一宴或宰十三馬，取泰定后爲夫人。前後尙宗室之女四十人……荒淫日甚，禮羸溺血而薨。」又云「至順元年……帝（文宗）又以屢頒寵數，未足以報大勳，下詔命獨爲丞相。」元文類卷二六收有虞集撰句容郡王世績碑，即奉敕所撰，舖陳揄揚，殆無以加。

〔註二十〕文宗至順年間開奎章閣，修經世大典，儒臣虞集、馬祖常等，侍帝左右，但甚少參預大政。文宗入都，即執參知政事王士熙，參議中書省事吳秉道，太子詹事王桓等皆下之獄，以其黨於泰定帝也。據元史宰相年表，終文宗之世，無漢人儒臣入中書者。順帝元統至元間只有王結、許有壬、傅巖起參知政事，直至至正間，始見韓元善，呂思誠，董守簡之流，惟許有壬稍表著，而爲伯顏所摧辱。

〔註二十一〕　元朝名臣事略歐陸玄序稱天爵「博取中朝鉅公文集日抄之」王理序亦如此。

〔註二十二〕　元史順帝本紀云：時有阿魯輝帖木兒者，明宗親近也。言於帝曰「天下事重，宜委宰相決之，庶可責其應功；若躬自聽斷，則必負惡名」。帝信之，由是深居宮中，每事無所專焉」。初任伯顏爲太師，燕帖木兒子唐其勢爲右相，唐其勢謀逆，伯顏殺之，遂專任。元史伯顏本傳（卷一三八）稱其「自誅唐其勢後獨秉國鈞，專權自恣，變亂祖宗成憲，虐害天下，漸有姦謀」。後賴其侄脫脫誅之。脫脫親賢勤政，頗有賢名，又爲姦人哈麻等譖死，每一易相，嘗更制度，如科舉之旋廢旋復是也。脫脫事見馬札兒台傳（卷一三八）

〔註二十三〕　元史紀事本末卷二三「脫脫之貶」記哈麻誘帝敗德之事云「初哈麻嘗進西天僧以運氣術媚帝，帝習爲之，號演揲兒法，演揲兒，華言大喜樂也。………於是帝日從事於其法，廣取婦女，惟淫樂是尙……」

三、事功表現

蘇氏少年從宦，終身服官，本傳於其事功表現備致贊揚，茲就同時人之品題，與集中文章紀載，可得兩點：一爲居外官時之平反冤獄，時時留意獄訟，因之對居官廉平惠愛者，多爲文以表彰之。其二爲立朝直言獻替，風骨稜稜。至於隨時隨地以興學者薦賢，闡幽表微爲職志，猶其餘事也。本傳云：

「至順元年……擢江南行臺監察御史，明年慮囚於湖北。湖北地僻遠，民獠雜居，天爵冐瘴毒徧歷其地。」

此段之下，即歷叙所平反之寃獄情形〔註二十四〕，而斷之曰：「其明於詳讞，大抵此類。」此事有同時人黃君所撰之「蘇伯脩御史斷獄記。明劉基誠意伯文集（四部叢刊本）卷七收有劉氏跋此書之文曰：

「……及觀國子博士黃君所叙御史蘇公慮囚湖北所平反事，曷嘗拘於成案哉！然後知賢人君子之所爲固與衆人異矣。夫以一湖北之地，公一巡歷，而所平反者八事，所擿豪右之持吏而尼法者又數事。豈他道無寃死耶？無蘇公而已矣。」

劉氏在元末，才略動一時，而又高亢厲名節，其爲文自非妄語。可見蘇氏之惠政在民久而弗忘也。元承金制，以吏材課士。居官長者，多爲蒙古色目貴種，其人類粗獷不文，吏易爲奸。於江南歸附之地，尤刻剝以爲政，民多寃獄，亦固其宜。故蘇氏之文，遇有良吏善治獄訟者，悉加采輯。如韓冲碑、紀其治中使被殺之獄，及富民嗣產之訟〔註二十五〕，韓中碑紀其用刑之平恕〔註二十六〕。董守簡碑，亦紀其官汴梁日聽決之精明〔註二十七〕，謝端碑亦然〔註二十八〕，乃至文學家宋褧墓志，亦紀其僉山南廉訪司治獄之矜愼〔註二十九〕。凡此皆可微見其意。故其在元統時建言獄訟五事，其一曰：

「民之犯罪，具有常刑；苟肆攘奪，理宜禁治。切見各處人民或稱窩藏盜賊，或言收寄賍物……凡一切刑獄等事，有司公吏巡捕人等，往往因其捕獲，乘隙肆爲搶奪。所犯罪有輕重，家貲爲之一空……其家因爲得罪，蓋亦不敢陳，有司亦不受理。江淮之南，此風尤甚。」

其他各節，皆以獄囚久繫，寃帶誣枉爲言。足可知當時獄訟之弊，而天爵兢兢於此，可謂賢矣。

〔註二十四〕 本傳叙在湖北巡視獄訟事云：「囚有言寃狀者，天爵曰『憲司歲兩至不言何也？』皆曰『前此慮囚者應故事耳。今聞御史至當受刑，故不得不言。』天爵爲之太息，每事必究心，雖盛暑猶夜構鐙治文書無倦。」傳又舉平反江陵民雷乙殺害其舅父甲之子之獄，又常德民虐甲墜水死，同傭莫乙汪丙誣繫，竟以疑獄不明，釋之使出。

〔註二十五〕元故奉元路總管致仕工部尙書韓公神碑銘（文集卷二十）紀其治獄之事有①六盤居民家奴殺其幼子之獄。②驛吏殺中使竟伏罪。③臨洮富民孕妾妬竇，後富民死，有冒稱遺孫來哭，卒求得其妾與子。

〔註二十六〕元故陝西諸道行御史臺治書侍御史贈集賢直學士韓公神道碑銘(同卷)：「公在憲府及佐行省，用刑悉本哀矜……公每偕五府錄囚，必再三詳讞……及其治有罪者，亦未嘗寬假也。」

〔註二十七〕董忠肅公墓志銘：「公聽決益精明，民以爲神。」碑又稱「他州刑獄田宅婚嫁之訟久不決者，憲府屢屬公治之。」舉其事例①齊人樂某賄獄卒殺嫂，終伏其罪。②宛丘惡少被殺，寃繫族人，亦獲正凶。

〔註二十八〕文安謝公神道碑銘(卷十三)所紀有①田元貴據人妻，杖而遣之。②盜殺賈人被鞫吐實。謂「部使者聞其名，或他州訟獄不能決者，亦檄可治之。」

〔註二十九〕文淸宋公墓誌銘：「出簽山南廉訪司事，峽州房陵屬邑在萬山中，公不憚崎嶇，雖盛暑冒霧露毒，皆身歷之，唯以洗寃澤物爲心。」歷舉所治宣城，安陸，應山各獄。曰「嗚呼世以儒者，闊於事情，濡滯於時務，常鄙薄之。徒恃舞文法以肆苛刻，專逢迎以爲變通，孰有惻怛愛民如公者乎！」

其二蘇氏立朝之風骨，見於本傳：

「……元統元年，復拜監察御史，在官四閱月，章疏凡四十五……知無不言，所劾者五人所薦舉者百有九人。」

又，云：

「……陞參議中書省事，是時朝廷更立宰相，庶務多所弛張……天爵知無不言，言无顧忌，夙夜謀畫鬢盡白。」

黃文獻公集（卷四）跋蘇御史奏稿曰：

「伯修三為御史，在中臺僅四閱月，而章凡四十五上；自聖躬至於朝廷政令，稽古禮文，閭閻幽隱，而有關乎大體，繫乎得得失，知無不言，尤以進賢退不肖為急。所劾五人者權要；所舉百有九人，則世臣耆德與一時名流；而與外官下吏，草澤之士，有弗遺也。」

蘇氏在當時曾輯有「松廳章疏」一書，今既未見，文集所收章疏（卷二六）有經筵進講，乞褒贈李延平，請詳定朝儀班序，乞增廣國學生員，皆歷年討究之事。其建白時政五事，皆以愛民勤政，制定律令，為政根本之圖。然而較世祖至元中，郝，許建議之規模，則廣狹逈不同矣。天爵有題松廳章疏後文曰：

「……其在察院凡四月耳；而又稽覈諸司吏牘，兼攝廟社祠享，故所言止此。嗚乎，居言責者，豈易為哉！」

又其御史中丞魏忠肅公文集序（魏初謚忠肅）叙魏氏為御史之風格曰：

「謂朝廷之禮，不可不肅；天下之法，不可不立；禮不肅則華夏無所瞻仰，法不立則臣民無所持平……其執法嚴重，務存大體，儼然人重而畏敬焉」。

魏氏之爲官如何不得知，即蘇氏之所述，則其居官志事，實在於此。

此外蘇氏集中，有正學編序，則其官陝西行臺時所刋刻，以倡明許衡之學者。有蕭𣂏墓誌，同恕文集序，則提倡關中理學之文。居南省則有諸廟學記，性理四書序，皆表彰南方道學，於以見其闡幽表微之功焉。〔註三十〕

〔註三十〕①正學編序（卷三）曰「至正四年春，天爵奉宣西臺……命山長祁文初輯錄先生（許衡）褒封之制，奏府之書，及其哀誄之文，號正學編。」②元故集賢學士國子祭酒太子左諭德蕭公墓志銘：「至正甲午之春，天爵來官西台，訪求二老言行，將以爲師法焉。」③天爵有同恕文集序，見榘庵集。④性理四書序在文集卷六。

（三） 蘇氏著作與學術

蘇氏學術大要，約可分三方面：（一）義理之學，（二）文獻之學，（三）文章之學。吾讀蘇氏傳記及本集，迺深惜其終身仕宦，用世日多而山林日少，故終不得以講學名也。蘇氏著作以元朝名臣事略，及元文類爲最著，一代典章人物，胥於是寄。其文集滋溪文稿，幸而能存。若詩稿則人間已難獲，碩鼠立編撰元詩，所存亦不足十首。故欲尋蘇氏學術之凡，捨滋溪文稿之外，殆無可論次。元史本傳稱其學術曰：

「天爵爲學，博而知要，長於記載。嘗著國（元）朝臣事略十五卷，文類七十卷。其爲文長於叙事，平易溫存，成一家言……有詩稾七卷，文稿三十卷，……晚歲復以釋經爲己任，學者因其所居稱之爲滋溪先生。其他所著有柯廳章奏五卷，春風亭筆記，遼金紀年，黃河原委，未及脫稾云」。

淸修四庫全書著錄蘇氏著作，如事略，文類，滋溪文稿暨治世龜鑑等四種。文稿提要云：

「其詩稾元百家詩尚錄之，今未見」

至於本傳所稱其他著作，當時旣未脫稿，後世自難蒐求。獨柯廳章奏一種，治世龜鑑，提要（卷九三）稱其所採皆宋以前善政嘉言，其目凡六），是書刻於至正十二年有趙汸序，與文稿同時刋刻。吾疑文稿所收章疏，殆卽松廳精華，不知本傳何以漏載。滋溪文稿刻於至正十二年（西一三五二），蘇氏卽沒於至正十二年（西一三五二）與龜鑑皆可謂平生定稿，雖謂蘇氏之書盡傳於世可也。

一、義理之學

論蘇氏之學，必首義理，蓋從其所志也。蘇氏學於安熙則私淑靜修劉氏（因），安氏行狀，劉氏墓碑，皆蘇氏所撰。而又推崇許魯齋氏，奉爲一代儒學宗主，所爲有關魯齋之文，發明心迹，論次勛業，一篇之中，三致意焉。蒙元北方儒學，不出許劉兩支，而蘇氏皆宗之。而又師虞集，尊吳澄，頗贊陸金溪之學，殆游於南北儒學之間者，如此安得不以義理歸之。吾讀滋溪文稿，遇論次義理之學者，輒爲記出，茲擇要錄之如次：

（甲）：正學編序（卷六）此敘道學之淵源曰：

「今稽是編，文正之爲學也：精思苦學以求其未至，躬履篤踐，以行其所至。識儒先傳授之正，辨異端疑似之是非。……是學也，伊洛洙泗之學也。自聖賢旣沒，正學不傳，秦漢已降，學亦多岐矣。或以記誦詞章，爲問學之極致，或以清虛寂滅，爲性理之精微。或以權謀功利，爲致事之機要，是皆非學之正。此道之所以弗明，世之所以弗治也……。」

此文深探道學之源，所斥者，皆元代用儒以後所遇之阻力，故藉斯序以辨證之。

（乙）：靜修先生劉公墓表（卷八）此文所論道學淵源尤爲深切著明，如：

「天爵伏念自聖賢之學弗傳，禮義廉恥之風日泯，至宋伊洛大儒，克紹其能……有若靜修先生者焉……其學本諸周程，而於邵子觀物之書深有契焉。」

此文又曰：

「嗚乎！天之生賢也，豈無意乎？自義理之學不兢，凡在有官，見利則動。有國家者欲圖安寧長久之計，必崇禮義廉恥之風。敷求碩儒，不爲奔競僥倖之習，則風俗淳而善類興，朝廷正而天下治！」

當順帝之世，正西域色目武吏權臣掌擅朝政，貪財好色，純然夷狄之風，漢禮儒風，蕩然掃地，故天爵語之沈痛如此。

（丙）：性理四書序：（卷六）

「蓋周衰聖學失傳，漢唐數百年豈無豪傑之士，以孔孟之言爲學者歟？然而窮極性命之根柢，發明義理之精微，或有所未至也。宋興既久，周子出於舂陵，河南程子，關中張子相繼而起。其微言大義，傳諸學者。凡天地所以生成，日月之所以運行，川山之所以流峙，萬物之所以茂遂，鬼神之所以秘，人道之所以明，莫不原理以達於用……。」

此敘理學之淵源，亦頗深切著明，足知其平居精心討論也。蘇氏釋經之文甚少，祇讀詩疑問一篇，致問多在詩序，與風詩雅頌之編次。尤致疑於太師陳詩之說，於詩之正變亦有疑問。此文王梓材宋元學案補，已爲抄入，不再贅述。文後跋稱：

「戊辰之冬，閱朱子詩集傳，呂氏讀詩記，偶有所疑，輒筆錄之，蓋將就有道而正焉。……」

則爲一時札記所得而非有系統之著作也。

二、文獻之學

吾稱蘇氏史學爲文獻之學者，以其畢生所留意者，皆在一朝典章，與人物傳記之蒐採。其最有名之著作，元朝文類，與元朝名臣事略，皆屬於資料之排比。於一代之史固有意乎撰作矣；而史館之日少，三史之修，未能躬預。所爲遼金紀年之書，又未削稾。然而後世治元史者，苟無蘇氏所整理之文獻，則一代名人之行誼，更將殆益將無所取鑑矣。文集中碑志之文，數量夥頤，四庫提要云：

集中碑版，幾至百有餘篇，於元代制度人物，史闕略者，多可藉以考見。

品題洵爲不誣。以予所見，其有關學制之文獻，如齊文懿公神道碑銘（卷九）記齊履謙在國子司業，立陞齋積分等法，使國子學生，得以應試入官。新樂縣壁里書院記，得見元制凡山林清曠之地，民間皆可興立醫舍。耶律文正公神道碑（卷七）記許衡所建之學制，敎人爲學之次第。前衛新建三皇廟記，述元代創建醫學之制。而記述儒學淵源之文則尤數見不鮮。如前引靜修墓云：

「世祖皇帝，自居潛藩，收召諸儒，講求治道。及踐天位，姚公樞，許文正公衡，楊文獻公果，商文定公挺，皆列臺省，而憲章文物號盛治者，非偶然也。」

四先生畫象記（卷二）

「昔者世祖皇帝，天縱神聖，……自居潛藩，徵詔儒宿……當是時材能智略之士若四公者，則有太保劉公秉忠，丞相史公天澤，平章廉公希憲，宋公子貞，右丞張公文謙，董公文炳，參政楊公果，賈公居貞，樞密董公文忠，趙公良弼，尙書劉公肅，李公昶，徐公世隆，內翰竇公默，王公鶚，董公文用，郝公經，太史楊公恭懿，王公恂，郭公守敬……」

所舉諸公，幾已盡中統至元間儒臣之全貌矣。學制之外，則爲科舉。集中有陝西鄉貢士題名記（卷三）

「世祖皇帝建號紀元，制禮作樂，典章文物，於是乎略。屢詔臣下，訪求治經術，學孔孟之道者。至元十一年，乃命儒臣……集議貢舉條目，備具載於策書。……弗果行。成宗、武宗、屢以是形於詔旨。至於仁宗、念故老之日亡，歎人材之不足。於是遹遵祖式，損益舊制，開進士科，網羅賢俊，今三十餘年、……」

又燕南鄉貢士題名記（卷四）記仁宗皇慶間所定鄉試名額曰：

「昔者皇慶之時，肇定鄉試之所：由兩都十一省，河山之東三宣慰司，及眞定東平其十有七。其貢士之別，三年大比，度郡縣之遠近，驗戶版之多寡，及國士（蒙古）諸國士（色目）漢士，南士各十五，合三百人，拔其文字之尤者，取百人焉。」

述仁宗開科之制，連類及於後來文宗延祐開奎章閣親近儒生之盛。集中恭跋御書奎章閣記碑文曰：

「文宗皇帝……既踐帝位，海內思治。乃稽典禮，述文章，躬祠郊廟，增建官儀，黼黻治化，詠歌太平。萬幾多暇，命作奎章之閣。陳列圖書，怡心養神，敕文儒製閣記，親洒宸翰，鏤諸樂石。」

元代諸帝，皆昧於漢文。獨文宗圖帖睦爾，雍容儒雅，故延祐儒治，幾復元統之盛，據此文可以考之。

又蘇氏於世家故德之碑銘，常津津樂道其先世功伐軼事。如飛狐趙氏（瑨）涞水趙氏（柔）之後昆，碑銘多其所撰。如趙忠敏公神道碑銘，（卷十）記趙氏接納南儒：

「……劉辰翁、鄧光荐、黎立武舍於學舍，諸生從授經訓業成者，復其家，士風由是浸盛。」

又云：

「宋平，公出橐中金，購書萬卷，輦至其家，以其副分遺順德懷孟許三郡學官，北方之士賴焉。」

此種傳揚文化之盛舉，亦當時漢軍諸家之佼佼也。又如元故鷹場總管趙侯碑銘，記鷹師在元代之地位，與其虐民之故〔註三十一〕，是又後人讀元史者所未及知。又趙伯成神道碑銘（卷十五），敘其平定閩亂之功，亦可藉以考知至元末年南方叛亂之情況。凡此皆有關考史之重要文獻也。

碑銘文章繁多不及覼述，其有關史學者要推三史質疑一文，（卷二五）於金史辨證宇文虛中實仕金，以慢忤權貴見殺，宋人褒崇，不免詐飾。又岳珂桯史所記金使施宜生漏言之非是，皆有卓見。蓋蘇氏宿受袁桷所知，淸容於宋史之脩，曾貢所得，曾請蒐訪遺書，故蘇氏於此頗述淸容之言如：

「袁公又言『天聖三朝正史』，多有謬誤，神哲徽欽四朝史多所避忌，立傳亦有蕪類，所宜刊削。徽欽圍城受辱，北行遭幽，正史不書，當求野史書之。」卽其明證。

此文後跋稱係寄質歐陽玄者，按之今修三史，文中所議，亦多未見施行，甚可惜已。蘇氏所學，實在掌故之淹通，其平生用力所收拾者，厥維文類，事略兩書。文類陳旅序稱其：

「然所取者，必其有益於政治，有補於世教，或取其雅製之足以範俗，或取其論述之足以輔翼史氏，凡非此者，雖好弗取也。」

事略歐陽玄序稱：

「稱凡元臣世卿墓表家傳，往往見諸編帙中，及夫閒居紀錄師友誦說，於國初以來，文稿有足徵者。」

兩君皆同時作手，稱述如此，亦可以取信天下後世矣。蘇氏生於眞定，爲元初鉅儒講誦宴遊之地，故對眞定人物文化之盛，紀述尤多，如志學齋記（卷四）所記元初以來眞定人物之盛，卽其一例，暇當另爲「元代眞定文儒考」，擷取參證，此姑不贅。

〔註三十一〕元故鷹坊總管趙侯墓碑銘（卷十六）：「昔者國家草昧之初，南北未一，政教未洽，常因狩獵以講武功。故鷹師之職，貴幸隆寵。承平既久，猶恐武備寖弛；或者不究其意，馳騁豪縱因爲姦制，民始不勝其困矣。」

三、文章之學

元代北方諸儒，惟靜脩劉氏，文章儁快，詩篇豪逸，得遺山規模。雖王秋澗（惲），亦近冗散。姚牧庵（燧）雖負古文大宗之名，而蹇澁生硬，絕少風調。魏青崖（初）腹笥空疏，筆力亦弱。元明善、盧摯集已難覓，傳留之文，亦尚不足以踵元劉。元初之文已如此，中葉以後，更不得不讓南來學士道園（虞），圭庵輩（歐陽）稱雄矣。蘇氏之文，長於序事，似寖饋於歐曾，詳贍密栗之外，特饒風神。提要稱其「詞華淹雅，根柢深厚……其波瀾意度，往往出入於歐蘇。」按之集中文章，可誦者甚多，記序與題跋兩類，尤妙有風骨。如志學齋記首段之文：

「古稱燕趙多感慨悲歌之士。蓋周衰戰國，一時習俗所尙，非人情之本然也。夫以中國風氣之高厚，朝廷政治之深淳，人生其間，鼓舞變化，又豈無所自乎。……（述眞定人物之盛）是則百年以來公侯大夫之所表帥，父兄師友之所敎養，衣冠人物相繼而作者，其盛矣乎！蓋非儀刑之正，不足以興其化；非見聞之富，不足以動其心；故居於家庭，則能愛親而敬長；行於閭里，則知尊老而慈幼。其流風善政，淑艾於後人者，既久而不衰也。」

氣勢駿發之中，自有一段溫厚和平之味，可謂出入韓歐。又如張文季墓碑銘，其人事迹無多，而文章風調之美，尤近歐曾，摘抄如次：

「張君諱綱，字文季，家居京師，以淸修博雅聞於時。卒不仕，終其身。當大德間，民庶晏然，年穀豐衍，朝野中外，號稱治平。公卿大夫咸安其職；爲仕者或退藏於家，優遊文藝，樂以終日，而世亦高仰之。此其承平人物之美，後世不可及矣。」

以下鋪叙張君雍容文雅，與當時名流相從燕集之樂，文詞安雅，氣韻恪靜，非深有得於古文義法者，不能爲也。至題跋之文，每於追記軼聞之中，寄以跌宕之筆。如書林彥栗文稾後，慨嘆其有文而不遇，低徊感嘆處，雅似昌黎李觀墓志，與歐公江鄰幾集序。其末段曰：

「嗚乎！天之生人也；與其才者，或奪其壽……然其文學已足暴白於後。彼富貴壽考，震耀一時者，未嘗無人；或其事業，不足以垂世，遂皆湮滅而無聞。若彥栗者，藉其詞章，亦自然不朽矣。」

又題馬公家藏宋名公尺牘後文，故家喬木之思，溢於言表，，皆以豐神取勝者。蘇氏於學記之文，亦甚用力。如上都廟學碑陰記，常州路新修廟學記，浯溪書院記，鎭江路新修廟學記，其溫厚從容之態度，雅出曾鞏筠州，宜黃諸學記之蹊徑，與道園學古錄中舒城明倫堂記之文，或不相上下也。

蘇氏之詩，多作古體，當時或不甚傳，故其集不久卽湮。顧選元詩二集庚卷收有滋溪詩，僅歌詞三首，四言一首，七言長律一首，五言長律一首，七律一首，樸拙甚少風致。儒生之詩，難稱作手。元末胡助純白齋類稿附錄上都雜興諸人和詩，有蘇氏五言古一首，乃作初唐調，亦非佳作。是則詩之不傳，固有由矣。茲錄「送同知任君玉西歸」七律一首，以見一斑。

「薇花曾見照青春，今日都門又送君，入蜀使迎新太守，渡瀘人識舊將軍。（屬對何其拙耶？）
琴聲彈落巴山月，馬首披開劍關雲，見說西州民事簡，客來多誦長卿文。」

結語

吾述蘇氏之生平與學術既竟，覺元代北方儒學，最大之特色，爲儒者多篤實鮮蹈空言，經義詞章之外，兼嫻用世之學；而天算律歷之技，尤擅一時。遺老如李敬齋之算術，儒臣如郭守敬之水利，王恂之天文，即許魯齋經世之學，亦復橫絕一時。觀蘇氏所記齊履謙，蕭𣂏〔註三十二〕，之遺聞軼事，皆經濟士也。故蘇氏平生，被服義理，而其學則以文獻網羅自表見，而居官則勤自樹立，治績彰於人口，此則與後來末流空疏心性之學，有不同矣。用摘集附錄祝蕃所題像贊之語以志景行：

「……量涵千古，心醉六經，宜其發而爲文，炳煥今昔，施於有政，黼黻隆平。當持節秉鈞之任，鑿鑿乎精實；居納言進講之責，懇懇乎忠誠。斯可肩儕韓范，而接武乎歐曾者矣。」

〔註三十二〕 元故集賢學士國子祭酒太子左諭德蕭貞敏公墓誌銘：「公之學自六經百氏山經地志，下並醫經本草無不極通其說。尤邃三禮及易……」又「公深通六書……關中字學不差，亦因公發之也。」又「公讀書之暇，躬親農耕蠶桑。」

滋溪文稾別記

（一）版本源流

滋溪文稾三十卷，清季適園叢書本（張鈞衡刊）臺灣大學圖書館收藏，茲就名家著錄略述於次：

一、清盧文弨補遼金元藝文志：蘇天爵滋溪文稾三十卷，詩稿冊七卷。

二、清錢大昕補元史藝文志：蘇天爵詩稿七卷，滋溪文稾三十卷。

三、清金門詔補三史藝文志：蘇天爵文稾三十卷。（詩稿未錄）

四、清修續文獻通考（卷一九〇）經籍志別集二：蘇天爵滋溪文稾三十卷。按稱「天爵所著詩稿七卷；文稾三十卷，今所存者文稾，其詩稿自顧嗣立元詩選外，未見傳本。」

五、清修續通志（一六二卷）藝文略七：滋溪文稾三十卷元蘇天爵撰。

右史志之屬。

六、清修四庫全書提要（卷一六七）集部別集類二十：「滋溪文稾三十卷，元蘇天爵撰。」

七、傳是樓書目：集部，蘇天爵滋溪文稾三十卷。

八、皕宋樓藏書志（卷一〇三）：滋溪文稾三十卷。

九、善本書室藏書志（卷三四）：滋溪文稟三十卷，元蘇天爵撰。嗚野山房抄本。
十、愛日精廬藏書志（卷三四）：滋溪文稟三十卷舊抄本。
十一、瞿氏鐵琴銅劍樓書目：滋溪文稟三十卷，元蘇天爵撰舊抄本。
十二、丁氏八千卷樓書目（卷二六）滋溪文稟三十卷元蘇天爵，舊抄本。
十三、日本靜嘉堂秘籍志：（卷四一）滋溪文稟三十卷，舊抄本，盧抱經校藏。

右國內外藏書著錄。

蘇天爵撰的滋溪文稟，未收入商務印書館四部叢刋，及刻珍本叢書時，也未收入。叢書集成據各家叢書編印，此書也成「珊瑚漏網」，東海館遂未得藏。島上所藏的，中央圖書館外，去年下季才看到臺灣大學所藏適園叢書所刻之本，共六大冊，字大悅目，但訛誤之字也不少。適園主人張鈞衡跋說：「……惟刻本未見，輾轉傳抄，不無訛誤。此丁中丞所藏本，又以盧抱經抄本對勘」。就以上不完備的各家著錄來看，至正刻本，似久亡佚，傳下來的只有盧抱經氏校抄的最善。各家藏書志，抄存各序，與適園叢書本相同。此書卷首有至正十一年新安趙汸序，馬祖常跋，陳旅跋各一篇，祝蕃湖廣省參政蘇公像贊，門人商企翁國子祭酒蘇公畫像贊各一篇，次即目錄。

（二）著者事略

本書著者蘇天爵字伯修，元眞定人，是元代北方之學的最後一人。以我的研究，元代的北方之學，可分三個階段：

第一在初入中原之始，汗庭與蒙古的貴族騎士，對中原文化，完全是茫昧無知。所收容的漢人儒士，也只能枝枝節節片段地進言，小部分地爲之保全。（像郭寶玉初見成吉思汗進言事見畢氏續通鑑）此時較有學問而又獲大汗親信的是耶律楚材，所用於世的雖是儒學而所嚮往的却是禪學，此外不過是少數詞章之士與簿書錢穀的吏胥之才，不過他却以此而向汗庭換得了儒生的身體自由，維持他們最低的生活需要。又得三教合一的全眞教教主邱處機，藉大汗的崇信，而保全一部分儒士於道教旗幟之下。所以這時的儒學也是用方術（卜筮、醫療）技能來表現，始保存下來，當然對學術談不到什麼建樹了。

第二期是一二三三年癸巳金亡之後，大批的文士被俘北來。最負重望的元好問，爲漢軍大帥張柔，嚴實所器重，在河朔方鎮間優遊講學，汲引人才。北方的秩序，漸次恢復。漢軍將領們都延攬文士，爲轄境的劫後遺黎來恢復元氣，久廢的儒家禮樂大典，也部分地甦生，連朔漢的汗庭也好奇地採用中國之禮（元憲宗在日月山祭天），並且曉得「求賢助理。」這時出了一位神秘人物劉秉忠，以僧侶的形態出現，在宮廷裏建議漢法，爲儒士們鋪路，引進了一大批有學問有抱負的儒生；還在邢州實驗一次用儒收效的局面。不過這時儒生已經不盡是金亡的科舉之士，而是吸進了南宋的道學一脈——趙復，把五子性理之學，大量傳播開展了後來中統至元儒治的新局。這就是著者蘇天爵所承受的學術淵源。

第三期是元世祖忽必烈，在皇太弟時代，已有金蓮川幕府的組合，藉漢軍與中原的人力而爬上大位，左右儒臣紛紛重用。以姚樞、許衡爲中心的道學集團，更把亡金制科之士徒單公履等打倒，擁護劉秉忠爲首而進行各種儒治的建國工作。這時口號還是用漢法。南方的儒學大批北來後，更形爲壯闊的波瀾。許衡之外，在野又出現一位天資高明，氣象深沈的劉因——靜修學派，隱隱地較後來居上。蘇氏便是劉靜修私淑弟子安熙的門人，生長當時北方文化中心的眞定地方。他有儒學傳統的家庭，與前輩儒修相漸漬，本身又是踐履篤實，有經世行道弘願的讀書人。他又得南方大文豪虞集，歐陽玄等相師友，文章造詣也到了甚高的境地，於是屹然爲北方之學的重鎮。不過他的遭際不幸，偏偏到了元順帝的昏亂之季，只有出於憂憤殉職的一途了。

蘇氏生平，見於元史本傳，新元史傳與元史大致相同。宋元學案列入靜修學案，顧嗣立元詩選錄他的詩亦有小序，略述他的生平。我已寫蘇天爵學行述評一文，載於東海學報第六卷一期(即前文)，現不再贅。只將他的大事，列一個簡表如次：

蘇天爵大事年表　　此表多根據本傳及全集詩文所述，將來另撰年譜，此只從略，不予註明出處：

元世祖至元三十一年甲午 公元一二九四年	天爵生一歲，天爵父名志道，官至嶺北道和寧省左右司郎中，虞集撰墓志。前一年劉因卒。是年世祖崩。
元仁宗皇慶二年癸丑 公元一三一三年	天爵二十歲初詔行科舉。
元仁宗延祐元年甲寅 公元一三一四年	天爵生二十一歲爲國子學生，始蒐集資料，爲元名臣事略及元文類著述之始——見歐陽玄所撰二書序，是年天爵父志道爲和寧省左右司郎中。

元仁宗延祐四年丁巳 公元一三一六年	天爵二十四歲，以國學生省試第一，解褐授從仕郎，薊州判官，丁父志道憂。虞集爲志道墓志，袁清容諸名公有哀挽詩。
泰定帝泰定元年甲子 公元一三二四年	天爵三十一歲，改翰林國史典籍官，陞翰林應奉文學，自此至一三二七年皆在翰林。
泰定帝致和元年戊辰 公元一三二八年	天爵三十五歲所撰元名臣事略書，歐陽玄爲之序。是年泰定帝崩，元室內亂，燕帖木兒迎懷王監國，明宗立於漠北。天爵仍官翰林。
元文宗至順元年庚午 公元一三三〇年	天爵年三十七歲，預修武宗實錄，擢江南行台監察御史。
元文宗至順二年辛未 公元一三三一年	天爵年三十八歲，爲御史，慮囚湖北，平反冤獄，事在本傳，劉基有文序之。(見誠意伯文集)。
元文宗至順三年壬申 公元一三三二年	天爵三十九歲入爲監察御史，道改奎章閣侍經郎，文宗崩，遷延多時始立明宗子妥懽帖穆爾，是爲順帝。
元順帝元統元年癸酉 公元一三三三年	天爵四十歲，復爲監察御史，在官四閱月，章凡四十五上。
元順帝元統二年甲戌 公元一三三四年	天爵四十一歲，預修文宗實錄，遷翰林待制，尋除中書左右司都事，兼經筵參贊官。所著元文類，刻於是年，見原書陳旅序。自此至後元三年四十五歲，皆在朝，其間爲碑志之文甚夥。
元順帝至元四年戊寅 公元一三三八年	天爵四十五歲，以禮部侍郎出爲淮東道肅政廉訪使，旋入爲樞密院判官。
元順帝至元五年己卯 公元一三三九年	天爵四十六歲，改吏部尚書，拜陝西行台治書侍御史。

元順帝至正元年辛巳公元一三四一年	天爵四十八歲，脫脫爲宰相，天爵陞參議中書省事。史稱其「知無不言，言無不盡，夙夜謀畫，鬚髮盡白」。是年湖廣燕南山東兵起，元亂已成。
元順帝至正二年壬午公元一三四二年	天爵四十九歲，拜湖廣行省參知政事，遷陝西行台侍御史。是年至至正四年，皆在陝西，表章關中理學甚力，有正學編序蕭𣂏墓志皆道學文章也。
元順帝至正六年丙戌公元一三四六年	天爵五十三歲，在集賢忤時相意罷歸。
元順帝至正八年戊子公元一三四八年	天爵五十五歲，爲浙江行省參知政事，爲其父志道樹碑。是年方國珍起兵。
元順帝至正十一年辛卯公元一三五一年	天爵五十八歲，復爲浙江行省參知政事，刻滋溪文稾三十卷成。徐壽輝起兵，攻陷黃州及饒信。
元順帝至正十二年壬辰公元一三五二年	天爵五十九歲，以浙江行省參政總兵饒信，以憂憤卒於軍中。是年明祖佐郭子興起兵濠州。

（三）著者學術大要與本書內容

在前面著者事略中，已畫出一個輪廓來，可以知道他是一位儒學之士。但就他的著作內容來看，他實在是一位有經世之志的史學家，因爲他的兩部大著——元文類與元名臣事略，是後來治元史的必備之書，而元史與新元史人物列傳，可能也參考這部滋溪文稾中許多碑版文章。元史本傳（卷一八三）說他：

「……爲學博知要，長於紀載……於時中原前輩凋謝殆盡，天爵獨任一代文獻之寄，討論講辨，至老不倦……」

卽指此點。我大略分析他的學術可分爲兩類，一是義理之學，一是掌故之學，皆可從集中文字徵得其概要。如集中之劉靜修墓表，記劉因鑽仰道學之所得與立身行己之大端：

「……自義理之學不競，名節隳頹，凡在有官，見利則動。有國家者，欲圖安寧長久之計，必崇禮義廉恥之風；敦求碩儒，闡明正學……」

正學編序，記許衡之學而稱揚伊洛洙泗之學說：

「……是學也伊洛洙泗之學也（伊洛上承洙泗，寬按）自聖賢既沒，正學不傳，秦漢以降，學亦多歧矣……是皆非學之正，此道之所以弗治也。

又像呂文穆公神道碑銘（呂端善），耶律有尚，及蕭𣅀，李术魯翀等志銘，都對道學之傳，和義理的辨析，再三致意。所以趙汸序文稾對他的學行說：

「公世儒家，自其早歲卽從同鄉安敬仲（燕）先生受劉公（因）之學。既入胄監，又得吳公（澄）虞（集）公，齊公（履謙）先後爲之師。故其淸修篤志，足以潛心大業而不惑於他歧；深議博聞，足以折衷百代而非同於玩物：」

趙汸也是元末南方有名的理學家，品題如此，可見蘇氏對義理方面的造詣了。至於掌故之學，他的著作已多。尤其對北方漢軍門閥的紀述，元代政治制度的沿革最能幫助我們對這方面的研究，限於篇幅，不能摘引了。在這之外，我不能不婉惜他的詩集的失傳。因此我把元詩選所載他的詩，同見諸他集的詩，記其題目如次：（元詩選世界書局現僅印第一輯蘇詩在二輯中）

鶴壽堂詩并序四言

千夫長梁侯壽詩四言

甄處士訪山亭詞騷體

眘露亭詞四言

送都元帥述律杰雲南開閫七言古

送同知任君玉西歸七律

送南定舍人趙子期出使安南五言長律

詩集七卷，而存者僅此寥寥數首，却又了無佳構，我懷疑顧氏當日選詩時，容或未見他的全集，而從其他選本摘錄的，原集可存的不應止有此數。此外元人胡助純白齋詩附錄奉題雜興詩，有蘇氏一首，原詩如次：

「有客江南來，賦詩長安陌，長安城百里，半是公侯宅。飛甍高切雲，軒戶耀金碧，富貴世莫儔，日日承恩澤。明星朝未稀，車馬轟霹靂，九衢多行人，見者盡辟易。懽娛極一時，歲月鳥飛翮，緬思建國初，作邑龍沙磧，狐裘皆大人，至今聲煊赫，洋洋雅頌音，孰知慕儔匹。」

這首詩雖非上乘，但較顧選的幾首詩似乎稍勝一籌。

以上是蘇氏的學術大要，以下再將滋溪文稾的重要篇目摘抄如次。（據中央圖書館藏抄本，與適園本目錄摘出）

卷一：韻文，詞二篇，贊十一篇，銘三篇，四言詩兩首。

卷二——四記（有史料價值者爲皇元贈太保襄穆公神道碑陰記（趙珤））

卷五——六序

卷七——二三、碑志狀傳共十七卷（皆有史料價值，四庫提要云「於元代制度人物、共史傳闕略者，多可藉以考見。」）

卷二四——二五，雜文，內三史質疑，有裨史學。

卷二六——二七，章疏，有關元季國計民生社會史料。

卷二八——三〇，題跋，如題魯齋先生遺書後，可備學術史之參考，題移剌氏家藏軍需故牘後，可考史氏漢軍起事時功蹟

此外全集中有一特色，即絕無釋道碑志文字。元人文集皆有幾篇方外志乘，而蘇氏却掃去此習，當然是服習儒學，排擯佛老的傳統；但也可見元季道佛兩教在北方的勢力衰微，所以不能強干 這樣碑志名家爲他們執筆了。（完）

原載東海圖書館學報第六期

元許有壬與其至正集

（一）前言

元代仁宗皇慶開科〔註一〕，對「漢人」「南人」的儒生，是一件大事，科舉也着實出了許多人才。在元代中葉以後，栽抑漢人，重用蒙古色目親貴的氣氛中〔註二〕能够脫穎而出的人，河南湯陰籍的許有壬，——諡法文忠——可謂科舉中傑出的人才。

〔註一〕 事見元史選擧志（卷八一）科目條「：至仁宗皇慶二年中書省臣奏科擧事……帝然之。十二月乃下詔；其以皇慶三年八月天下郡縣興其賢者能者，充賦京師，次年二月會試京師；延祐二年春三月廷試進士，賜護都答兒（蒙）張起巖等五十六人及第出身有差。」陳邦瞻元史紀事本末（卷八）科擧學校之制，具載本末。

〔註二〕 元代階級頗嚴，蒙古、色目、漢、南，凡百官之長皆蒙古、色目人爲之。世祖中統至元儒治稍盛，劉秉忠、史天澤、張文謙、許衡等參預大政，及其末季朝廷重臣、已無漢人，順帝元統年代，栽抑尤甚，至江淮兵起，始稍用漢人，收拾人心。淸趙翼廿二史札記「元制百官皆蒙古人爲之長」條，具述本末，日人箭內亘元代蒙漢色目待遇考（陳捷陳淸泉譯——商務臺版）雖稍駁正，但據其表列百官之長，實未逾越趙氏所舉之例。據元史宰相年表（卷一一二）成宗以後漢人之爲右左丞，參知政事者，後代知名之士僅何榮祖（漢軍之後）張九思、張斯立、高昉、許思敬、王毅、李孟、敬儼、王士熙、王結、至順帝一朝；許有壬即於元統二年爲參知政事，至正元年爲左丞。所以趙氏札記云「其時每稱宰執，然中葉後漢人爲之者亦少。」

許氏在元末，政事文字均有聲名，本傳說他：

「有壬歷事七朝，垂五十年，遇國家大事，無不盡言……君子多之。有壬善筆札、工詞章……」

許氏籍隸湯陰，是亡金的疆域，本身階級列在漢人，但他隨父幼年便在兩湖一帶遊宦，交游多係南方儒士。集中許多文章，對南宋的故臣遺族，都有一種睠念感嘆的情致。他和滋溪蘇天爵同時，交往也很多，但道學氣不如蘇氏之重，並不嚴排佛老，集中頗有方外文字。他與色目人馬祖常（謚文貞）似乎交誼最密，也參預了南方文士在上都的文學集團，許多上京記事詩，正可反映那時的上都文化。〔註四〕

許有壬的至正集，從來都是抄本，我所讀的刻本，是台大圖書館藏清末河南省會石印，殺青已在民國初年。當乾隆中葉修四庫書時，未見全本。新印本校讐頗精，訛奪處很少。我曾將目錄抄得，並撮抄精要詩文，雖然在史料價值上或不及蘇天爵的滋溪文稿。但對元代中葉以後的史實，也有不少的幫助，現在約略詳述之。

（二）至正集板本源流與其重要節目

許有壬的至正集，在當時似未刊行，與蘇天爵的滋溪文稿刊於及身者不同，但却出於他晚年退居洹上時所手自編定。當時曾揀擇一部分爲圭塘小稿，據其弟許有孚圭塘小稿序說：

「圭塘小稿者，卽至正集而具錄者也。」

又圭塘小稿，張翥序（元末文臣有蛻庵集）說：

「公大全集凡若干卷，簡而出之，爲詩文樂府若干，公題曰『圭塘小稿』，圭塘、安陽別業也。」

在此之前，許氏曾題其集名叫做文過集，元末鉅儒歐陽玄有序，也載於此書的附錄。此集所收，大概只是上京唱酬的詩，歐序說：

「至元（後）三年之夏，安陽公扈從上京，賦詩百二十餘首，名曰文過。」

今刻的至正集，並未載有原刻序文，但却有許氏小引（卷三五）。據淸修四庫全書總目提要，至正集條說：（卷一六九別集類）

「其集自有壬旣沒，卽已淪佚無傳。明宏治間，其五世孫顒刋行圭塘小稿時，亦未之見。故葉盛水東日記載顒嘗言『先公至正集一百卷，遺失久矣。聞楊少師嘗收有副本，就叔簡少卿求之。少卿云書籍在泰和，有無未可知也。』此本不知何時復出，而尙闕其十九卷！」

此書附注係「河南巡撫採進本」。復檢公私著錄，略抄於下：

①淸修續文獻通考經籍考五十別集類：

許有壬正集八十一卷，圭塘小稿十三卷，別集二卷，續集一卷，附錄一卷。

②淸修續通志藝文略七：

至正集八十一卷許有壬圭塘小稿十五卷……（與續通考同）

③錢大昕補元史藝文志卷四

許有壬至正集一百卷（今有八十一卷）餘同續通考

④金門詔補三史藝文志：

許有壬至正集八十一卷。餘均同續通考等

⑤盧文弨補遼金元藝文志：

許有壬至正集八十一卷餘同續通考。

以上史志著錄，均與四庫編目相同，自係同出一源。

⑥陸心源皕宋樓藏書志（卷一〇一）

至正集八十一卷，文瀾閣抄本，元許有壬撰。

圭塘小稿卷帙同前記，末注「明刊本」。

⑦丁丙八千卷樓書目卷十六

至正集八十一卷，元許有壬撰抄

以上私家著錄，其他未及細查，據提要說「黃虞稷千頃堂書目著錄作「八十一卷」，那末其他各家卽有著錄，大概也不會有他種版本。

許氏的至正集，流通於世，是民國以後的事。據臺灣大學圖書館藏「元許文忠公至正集」卷首二序，一是鄒道沂撰的，二是李時燦撰的，三是楊麟閣撰的。據鄒序說：

「右至正集八十一卷，元湯陰許文忠公有壬撰。道沂家藏抄本，先祖榮祿公在濟南坊間所得。……生平收藏經史正集八萬卷，世所謂宋待閣主人者也……

今年夏李敏脩比部，楊仲廉議長過訪，談及中州文獻，輒舉其集慫恿付梓……」

李序說：

「歲辛亥（宣統三年），余在汴晤范陽鄒申甫觀察，出所藏文忠公至正集寫本相示。亟假歸與同志楊君仲唐（廉），王君小汀，畢君覲文，張君子原集貲付印，以廣其傳。世傳圭塘小稾十六卷，公弟有孚序，謂至正集不具錄者。是集舊稱百卷，今寫本八十一卷，首尾完具，所謂白卷約略言之爾。乾隆間邑人楊丙跋謂傳鈔於同邑賀聯芳，賀轉鈔公裔所藏原本，似尚未經付梓者。」

楊序說：

「獨許文忠公至正集，六百年來未經付梓。……辛亥夏，舊友李君敏修，於鄒申甫觀察得至正集鈔本八十一卷，珍為創獲，謀速印以公同志，余分任讐校。……」

以上三序所述付印的經過如此。此書係石印，共十大冊，楷法蒼潤，字大悅目，八十一卷與舊稱百卷雖不符，但確如李序所謂「首尾完具」，可能即係許氏後裔景抄原刻之本。但以提要所引水東日記的話看來，當明代許氏後裔刋印圭塘小稿時已不見全集，那末楊丙之跋所謂賀聯芳自許氏後裔傳抄而來的，究竟源自何處？只好闕疑了。此集概目摘記於次

一、第一卷：賦

二、第二—二九卷古律絕句詩

三、第三十—三五卷：序體文

四、第三六—四三卷：雜記體文

五、第四四—六四卷：碑志體文

六、第六五卷：說體文

六、第六五—七四卷：雜文（誄、傳、解、銘、箴、贊、頌、題跋）

七、第七五—七七卷：公移

八、第七九—八一卷：樂府

我曾略讀一過，覺得許氏對詩文功力甚深，但遠不及虞道園、歐陽玄兩家的變化雄奇，合於古代作者的規模。碑志也不及蘇天爵滋溪文稿中各文的詳密峻整，儼然史志。但數量甚宏，詩文詞各體皆備。從此集可以窺元末一部分的政治動態與文章風會，誠如鄒序所謂：

「一代典章、文物、政治、風俗，亦足以窺見崖略矣」。

（三） 許氏生平出處

許有壬的傳記，見於元史（卷一八二）柯氏新元史（卷二〇八）邵遠平續宏簡錄亦有其傳，那不過

是照抄元史本傳。顧嗣立元詩選甲集圭塘小稾詩小序，敘許氏生平，頗爲簡括。現抄之如次：（據世界影印本）

「許有壬字可用，元彰德路湯陰人，年二十，暢師文薦入翰林不報，授開寧路學正。登延祐（仁宗）二年（西元一三一五）進士第，累官參議中書省事。元統二年（一三三四）九月拜參知政事，至正初轉中書左丞，……十七年致仕（一三五八）越七年卒。年七十八（一三六四）謚曰文忠。可用歷事七朝，垂五十年，有元詞人，由科舉而登政府者，可用一人而已。」

此又並詳述他的詩文，容後再說。現在就史傳將他的生平出處大事，簡單地列一個表

元世祖至元廿三年西元一二八六年有壬生

成宗大德六年西元一三〇六二十歲被薦入翰林、不報、授開寧路學正。

仁宗延祐二年西元一三一五二十九歲，進士及第授同知遼州事

六年西元一三一九三十三歲，除山北廉訪使經歷。

英宗至元年西元一三二一三十五歲，遷吏部主事。

二年，西元一三二二三十六歲，轉江南行臺監察御史、行部廣東，召拜監察御史。

三年，西元一三二三三十七歲，英宗被弑，有壬在大都，守正不阿，疏董守庸等附賊狀。泰定帝立，鐵失伏誅。又上章論事，白趙世延等寃。

泰定帝元年西元一三二四三十八歲，初立詹事府，選爲中議。改中書左司員外郎，請賑畿輔旱。

三年西元一三二六四十歲，陞右司郎中，數爭事得失。宋本字誠夫兄弟皆有名謂有貞觀開元之風。

四年西元一三二七四十一歲，丁父熙載憂。

明宗天曆三年西元一三三〇四十三歲，擢兩淮都轉運鹽運使。是年明宗殂，文宗立，改元至順。

文宗至順二年西元一三三一四十四歲，召參議中書省事，丁母高氏艱去，廬墓長沙城外三年。

順帝元統元年西元一三三三四十六歲，被召參議中書。

二年西元一三三四拜治書御史，九月拜中書參知政事，以爭廢科舉事，忤時相被辱。

後至元元年西元一三三五爲奸邪排阻，乞歸彰德，已而南游湖湘，得詩甚多。

六年西元一三四〇五十三歲，召入中書參知政事。

至正元年西元一三四一年五十四歲被劾，稱病歸。

四年西元一三四四五十七歲，改江淛行省左丞辭。

六年西元一三四六五十九歲，召爲翰林學士辭未上，繼召爲翰林承旨，仍知經筵事。

七年西元一三四七，六十歲，授御史中丞，復以病歸。

十二年西元一三五二，六十五歲，在彰德，時亂起，爲河南行省畫守禦之策。

十三年西元一三五三，六十六歲，起拜河南行省左丞。

十五年（西元一三五五），六十八歲，遷集賢大學士，樞密副使，復拜中書左丞。

十七年（西元一三五八），七十一歲，致仕歸。自此以後，皆鄉居，與弟有孚及子侄等，酬唱圭塘，有圭塘款乃集之輯。

二十四年（西元一三六四），九月二十一日卒，年七十八歲。

這個簡單的年表，是許氏一生出處的大概線索。綜核他的生平事業，並沒有什麼赫赫之功，始終是「文學侍從之臣」。他的嶄露頭角，是在英宗被弒，泰定帝初立，能夠守正不阿，檢舉長官董守庸等的依違附逆，以後又奏劾賊黨，表章受禍的大臣趙世延等，能夠表現臺諫的風骨。至於以後服官內外，本傳所說的政績，都是些平常的事跡。他在元末政治史上能罣上名的是科舉的罷廢與恢復之事。當順帝元統二年宰相伯顏受人蠱惑而廢止科舉，許氏曾力爭，但無效果，反被押令宣讀詔書，致被時人譏誚〔註五〕。這是他最痛心的事，所以就稱病休官了。嗣後科舉又行恢復，他曾作詩紀事。這時朝政混濁已極，蒙古親貴，排擠漢臣，有壬遂常被參劾，不能安於其任，精神甚爲痛苦，也表現在詩文中，終於在七十一歲時退休田野。總算他的福命大，在元朝未滅時壽終正寢，從後來明人有關至正集的記載來看，許氏後代似乎還世澤緜長，也算是中州文獻之家了。

〔註四〕上都（開平）元代各帝避暑居此，自王惲後文學名臣，嘗有詩篇歌咏，如袁桷之清容居士集即有開平倡和詩數卷，柳貫之待制集，黃溍之金華集均有。馬祖常之石田集未見，度亦有之，因其與諸人唱和有詩，名見諸集也。

〔註五〕 元史徹里鐵木傳兒卷一四二：

「至元元年拜中書平章事，首議罷科舉，參政許有壬入爭之；翌日崇天門宣詔，特令有壬爲班首，以折辱之。有壬懼及禍，勉從之。治書侍御史普化誚有壬曰『參政可謂過河折橋矣。』有壬以爲奇恥，遂移疾去。」

（四）詩文略評

至正集是一部篇帙浩繁的大集，所收許氏的詩、文暨樂府，篇什極富，文章方面可備治元史參考的多在碑志記序一類。現在分別摘引，略加評論：

（一）文章部分

我讀至正集之文，以有關典志者爲主，大抵多在記序碑志幾類。序類如文丞相傳序，（卷三十）對文天祥精忠大節，爲宋三百年養士之報，發揮透闢，極能道出信國心事。此文已收錄元文類內卷二十六不再贅論。又朱本初北行槀序（卷三十二）文既恢詭，事也可備元代道教考索之用。朱本初是正一教下南昌許旌陽道場玉隆宮的住持，我在另著正一教考天師本傳曾記其人。此文但稱其「由儒入道」，而不及修煉神異之說，元代賤儒崇尚道佛，南方故家子弟的儒生多托足玄門。我曾讀袁清容送其族子學道序，深爲傷感，其他集中道士誌序亦有此事。黃金華記趙宜裕道士爲宋王孫之後大概朱本初也是讀書有學養的士子，黃溍金華集中也有關於他的詩文。於此序中，可見其文學造詣。據說：

「余早聞提點玉隆萬壽宮本初朱君之賢。觀所作輿地圖，知其問學之博，考覈之精。……題曰北行稟者，蓋其乙亥歲出山乘傳至上京往來之所作也。跋涉數千里間，山川風俗、民生休戚、時政得失，雨潮風雹昆蟲鱗介之變，草木之異，可喜可愕，大略皆盡。蓋其蟬蛻聲利，笑傲方外，所持也專，故所造也至。若高句麗之諭，無愧樂天，景州賊捕蝗行諸篇，皆拳拳不能忘情於斯世也。……跋陳秋嵓詩，謂『由儒入仙道，故能窮理盡性，知所先後若是』，則本初之於老氏其善學者乎？心之所存，身之所履，則未始離乎儒也。……」

文勢頗善掉弄，大約是從昌黎文境出來。他善爲典重之文，造句下字，均似韓法。元代北方古文大家姚燧，其文專學昌黎，許氏或許受其薰陶。他和蘇天爵關係頗深，集中爲他撰的詩文頗多，其送蘇伯修赴湖廣參政序論詩比興與贈行之義，頗可採取。據說：

「竊維詩有六義，賦若興爲之緯。直陳大事，賦也，因物起興，興也；賦尙矣，而興之感人爲尤易。……後世分題之作，其興之支流餘裔乎？唐以來四體彷見。我元詩氣，近歲號盛，是體大行，每見於贈別。凡歷涉封部，山川樓閣，略著聞見者，靡不搜舉；興未有盡，又從而旁羅泛及，以致其極專。其故何也？朋友五常之一；羣居抵掌，忠告善道，於邊路摻袪之際，以頌而不以規，豈古人所望於朋友者哉！然規固責善之道，而詩人爲敎，則主於溫柔而敦厚也。故必婉其意而徵其詞，獎其善以輔其不及；使告者無失言之累，聽者有悅聲之美，則分題托興之作，其亦不可少者歟？」

蘇氏是元末北方大儒，我曾寫有「元儒蘇天爵詳述」一，錄此以見這幾位儒臣間的交誼。許氏還有宋顯

（聚夫）文集序，蘇氏也有此題，大概延祐至順之間的儒治集團活動的形態，都可以在這些詩文集中見之。

序文外的記文，以札刺公祠堂記（卷三十八）是木華黎國王家世的碑乘，緱山書院記，撮記金末隱逸杜瑛的學行，足爲治元代北儒的重考。此類文字以魯齋書院記（卷四十三）記許衡道義之學與在元儒中的領導地位，與蘇天爵滋溪文藁中京兆魯齋書院記，同爲元代儒學中參要文獻。文中論道統一段，直以魯齋繼二程朱道統。說：

「孟子後千四百年，始得二程夫子，天祐我元，俾道統之傳，亟有所屬。朱子卒纔八年，而先生生。際先王之昌運，得正學之眞傳，接道統以淑來世，任斯道以覺斯民，非天意有屬而能然乎？」

同時歐陽玄曾奉詔撰許文正公神道碑，也極盡推崇魯齋道學之能事，大概元末道學風氣極盛，南宋諸儒之緒論，此時纔被發揚，無怪有明一代全講義理之學了。

至正集中碑志文字有上都孔子廟碑（卷四十四）也是一篇道學文字，同時爲此文者極多，如歐陽玄、虞道園集中都有此文，搜集起來，並同其他佛寺道觀之碑，可備開平地志的文獻。又勅賜重修陜西諸道行御史臺碑，也是元代御史制度的重要參考文獻，道園集與滋溪集中都有紀述御史臺的文章，將來可以搜集一起，爲論次此項制度的參考。碑志中最重要的是勅興元閣碑（卷四十五）閣在和林，是考證蒙古漠北首都和林的重要文章，其文也極堂皇矞麗，令人讀之氣王。蘇天爵撰的元文類未曾收入，那是許氏撰文在蘇氏編集之後，和林金石志亦未載，清人張穆蒙古遊牧記略載梗概，全文只見於本集，彌可珍貴。我擬將來重撰元漢北兩都考時，再爲抄入，此姑從略。

碑志類中的人物傳志重要的「馬文貞公祖常神道碑銘」，記馬祖常的學行極詳，元史馬氏本傳，大概取材於此。他和石田是同年，共事上都，交誼極篤，屢有投贈之詩，文中論馬氏詩文說：

「……爲文精核務去陳言，師先秦兩漢。尤致力於詩，凌轢古作，大篇短章，無不可傳者……」

石田集我尚未讀到，在顧氏元詩選甲集中讀他的詩，多作古體，頗有雅音，而微嫌重實，仍是北方經生之詩。不過以一個華化的色目人能夠有這樣的文學造詣，那已經難能可貴了。又有「有元札剌爾氏三世功臣碑銘」極述察罕先世功烈，文亦典重肅穆，有漢唐盛世之風。此外還有武昌路武當萬壽宮碑銘（卷六十三）是道教的參考資料，故資義大夫輔義公陳公神道碑銘（卷五十六）是入元的安南陳氏王族的外史，可供治元代與越南關係史實的參考、其他各文類此者尚夥，也不及引述了。

（二）詩　部　分

許氏的詩，從前流傳的僅是圭塘小稾中的篇章。顧氏元詩選收錄其詩，未加細評，僅引揭曼碩云：

「……扈從上京，凡志有所不得施，言有所不得行，憂愁感憤，一寓之於詩篇：」

這只是闡明他的上都詩之背景，篇章研賞，尚有未遑。我曾就本集抄獲各體詩，將近百首，覺得他的詩，五七古於蒼勁之中，時有山林之氣，五律稍率，七律則風調洒然。他的本質是北方之詩，但平生多在湖湘，所受於南宋以來江西詩體的薰陶，很有可誦之作。茲分別抄述之：

(1)五言古體　錄三首

九日登鳳寧山

亭亭鳳寧山，形勢若飛動，胡爲不飛去，仙眞此搏空。雲迹旣不閟，煙霞遂增重。城居見其圖，清賞時入夢。今朝事幽尋，霜風肅飛鞚，適與佳節會，原與佳人共，危崖構兩翼，飛雲連畫棟，翠柏瀉秋聲，紅樹列清供，遐觀千里近，長歌百杯送，洹流漱其根，俯瞰清可弄。陟降自忘疲，酧酢亦豪縱，牛山何用悲，茲方待鳴鳳。

元代北方詩人，都是用的唐音，尤其古詩，多沿遺山一派的豪蕩跌宕，或者清穆古淡。像許氏此詩通體峭緊，與江西體諸公不相上下，不過仍多膚語，不够潤細，所以不是第一流詩。

和丁文苑同年同遊漢陽韻

武昌黃鶴樓，勢欲吞沔州，沔亦有秋興，萬景聊相繆。我思較二勝，幽齋坐窮秋，相携得勇往，兩袖風蕭颼。空明盡纖芥，中流放扁舟。行窩更不凡，南湖頻夜投。張弛各有適，齷齪聊增憂，諸公酷愛客，我醉聊乘流。方外有青山，人間多白頭，東華塵土夢，今日喚醒不。

此詩更近宋人，末四句直是陳簡齋集中之語，以詩文互較，詩的性靈較多，勝於文章的平衍。

雨中呈察院都公

雅志足衡茅，軒蓋非所安，七年江湖士，心與天水寬，伸脰仍受羈，倏復逾桑乾。遐舉負清時，就列慙素餐，用茲惄如饑，並介良俱難。鳳凰復我池，獬豸仍我冠，六龍狩灤水，屬車接鳴鑾，已甘旺筆誚，笞效誠曷殫。退食坐環堵，羈懷常解歡。天風送雨來，六月毛骨寒，馬嘶苜寂薄，僮怨衣裳單，槭槭窗紙語，蕭蕭簷溜殘。家人隔咫尺，積潦生微瀾，晤語遲不來，浩歌成永歎。獨坐念往躅，挑燈淸夜闌，何當效疏慵，洹水求釣竿。

此詩正元統年在上都之詩。順帝一朝，蒙古人相繼爲相，猜忌漢人。只有許氏在朝，稍與撑拒，內心憂鬱很多，正揭曼碩所謂感憤一寓之詩。全篇風調，頗似王荆公悠閑之詩。

(2)七言古

閔松

蹁林喬松閱千古，八百里滿知幾樹，越從豪末至參天，不識人間有斤斧。一朝混沌再開闢，相宅龍岡來啓土，梯山航海水赴壑，官署民居須棟宇。工師求木破天荒，始聽斤斤就規矩，樹藩板地遍郛郭，萬億牛纔二三取。生齒日夥資樵蘇，沙磧歧岡竭榛莽，遂移殃禍及此林，大鋸相加臥撐柱，段分三尺已專車，一節分披溢膏乳。槎牙根柢抉至泉，百年運載無時住，山童地赭鳥獸悲，陵遷谷變風雷怒。偶憑高閣一縱目，萬灶炊烟一玄霧，漸染人人服盡緇，薰燎家家壁無素。燧人濟世圖有功，里巷亦療饑寒苦，但悲明堂梁棟空，及物之功正如此。貞姿勁氣養不易，瞬見成灰了烹煮，馬基羸材尤可念，日與蓬蒿同朽腐。大材小用違所長，多少傾倚無一柱，昆吾精鋼忍作針，天枝雲錦難爲屨，聖人委吏雖不鄙，賢者伶官豈其伍，嗟嘆不足形諸歌，聊爲用材陳諷諭！

我很愛此詩，低徊咏誦，不止一次。初讀之似乎紀開平的一物，細讀之才知是爲蒙古王朝下無數漢人中賢士人才痛哭。蒙古人不識華文，不認識漢人儒生的材具，讓他們困於下位，甚且與倡優同畜。我們每讀元曲的許多諷世之語，總覺得感慨莫名！許氏雖居宰執，但扼於親貴奸邪，不能盡薦賢用士之志，所以藉松林的被伐，作此詩來諷諭，眞是長歌當哭。以詩而論，蒼涼悲壯，嗚咽斷續，也很近於元遺山的歌行，可與劉靜修詩相上下。

分題賦燕山雪 此似與蘇天爵同賦詩末滋溪語可見——寬

居庸嶄嶄青萬疊，一夕陰風出高潔，龍盤虎踞出金城，幻作三山白銀闕。山下有人方遠征，斯人斯境同一淸，楊華撲帳豸冠濕，琼盃逐馬軺車輕。終南太華幾千里，旆旌悠悠幾千里，踈狂豈似剡溪行，要領淸寒肅西鄙。不須戰白爲子歌，擧白浮以金叵羅，滋溪他日更乘興，添築雪堂留小坡。

許氏古詩，嫌於冗漫，像這首短古，首尾夭矯，便覺得氣骨竦動，不減於古之作者。

(3)五言律

五言律體，自宋代以後，就很少得到佳作，遑論元詩小名家如許有壬者，姑抄幾首，以備一格吧。

荻港早行 荻港今屬安徽繁昌縣

水國宜秋晩，羈愁感歲華，淸霜醉楓月，淡月隱蘆花。漲落高低路，州平遠近沙，炊煙青不斷，山崦有人家。

此詩風格，雅近中唐，清霜一聯，婉約有致。

臺府獨坐二首之二

吏散階除近，時清簿領稀。痴蠅旋筆坐，馴雀入簾飛。風濯絺衣冷，香縈縷篆微，尋收未咫尺，又迫雁臣歸。

此詩寫當時元廷儒臣臺省冷落之概，讀前幅可知。

崇禧殿進講

日漾珠簾動，風生寶殿寒，明時求治策，吾道在儒冠。聽納勞前席，咨嗟感從官，黃封頒賜後，愉悅靄天顏。

此詩當是順帝元統間所作，元廷儒臣的講書，例須通過譯史，已經捍格難通，順帝更是淫昏，這次進講，不過是例行文章罷了。

雨後桓州道中

雨後桓州道，清無一點塵，半天雲葉薄，五月草芽新。白雀能知曉，黃羊不畏入，懸鞍有馬酒（即馬潼酒以馬奶釀之），香瀉革囊春。

即事

土屋平無脊，沙岡遠似童，風爐懸馬糞，木臼響車舂。繫尾牛連犢，謀生甕待蛩，醉歌懸帳飲，芳艸正茸茸。

以上兩首、描寫的都是塞外風光。以下摘記他的七律詩：許氏的七律詩，流麗之中，有逋峭之致，能融合北派的遺山體與南派的江西體,不過較之道園、淸容、金華三家的詩人之詩,好像還隔一層境界。

昌平觀光樓

樓前驛騎漲紅塵，樓上嵐光入酒尊，肺腑幾重圍上國，襟喉一路控中原。帝王不恃關河險，玉帛常隨輦轂奔，要看煙光凝紫翠，闌干倚遍待黃昏。

此詩前幅頗爲渾成，只有結句不稱，許氏律詩，都犯此病，所以不能與並時的大家爭衡。

居庸關

老子觀山亦有緣，居庸來往涉三年，淸泉翠壁俱無恙，皓首蒼顏漸可憐。輦路雲霞秋富貴，離宮花草晚喧妍，大夫不辨升高賦，自辨移文第二篇。

這首詩純用劍南詩的家數，頗爲淸切。

過宣德

一簇人家映酒帘，平沙漠漠草纖纖，疏雲漏雨只數點，遠樹隱山餘半尖。春盡詩因愁裏減，地偏寒比夜來添，眼前亦有娛心事，偏野酥香酪正甜。

所寫純是塞外風光，宣德在蒙古建國以後，爲通漢北孔道，馬可波羅遊記，亟記其地。此詩三四句極似遺山雨後丹鳳門登眺「長虹下飲海欲竭，老鴈叫羣秋更哀」的句格。那時北方詩人多學遺山，許氏雖喜江西詩，究不能脫棄北方詩的面目。

薊　州

野風吹盡舊昏祆，懷古長秋慘不驕，紅樹郊原秋瑟瑟，黃雲關塞晚蕭蕭。驛程三日馳千里，樂事百年能幾朝，髀肉暗消時自笑，不應清瘦沈郎腰。

此詩也與前詩同一格調，但末句却纖秀似南人所作了

神山即事

京城汨沒已華顛，恰是山居第二年，松日照窗詩入聖，竹風吹榻夢遊仙。隨人久作悠悠者，處此方知綽綽然，常愧未能忘口腹，時勞昆季致肥鮮。

此詩輕圓流利，頗似清人律句，所以不能入古。

和謝敬德學士入關至上都詩十二首錄一

閶闔紅雲蕩蕩開，天光萬象被昭回，東風清暢來三島，西日微茫認五臺。沙果荆藍資上谷，玉醅金斝瀉懷來，茂陵可笑徒英武，歡樂當知極可哀。

此詩博大昌明，儼然唐詩風格，末句似乎爲元武宗說的。武宗崇信佛老，中葉以後許多變亂，都是此時所種的禍胎。謝敬德名端，元史有傳，與蘇天爵輩都很投契，是延祐以後儒臣之一。

所錄詩止於此，許氏的詞，近代詞家朱祖謀，已收入彊村叢書中，筆者不解聲律，只好從略。

五十五年十一月卅日完稿

原載東海圖書館學報第七期

元集題記

一、劉秉忠之藏春集

（一）版本源流

藏春集撰者劉秉忠，道號藏春上人，〔註一〕故以名其文集。此集今世傳刻不多，茲舉已見著錄者如次：

清盧文弨補遼金元史藝文志：（八史經籍志收）「劉秉忠藏春詩集六卷」。

金門詔補三史藝文志：「集部別集類：劉秉忠太保集六卷」。

錢大昕元史藝文志補（卷四）：「劉秉忠文集十卷，詩集二十二卷，藏春集十卷商挺編。」

右爲史志之屬。

清徐乾學傳是樓書目：「藏春集六卷，元劉秉忠，鈔一本。」

清張金吾愛日精廬藏書志（卷三十二）「藏春集六卷，舊鈔本，元劉秉忠撰……商挺孟卿類集，胡菊圃（重）從天順刊本校，並補錄天順五年馬偉，黎近兩序，板心有檇李曹氏倦圃藏書八字。」

清莫友芝郘亭知見傳本書目卷五別集類四：「藏春集六卷，元劉秉忠撰，至元丁亥刊行，閻復序。明天順二年馬偉刊本，多附錄一卷。」

日本靜嘉堂秘籍志（卷三十九）「藏春詩集五卷，附錄一卷，舊抄本，蓮涇王氏舊藏，元劉爽文撰，中書參知政事魯國文定公左山商挺孟卿類集，中順大夫浙江處州府知府瀛海馬偉廷彥校正，閣復序。」

王氏手跋曰：「康熙歲壬寅三月立夏後，五日借婁東宋氏鈔本再校於慈孝堂之東窗。蓮涇聞遠識。」

右藏書家著錄之類

江蘇省立圖書館目錄集部卷三十三：「藏春集四卷，元瑞州劉秉忠，舊抄本，又一部四卷，紅格抄本，又一本題藏春詩集六卷，抄本。」

北京人文科學所藏書簡目集部別集：「劉太傅藏春集六卷，劉秉忠撰，清文瑞樓抄本。」

右現代公家藏書著錄。

清修四庫全書總目提要別集類（一六六卷）著錄（注）浙江鮑士恭家藏本，據謂：「其所著文集見於本傳者十卷，今只六卷，乃明處州知府馬偉所刊。又謂：「不及所著雜文，故秉忠所上萬言書及其他奏疏，見於本傳者概闕焉，蓋文已佚而僅存其詩」。今按右錄各家著錄，僅金氏稱「劉秉忠太保集十卷」，錢氏則著錄三種，有文集十卷，詩集二十卷，藏春集六卷，其他則概爲六卷本，皆明天順間馬偉刊本。江蘇省圖書館的四卷本，大概是殘本。約略推定，現在傳世的，藏春集祇有六卷本。錢氏的兩種本，其中詩集二十卷本，我疑心是未見原本，祇據傳聞，或者是十卷的訛字。十卷本是據本傳所錄，惟有六卷本是通行的。但令人奇怪的是各本著錄皆是抄本，只有四庫著錄的爲鮑士恭（即知不足齋主人）家藏本，也許是海內孤刻。可是現傳世的知不足齋叢書，却未收此集，不知何故？至於靜嘉堂的書，是收自歸安陸氏的皕宋樓藏，也是抄本，當然是同出一源。

（二）著者事略

劉秉忠是元代的一位神秘人物，也是元代儒治的領導人物。他的生平，元史有傳；柯氏新元史也有傳，其記載大致相同。蘇天爵元朝名臣事略，收他的事蹟資料，除王撰神道碑外，有李葦軒撰的文集序，爲他處所未見。在文集附錄中所收行狀碑志，都是史傳的原始材料，現在如果撰作劉氏評傳年譜，當不至於無從措手。筆者曾爲「元代神秘人物劉秉忠與其藏春集」一文，收入「元代漢軍與漢文化研究」一書中即是根據這些資料寫的。綜覈劉氏生平，以影響元世祖重用儒生，助其取得帝位，而又促成中統至元間的儒治，爲其最重要的功業。對漢文化的延續之功，和耶律楚材之佐太宗，正復不相上下。他生於金宣宗貞祐四年，蒙古太祖的十一年（西元一二一六年），正是中原浩劫，河朔丘墟的大亂時期。本籍邢臺，即金之瑞州，少爲道士，又改從佛徒，釋名子聰，因之入忽必烈藩邸，接近這位雄才大略的蒙古親王。在他左右影響他的思想行動，一手組織「金蓮川幕府」，營建開平府爲上京，世祖即位後，一切典章制度皆其手定。又奉旨還俗結婚，官至太保參政中書，死於至元十一年（西元一二七四年）得年五十九歲，僅得中壽。他死後元廷的儒治亦衰，無怪當時漢人對其追慕不已。王磐神道碑說：

「每承顧問，輒推薦南州人物，可備器使者，宜見錄用。由是弓旌之所招，蒲輪之所赴，耆儒碩德，奇才異能之士，茅拔茹連，至無虛日。逮今二十年間，揚歷朝省，班布郡縣，贊維新之化，成治安之跡者，皆公平昔推薦之餘也。」

耶律楚材能延綿漢化於蒙古統治下者，以薦引儒生爲主，劉氏也是如此。儒生進用，漢文化自能光昌，所以要研究元代漢文化的，此集詩文與劉氏傳狀，是重要的參考文獻。茲據元史撮爲小傳如次：

劉秉忠字仲晦，初名侃，因從釋氏，又名子聰，後更今名。今河北省邢臺縣人，少學道於武安山中，後從釋海雲（本名印簡，元史誤記其字），至漢北入世祖藩邸。世祖爲太弟，奉命營建撫州爲開平府，應對稱旨，曾上書慨論天下事，爲世祖用儒生及漢化之規模。邢州爲世祖封地，勸用儒臣張耕劉肅臨之，邢以大治。世祖即位，改元中統，建號大元，立朝儀，興禮樂，定制，行楮幣，與張文謙，竇默，許衡諸儒臣，弼成中統至元之治，皆秉忠力也。嘗築精舍於上都之南屏山，靜攝其中。至元十一年秋八月卒，年五十九，追贈太傅，又贈太師，謚文貞，無子，以弟秉恕子蘭璋爲嗣。

（三）本集內容

我從中央圖書館藏舊抄本藏春集迻抄一冊，其編次是這樣的：

(一)卷首劉太傅藏春集，末署「至元丁亥四月初吉翰林學士大中大夫知制誥同修國史閻復序」。

(二)卷第一：七言律詩

(三)卷第二：七言律詩

(四)卷第三：七言律詩

(五)卷第四：七言絕句

(六)「卷第五」原未刊樂府

(七)卷第六附錄：此卷計有(1)「拜光祿大夫參領中書制」(2)贈儀同三司太傅諡文貞制(3)張文謙奉勅譔「故光祿大夫太保贈太傅儀同三司諡文貞劉公行狀，(4)王磐奉勅譔；「故光祿大夫太保太傅儀同三司文貞劉公神道碑並序，(5)徒單公履譔故光祿大夫太保劉公墓志，(6)姚樞徐世貞祭文二首，(7)天順五年黎近撰劉太傅藏春集後叙。

此本並無馬偉的序，只黎氏叙中，叙馬偉刋集的經過，和愛日精廬的紀載，微有不合，我怕是張氏以黎序而誤記。在黎氏叙中，已有「然公生平，謀謨之辭，治安之策，述事載道，垂世文敎之文，當不止是」，可見十卷本，傳到明朝中期，已經散佚很多了。因此我有理由相信錢竹汀的記錄，是不曾看見十卷和二十卷原刻本的。

至於劉氏的詩詞評價，我曾在論劉氏文內，略加評述，作爲一個文學家的水準，他是不够的。可是詩以人傳，從他的吟咏性情之中，來看此一代巨人的襟抱，涵養，似乎仍有一讀的必要。清翁方綱論元代詩說：「祇有一段豐致」，我以爲劉氏的詩詞，其「豐致」皆有可取，尤其是詞，頗富風華，朱祖謀收入彊村叢書中，略有品藻，讀者可以參閱。（完）

二、郝經之陵川集

（一）版本源流

陵川集的全名爲郝文忠公陵川集，元初儒學名臣，出使南宋被囚，風節與蘇武媲美的郝經所撰。傳世的僅有兩種本子：一是明刊本，一是清澤州刊本，原來元刊本，久已亡佚。此書見於公私著錄的情形，略記如下：

一、清錢大昕補元史藝文志卷四（八史經籍志本）：

「郝經陵川文集二十九卷，附錄一卷，一王雅二百五十篇」。

二、清盧文弨補遼金元三史藝文志：（同上）

「郝經陵川文集三十九卷，附錄一卷。」

三、清金門詔補三史藝文志：（同上）

「郝經文忠集三十九卷。（一作陵川集）」

四、清修續文獻通考經籍考（五十）

「郝經陵川集三十九卷，附錄一卷。」

五、清修續通志，藝文略七：

「陵川集三十九卷，附錄一卷，元郝經撰。」據注見「文淵閣著錄」

以上史志之類。

六、清陸文源皕宋樓藏書志卷九十五集部別集類二七：「郝文忠陵川集三十九卷，明刊本」。此處所載序文有劉龍、陳鳳梧兩序，記明年月爲正德丁卯。

七、日本靜嘉堂秘籍志卷三九：

「郝陵川集，元郝經撰，抄十本」

所記目次與皕宋樓同，並記云「明刊本今佚」。

八、民國江蘇省立國學圖書館圖書總目（卷三三）集部別集類：

「陵川集三十九卷，附錄一卷，元澤州郝經，清高都王鏐校，乾隆刊本。」

又一部三十九卷，附錄一卷，嘉慶三年刊本。

郝文忠公集二十五卷，道光二十八年刊。」

九、北京人文科學研究所目錄集部：

「郝文忠公陵川文集三十九卷，附錄一卷，年譜一卷，元郝經撰，清王鏐編，年譜清（？）張鶱輯，道光八年刋本。」

以上公私藏書著錄。

關於此集的刋印經過，據淸修四庫全書總目提要說：

「延祐五年，經門人集賢大學士郭貫，以是集與所作續後漢書，官爲刋本。……後官板散佚，明正德巳卯沁水李淑淵重刋於鄂州，陳鳳梧序之。康熙乙酉（四四年，西元一七〇六）武進陶自悅守澤州，得李本於州民武氏家，欲鐫本未果，僅爲製序鐫其首。乾隆戊午（三年，西元一七三八）鳳臺王鏐校刋之，今所行者，皆鏐此本。」

依此所述，無怪此書清代著錄，皆是澤州本。皕宋樓著錄雖有明本，後來書歸日本靜嘉堂主人，不知又何以佚去，僅有抄本傳留？清代藏書家如黃丕介，張金吾（愛日精廬）丁丙（善本書室）皆未見著錄，民國板本家如傅增湘，在他的藏國題記中，此書元刋，明刋之本，皆未出現。大約元板在明初已佚，明板素少精良，不爲藏書家所貴，澤州刋本，在大陸較易搜求，所以著錄稀少了。可是在臺灣，只見有臺大所藏的一種，可算是鳳毛麟角。今年新正到臺北去，我僥倖從姚從吾教授研究室裏，借得一讀，覺得實有撮記的必要。

（二）著者事略與其文學評價

郝經，字伯常，是金末大詩人元好問（遺山）的門人，他的家和遺山關係最密。因此他的詩文經遺山的指點，風格約略相近，可是在學術上，他頗傾向於道學。他幼遭離亂，即以孝行著聞。艱苦讀書，名望漸起，深得元代漢軍定興張氏一系的照顧，能讀到他們在亂離中鹵獲的藏書，使他成爲閎通的學者。也由他們而洊入汗庭，成爲元世祖忽必烈汗金達川幕府的後起之秀。他也許受儒書薰染太深了，對中原衣冠正統的南宋，有心挽救其危亡，毅然出來作和平使者。却因此而被拘囚作了「牧羊蘇武」，作了一個悲劇人物，却成就了他的歷史的大著作——續後漢書（即改編的三國志），也留下不少詩篇，供後人憑弔。他在伯顏渡江前被釋還北，却不久即死於瘴濕復發之病，使得他的官位止於翰林學士國信使。關於他的生平見於元史本傳（卷一五七）其原始材料有一盧摯撰的神道碑銘，二、閻復撰的墓誌銘，三，茍宗道撰的行狀。其間茍宗道是他的出使僚佐，所撰行狀，出於親見親聞，應該是最原始的資料。盧撰墓志，收在元文類中（卷五八），這些都在澤州刋的陵川集附錄中收錄。再加上張撰的年譜，郝氏生平，可謂首尾無闕了。

郝氏爲金之澤州陵川人，本傳記云「家世業儒，祖天挺，元裕（即元好問，字裕之）嘗從之學。」他的父親名思溫，金末避地於河南魯山。這時正大亂，他九歲時曾智救他的母親於死亡，所以自小即以聰穎著名。他的祖父郝天挺，是遺山業師，名在金史文藝傳。本傳又記郝氏說「金亡徙順天（今保定），居五年爲守帥張柔賈輔所知，延爲上客，二家藏書皆萬卷，經博覽無不通」。此事見於郝氏自撰的賈輔神道碑說：

「至其北渡，館於侯（賈）門，一見待以國士，盡以所藏者見付，使之誦讀，日夕周旋。」

賈輔爲張柔的副帥，由賈而之張，輾轉遂爲皇太弟（世祖）上客了。本傳說：

「憲宗元年（西元一二五一）世祖以皇弟開邸金蓮川召經諮以經國安民之道，條上數十事大悅，遂留王府。」

金蓮川幕府，是經由劉秉忠、張文謙等的安排，網羅了漢人中老師宿儒和文學、經世之士，成爲後來中統至元儒治的領導集團，也是元世祖繼承大汗的政治資本。郝氏由張柔門客而洊至此中，張柔也因郝氏的揄揚，而結納了忽必烈，成就了三世的功名富貴。

郝氏對忽必烈取得帝位，頗有貢獻，他曾建議防宋「七道議」，與東征議，爲南征的策略。頓兵黃溍時又進班師議，使能爭取時機，早定大位。這些大文章，本傳曾摘錄東征議，元文類收他的班師議與中統初元進的立政議，這些也都收在本集裏面。

郝氏之通使南宋，實在出於他自己的請求，其動機實想保全「衣冠正朔」之邦。這在他的使宋文移中所致李庭芝、（制帥）賈以道和上宋帝書各文件裏，所說皆是披肝膽瀝，一片誠意，可以概見。偏偏賈似道壅蔽朝廷，怕他南來入朝，泄露鄂州戰役的眞相，竟把他拘禁於眞州（今江蘇儀眞）館舍，這眞是天意亡宋，不止是他個人的悲劇了。

郝氏卒於至元十二年，年五十三歲，（一二二三——一二七六），他在南方被囚時曾有鴻雁繫帛的故事，這方繫帛，後來名人題咏很多，所以把他與蘇武並稱。

元代文風，前期繼承金源，由元遺山傳之於東平，河朔。名儒爲王惲，劉因，與郝氏，文章則明白練達，詩則氣骨高蹇，都是元氏一脈。遺山墓志碑銘，亦是郝氏手筆，還有祭遺山文，及題甘露碑詩，皆推重師門，爲之辨正出處。限於篇幅，不能具論。我曾摘錄了他幾首詩，古今體都有，我覺得七古詩踔厲風發，和劉靜脩不相上下，七律詩在北方的多慷慨之音，在南方多秀潤之致。此點我想在另文「評元初北方詩」中詳述之。

(三) 本集內容

我所讀到的陵川集，正是乾隆時澤州原刋之本，字畫清晰，校讐詳明，很少錯字。卷首所刋的序言，計有：

一、乾隆三年澤州知州錢塘朱樟序

二、澤州知州武進陶悅序（此只製序而未及刋行原書）

三、正德三年廬陵陳鳳梧序（此即明刋本原序）

四、延祐丁巳東平李之紹序（此重錄元刋本之序）

五、官修劄付文移二件

①延祐五年中書省劄付轉奉聖旨。

②中書省移江西行省咨文。

據咨文知道元印只二十部，後來是否續印，不得而知，無怪到明代便絕迹了。

六、元史本傳

七、墓志行狀三首

七、封贈郝氏呈文及詔敕

卷首所收多是序言及生平資料，其次是詩歌，再以下面係文章，凡二十六卷，這裏面有關史料的文章有：

一、序類：送常山劉道濟序　（據秋澗集卓行劉先生墓表應爲內丘人）送漢上趙先生序

二、奏議類：東師議　班師議　立政議　河東罪言　便宜行政　備禦奏目

三、墓志銘類：遺山先生墓銘　房山（劉祁）先生墓銘　毛君墓志銘（張柔妻父）　賈侯（輔）神道碑銘　公（張）夫人墓銘　何侯（伯祥）神道碑銘　楊公（惟中）神道碑銘

四、使宋文移：共十二篇

文章之外，便是詩歌，自卷二起至卷十五止。正集之外，附錄一卷，所收的詩文有：

元遺山贈詩　郝先生天挺墓銘，劉因憶郝伯常詩　送郝季常序，王惲壯士吟　張翥等題鴈帛詩（以上金元）宋濂題郝伯常書後，陶宗儀輟耕錄三則（以上明）王士禎池北偶談一則（清）。另有延祐戊午馮良佐後序，及乾隆戊午王鏐跋各一則，敘刋本的經過。統觀前後，此書刋板經過，以及郝氏一生事蹟，大概全備。只可惜尚未附郝氏年譜，在今天似乎還可以根據元史志傳與本集詩文重行補訂一篇詳明的傳記及年譜呢。（完）

（原載東海大學圖書館學報第五期）

三　王惲之秋澗先生大全文集

（一）版本源流

秋澗先生大全文集，元王惲著，其著錄的版本如次：

一、錢氏元史藝文志卷四：

集部：王惲秋澗大全集一百卷。

二、金門詔補三史藝文志：

集部：王惲秋澗集一百卷。

三、盧文弨補遼金元藝文志：

集部：王惲秋澗大全集一百卷。

四、續文獻通考：

集部：王惲秋澗集一百卷。

右爲史志之屬。

五、淸修四庫全書總目提要卷一六六

集部別集類十九：秋澗集一百卷（兩淮馬裕藏本）元王惲著，

六、皕宋樓藏書志：

秋澗先生大全文集一百卷（元刊本元印本季滄葦舊本）

秋澗先生大全集元王惲撰一百卷附錄一卷（明宏治刊本行款與元刊同）

七、清張金吾愛日精廬藏書志（卷三十三）

秋澗先生大全文集一百卷舊抄本元王惲撰

八、莫友芝郘亭知見書目：

秋澗集一百卷，明抄本

又舊抄本，中州名賢文表刊六卷。此條記張金吾有舊抄本，季氏（滄葦）目有元抄本

九、丁氏善本書室藏書志（卷三三）

秋澗先生大全集一百卷，明宏治翻元刻本。

又一部，宋賓王鈔校本汪閬源藏書

丁氏八千卷樓書目著錄同。

十、培林堂書目

元王惲秋澗集一百卷抄二十冊

十一、北平圖書館善本書目卷四：

秋澗先生大全集一百卷，元王惲撰元刻明印本。

附註存四十四卷

又一部，抄本全

十二、民國莫伯驥五十萬卷樓羣書題跋：

秋澗先生大全集殘本七十一卷，影寫元刊本

右公私藏書著錄。

東海館藏秋澗集二種，一商務印書館四部叢刊景印明弘治翻元本共二十四冊，一叢書集成排印本廿冊。秋澗集在元人集中，編刻最爲完備。板本只有二種，一爲元至治間江浙行省刻本，一卽明弘治間車璽序之衞輝翻刻本，四部叢刊所收的就是這個本子。這部書的原本中央圖書館還收藏得有，已記入鳥瞰表中（圖書學報創刊號）。惟原書板本漫漶的地方很多，每一卷中，皆有連片漫漶之處，且有空白頁數，如中堂事記，卽有闕漏，一時又難得原抄本校之，對史事考證，不免窒碍。元刊本與翻本的不同之處，據丁氏善本書室藏書志說：

「惟元刊之王構，王士熙，王公儀，羅應龍等跋皆闕，元刊制詞，哀挽，墓志，皆刻總目之後。」

又跋鈔本：

「前有至大己酉翰林學士承旨王構序，延祐七年王士熙序，至治壬戌嘉禾郡文學掾羅應龍書。……又王秋澗先生小像及附錄一卷，並目錄一百卷。後有延祐七年庚申中男王公孺書，後至元改元右衞王秉彝後序。」

此跋又記宋賓王書云：「元時刻本……中間計欠百餘頁。……茲從就室上人手鈔本錄得之，終篇只欠六頁。」可知元刻早有訛奪之處，景印弘治本的漫漶之處，也無足怪了。

（二）著者事業

元代的北方之學，應以元好問爲開山人物。元氏北渡，影響漢軍東平嚴氏興學修文，亡金的儒生，一部份暫時得了歸宿之處，後進的學子，也得到指授，成就學問。王惲便是經元遺山指授的一人，也是出身於東平學士集團而進入了中統至元的儒治行列。他的詩文自少卽錚錚有聲，又是「吏學」世家，明於律例，有經世的抱負，治事的幹材。他是衞州汲縣人(今河南汲縣)，父親王天鐸，是位老吏，而親近儒學，深通易理。他又是太一教的家庭，繼母老年卽爲女道士，和太一教主蕭公弼以下，有很深的交誼。他似乎是由東平宣撫姚樞所汲引，又得到右丞張文謙的賞識。更因爲籍隸眞定防區，與史天澤幕府王顯之有交誼，因而受到史氏的垂青。他爲史氏做的表揚文字很有幾篇，眞定史氏的庇廕儒士，愛民勤政的治績，多藉着王氏的文筆而傳留史冊。他參預中統建國的大業，留有中堂事記一書，足以考知當時草創制度的輪廓。他也參與了至元監察制度，肯建議，肯彈劾，風骨稜稜。他又做過太子眞金的宮寮，曾撰了一部承華事略，是元代帝王教子的教科書。他曾在福建任官，對至元末年閩贛羣盜的禍亂因素，很明瞭，也向元庭懇切進言，使後人知道蒙古色目軍帥在南方一部分的惡蹟。他似乎很喜歡著書，對自己的文章著作，收拾很勤，所以全集內容很充實。玉堂嘉話，烏臺筆補，和在官所上的奏疏皆一一保存，足够後人考證元代政治民生之用。他也是位書家，很精於賞鑑，集中的書畫題跋，也可供治元代藝術史的參考。他卒於元成宗至大八年（西一三〇四）年七十八歲，上溯到宋理宗端平三年（太宗八年）（西一二三六）應該是他的生年，所以他是十足的元朝人，也正是元遺山北渡後所培養的下一代。

王惲字仲謀，秋澗是他的別號，他的生平，見於元史本傳（卷一六七）柯氏新元史傳文大致相同。秋澗集後附錄他的神道碑銘，是他的兒子王公儀撰的。秋澗集中有他自撰的上代碑傳，家乘，所以他的傳記資料，是明確而完備的。不過全集未附年譜，清吳榮光歷代名人年譜，記他的生卒，許是摘自史傳與本集。我尚未讀他人撰的王氏年譜，以王氏的文章事功，似乎有補輯譜製的必要。現在節鈔元史本傳如次：

王惲字仲謀，衞州汲縣人……父天鐸，金正大初以律學中首選，仕至戶部主事（案據家傳金亡入元仕於本州後卽退居）惲有材幹，操履端方，好學善屬文……中統元年……以選至京師，上書論時政……擢爲中書省詳定官。二年春轉翰林修撰，同知制誥，兼國史院編修官，尋兼中書省左右都司都事。至元五年，建御史臺，首拜監察御史，知無不言……十年奉命試儒人於河南，十四年除翰林待制，拜朝列大夫，河南北道提刑按察副使……十八年拜中議大夫，行御史臺侍書御史不赴。裕宗在東宮，惲進承華事略；凡二十篇。……令諸皇孫傳觀其書，弘益居多。……二十六年，授少中大夫，福建閩海道提刑按察使，黜官吏貪汙不法者凡數十人……乃進言於朝……（卽前段所敍閩事的建議）二十八年召至京師，二十九年春，見帝於柳林行宮，遂上萬言書。……成宗卽位，獻守成事鑑一十五篇，所論悉本經旨。元貞元年加通議大夫知制誥同修國史，奉旨纂修世祖實錄因集聖訓六卷上之。……大德八年六月卒……著述有相鑑五十卷，汲郡志十五卷，承華事略，中堂事記，烏臺筆補，玉堂嘉話並雜集著詩文合爲一百卷。」

從他的一生事蹟來看，學術上得到揚奐，元好問兩位亡金文學大老的指授，少年時廻旋於東平，眞定兩大漢軍幕府，親見那些遺老保全中原文化的努力經營；又身與中統至元儒治建國的行列。他又銳志著作，凡有見聞和抱負都把它撰述成書，却又得賢子孫把全部著作，編輯成書，所以這部秋澗大全集，無論研究元代學術，或蒐求蒙元文化史料，都有甚高的價值值，得加以表彰。

（三）　學術大要與全集內容

秋澗是元代北方之學的重鎮，直接紹承元遺山的文章之學，但也親炙至元儒臣，對道學亦有因緣。但最了不起的還是他的經世之學。由此而紀錄下他所見聞的幾件大事，也成爲治元史的重要資料。茲略述之：

關於秋澗的詩文之學：集中共有頌賦一卷、詩三十三卷，記序，雜說，行狀碑志，以至其他雜著的二十九卷，又樂府四卷，和題跋三卷，也應該屬於文章部分，其數量可謂豐富了。他的兒子王公孺所撰文集後序說：

「先考文定公人品高古，才氣英邁，勤學好問，敏於製作，下筆便欲追配古人，騰芳百代。……

自其弱冠已嘗請教於紫陽，遺山，鹿庵，神川諸名公，愛其不凡，提誨指授，所得爲多；及壯周旋徒單侍講，曹南湖，高吏部，郝陵川，王西溪，胡紫山之間，致博學能文之譽，聞於遠近。……遇事論列，隨時紀載，未嘗一日停筆。」

同時人王秉彝序說他：

「語性理則以周邵程朱爲宗，論文章則以韓柳歐蘇爲法：才思泉湧，下筆輒數千言。」

又集中附錄同時人陳儼所爲哀挽詩序，也說他：

「惟公嗜古力學，凡所未見書訪求百至，必手爲謄寫，老大尤篤……平生詩文幾四千篇，雜誌總八十卷，方易簀，始停筆，其勤可謂至矣。」

這些評讚，雖出於子弟交游之文，但按諸集中詩文，並非虛語。他的詩極尙氣骨，歌行很像遺山，與劉靜修不相上下。律詩也動盪開闔，不作小家口吻。元詩選乙集秋澗詩小序說：

「秋澗詩才氣橫溢，欲馳騁唐宋大家間，然所存過多，頗少持擇，必痛加芟削，則精彩愈見。」

以我所讀，秋澗詩雖然所存稍多，不免有率爾酬應之作，但是造語下字，從不任意漫筆。較之其他老壽詩人晚年詩作的冗率荒傖者（如劉克莊後村集，方回桐江集，七十以後之詩幾不可讀，放翁晚年詩，亦多重複），似乎較勝一籌。大約他的五古詩頗有宋調，七言歌行，似自長慶入手，七律和絕詩則純然遺山風調。茲抄一首長慶行，見他的詩淵源所自，詩題是「長慶行酬暢純甫，贈元白二集」；

長慶詞人幾勁敵，名動華夷但元白，拾遺樂府卽諫章，相國絲綸號新格。天教韓柳出同時，要使詩壇闕清逸，年來愛白復愛元，老厭風花喜情實。圖書東壁黯精熒，五十年來無是集，有時擬賦三兩題，斷簡殘編僅佔畢。暢君好書似郭侯，荷囊去躍龍驤舟，臨江釃酒參幕畫，佳麗看盡東南州。棄人所取取所棄，青帙萬卷推行軸，蒼江夜靜虹貫月，不羨光敵琳琅璆。三吳歸來巾一幅，蝦蟆池頭兩掾屋，足跟不踏貴人門，磊落羣書載其腹。自欣沈滯潤有餘，贈我兩編償不足，恍遊赤水得玄珠，笑入荆巖抱和玉，脩脩庭竹北窗風，準備殘年霑臉馥。

這首詩章法分明，句律妥貼，摹白詩格而用杜的句法，也可算是「老手」了。秋澗的七律詩也不少，摘抄燕城書事一首：

都會盤盤控北垂，當年宮闕五雲飛，崢嶸寶氣沈箕尾，慘澹陰風貯朔威；審勢有人觀督亢，封章無地論王畿，荒寒照破龍山月，依舊中原伴落暉。

這首詩當然不及遺山入燕詩的高華，但風格遒勁，正是他的嫡傳詩派，限於篇幅，不能多舉了。至於王氏的文章，多係有爲而作，似乎取徑於韓昌黎。造句喜歡用詰曲聱牙的硬語，雖不像姚燧的古奧難讀，但也算是「硬語盤空」了。文章中有關史棄的篇目，約略記之如次：

三十八卷：熙春閣記，記汴宋宮殿北遷的遺制

清暉殿記　記太一敎蕭輔道軼事。

三十九卷：秋澗集，文徑很像柳州，記秋澗取名的意義。

堆金塚記，太一敎文獻。

終南山集仙觀記，全眞教文獻。
崇玄大師榮君壽堂記，全眞教文獻。
大都宛平縣京西鄉創建太一集仙觀記，太一教文獻。
隆福宮左都威衛府整暇堂記，有關元代漢軍建制的沿革。
青巖山道院記，與眞常觀記，兩文全眞教文獻。
泛海小錄，記元代征倭軼聞。
四十一卷：故翰林學士張公挽詩序，記張耀卿有功儒學情形。
四十三卷：總管范君和林遠行圖詩序，可備元代和林掌故。
西巖趙君文集序，可考耶律門下趙著呂鵬飛兩人行迹。
崇眞萬壽宮都盟馮君祈晴詩序，文有「奉正一法」語，可供考證元代正一教北來文獻。
朝儀備錄序：可考證元初典制。
四十六卷：吏解篇，有關治道，可考查元代吏胥之治。
四十七卷至六一卷，皆行狀碑誌之文，可供治史參考者。
（一）道教資料有「太一二代度師贈嗣教重明眞人蕭公行狀」「太一三代度師先考王君墓表」，「太一五祖演化貞常眞人行狀，衛輝路道教提默張公墓碣銘，皆太一教重要文獻。「衛州胙城縣靈虛觀碑」，故普濟大師劉公道行碑「…尹公（志平）道行碑銘」，「衛州創建紫極宮碑銘」，

「輝州重修玉虛觀碑」，「大都路涿州隆禧觀碑銘」，「大元奉聖州新建永昌觀碑銘」，「寂然子霍君道行碑銘，」皆全眞敎文獻。

(二) 關於元代漢軍人物者：有「故眞定五路萬戶府參議兼領衞州事王公（昌齡）行狀」，開府儀同三司左丞相史忠武公家傳」，又「忠武史公祠堂碑「大元故眞定路兵馬都總管史公（楫）神道碑」爲永清史氏文獻。故蠡州管匠提領史府君行狀」，「盧龍趙氏家傳」，「大元故廣威將軍屯田萬戶聶公（聶楨）神道碑銘」，「故金吾衞上將軍：賈公（德）行狀」，「行工部尚書孫公（威）神道碑銘」，「大元故懷遠大將軍萬戶唐公（琮）死事碑銘」，爲漢軍及元代工匠文獻。賈德未入元史列傳，唐琮死於安南戰事，皆可補史志的闕佚。

(三) 關於其他者有「兀良氏先廟碑銘」，可考查元初四狗速不台以降三世的戰功；稷山姚氏（天福）先德碑」，「大元故中奉大夫浙東道宣慰使陳公（天祐）神道」銘，可考證元代御史臺文獻。再像南鄘王氏家傳和文通先生墓表（王天鐸）秋澗的先世事蹟，可以考見。又碑陰先友記」，差不多羅列了金元之際北方儒生的姓名，更是元代學術史的重要參考了。

文章之學之外，秋澗的經世之學，在元初卓然有名。集中所收的承華事略，烏臺筆補，王堂嘉話和中堂事記都可以考見。集中上世祖皇帝書，(三五卷)大綱有十六點，①議憲章，②定制度，③節浮費，④重名爵，⑤議廉訪司，⑥議保舉，⑦設科舉，⑧試吏員，⑨恤軍民，⑩復常平，⑪廣屯田，⑫息遠略，⑬感和氣，⑭崇敎化，⑮減行院，⑯絕交貢。都是針砭時弊之言，已是至元中期，儒治大行之日；而政治的闕失，有待於改著者，還有那麼多，從可知世祖一代政風的側影。至於中堂事記與玉堂嘉話，紀載元初行政建設，與儒生人物的動態，很可以作專題研究，限於篇幅，只有留待他日再談。

秋澗生當理學北來，許衡儒治建議見用之際，又受姚樞（元初介紹理學之中堅人物）的知遇，所以對性道之學，也很留意。集中如醉經堂記（五六卷）王氏易學集說序，書太極圖後，都是發揮道學的義蘊。王公孺所撰神道碑說他：

「操行純古……與人交樂易直諒：常曰『士當行其所學，明義達道……平生篤於禮義，視勢利蔑如』……」

這豈不是一位道學之士嗎。（完）

四、魏初青崖集題記

（一）版本源流

元魏初青崖集，各家著錄很少，現在傳世的只是淸修四庫全書時從永樂大典所輯的抄本，被收在商務印書館景印的四庫珍本書裏面，臺灣藝文印書局善本叢書亦據此本景印，查考私家著錄，只有錢唐丁氏八千卷樓書目卷十六集部別集類收錄稱：

「青崖集五卷抄本」

顯然地是自四庫本轉抄而來的，據提要說：

「焦竑經籍志載魏初青崖集十卷，文淵閣書目亦載魏初青崖文集一部七冊，是明初原集尙存，其後乃漸就亡佚。今從永樂大典所載詩文搜輯裒綴，釐爲五卷，猶可見其崖略」

錢氏元史藝文志補，盧氏遼金元藝文志，金氏三史藝文志，皆未著錄此集。

（二）著者事略

青崖集著者魏初的事蹟，見於元史卷一之四本傳。柯氏新元史，卷一九一，亦載其傳，新史較元史略增事實，那是根據青崖集所載的文章增加的。但關於他的祖父魏璠的事蹟，却較元史刪去很多，大概是因爲魏璠在金史已有傳，所以從略了。

據元史本傳說：

「魏初字太初，弘州順聖人，從祖璠……（叙魏璠在金事功及進言元世祖事）以疾卒於和林，年七十賜謚靖肅，初其從孫也，璠無子以初爲後」

新史具述他的祖父之名說：

「……祖璠金進士，父思廉金甄官署令」

在金的盛時，山後雲蔚各州，是文化發達的地方，科名世家，多在此處。魏家也是科名世家，魏璠是金末元初的有名學者，對元世祖儒治的政策，貢獻很多，可與張德輝，李冶等並美。同時在金哀宗流離歸德蔡州一帶時期，慨然奉詔向强藩武仙徵兵，王鶚汝南遺事（商務叢書集成本）卷一詔答恒山公請誅魏璠條記云：

「乙卯詔答恒山公武仙曰……初璠被命與大侄昌哥等領忠孝軍數人，夜衝敵營，徵仙入援，璠至西山，適仙與敵戰大敗，軍潰，璠矯制招集散亡至數千。及與語，璠正色厲詞責仙不赴君父之難……仙乃忌璠等，拘於空谷中，日給麥仁數升；隆冬雪飛，凍餒殊甚，睢陽路通，乃縱歸。璠見上，具道仙短，仙每遣人奏璠非：」

元史卽取此事入傳而文句加詳，又說：

「金亡璠無所歸，乃北還鄉里。庚戌歲，世祖居潛邸，聞璠名徵至和林，訪以當世之務。璠條陳便宜三十餘事，舉名士六十餘人以對，世祖嘉納，後多采用焉。」

蒙古統治下漢文化之延續，實賴耶律楚材用儒士爲徵課使，開科試士免除徭役於前；元遺山北渡在趙魏之間，影響漢軍定與張氏、東平嚴氏等選用儒生，講求禮樂。到了劉秉忠入居世祖藩邸，引用儒生，造成邢州之治。魏璠的薦引儒生，建言儒學，堅定他以漢法治中原的決心，遂有中統至元儒治的規模。所以魏初是儒學世家，也是至元儒治的名臣。本傳對他的事績僅採取二點：

一、爲監察御使建言制定法令頒行天下，和諫宮廷宴飲。

二、諫免大都括兵與建議舉人代官之制。

此外僅敘他的歷官蹤跡不及其他。以我所讀靑崖集，覺得他服官南土時，很喜歡與南方文士宴游倡和，對元廷引用南士、也很支持，如送程侍御鉅夫詩：

「一封丹詔九天來，御史靑驄翰苑才，廊廟久勞思稷契，丘園初不望鄒枚。定知天下無雙士，正在君侯此一廻，自昔楚材爲晉用，中原麟鳳莫深猜。」

程氏訪賢江南、爲元代中期儒治之一大事。魏以北官爲之游揚，實有影響力量。南宋亡後，杭州仍然是詞流聚會之所，周密、方回、戴表元、仇遠、白珽諸人都在那裏。北方的文人，如張夢符，鮮於伯機之流也在那裏，享受金粉湖山之樂。其他還有奉答楊左丞五言律詩，楊左丞名鎮，宋駙馬，時爲江西左丞，詩中極致推崇，亦可見其待南士的情形不惡。集中又有山莊雅集圖序，正記杭州文酒之宴，惜未記與會人士，只云又令子昂趙君圖之。」可見此會有不少杭州文人在內。

（三）本書內容

靑崖集計分五卷：

卷一五言古詩　七言古詩　五言律詩　七言律詩

卷二六言詩　七言絕句

卷三詩餘　序記

卷四書　表　奏議

卷五銘　神道碑　誌銘　行狀　贊　祭文　雜著

這種分類，很不合文章分類的法則，不過是四庫修書時，館臣隨意的抄撮區分而已。惟詩文中可供治史參考的有許多篇，另記如次：

一、詩詞類有：

（一）五古奉答楊左丞的詩，可以考勝國王孫的下落。

（二）五律順聖溫泉留題有序，可考魏氏祖孫的行止。

（三）七言律白塔遇表兄有序，表兄卽劉好禮，官於謙州，元史有傳。

（四）七言律輓孟待制駕之，孟係耶律楚材所延攬之中原儒士，詩極蒼涼悲慨，可推知蒙古初期引用的儒士，幾已隨耶律氏謝世而寥落。

（五）詩中往還，多亡金名士之後代、及中統至元初期之儒臣，可考見那一時期之儒流交往。如雙溪丞相壽滿江紅一闋，雙溪卽耶律鑄，著雙溪醉隱集，從詞中可想見名家世德的風度。

二、文章類有：

（一）奏議若干首，可考嚴至元儒治的側影，他和王惲，都是有名的監察御史，如果考元代監察制度，此兩集皆有可以參考之處。

（二）序題有若干中原儒士的言行，和杭州文士的游踪，如素庵先生事言補序，素庵曾與魏璠及當時名僧木庵英上人交往，杭州雅集圖已見前述。

（三）記中有道教文獻數篇，如重修恒州三皇廟記，重修磻溪長春成道宮記，勑修眞武廟記，重修北嶽露臺記，重修寶鷄佑德觀記皆是。

（四）碑誌類很多有關漢軍的資料，如總押七路兵馬邸公神道碑銘，是紀述五萬戶邸氏的家事，故總管王公神道碑，是記張柔得力輔佐王汝明的事蹟，是考元代漢軍的重要資料。又先君墓碣銘，紀述魏氏先代事蹟很詳。

（五）雜著類有庸齋先生哀輓詩引，叙述元遺山北渡後與河朔名士交游很詳，也是治元代漢文化的參考文獻。

青崖的詩文皆有遺山家法，他在贈高道凝詩序裏說：「歲丙辰遺山元先生入燕，初朝夕奉杖屨」四庫提要說他：

「是其學本出元好問，具有淵源，故所作皆格律堅蒼，不失先民軌範」。

我細讀他的詩，仍以七律最多，七言古詩，，氣骨蒼勁，如杭州大雪詩：

「寸腸不用多蟠結，千計百思徒屑屑，春風昨夜到梅花，況是西湖好晴雪」

音節瀏亮，顧盼不凡，很有河朔健兒的神彩，正是元代北方詩的一脈。又七律如白塔遇表兄詩：

「蜀道山尖上似天，謙河雪片大如綿，兵塵澒洞七千里，音信消沉十一年。馬上相逢有今日，鏡中驚歎各華顚，幾時收拾田園了，風雨燈窗共醉眠。」

一氣清空不作溢語，三四豪蕩，簡直是遺山風格。又如拜詔詩「萬國衣冠有今日，九天宮闕照神州。」

通明閣三四一聯「瀛洲方丈知何有，渭水終南畫不成」，也完全是遺山壬辰書事，與入都詩的路數。其格在郝陵川之次，不過書卷不多，所以他的文章還不免簿書的氣習，遠不及劉靜修，郝伯常了。集中的詞收有四十三闋，豪邁的筆鋒，也是辛稼軒劉改之一流，還未受晚宋夢窗一派詞風的漸染，如滿江紅爲張右丞壽二首第一首的前闋：

「梁甫孤吟，已認得眞龍頭角，記當日江山如畫，一時英略。立馬便談天下事，鳳池十倍楊州鶴，更詩書萬卷浴心胷，無丘壑！」

可以概見其餘，但論元詞者很少談到，大約也因爲此集過於冷晦吧。

五、趙孟頫之松雪齋集

(一) 板本源流

松雪齋集，元趙孟頫（松雪）撰。此書的板本，公私著錄如次：

一、錢大昕補元史藝文志：

趙孟頫　松雪齋集十卷，別集一卷，續集一卷。

二、盧抱經補三史藝文志：

同錢氏藝文志

三、金門詔補三史藝文志：

趙孟頫　松雪齋集十卷（少別集，續集）

以上史志之類

四、陸氏皕宋樓藏書志：

松雪齋文集十卷，外集一卷，附錄一卷，元刊元印本（收有黃丕介蕘圃題跋）

又趙子昂詩集七卷

五、士禮居藏書題跋記卷六：

松雪齋文集十卷，外集一卷，續集一卷，元刊本（有短跋一則）

六、潘氏滂喜齋藏書記下册

元刻趙松雪文集十二卷，外集一卷，一函二册　沈璜校刊（附跋一則）

七、丁氏善本書室藏書志卷三十三

松雪齋集二卷，明萬歷刊本，眞定梁氏藏書

松雪齋文集十卷，外集一卷，至元刋本，陳西昀藏書

八、江蘇國學圖書館圖書總目卷三三集部別集類元代一

松雪齋文集十卷，外集一卷，元湖州趙孟頫至元刋本

又一部十卷，外集一卷同上上海涵芬樓影印元刋本

又一部　　同上　康熙海上曹氏城書堂刊本

又一部　　同上　光緒洞庭楊氏刊本

又一部二卷　同上　萬歷刊本

九、東莞麥氏五十萬卷樓羣書題跋：

松雪齋文集十卷，外集一卷，元刊本，汪秀峰孫淵如舊藏

以上公私藏書之類。

這部松雪齋集，東海圖書館藏有兩種，一是四部叢刊本，即上海涵芬樓影印元刻本，即皕宋樓志滂喜齋記與丁氏善本書室志著錄的至元刻本，花溪沈璜校刊的本子。一是清刻的，即江蘇圖書館著錄的洞庭楊氏刻本。此書據皕宋樓志說：

「案此元刊元印本，每葉二十四行，每行二十二字，大黑口，行狀後有花溪沈璜伯玉校刊一行。」

潘氏滂喜齋題記說：

「……趙集當以此爲第一祖本，字體圓勁，亦倣松雪翁，述古錢氏（遵王）所藏此本。」

丁氏志稱：

「花溪在歸安縣東二十里，璜與沈夢麟（元末詩人）同族，與趙氏有連也。」

清修四庫全書提要（卷一六六，別集類一九）述此集原委不甚詳悉，僅稱：

「楊載作孟頫行狀，稱所著有松雪齋詩集，不詳卷數，明萬曆間江元祫所編松雪齋集，寥寥可

數。實非足本。惟焦竑經籍志載孟頫集十卷，與此本目次相合，外集雜文十九首亦他本所未載，蓋全帙也。」

此書題下注僅稱「江撫巡撫採進本」，不知是否即至元刋本？提要作者對松雪降元，很不滿意，所以沒有詳加推闡。可是綜合諸家著錄來看，此集來源另有一種版本，即後至元刻，花溪沈璜校刋的本子。涵芬樓此本影印元本，當與皕宋本與後來潘氏丁氏所藏的相同。至於另二種，「趙子昂詩集」和萬歷刋的二卷本，現皆未見。至洞庭楊氏刋本，原是康熙海上曹氏刻本，卷首有曹培廉序說：

「元趙文敏公松雪齋集十卷，公子仲穆所編次，至元（後）間刋於花溪沈氏，外集一卷，亦沈氏家塾所刋也。家大人舊有抄本，近從長洲友人家，獲有先朝文博士壽承所藏原刻本校正其譌缺，復裒他書，及石刻所載，合之家藏墨跡，爲續集一卷，其行狀諡文，仍列卷末，而弁元史本傳於集首以備參考云。」

末署康熙癸巳，即康熙五十二年，（西元一七一三年）距乾隆修書時已較近。自此以後，松雪集有新集流傳，讀書人也易於獲得，所以藏書家不復視爲珍異了。不過元刋本「字畫圓勁」確實可愛。葉清輝書林清話「元刻多用趙松雪體字」條引徐康前塵夢影錄說：

「元代不但士大夫競學趙書，如鮮於國學，康里子山，即方外如伯雨，亦刻意力追，且各有自己面目，其時如官本刻經史，私家刋詩文集，亦皆慕吳興體。」

可見元刋版本之不可及。至於此書洞庭楊氏刋的，字跡端秀，線條清晰，我疑惑康熙曹刻的原本，就是影摹至元刻本，楊氏又照樣翻刻，所以才能保持古色古香的面目呢。

（二）松雪生平與其詩學

本書著者趙孟頫，字子昂，南宋的王孫。他的藝術造詣，在中國書畫史上，是第一流人物。我於此沒有研究，姑不必論。只談他的身世與其詩學：趙氏本傳，在元史卷一七二，新元史卷一九〇，所記他的生平，元史傳文較詳，大概是根據楊載所撰的行狀。（此文載洞庭楊氏刋本外集後）後人對趙氏入元甘爲文學侍從，都嫌他沒有骨氣。其實蒙古侵華，殺戮過慘，草原民族的性格，根本不正視文化。兵鋒所至，血淵骨嶽，所以這時代的文人屈身降虜來保存斯文一線命脈，其心迹是可以原諒的。南宋臨安之降，是經過軍前協商的，未下的城池地方，都由帝后詔書放棄抵抗，才使江南保全無事。趙氏宗族隨之北上，原是俘虜的身分，並非覥顏富貴。至元時代，原是儒學進用之時，程文海（鉅夫）江南訪賢，使江南的儒學、文藝傳播北方。金華永康兩學派延續到元季，還產生了宋濂劉基這些人，爲朱明革命的政治幹部。趙氏原來閒居在家，就是在這次被訪遺逸期間北上應詔的。當時大儒吳澂，也是這一次出山的。有了這些南方的學者北上，遂造成了後來仁宗延祐時的儒治，重開科舉，奠定程朱學統；在這種意義上，我們到不忍苛責趙氏以及那些同時北上的儒生。不過在本傳及楊載行狀中，我們也可以看出這位勝國王孫，在汗庭的遭遇也很可憐，常常受些無謂的中傷。如初見元世祖時卽有人讒毀，本傳：

「孟頫才氣英邁，神彩煥如神仙中人，世祖顧之喜，使坐右丞葉李上。或言孟頫宋宗室子，不宜使近左右！」

又如趙氏曾議至元鈔法，但又招來痲煩。本傳記此說：

「或以孟頫年少，初自南方來，譏國法不便，意頗不平。」

又他曾以入朝遲到，受到笞辱，也見本傳：

「桑哥（權相）鐘初鳴時，即坐省中，凡曹郎後至者則笞之，孟頫偶後至，斷事官遂引孟頫受笞！」

又曾以太祖子孫見忌，自請補外，見本傳：

「帝問：『汝太祖孫耶？太宗孫耶？』對曰：『臣太祖十一世孫。』帝曰：『太祖行事，汝知之乎？』孟頫謝不知。帝曰：『太祖行事多可取者，朕皆知之。』孟頫自念久在上側，爲人所忌，另請補外！」

在仁宗延祐時代，趙氏入爲翰林承旨，頗見親幸，但依然有人說他的閒話。本傳：

「帝常與侍臣論文學之士，以孟頫比唐李白宋蘇子瞻；有不悅者間之，帝初若不聞者，又有上書言『國史所載，不宜使孟頫與聞者』！」

這些事實，皆見楊載所撰行狀中。松雪齋詩多述寒儉情態，可見在此時期，精神物質，皆不優裕。亡國之民，那裏說得上功名顯赫呢？

趙氏的詩，和同時戴表元（剡源集）袁桷（清容集）的風格不相上下。溫厚明俊，有唐人的風調。迥非江西詩派，却又不是江湖四靈做晚唐詩那樣的纖弱瑣細。後來「虞楊范揭」的詩風，都與之同一淵源。楊載，更親承他的指授。所以清顧嗣立寒廳詩話說：

「元詩承宋金之季……東南倡自趙松雪（孟頫），而袁清容（桷）鄧善之（文原）貢雲林（師泰）輩從而和之，而詩學爲之一變。」

假如我們把元代詩壇，別爲南北兩派，趙氏應該是南派詩宗了。本傳說他「詩文清邃奇逸，使人有飄飄出塵之想。」這也是出於楊載行狀的推許。我曾細讀其詩，覺得他的古詩冲澹安雅，頗有六朝的風格。頗想學陶，但是傷於詞彩，不能達到素樸的境地。也許取法於王維、韋柳（在南宋時，朱熹很推重韋蘇州詩格清淡，有山水之音，趙氏古體，似很受到韋詩的影響。）律體詩很講究聲調，但進退從容，文質彬彬，不像其他宋季詩人的粗獷率放。他似乎很得比興之旨，許多意思藏在字裏行間裏未說出來。提要說他：

「觀其和姚子敬韻詩有『同學故人今已稀，重嗟出處寸心違』句，是晚節亦未免於自悔。」

其實趙氏不得已而出仕，眷懷身世，以「黍離行邁」的心情來寫詩，不止這一首，不過托寓深婉，不肯稍露鋒鋩罷了。他的詩在元文類中所收的只有一首五古，其餘皆是律絕，衆所傳誦的過岳王墓卽在其中。我很欣賞他的古體，如古風四首，很有張九齡感興詩的風味，最末一首起筆寫着說：

「浮雲何方來？不知竟安之。飄搖隨風去，汗漫以爲期！」

這不就是「飄飄有出塵之想」嗎？另有和逸民詩十一首，題歸去來圖詩，皆遠托古人，自寫懷抱。學陶的詩如「春後多陰偶成五首」與「東郊」及「曉起川上贈友」詩皆能得澹雅之境。贈友詩如：

「爍爍川上日，肅肅樹間風，葛巾吹欲墮，纖絺已無功，感以歲月駛，悟此人世空！」

簡直深得陶徵士的境界。七律詩他似乎很用力做，明俊略似大曆，大約自杜牧許渾姚合詩取徑。那時江湖詩派多從此種，可是松雪詩用功深，本質厚，却沒有他們那樣澆薄。如和姚子敬秋懷詩「河水南來非禹迹，冀方北去有唐風」「中原人物非王猛，江左功名愧謝安」「禾黍故宮曾駐輦，芙蓉高閣迥添愁」，又聞擣衣詩「北來風俗猶存古，南渡衣冠不及前」，溪上詩「錦纜牙檣非昨夢，風笙龍管是誰家」，這些聯語，都極熨貼典重，與元遺山選唐詩鼓吹中的律詩句格，極爲接近。我最喜歡他的次韻王時觀的一首，很像大曆詩風，全抄如下：

「相思吳越動經年，一見情深重惘然，草木變衰人易老，江湖牢落鴈難前。秦山半出青天上，禹穴還臨古道邊，欲說舊遊渾似夢，何時重上剡溪船？」

這首詩，後人不大提他，也許是模擬之痕未化，這就是松雪詩的弱點。至於松雪絕句多是題畫，但絕少風致，又沒有蘊蓄，是各體中最下者。像他這樣富於藝術氣質的人，何以絕句詩寫不好，眞令人不解，大概稟賦有所偏至吧。

（三）本集內容

松雪集的篇目內容，元刊本與洞庭楊氏刊本，大致相同。不過洞庭本多了一卷續集，收羅了許多題跋文，爲元刻本所不及，但趙氏書名蓋代，流傳碑志，似還不止此數，如果旁搜碑林帖海也許還可以增益。曹序說：

「其他碑板文字，爲集中未載者多有，未敢輒爲增入，以失當時抉擇之意。獨詩與題、跋，雖了不經意處，皆可玩味，別加編輯，以續於後。若見聞未及，則以俟博雅君子。」

可見續集之外遺漏的文字還多得很呢。茲將兩集要目列表比較於下：

至元刊（涵芬樓景印）	洞庭楊氏刻本
論文	曹培廉序
封贈	元史本傳
何貞立序	以上卷首
戴表元序	
以上卷首	
第一卷　賦	卷第一　賦
第二卷　古詩	卷第二　五言古詩

第三卷　古詩　　卷第三　五言古詩　七言古詩

第四卷　律詩五言律詩七言　　卷第四　五言律詩

第五卷　律詩七言　　卷第五　七言律詩　五言絕句　六言絕句　七言絕句

第六卷　雜著序　　卷第六　雜著　序

第七卷　記　碑銘　　卷第七　記　碑銘

第八卷　碑銘　　卷第八　碑銘

第九卷　碑銘　　卷第九　碑銘

第十卷　制　贊　銘　題跋　樂府　　卷第十　制　贊　銘　題跋　樂府

附沈　跋

外集：序　記　碑銘　疏　題跋　外集　四言詩　序　記　碑銘　疏　題跋

續集　五言律詩一首　七言律詩四首

五言絕句一首　題跋十三首

論文　行狀楊載　何貞立序

以上附錄

松雪集記序碑銘文字，很有幾篇，足爲治元史的參考，摘記如下：

一、送吳幼清澄南還序（卷六）此文敍程鉅夫求賢與在杭宋士秀異者之姓名，足以考知宋亡後臨安士大夫之動態。可與方回桐江集，戴表元剡源集參互之。
二、薛昂眞詩集序（卷六）薛是色目人而就學於劉會孟（須溪），可爲研究元西域人華化的參考。
三、玄武啓聖記（卷六）如述玄武列祀的由來，可爲研究元代道教的參考。
四、明甫樓記（卷七）所記漢軍侍衞親軍屯戍的情形，可爲研究代軍制的參考。
五、九宮山重建欽天瑞慶宮記（卷七）也是元代道教文獻。
六、文定全公（阿魯渾）神道碑（卷七）
七、康里公碑（卷七）
以上兩篇皆色目人事蹟，可爲研究至元儒治及色目漢化的參考。
八、李公（昱諱仲明）墓志銘（卷九）漢軍將領守四川者，可爲研究蒙古經略四川的參考。
九、姜公（彧）墓志銘（卷九）可爲研究至元儒治的參考。
十、先侍郎（趙與峕）阡表（卷九）可爲研究松雪家世與生平的參考。
十一、勅賜玄眞妙應淵德慈濟元君之碑（卷九）（天師夫人），元代正一教文獻。
十二、隆道冲眞崇正眞人杜公碑（卷九）南宋亡後道教入元的文獻。

六、虞集道園學古錄

（一）版本源流

道園學古錄，元虞集著，茲就東海館藏之各家著錄略述於次：

一、清盧文弨補遼金元藝文志集部：「虞集道園學古錄五十卷，道園類稿五十二卷，道園遺稿十六卷，虞伯生詩稿三卷。

二、清錢大昕補元史藝文志卷四集部別集類：「虞集道園學古錄五十卷分應制、在朝、歸田、方外四稿 道園類稿，道園遺稿六卷，續稿三卷，翰林珠玉六卷詩」

三、清金門詔補三史文藝志集部別集類：「虞集道園類稿五卷」

四、清修續文獻通考卷一五〇經籍考五別集類：「元虞集道園學古錄五十卷，道園遺稿十六卷」

五、清修續通志藝文略七卷一六二集部：「道園學古錄五十卷。」

右史志之屬

六、清修四庫全書總目提要卷一六七集部別集類二十

「道園學古錄五十卷浙江巡撫採進本，道園遺稿六卷江西巡撫採進本」

七、民國北平圖書館善本書目卷四：

「雍虞先生道園先生道園類稿五十卷元虞集撰元刻本

存三十八卷　一─廿　廿五─廿七　十三─四三　四七

道園學古錄五十卷，元虞集撰，明景泰刻本

道園遺稿六卷元虞集撰抄本

右公家藏書著錄

八、傳是樓書目

「道園類稿五十卷　十二本

道園學古錄五十卷　十本

道園遺稿六卷　鈔三本

伯生詩卷八卷二本」

右私家著錄

九、日本靜嘉堂秘籍志：

道園學古錄五十卷明景泰刊本　元雍虞伯生撰

道園學古錄五十卷明嘉靖刊十本

（靜嘉堂所藏卽歸安陸氏皕宋樓所藏）

右國外著錄

道園學古錄公私著錄甚多，我所見的如張金吾愛日精廬藏書志，莫友芝郘亭知見傳本書目，以及彙刻書目所載的道光丁酉四川孫氏所刻的道園學古錄，古棠書屋所刻的虞道園全集文四四卷詩八卷，道園遺稿六卷等等，幾不勝書。紀其源流較詳的，四庫提要之外，數日本靜嘉堂秘籍志所載的皕宋樓志，以及民國傅增湘氏藏園題記此書的跋（續集卷四），據提要說今本道園學古錄「爲李本所定無疑」，他說：

「自元暨明，屢經刋雕，然皆從建本翻刻，亦間有參錯不合，蓋多出後人竄改，要當以元本爲正矣」。

靜嘉堂轉錄皕宋樓志所引儀顧堂續跋說：

「道園學古錄五十卷，次行題雍虞集伯生，首有蘄陽鄭逵序，次摹刻歐陽玄手書序，歐陽致劉伯溫書及葉盛跋，次目錄，目錄後有重增目錄，其文則散入各卷之內……爲道園之幼子翁歸，及其門人李本所編。後有李本跋，至正元年閩憲僉幹克莊刻於福建，至正元年江西肅政廉訪使劉伯溫改爲大字重刻之，大字板不久卽亡。景泰七年鄭逵知崑山，過太倉之興福寺，得建本於寺僧暕，與主簿南海黃士達捐貲刻本於東禪寺，四閱月而畢工……」

這就是今本四部叢刋景印的景泰鄭刻的源流。傅氏跋明本道園學古錄所說的，大致與提要及靜嘉堂相同，說：

「據諸家藏目，此本爲景泰七年崑山知縣鄭逵刻於東禪寺者。」

是人間所傳，只有景泰本，原來的建本，與劉伯溫大字本，今皆不可知了。虞氏的集子，以學古錄爲最全，另有遺稿六卷，四庫提要說：

「蓋以補道園學古錄之遺也。凡古律詩七百四十一首，附以樂府刻於至正十四年，考裒錄集之遺文者，別有道園類稿，以較此編，類稿所已載者僅百餘篇，所末載者尙五百餘篇。」

此書連同道園類稿，伯生詩續編，及翰林珠玉諸書，只中央圖書館藏有抄本（已見元集鳥瞰表——學報創刊號），島上尚無其他傳本。

（二）著者事略

虞集是元代的詩文大家，也是淵博的史學家。他身參元代延祐文治的朝局，總修元經世大典，所收入元文類中各典總序，保存元代典章制度和重要的史料很多，可以算是一代大著作家了。他是宋相虞允文之後，本籍四川，寄居江西臨川，在元代他實在是東南文獻之家，對宋代江西之學，他頗有繼往開來之意。他的事略見於元史本傳（一八一）我曾爲中華叢書文學史論集，寫過虞集一則，論到道園的身世說：

「道園者，虞集，字伯生，別號邵庵。其先蜀之成都人、其集名道園學古錄，世之論詩者，因以名之。當宋南渡，紹興之末，金主亮揮師渡江，己瀕采石，有以一書生犒師矯命，卒挽狂瀾，則雍公虞允文實首其功。後來洊至宰輔，道園之五世祖也。名德之後，代有達人，三世傳經，爲東南文獻之家。至其父黃岡尉汲，已是伯顏濟師，德祐失國之時。東南鼎沸，道路荆榛，劍閣雲封，子規空泣，遂家於江右撫州之銅仁。時先生已五歲矣。先生生於宋咸淳八年，卽元世祖至元九年，西曆一二七二年——當襁褓童稚之時，正干戈俶擾之際，黃岡君，赴義炎洲，崎嶇嶺表。而先生以生知之姿，早通慧業，母楊氏傳其外家之學，枕畔鐙前，口授五經文句，耳熟能詳，迨移家長沙就傳之時，則已盡讀諸經，通其大義矣。當元代貞元大德之間，有眞儒命世，則江右吳澄草廬先生也。故與黃岡君交舊，先生則以「契家子」從之遊，義理之學，浸洽身心，其讀書之博，見聞之廣，則又非道學末流諸子之所企及，而其服膺轉在考亭問學，更與頓悟玄談者迥別。元之建制，階級等威殊峻，南人、儒士，更不足以望通顯，自非北方貴族鉅公肯爲提挈者，殆將終老江湖。董士選者，漢軍四大世家之一，行臺江西，延諸家塾。大德初年。薦授大都路儒學教授。於是聲名蔚起，爲後來洊至翰省之基。會當仁宗延祐文治鼎新之日，乃與草廬相爲上下，復與在臺閣之東平學士相表裏，而位不稱學，人主興嘆。更英宗泰定之間，宮廷多故，而簪筆上都，從容帷殿。迨文宗踐位，至順之治，儒化特優，開奎章之閣，修經世之典，而雲龍契合，水乳君臣，遂成一代之偉業，後世之考鏡蒙元制度文物者，胥此則焉。厥及鼎湖上馭，玉曆潛移，外藩入繼，修怨前朝，先生以風雅之嫌，致薏苡之謗，屛居鄉社，避謗著書，嘯傲於山林者十餘年。遂於至正八年五月逝世，年七十有七，時大亂將萌，元祚亦將屋矣。」

在這篇短文內不擬再加叙說。

(三) 本集內容

今本道園學古錄的目次：上海涵芬樓景印景泰翻印小字本。

一、卷首

雍虞公文序……歐陽玄

二、在朝藁：卷之一：賦　操　古詩四言

卷之二：古詩七言　律詩五言

卷之三：律詩七言　絕句五言　六言

卷之四：絕句七言　樂府　頌　銘　志

卷之五：序

卷之六：序

卷之七、八、九：說

卷之十、十一：題跋

卷之十二：奏疏　表箋　諡議　書劄

卷之十三、十四、十五、十六、十七：碑

卷之十八、九：墓志銘

卷之二十：墓志銘、表、行狀、傳、祭文、誄

卷之廿一：冊文　樂章　策問　詩　銘　贊

卷之廿三：制誥　序　碑銘

卷之廿三、廿四、廿五：碑

卷之廿六：供醮文（青詞）

三、歸田藁

卷之廿七：賦

卷之廿八：賦　古詩　四言　五言

卷之廿九：古詩七言

卷之卅：律詩七言

卷之卅一：七言絕句　樂府　銘　贊

卷之卅一：序

卷之卅二、卅三、卅四：序

卷之卅五、卅六、卅七、卅八：記

卷之卅九：說　書

卷之四十：題跋　表

卷之四一：碑

卷之四二：神道碑

卷之四三：墓誌銘

卷之四四：墓表　行狀　祭文　傳

四、方外藁

卷之四五：銘　贊　序

卷之四六：序　記

卷之四七：記　碑

卷之四八、四九：碑　銘

卷之五十：碑　墓銘

卷五十後復重增目錄，共收雜體詩文不贅錄。

道園的詩，清王士禎，翁方綱都極力贊賞他，見於漁洋詩話，與七言詩鈔凡例，翁氏石洲詩話說他：

「虞文靖公承故相之世家，本草廬之理學，習朝廷之故事，擇文章之雅言，蓋自北宋歐蘇以來，老於文學者，定推此一人。」

又說：

「道園兼有元朝人蘊籍，而全於含味不露中出之，所以其境高不可及。」

我在虞集篇裏說：

「然吾以爲道園之學，自是兩宋江西一脈，詩尤屬江西詩派之最後押陣……精嚴洗鍊似荆公，雅淡天然似東坡，傲睨自得似放翁，所微憾者，因調多而創調少，太似古人，轉虧其氣；」

這雖是一隅之見，也許足供談道園詩的指引。不過道園學古錄全集的價值，仍在傳志、碑銘和序跋之文，尤其是方外藁的全部文章，皆是治元代道教史的寶貴參考資料。限於篇幅，不能一一評介了。

（原載東海大學圖書館學報）

附錄：晚宋劉克莊研究兩種

劉後村的家世與交遊

——劉後村與晚宋政治之一——

(一) 前　言

「何處相逢？登寶釵樓，訪銅雀臺。喚廚人斫就，東溟鯨膾；圉人呈罷，西極龍媒。天下英雄，使君與操，餘子誰堪共酒盃？車千兩，載燕南趙北，劍客奇材。

飲酣畫鼓如雷（一作鼻息如雷），誰信被晨鷄輕喚回！歎年光過盡，功名未立；書生老去，機會方來；使李將軍遇高皇帝，萬戶侯何足道哉！披衣起，但凄凉感舊，慷慨生哀！」——劉克莊沁園春，據龍選唐宋名家詞開明台版。」

這闋詞是我三十多年前所讀。那時正熱愛辛稼軒一派豪壯的詞風，忽然在一個詞選本子裏發現了後村這闋沁園春，讀到「天下英雄……」一韻不禁激動得跳將起來！再讀到「歎年光過盡……」一韻，更覺得嗚咽流涕，在那時就對此詞的作者，有無限的追懷仰慕。可是一瞬半生，還未細問過他的生平。直到前年研究方虛谷(回)的詩學，爲着疏注癸辛雜識所記方氏的事蹟，細讀桐江兩集〔註一〕，中間不少談到後村的詩與人，這纔有機會接觸到他的全部著作——後村大全集，引起了研究他生平的興趣，同時也領會到詞中感慨悲凉之境。

此詞題注「夢方孚若」，方孚若是方信孺的字。信孺是南宋韓侂胄伐金兵敗後的議和使者，也是個慷慨不羈之士。據宋史三九四卷方氏本傳說：

「字孚若，興化軍人，有儁材，未冠能文，……以父崧卿蔭補番禺縣尉……邊釁不已，近臣薦信孺可使，……命以使事，信孺曰：「敵所欲者五事……其五不敢言。」侂胄再三問，至厲聲詰之，信孺徐曰：「願得太師頭耳。」侂胄大怒，奪三秩臨江軍居住，信孺自春至秋，使金三往返……金人必問信孺安在？公論所推，敵人不能掩也。」

後村和方氏都是興化軍莆田縣人，又是中表兄弟，深知方的性情才具。本傳又記方氏的家庭跅弛的情形說：

「信孺性豪爽，揮金如糞土，所至賓客滿其後車，使北時年才三十，既齟齬歸營居室巖竇，自放於詩酒，後貲用竭、賓客益落，信孺尋亦死矣！」

在後村集中，爲方氏作的詩文很多，傳文即據後村所撰的方氏行狀。這闋詞前段是描狀方的豪邁、後段是惋惜他的不遇，其實又何嘗不爲自身寫照，所以才「凄凉感舊，慷慨生哀」呢。

宋代本是積弱之勢，渡江而後，更是恃和議以自存。可是初期是君子主戰，小人主和，產生了秦檜主和獨相的局面；而後期則是小人主戰，君子主和，有了韓侂胄伐金自斃的一幕鬧劇，才出現了史彌遠專政寧理兩朝的局面。中期的和戰紛紜，引起君子小人紛擾的門戶之事，許多文人才士都是在政爭下面犧牲埋沒，後村也就是其中一人。雖然晚途榮達，但是失身賈似道，有類於唐元稹之由宦豎復進，終於在宋史上連一個傳都未佔到，我們現在來讀他那二百卷的大集，也不禁爲之慨然長嘆！

後村的生平，宋史既未立傳，他的集子宋史藝文志也未著錄，在今天查考他的事蹟資料可分爲直接間接兩種：

甲　直接資料：

①林希逸撰：「宋修史侍讀工部尚書龍圖閣學士正議大夫，□仕莆田縣開國伯，食邑九百戶，贈銀青光祿大夫後村先生劉公行狀。」（以下簡稱林狀）

②洪天錫撰後村先生墓志銘（下簡稱洪志）。

③洪天錫撰後村諡議（此文後村集缺葉糢糊，不可讀。）

④葉水心集：二劉先生墓志銘，劉彌正墓志。

⑤後村雜記（後簡稱雜記）

⑥後村大全集詩文有關紀述。

乙　間接資料：

①宋史紀志傳有關後村行誼與其交游紀載。

②周密癸辛雜識及齊東野語有關江湖集、及晚宋名人紀載。

③方回：桐江續集及瀛奎律髓關於後村詩及江湖集批評案語。

④明黃宗羲：宋元學案，艾軒學案，劉氏父子及後村學行紀事。

⑤清吳之振宋詩鈔後村詩小序。

⑥清厲鶚撰宋詩紀事關於江湖詩人紀事及其絕妙好詞箋注江湖集事。

⑦無名氏撰名賢氏族言行類稿後村祖父事實。

我們今天可得到的資料大概止此，可惜福建通志及莆田縣志不易覓得，後村家世事蹟在方志裏也許紀載較詳，可資參考，只好俟諸異日了。（據新莆田縣志關於後村的事料極少）

本文所以將晚宋政治和後村生平連類在一起論述者，是因爲後村之得名在江湖集詩案。那是晚宋理宗初即位時一件政治上的大事。理宗四十餘年朝臣論事，始終吵着濟王之獄，那就是江湖集的起因，史彌遠的罪案。後村是江湖詩派的中堅，政治立場始終反史，其後登朝在端平初政，又是歷史上的大時代。宋之所以不能反弱爲強者，端平北伐無功，變政也未能徹底，是其主要原因。至於他晚年依附的賈似道恰又是亡宋的罪魁。所以後村以一個文人而興趣迄在政治，詩文中惓惓不忘於「是非」、「和戰」，從他一個人的身上來看晚宋政治的側面，對讀宋史的人也許不無幫助。所以我就決定寫這個題目，至於後村詩文的評述暫時不論，打算另爲一文寫之。

〔註一〕　方回桐江集八卷，阮元進呈書目收入，商務印務館涵芬樓秘笈，桐江續集，著錄於清修四庫全書。詳見拙作「方回詩及其詩論」（東海學報四八年份今收詩與詩人內）癸辛雜識紀方回事辨證（蒙古漢軍與漢文化研究——東海大學出版）。

（二）後村的家庭

莆田劉氏起家於劉夙，官至著作佐郎，曾爲衢州、溫州知府。他與弟朔皆林光朝艾軒弟子、立朝忠諫，居官循良，但宋史未爲立傳，宋元學案艾軒學案中，曾載二劉（夙朔）和其子彌正（後村父）孫克莊（後村）的事蹟，大概是根據葉適所撰的二劉墓志寫的，據水心集著作正字二劉公墓志銘說（四部叢刊印本卷十六），

「隆興乾道（宋孝宗年號）天下稱莆之賢曰『二劉公』，著作諱夙，字賓之，弟正字諱朔字復之，其學本於師友，成於理義，輕爵祿而重出處，厚名聞而薄利勝……國人貴焉。……著作生毀齒、日讀千字……二公……蓋師中書舍人林公，事之終身，林公名光朝，莆人所謂艾軒先生者也。……紹興庚辰禮部奏第一……既釋褐調吉州司戶，臨安府教授……（中叙在孝宗朝諫諍之事）而著作知衢州，在州期年、政平訟理，正字調溫州戶曹，既而著作來守……著作之還自溫，莆亦大旱，手爲救荒十餘事率鄉人行之，郡以不饑……」

此文很長，夾敘弟兄兩人之事，眉目不甚清醒，茲引學案及宋人撰名賢氏族言行類稿紀劉氏事如下：

（一）學案所記關於劉夙者（據正中書局改編宋元學案艾軒學案）。

「字賓之，莆田人、毀齒、日讀千字，嘗時時習誦其所記憶者……偕其弟朔受業艾軒之門，以紹興二一年（西元一一五一）進士累官溫州教授、永嘉人才正盛、陳止齋（傅良）葉水心（適）方

爲諸生，一見卽奇之。召試館職遷樞密院兼國史院編修，不就。除著作佐郎……乾道元年（一一六五）奉祠，五年起先生知衢州……移知溫縣……已而以病奉祠……其歸也，莆亦大旱，條救荒十餘事行之，得以不饑，卒年四十八，林艾軒稱其愛親均於愛君，憂國過於憂身……」

言行類稿（商務景印四庫珍本叢書）紀劉夙說：

「公爲人挺特，以天下之重自任，不以色假人，久而人益愛之……是歲王龜齡沒，芮司業又（國器）歿，呂祖謙悼詩曰『諸老收身盡，佳城又到公，蒼天那可問，吾道竟成窮！』」

從這裏看出兩點：第一是「受業艾軒之門」，林艾軒名光朝，學案記他說：

「林光朝字謙之，莆田人自少聞吳中陸子正學於尹和靖，因往從之，由是專心聖賢踐履之學……卒年六十五，謚文節，學者稱艾軒先生。先生學通六行，貫百氏，言動又以禮，四方來學者，無慮數百人，稱爲南夫子……說者謂南渡以後，倡伊洛之學於東南者，自先生始，所著有艾軒集十卷。」

艾軒列宋史儒林傳，是閩學的先河。在艾軒學案中所列人物，除嫡傳之林網山（名學可字亦之）再傳之陳樂軒（名藻字元潔），卽列劉氏祖孫三代和樂軒的門人林希逸與後村之門人洪天錫，可見劉氏與道學淵源之深了。第二點劉氏與永嘉之學的關係。如陳止齋葉水心都受過劉夙的教誨「方爲諸生，一見卽奇之。」所以到後村一代，葉水心能賞識他的詩，爲之延譽。後村的詩與永嘉四靈的淵源也深；更由於他們家世是道學宗風，才受到眞德秀的提撕薦拔。也因爲這點，後村才能與端平諸賢同進，在宋理宗獎用道學的政策下，受到「錫第」的榮寵。

後村父名彌正，官至吏部侍郎，所以後村以門蔭起家，未得科第。關於彌正的事蹟，也只附在艾軒學案中。他的墓志也是水心所做，見水心集卷二十「故吏部侍郎劉公墓志銘」，學案也是根據葉志改編的，但記事較爲明白。節抄於次：

「劉彌正字退翁，夙之長子，幼率諸弟，勤苦爲學……以進士入官，知臨川縣累遷寺丞。時方啓邊禍，使先生行兩淮，議用鐵錢，返言『無故而先發，天理不順，無豫而輕舉，人謀不從。』宰相韓侂胄怒不聽，已而果敗，陳自强忌之，以爲賀金國生辰使未行，又爲淮東提舉，改運判，安集有功。召入朝累遷左司郎中，直寶謨閣出爲兩浙運判，遷運副，累遷起居舍人，遂爲吏部侍郎，甫一月以病乞身不許，然竟卒。」

劉彌正在吏部時，曾主持朱熹謚議定名爲「文」，這篇謚議，是後村的手筆，因此奠定了他與道學諸人的交誼。林狀稱後村：

「初年即見知於諸老，溫陵竹隱傅公，知晦庵謚議，爲公所事，寄聲願納交。」

這篇謚議也收在後村集裏。後村還有上傅侍郎啓（集卷一一六），是他丁外艱時所作，自叙歸嚮之誠，抄之如下：

「伏念某實類癯儒，名爲胄子，讀書萬卷，頗馳騁於古人；泣血三年，盡變移其舊質……敢意高賢之鷄架，尚臨委卷之雀羅！惟先生長者實晚學之指歸，矧大父老人有向來之雅素，進之於琴瑟書冊之前，誨之以灑掃應對之序。縱未窺於閫奧，終不畔於門墻，誓墓之餘，非敢望山公之啓事，樞衣以進，冀少夫子之文章！」

傳侍郎即傅伯成，是當時崇尚道學（後村集一六七有龍學竹隱傅公墓志記其生平）的宿儒，即所謂溫陵竹隱者是。後村集裏不大說他父親的事，以葉志及學案裏所記，彌正歷官頗有吏材，後村以後居官也有治績，大概是得自家傳吧。

後村的母親林氏，林狀說，「妣方氏贈魯國夫人，林氏魏國夫人。」後村自爲魏國墓志（集一五三）：

「太夫人林氏家莆田……夫人少孤，與伯姊博誦國史，尤熟馬班二書……既笄、吏部公以歸於我先君……先君列侍從，有祿賜，太夫人亦無喜色，盡束儒書，專閱內典。先君疾病與太夫人訣曰：『向平之祿未畢，以是累君。』太夫人深悲其言，拊之慈，誨之嚴，男傳家學，女嫁士人，太夫人遂掃一室，終日靜坐，得至言妙義於經卷之外……警悟如老禪，精專則苦行比丘不及也。」

從所記的事實來看，後村學行，可能得諸母教的地方很多。他的弟兄四人，一個兄弟克遜，官至工部郎官，歷官外郡，和理宗相鄭淸之在太學同齋。後村撰墓志說他「尤工詩」，爲水心葉公南塘趙公所稱，有西墅集若干卷。也是個不凡的人物。還有兩個兄弟一名克剛，一名克永，克剛官至惠州知府，後村集中有他的墓志，據說性至儉嗇，居官廉介，後村詩中有送他的詩，也勗之以廉潔。

後村妻林氏，與後村伉儷甚篤，在後村四十二歲那年時病死。後村也終身不娶正室，據後村所爲亡室墓志說：

「父璩今爲朝請大夫秘閣，爲予妻十九年。」

又說：

「今官不遂，江湖嶺海，行路萬里，君不遠近必俱。」

「臨絕……余曰余鰥余身，拊而子不使君有憾也。」

平時遠近必俱，身後誓不更娶，可見其情好之篤了。但林氏家庭也很不平凡。其父林璩，伯父林環，在寧理兩朝皆有重名。後村集中爲岳家作的碑銘很多，計有：

㈠林沅州神道碑（沅州名誕，璩環之父，後村祖岳）此文佚後幅。

㈡直秘閣林公墓志（即林璩後村妻父）

㈢直煥章閣林公墓志（名環後村伯岳）

㈣林養直志（璩次子後村妻弟）

㈤林寒齋志（璩長子後村妻弟）

據林沅州神道碑：「林氏爲渡後始顯，誕之父名遹。」「元符進士第四人，事高宗皇帝直爲中書舍人，終龍閣直學士。」林誕知沅州後即乞祠閒居，臨死，猶恨其抽身之不早。林環與林璩都淡於名利，林璩官至袁州太守，即乞祠祿，後來屢召不進。後村墓志：

「公弱冠據高聲，留滯二紀，方爲掌故，學官，中年去國，白首辭召，立身本末，世莫瑕疵。」

又記他的風致說：

「舊廬略繕，芸小圃，粗種藝，翫花木之芳潔，不酣賞也；愛風月之高尚，不嘲弄也。體中佳時，幅巾野褐，野眺露坐，悠然忘歸！」

又記他辭官之奏語：

「臣進無所補，退非爲高，以病臥家，不任朝謁，惟聖朝哀憐。」

可見其生性恬淡甘於隱退，以此他的兩子都是隱逸一流人物，品致甚高。後村林養直志說：

「二子安隱約，習苦淡，內修天爵，故山林皐壤有眞樂……它人視其門庭蕭寂，井臼荒寒。君父子處之，久而愈安……歲晚兄弟世味益薄，一燈熒然，語及達旦，玄言妙義，不緣師授，亦非語言文字可傳者……」

林寒齋志說：

「寶章公服闋，或爲君外移得建之戶椽，辭不行。舍前有隙地，獨植竹樹，疏沼沚，築室其間，扁以寒齋，終其身不復出。……君束書高閣，隱几永日，而單詞片句，流出肺肝者，字字可傳素蠶。自四十以後，蕭然單棲，日或蔬食，取諸人者狹，而望於天者嗇，視名利猶臭腐，身與家猶旅泊也。」

像這樣恬淡的人，今天那裏去找？後村平生仕日少而隱日多，野處閒居，怕也得自親戚的漸染不少。後村有石塘感舊詩十首（七十歲時作），玆抄二首見他對亡妻之情誼與睠念岳家的情誼。

「鹿門陳迹有餘哀，猶記龐公返自崖，行到當時相送處，不知老淚自何來。（註往來甥館外舅未嘗相送，惟戊子悼亡而歸，送自延慶。）又作遼天獨鶴飛，鏡鸞餘念當依依，荒山野水蘇溪路，愁絕鰥翁掣眼歸。」

（三）後村的師友交游

從後村詩文中看來他是個意氣感激的男子。在朝直言，在野以文字諷世，宜乎有許多的氣類。他的年壽又大，晚宋名流和他有關係的很多，茲只就少年中年兩時期關係較重的人物，分別考述：

一、少壯時期的交游：一般人從師交友，建立聲譽，多在少年。林狀於此記得不多，據謂：

「公生有異質，少小日誦萬言，爲文不屬稿，捉筆立就，以聲律冠胄子入上庠，場士至今誦之。」

都是空論，沒有實事。以後記他爲靖安主簿（二十四歲）受知於袁絜（燮齋），爲眞州錄時（年三十一），受知於崔與之（晚宋名臣），在李珏幕時交黃榦（朱子之壻），爲建陽令時（年三十八）師事眞德秀，交陳北山（道學家），又說他詩受葉水心之知，亦見賞傅伯成及洪咨夔等。這都是作官時相交的師友，其他未記。以我讀全集所得，他平生似乎和方信孺最相得，少年時和江湖詩人趙仲白，孫季蕃等都甚沆瀣。方的輩行前於後村，其交往是在奉祠南嶽家居的一段時期，正是方的晚年。交江湖詩人不知始於何時？但以後村所爲詩文的敘次，或者是二十以前，隨父在臨安時所交往。集中趙仲白孫季蕃兩墓志曾加透露。趙志說：

「念余與仲白遊二十年，嘗約歲晚入山讀書，仲白棄予而夭……」

趙仲白的詩集今不傳，後村說他：

「其平生志業無所洩，一寓之詩，叢稿如山，和平冲淡之語，可咀而味，憤悱悲壯之詞，可愕而怒，流離顚沛之作，可怨而泣。」（趙仲白墓志——大全集一四六）

又山名別集序（卷九六）紀編仲白的詩說：

「始余請南塘（趙汝談）選仲白詩，南塘更以屬予，苦辭不獲。南塘詩評素嚴，而予尤縛律，每去取一篇，常三往返……故集止百篇。」

又說：

「仲白之志常欲歸齊梁而返建安，初蛻晚唐而追開元大歷，於古體寓其高遠，於大篇發其精博，於短章窮其要眇……迺雜取百篇爲別集。」

於以可見趙仲白之詩，確有可傳。趙仲白死於嘉定己卯，正是後村歸自江上之時。那時他纔三十五歲，其家人於趙葬後，（同年十一月），即請後村爲之作志：「時願（仲百子）哭謂予，子幸銘吾先人」，從此上溯二十年，後村在十三四歲時已和趙仲白同遊，可謂總角之交了。又孫花翁（季蕃）墓志（卷一五〇）。

「初季蕃與趙紫芝（四靈詩人之一）仲白，曾景建，翁應叟諸人善，而余亦忝交遊，追念疇昔，挽紫芝、季蕃同吟，銘仲白，季蕃書丹……今銘季蕃焉。稷下之談幾絕，鄞中之舊略盡……」

從此段記述看，後村在弱冠左右，卽與這些詩人交游，所謂「稷下」「鄴中」者，惟有「臨安行在」纔可相稱。後村父親的仕履，葉志紀他曾做「太常寺主簿，樞密院編脩官，太常丞兼左曹郎中」，都是京官。晚年自外調內爲太常少卿，國史編修起居舍人，一直做到吏部侍郎，死於任所。時爲嘉定六年，後村那時年二十七歲，據集中有代父所爲朱文公謚議，當然在他父親左右。以貴公子與詩流詞客睹墅湖山，所以值得晚年的追懷。關於他和江湖詩人的關係很多表現在詩文中，容後再述。

後村於二十四歲作靖安簿，經袁燮的賞拔而初露頭角，關於袁燮的生平，見宋史列傳：

「字和叔，慶元府鄞人（今寧波），入太學登進士第：寧宗卽位以太學正召；丞相趙汝愚罷，燮亦以論去，自是黨禁興矣。……提舉江西常平，知隆興（今南昌）……史彌遠主和，燮爭益力，台論劾燮罷之。」

此君是道學一流人物，但賞識後村却以四六箋啓，據林狀說：

「絜齋（燮字）時以倉兼府，尤以文字見重。」

後村自紀說（雜記）

「初筮仕靖安簿年二十四，庾使絜齋袁公……致之幕，教官擬賀冬年，素不合，忽蒙改委。公不易一字，因白事留語曰『主簿他日定以四六名家』；余謝不敢。」

這件事，後村很得意，他極自負他的四六文，在集中箋啓一類駢語甚工，大概基於此番的鼓勵。袁燮之外，見賞的大約還有葉水心。水心名適，名登宋史。與陳同甫同調，永嘉學派之中堅，與朱子之學外，自成一軍，聲名甚顯，傳文可以不加引述。他比後村大三十六歲，和劉家是兩代世交，從所撰的劉氏之墓志看，確有甚深的交誼。但在水心詩中，只留下題後村南嶽三稿的一首詩：題「劉潛夫詩什併以將行」：

「寄來南嶽第三稿，穿盡遺珠簇盡花，幾度驚教祝融泣，一齊付與尉它誇。龍吟自滿空中韻，風味都無巧後哇，庾信不留何遜往，許君應得當行家。」

以詩意看，大概是後村赴廣西帥幕時，路經永嘉，以詩卷見葉時題的，更早的資料便找不着了。後村集中，和水心詩也不很多，大概是行輩懸絕，而水心又以作詩爲餘事，所以酬唱很少。狀說：

「水心評公詩曰：是當建大將旗鼓者。」

此事繫於過三山見趙南塘之後，可推知其論詩正在此時，也算不得是少年見賞了。水心外有方符子約，據後村所爲方氏的墓志說：「余先君子與君同硯席：君於衆兒中顧予獨異。」大概是最早見知之人。

二、中年前後的交游

從後村生平資料來看，他眞正出名，還是在三十二歲，父喪服滿之後。那時他改差眞州錄椉，不久入江淮制置使李珏幕府，結交天下豪俊，文名纔大爲顯赫。林狀說。

「會李公珏建閫金陵，辟沿江準遣，一時幕府諸賢，自勉齋黃公以下皆相敬愛。」

那時崔與之爲維揚帥，極賞識他，說：「吾於閫得二士，君與子華也。」（見林狀）子華是陳韡，理宗朝名臣，事功顯赫，崔氏尤有大臣之風。復就後村所撰墓志看所識之名流文士有：

①杜杲字子昕，本集杜尙書神道碑：「初公與余同幕金陵……」杜是守淮東的名將，其子杜庶亦是名臣，宋史均有傳。

②黃勉齋名榦，是朱熹之婿，道學名家，也極有吏材，曾守安慶有功。在江東幕中，爲議軍事與李珏不合，後村與之同調，所以同時去職。後村有與方子默書，談此事始末，是爭議築城之非計。據說：

「某初入幕，朝野或言虜衰，又泗上一跌，始息進取之謀，以守易戰。某隨幕府至淮東，見劉（琸）擁兵三萬，端坐山城，而維揚之兵，不滿數千，始喟然悟築城之害，妄意欲抽減極邊戍兵使屯次邊，以壯根本，其說不行。……于時金陵人情震動，外議以邊面無備，歸怨幕畫，某在幕最久，得謗尤甚。……制帥始令謁告，然移書光範（丞相），已爲求祠，蓋在幕之本末如此。」

在嘉定十年至十二年之間，正北方金人南渡，高琪獻計南伐，山東忠義軍南歸，兩淮軍事紛紛時期。李珏制置江東，賈涉制置淮東，但都缺乏謀畫（註三），只一崔與之守揚州，有所支拒，又不能遂行其志；黃榦與後村都是欽仰崔氏的，李氏不能用後村，這也許是一個原因。後村跋崔菊坡與劉制置書（全集一〇八）：

「後兩年戊寅，余從制帥尙書李公行邊，淸獻猶在揚……至於持論臨事，則各行其志，有毅然不同者……」

苟李珏宋史無傳，後村集有丁丑上制帥書(全集卷一二八)，此制帥即李氏。又戊寅與制帥論海州書，皆論當時江淮軍事，可爲讀史參考，也可以考見後村之材幹。又詩集有挽李尙書詩，又有祭李尙書文，可以見兩人之交情，略抄祭文於次（卷一三六）：

「嗚乎！公積三十年威望而後出當重任。轅門初建，諸將震讋，檄書一出，中原響動，其事偉矣。然而兵少備衆，財狹費濶，外叢難梗，內闕調燮，方開其首，議者固已慮其尾矣。……嗚乎！……中渡之役，豈可實使，患則公當，譽匪公啓，疆歸璽出，人享其利，鉦動鞞震，公受其詆。……嗚乎！公之晚節，浮沈萬里，霜顱雪頜，闔扉隱几。我來剝啄，公當倒屣，別去幾日，遠訃入耳，蒼生之望，竟絕於此！……我賤且戇，公視猶子，豈無忤觸，人愠公喜，偷生視景，莫從公死，南歸哭公，僑寄客邸。」

從此文有「視爲猶子」說，李珏可能是後村的父輩之交，有「豈無忤觸」之語，是證江上歸來，是不歡而散。其挽詩抄一首：

「幕下多才俊，于今盡策勳，可憐狂處士，曾揖大將軍；久戍兒郎老，新招部曲分，此生甘寂寞，有淚濕高墳。」

詞旨悽惋，想見交情之不薄。於此我想起來，後村一生與史氏齟齬，在嘉定紹定之間，皆史彌遠作相；鑒於韓侂胄之開釁殺身，處處怕事。雖然金人南渡，北方瓦解，山東忠義來歸，也祇敢偷偷摸摸地招引，末後還予以剪滅〔註四〕。李珏制置江東，正遇此際，首當邊釁，宜乎史氏不肯臂助。所以說

「內闕調燮」。挫敗之時，退幕客以自解（見上引崔與之書跋），使他怏怏而歸，怎會對之有好感？於是不平之氣形之於詩，「東君空掌花權柄」之語，可能眞是譏諷史氏，不怪他要爲濟王呼寃，力攻史嵩之（彌遠之侄）以洩憤了。

在江淮幕中所識豪俊，還有洪咨夔，是端平名臣，宋史傳稱：

「字聖俞，於潛人，嘉定二年進士……崔與之帥淮東，辟置幕府，邊事纖悉爲盡力……遷金部員外郎，會詔求直言，慨然曰：『吾可以盡言悟主矣』……史彌遠讀至濟王之死，非陛下本心，大恚擲地，……於是台諫李知孝，梁成大，交論鐫三秩……」

咨夔首言濟王事被貶，端平變政，侃侃登朝，在政治上和後村立場相同，又力賞後村的四六文，曾舉其代己爲中書舍人（註二）。後村內翰洪公舜俞哀詩二首之二說（卷十三）：

「回首揚州一夢餘，故交已直玉堂廬，寒暄未省通君實，窮薄空煩誦子雲。」

〔註二〕「君除中舍，舉予自代」按此正指其事。關於他們政治上的結合，當俟下章再說。

敍述了江上所識的重要人物之後，便要談到後村里居以後的朋友了。其實後村南嶽奉祠在家的期間不過兩年多，便應廣西帥幕之辟召，入桂遊幕一年，洪狀說：「公求南嶽廟，去薦口資格，猶欠一考入桂胡公槻以經司辟……八桂佳山水，胡與公倡酬幾成集」。

後村有書第二考詩一首（卷四）「遙領叢祠又一年，何功月請水衢錢？江南漠北雖無分，林下山間尚有緣。」此詩之後無第三考的詩，却有宿別瀑上二首七絕，抄如下：

「十里荒荊手自開，屐痕歷歷在青苔，山中猿鳥愁予去，爭問先生幾日回？」

「兩日相疏鄙吝生，今當遠別若爲情，夜窗看到千峯黑，枕上猶貪落澗聲。」

可見第一次居里不過兩年，大概第三年連祠官也沒有，所以說「猶欠一考」。適胡榥邀聘，遂奉母命遠遊八桂了。在這兩年中，他終日與方信孺盤桓、信孺是時不過四十四、五歲；後村年三十三、四歲，劉氏與方氏又係姻親，方信孺曾在淮東做官，奉使有聲，其人又慷慨有大志，與後村氣味相投，性又好客，儘管林下居貧，依然有許多江湖詩人來走動。所以後村詩集這兩年中爲方做的詩最多，直到多年以後，還惓惓不忘，猶有詩句。如方寺丞新第詩第一首：「一生不蓄買田錢，華屋何心亦偶然，客至多逢僧在坐，釣歸惟許鶴隨船。」又第二首：「宅成天下借圖看，始笑書生眼力慳，地占百弓多是水，樓無一面不當山。」足見方氏園林的精麗和門客之盛，這大概是後村歸時初與方遊之詩。又有方寺丞艇子初成詩說：「船成不厭野人過，久欲從公具釣蓑」，措詞很客氣，猶顯生分。以後即有方寺丞除雲台觀，題方寺丞西山瀑布亭九日次方寺丞韻，次方寺丞方湖韻，跋方雲台文稿二十韻，方寺丞招宿瀑上未果，詩境樓觀月和方孚若瀑上韻五首，十月二十二日夜同方寺丞宿瀑庵——讀劉賓客集諸詩，可見其倡和之頻繁。信孺既死，後村挽他的詩，也極爲悲壯。全抄如下：

「使君神傳似龍鱗，行地飛空不可馴，詩裏得朋卿與我，酒邊爭霸世無人；寶釵去盡中年病，珠履來疎晚節貧，夙昔誅茅聽瀑處，溪雲谷月亦悲辛！

斯人詎意掩斯丘，六合茫茫不可求！射虎山中如昨日，騎鯨河上忽千秋；帝方欲老長沙傅，虜尚能言博望侯，回首瀨溪溪畔路，跛驢無復從公遊！」

足與本傳以及後村所撰的方氏行狀相發明。集中寶謨寺丞詩境方公行狀（卷一六六）說：

「本不喜治生……尤好士，所至從者如雲，閉戶累年，家無擔石，而食客常滿門。」

惟其在退居之時，猶「食客滿門」。所以後村得與之歡遊，江湖詩人如趙仲白、孫花翁、高九萬等，仍來相從，後村也得與這些詩人們重在故鄉，相與游讌了。

後村於南嶽奉祠後，曾作桂林之遊，大約不過一年卽回。似曾在臨安稍住，以後卽在里優游甚久，這些時，情趣牢落，和朋友交往甚少，所作之詩多哀挽之作。自方信孺逝世後，鄉里更無可談之人，直到三十九歲（乙酉理宗寶慶之年）他纔獲補一官——建陽縣知縣。從此到四十一歲，三年之間，皆在建陽任內。在這裏得從理學名儒眞德秀，與理宗朝賢相游似同遊，並列眞氏門牆。因爲和游似相往還，打開了淳祐間參預政治的門徑，也提高了在學術界的地位。後村一生也引眞氏爲其平生第一知己。林狀說：

「甲申改宣教郎，知建陽縣，新考亭之祠，祀朱范劉魏四君子於學宮，庭無留訟，邑用有年。增羅賑糴倉二千斛，大書其門曰『聊爲爾民留飯椀，豈無來者續心燈。』西山眞公記之，更創雨齋，北山陳公（孔碩）篆其一匾，爲賦于爲于之什。西山在朝，以公『學貫古今，文追騷雅』薦，西山還里，公以師事，自此學問一新矣。」

洪志也說：

「既改秩宰建陽，益鏟崛奇，就平實，文忠眞公里居，公以師事，講學爲政，一變至道……」

眞西山集卷二（叢書集成景印正誼堂叢書本）建陽縣復振羅記說：

「寶慶元年，劉侯克莊實來爲建陽縣令……」

又建陽縣學四君子祠祀（同卷）說：

「寶慶三年，知建陽縣事莆田劉侯，修晦庵祠，以其高弟黃公配享，既又謂朱范二太史，劉魏二聘君，皆法當得祠，遂命奉祠於學……。」

後村之受知於眞德秀，是在官崇尙道學，氣味相合。後來出鎭福州，遂聘後村入幕，助編文章正宗，後村長於章奏牋啓的四六文，也深受眞的賞識。後來端平受政，眞魏（了翁）登朝，遂薦爲樞椽，寖預政治。這些事，後村終身都惓惓在念。眞氏的行狀，卽出自他的手筆，現收全集一六八卷。眞氏宋史入儒林傳；宋元學案，列西山眞氏學案，是晚宋道學的重鎭。在政治上亦多所建樹，和魏了翁兩人，繫天下之重望，有如元祐時司馬光呂公著的地位。所有史傳的記載，可能取材於後村所撰的行狀。（傳文甚長，不能摘鈔，續者可自取參閱）後村在所作雜記中，記他和眞的文學之交說：

「余少未爲人所知……西山眞公自爲正錄時稱其文，延譽於諸公……會西山帥三山（閩）以議幕辟余，除將作監簿，兼福建寄叅議官，余遂牽連造請。」

後村詩中關於眞氏的有送眞西山再鎭溫陵（卷十）：

「父老香花夾路催，朱幡那忍更徘徊！弓張至此尤宜弛，珠去安知不後回？海上百艘堪致粟，洛中無篚勝生財，泉人畢竟修何福？消得西山兩度來！」

可謂極推崇之能事，題跋文有文章正宗跋曰：

「日文章正宗者最爲全書，既成以授湯巾仲能，漢伯紀，某與焉。使嶺外與常平使者李鑑汝明，協力鐫梓，以淑後學、是書行、選粹而下、皆可束之高閣。」

又跋西山與李用之書，尤惓惓於離合之際，在其詩話中談到當年助眞氏選詩的經過，皆足以見他引眞氏爲生平第一知己。

在後村師友中眞氏而外，大概與鄭清之交誼不同尋常。他所受的庇廕提携也不少，又以爭議濟邸一案與王邁，方大琮等同貶，他們都是莆田一帶人，閒居唱和甚樂，這些人的碑志皆後村所作：但與鄭清之皆是政治關係，我要留到後面再行叙說。

〔註三〕見金史宣宗紀僕固安貞傳宋史叛臣李全傳。

〔註四〕畢氏續通鑑宋紀一六一李全等出沒島堌條：「知楚州應純之……見蒙古方困金，密聞於朝，謂中原可復：丞相史彌遠鑒開禧之事，不明言招納，敕純之慰接之，號忠義軍」。關於此事拙著元代漢軍與漢文化「山東忠義軍」文內詳述之。

（四）江湖詩案與劉後村

有宋一代，自仁宗慶曆以後，每朝政治上都有門戶派系之爭。當然以熙寧、元祐、紹聖三朝新法派與元祐黨人之爭爲最烈；才釀成了宣政昏亂，四海騷然，導致靖康之變，北宋覆亡，失却了北方半壁山河。南宋退保江南，掙扎於夷狄交侵，寇盜內潰的死亡邊緣，僅而自保，還是靠紹興和議以自存。因此士大夫間有了和戰兩派，清議主戰，朝廷主和。秦檜獨佔朝政二十餘年，爲了打擊主戰派，不惜興起大獄，把名臣朝士，貶謫遐荒，異己之人，排擠殆盡。宋史本傳以及其他公私紀錄得彰明較著，已是人所共知之事，不必再引。孝宗繼統之後，有志恢復，但是外扼於師承秦檜的大臣如湯思退、史浩等，內制於太上皇（高宗嘗謂孝宗曰恢復事老漢過世再說），終於無成。此時清議仍是主戰，文士如陳同甫、葉適等皆慷慨論天下大計。道學家起，也執持正論（朱子上書主戰）。不幸孝宗末年，傳政光宗，宮廷裏父子失和，孝宗死，光宗不肯臨喪，形成了倫紀鉅變〔註五〕。大臣趙汝愚等，請光宗之子嘉王即位主喪，尊光宗爲太上皇，跳出了一個識時豪傑韓侂胄來。韓是外戚，又是武官，求節鉞而不得，與趙汝愚鬧翻，把趙氏媒孽去位，道學之士，隨趙氏放逐一空，行僞學之禁，造成了學術史上的大案——慶元黨禁。從此道學與議論之士，各成壁壘；而和戰主張，在君子小人間，也互易位置。如韓侂胄在開禧間，力主伐金，但朝野所謂正人君子一流，皆予反對，連略微同情他的文人，卒棄疾、葉適等，也遭到彈射。史彌遠便是利用這種心理，趁伐金兵敗，以陰謀殺韓奪取政權的。理宗朝端平北伐，夾擊蔡州，史嵩之最爲有功，但後村一輩人都出力攻擊他，藉「奪情」一事，把他打倒，永不起用，史嵩之在宋史上被目爲小人。最後賈似道，力拒蒙古和議，囚郝經於眞州，惹致了元人南伐，宗社覆滅，那更是小人之尤了。所以在開禧之後，凡自命爲君子者，他的傳中，必定說他曾反對端平人洛之師，或曾與賈似道爲敵。方回在入元之後，還以上表攻賈似道十可斬之罪而自豪呢。

在理宗朝，因爲享國年久，耽於逸樂，湖山歌舞之餘，不免要佞幸助興，因此又有內臣董宋臣，與庸相丁大全混濁朝政，惹得太學生上書辨別是非，這也成了一個政治問題。更因爲連年的軍事行動，上游財賦之區的四川殘破以後，全靠江、浙、閩、廣擔負國用軍糈，濫用了交子制度，使通貨膨脹，所謂「楮弊」卽由於此。發鈔票之不足，乃搜括民田，又出現了「公田」的秕政，這樣大大斲傷了國家元氣，以至非亡不可。這兩件事，也成了政治上爭論的對象。整個晚宋時期，大約是和戰的決策，經濟的弊害，正邪的爭辯，以及君位的繼統，交織出來一幅政治紛爭的畫面，這便是後村所處時代的背景。本文並不是考論宋代經濟的問題，此點姑存不論，先談理宗初年第一件文字獄的因果關係——江湖詩案與劉後村。

林狀說：「言官李知孝、梁成大箋公落梅詩與朱三鄭五句，激怒當國幾得譴。安晚鄭公時在瑣闈，力爲辨釋以免。」洪志說：「通判潮州，羣僉組織詩案，牽連及公，主管仙都觀。」這兩則簡單的記述，無從知道此事的眞相。元方回瀛奎律髓，劉潛夫落梅詩詩註却箋明此事，落梅詩收在大全集卷三南嶽稿裏，原文如次：

「一片能教一斷腸，可堪平砌更堆墻，飄如遷客來過嶺，墜似騷人去赴湘。亂點莓苔多莫數，偶粘衣袖久猶香，東風謬掌花權柄，却忌孤高不主張！」

南嶽稿第一卷原註說：「嘉定己卯自江上奉祠歸，發故篋盡焚之，僅存百首，是爲南嶽舊稿。」

第二卷註說：「嘉定己卯奉南嶽祠以後所作」，己卯是嘉定十二年，後村是年三十三歲。這首詩收在第二卷裏，大約嘉定十三、四年的詩。後村於寶慶元年始得建陽令，時年三十八歲，在任三年，調潮洲通判，時年四十一。李、梁，箋落梅詩事，當在此年，距作詩之時，已有五、六年了。如果編排時間確符事實，李、梁之箋，簡直是有意牽連。律髓記其事說：

「此二詩，嘉定十三年庚辰作，年三十四，時正奉祠家居，後……知建陽縣，當寶慶初，史彌遠廢立之際，錢唐書肆陳宗起能詩……刊江湖集以售，南岳稿與焉。宗起賦詩有云：『秋雨梧桐皇子府，春風楊柳相公橋。』哀濟邸而誚彌遠，本改劉屏山句也……言者併潛夫詩論列，劈江湖集板，二人皆坐罪、初彌遠議下大理逮治，鄭丞相清之在瑣闥，白彌遠中輟……。」

宋詩鈔後村詩小序說：「嘗詠落梅……說者箋其詩以示柄臣，由此閑處十載……。」清厲鶚宋詩紀事（卷六六），劉克莊病後訪梅詩註，全引瀛奎律髓之說。關於江湖集的始末，擬在將來論後村文學時再為詳說。現在只談此點，却是理宗一朝政事的大案。所謂「哀濟邸」是者指濟王竑的寃死。此事除宋史皇子竑本傳，史彌遠傳外，當時紀此事最詳的，要數周密齊東野語「巴陵本末」。據說：

「穆陵（理宗）既正九五之位，皇兄濟王竑出封宛陵，辭不就。史丞相同叔，以其有逼近之嫌，遂徙寓於霅城之西。寶慶元年乙酉正月八日，含山狂生潘甫與弟壬丙率太湖亡命數十人，各以紅半袖為號，踰城……入王邸，聲言義舉推戴……擁至州治……王號泣不從，脇之以兵不獲，已與之約……時皆聳動，以為山東狡謀，比曉則執兵者大半皆太湖漁人……王乃與郡將帥州兵勦之，其數元不百也，壬竟逸去，寓公王元春遂以輕舟告變於朝，急調殿司將彭恌赴之……越一日史相遣其客余天錫來，且頒宣醫視疾之旨；時王本無疾，實使之自爲之計，遂縊之於州治之使室，舁歸故第治喪……其後遂槀葬焉……其後魏了翁華父，眞德秀希元，洪咨夔舜俞，潘枋庭堅，皆相繼疏寃。大理評事胡夢昱季晦應詔上書……訐直無忌……遂竄象州，翁定，胡炎皆有詩送之，臺諫李知孝、莫澤，奉承風旨，凡平日睚眦之怨，悉指以從僞，彈劾無虛日……」

此文詳叙關於爭議濟王竑獄諸臣奏疏，直至度宗景定元年，始復封王爵。德祐二年，臺諫又追論平反，派員致祭，周密於此文末結論說：「嗚呼，挽回天意，至此亦晚矣，悲夫！」可見此事直與晚宋相始終了。原來寧宗無子，已立竑爲皇子，但因爲鋒鋩太露，開罪史彌遠，於是趁寧宗逝世，內外搶攘，熒惑楊后，來一個「貍貓換太子」，臨時矯遺詔立理宗，把濟王廢掉、所以當時羣情不平，潘甫等遂生心造亂，藉濟王名義起兵，却把這位「薄命君王」送到死地。無怪於朝野議論紛紛，而理宗一生，都有內愧，不能振作乾綱，爲權相或閹官所操縱，形成亡國原因之一。此事宋史史彌遠傳內只說到：

「彌遠既誅韓侂胄，相寧宗十有七年，迨寧宗朝，廢濟王非寧宗意，立理宗又獨相九年，擅權用事，專任僉壬，理宗德其立己之功，不思社稷，雖台諫言其姦惡弗惜也。」

着筆甚輕，惟皇子竑傳內始詳述經過。這件廢立大事，是史彌遠屬同鄉門客鄭清之步步造成，清之後來繼任宰相終身富貴，皆由於此。方回桐江集卷七、鄭清之所進，聖語考一」引清之原文說：

「鄭清之投進潛邸聖語一卷，其第二件曰：『上在潛邸、臣時爲國錄，一日史丞相彌遠以私口入淨慈寺飯僧，親戚人皆往，獨留臣於寺閣上，屛左右密語曰：『濟國公所爲悖謬，恐誤社稷，至今五、六年，迄不口皇儲之口，蓋兩宮之意，已不在濟邸矣。彌遠日夜憂之，今聞沂邸皇侄，事兪兩國，極其恭順，朝謁時，步履端重，儀止可觀，彌遠每於奏事，見主上目送之，今欲審擇一講官以輔成德性，且察其行事之實，偏觀庶僚中，惟足下忠實謹畏可任，切望留意，不可露一線也。』臣再三遜避，丞相曰：『言出彌遠之口，入足下之耳，可得辭乎？謹之，畏之，各自爲國家計，此先公事業，足下可以當之。』先公謂越王浩也。不數日臣遂兼沂邸講官（理宗時嗣沂王），每遇講退，丞相必邀至相府，凡上言語及課程之類，訪問甚悉。一日忽問臣曰，『畢竟天資大略如何』？臣……曰不凡，丞相甚喜……』此一件乃寄彌遠清之耳語，彌遠因謀廢立，清之密受意旨，眞臟實款，於此可見。所謂淨慈寺閣之謀世，未有知之者也。」

從這段紀載可見理宗之立，爲史彌遠一手所造成。宋史紀事本末「史彌遠廢立」，輯有專章，那是取材於皇子竑傳、余天錫傳及其他有關人傳文所得。理宗本名與莒，母全氏家於紹興之山陰，係史彌遠門客余天錫無意中所發現。據說：「彌遠善相，大奇之，」所以一步一步地提拔到「候補太子」的地位。那時濟王竑本已立爲皇子了，可是得罪彌遠。據說（本末卷八八）：

「竑好鼓琴，史彌遠進美人善鼓琴者納歸竑，而厚撫其家，使瞷竑動息。美人知書慧黠，竑嬖之。時揚皇后專國政，彌遠用事久，宰執侍從台諫藩閫皆所引薦，莫敢誰何，權勢薰灼，竑心不能平，嘗書楊后及彌遠之事於几上曰：彌遠當決配八千里，又嘗指宮壁輿圖瓊崖曰：吾他日得志，置史彌遠於此。又嘗呼彌遠爲新恩，以他日非新州則恩州也，彌遠聞之大懼……。」

够了，即此已足以說明史氏導演這幕鬧劇的眞因了。理宗既是史氏一手卵翼出來的，自不怪終其身對史氏厚意撫慰，恩澤有加。太學諸生正在新主當陽，誅鋤非類的當口，爲詩譏訕，那還能得到什麼好結果！後村列名這一案裏，又安得不閑廢十年？於此我有個疑問，後村新進小生，官爲縣令，似乎够不上相國的猜防？可是他畢竟置身在這個大案中間，這是什麼道理？我細讀葉適所爲後村父彌正墓志，發現彌正起家是在開禧前後于役淮東之際。當侂胄定計北伐，文人如辛棄疾、葉適是支持戰爭的。宋史紀事本末「北伐更盟」章：

「浙東安撫使辛棄疾入見，言金國必亡，願屬大臣備兵，爲倉卒應變之計……。兵部侍郎葉適輪對。嘗言甘弱而幸安者衰，致弱而就強者興，侂胄聞而喜之，以爲直學士院，欲藉其草詔，以動中外……。」

可見他們是主戰的同志。水心與劉氏世誼甚厚，所作墓志，雖然謂彌正與陳自強（韓黨）不和，但彌正發迹正在彼時。據水心「故吏部侍郎劉公墓志銘」說：

「開禧二年冬，虜舉國入寇……明年六月劉公退翁爲賀金國生，虜論議往返未決，公至揚州，詔還潤州以俟……。

其在朝，陳丞相自強愎公不附己，故出以使虜，又疑虜復取淮，故就因爲提鹽，皆欲以危地困公也……。

公始入朝，兵禍起有萌，擅國者（韓侂冑）以鑄鐵錢，實以邊事付之……」

侂冑何以欲以邊事付之？怕是劉彌正曾有主戰之論，或由於水心所汲引。韓之北伐，動機未嘗不是，皇甫斌、郭倪的敗績，其情形與張浚北伐符離之敗，情勢相當。只以裏面楊皇后不滿於韓，外廷史彌遠等要傾韓奪政，平日貶黜道學，爲正人君子所切齒，又有策士如張鎡等的急功邀名，遂致身敗名裂，不可收拾。當韓初敗之後，葉水心等急於湔雪自家不曾附和，所爲文章，難免不洗刷這一點。從上面紀事的縫隙裏看，劉彌正可能受過韓侂冑的賞識，因之後村的家庭傳統又與史氏立異，所以在史氏當政之時，迄未一露頭角。江上早歸，潮州被黜，怕皆是這種關係。政治上關係本來最複雜，恩怨矛盾，非局外人所能知，如落梅詩一首，並不過份訐露，江湖集劈板，南嶽稿僅是作者之一，何至一跌不振呢？其所以如此者，必有個人的恩怨在內。此案經鄭清之緩頰而從寬發落，鄭原是後村的太學同學，與其弟克遜則同齋，後村雜記說：

「余開禧乙丑，入齋果行（齋名）仲弟無競，齋特志……與安晚（鄭清之）同齋，余因二弟識之。余宰建陽，李知孝方興烏台詩案，余蹤迹危甚，晚在瑣闈，力勸遠相不宜以言語罪人，其語遂解……。」

正由於後村與鄭氏有這種關係，端平造朝，遂蒙賞識，淳祐再相，更得顯官，這件事對後村說，毋寧是一件幸事。不怪他後來再寫梅詩還說：

「夢得因桃得左遷，長源爲柳忤當權，雖然不識桃併李，也爲梅花誤十年……。」

至於李知孝、梁成大兩人，那却是十足的小人，宋史梁成大傳說（宋史二八一卷）：

「梁成大字謙之，福州人，開禧元年進士，素苟賤無恥，作縣滿秩，諂事史彌遠家幹萬昕，昕言眞德秀當擊，成大曰：某若入台，必能辦其事……」寶慶元年冬轉對，首言『大佞似忠，大辨似訥，或爲好名以自鬻，或立異以自詭……』越六日拜監察御史；尋奏魏了翁……罪大罰輕，眞德秀……宜削秩貶竄……成大天資暴狠，心術險巇，凡可賊害忠良者，率多攘臂爲之……。」

同卷李知孝傳：

「字孝章，參知政事光之孫。嘉定四年進士，嘗爲右丞相府主管文字，不以爲恥……拜監察御史，慶寶元年八月上疏……蓋陰詆眞德秀等……知孝起自名家，苟於仕進，領袖庶頑，懷諼迷國，排斥諸賢殆盡……世指知孝及梁成大，莫澤爲三凶……。」

宋代台諫之權最重，與樞府互爲制衡。但到晚宋之時，權相當國，每每位置私人於台諫，反替他攻擊所要賊害的人，台諫且成爲執政的工具。梁、李、便是這一類的台諫。所以後村平生屢遭台諫的攻訐，並不足以損壞他的人格地位，今天讀他著作的人，反到寄予同情，正由於此。在這裏節鈔後村鄭清之啓，爲本節的結束（此啓據雜記實未發）。

「伏念某弓箕舊族，鉛槧腐生，鄉曲指其爲杜門省事之人，天下知其無病風妄罵之病……猶以虛名之傳播，遂爲好事者中傷；實在詠桃，乃曰含譏於燕麥，偶然題檜，遂云寓意於蟄龍。語播市朝，命懸刀匕，幾置烏台之對，誰明奏邸之寃。……側聞瑣闥，密啓廟堂……寢禍機於垂發，聖讒說而不行……事關國體，義激儒流……推廣朝廷之忠厚，保金士子之孤危……。」後村於所撰鄭氏行狀中，亦記其事，鄭清之終非小人者，就因爲他還能保全善類。濟王之廢，其本身原有自取之咎，宮臣爲府主策畫大計，歷史中常有之事，所以王夫之宋論，對此事却有恕詞。

〔註五〕　見陳邦瞻宋史，紀事本末卷八一兩朝內禪條。

晚宋政爭中之劉後村

——劉後村與晚宋政治之二——

一　端平變政時期

端平是理宗朝第三個紀元，這是史彌遠逝世後，鄭清之入相，以效法元祐自命，而收召舊學，振奮國威的一個年代。當庸劣沓泄的史氏專政之局結束，皇帝親政了，賢才再集合於朝廷，一時確頗有百度維新的氣象。當時道學以眞德秀魏了翁爲中心，而後村是眞氏的入幕之賓，又與新宰相鄭清之有同學之雅；拔茅連茹，脫穎而出，從此介入了晚宋政治紛事之局。林狀說：

「端平政紀，安晚（鄭）當國。甲午春有旨都堂審察，西山帥閩，以機幕辟，兼帥司參議之官；平齋洪公（咨夔）選西掖，奏公自代……西山以戶書召，公援例求退。詔以匠簿供職，九月除宗正簿，公在麟臺，南塘（趙汝談）爲卿，游二公間，以文字相得歡甚。」
後村晚年還眷戀這一段時光，在雜記裏，記他以文字受知的情形，津津不已。他對鄭淸之也極力推崇，詩集第十卷鄭丞相生日詩：

「王呂紛更治尙安，史（彌遠）韓（侂胄）椓伐始凋殘，迺知元祐調弦易，却是端平變局難。汲黯淹留守相間，平津千載有靦顏，惜渠不見端平相，召了西山又鶴山！」

雖是祝壽的應酬詩，但說明當時變政的不易，與端平初召用舊學的盛況，到是寫實之事。端平變政有兩大特點：一是起用當時負聲望的道學之士，一反史氏之政；一是用兵北伐，想一鼓而復三京。關於前者，我們看宋史理宗本紀的記載：

一、紹定六年十一月……乙巳給事中莫澤言，差提舉千秋鴻禧觀梁成大，暴狼貪婪，苟賤無恥，詔奪成大祠祿。（梁成大爲彌遠排擠善類的工具，梁貶，史黨也動搖了。）己未以魏了翁爲萃文閣待制，知瀘州潼川安撫使。戊辰禮部洪咨夔進對，今日急務進君子退小人，如眞德秀、魏了翁當聚之於朝。帝是其言（眞魏道學中堅負重望），戊申洪咨夔言資政殿學士袁韶仇視善類，諂附彌遠，險忮傾危，詔奪祠罷祠祿。壬辰臺臣言趙善湘陳晐，鄭損納賂彌遠，怙勢肆姦……詔陳晐予祠，鄭損落職予祠。（袁趙陳——鄭皆史門重要人物，均失勢，爲端平羣賢登朝之先路）

二、端平元年春正月，詔求直言、侍從卿、監郎官、在外執政從官，舉堪爲監司守令者各二人；鍾震、陳公益、李性傳，張虙並兼侍讀，徐淸叟、黃朴、李大同，葉味道並兼崇政殿說書（新政發軔重用道學），五月，乙卯……詔魏了翁赴闕……壬戌以崔與之爲端明殿學士，提舉西京嵩山崇福宮（崔與之時臥家未起），丙寅詔黃榦、李燔、李道傳，陳宓、樓昉、徐宣，胡夢昱皆阨於權姦而各行其志，沒齒無怨，其賜謚復官優贈存恤，仍各錄用其子（黃榦爲朱子門人），十月己卯眞德秀進大學衍義，二年，三月，眞德秀參知政事，兼給事中，兼侍讀（德秀旋逝世，實未任事。）

從正史的紀錄看，此兩年中確有賢人在朝的昇平氣象。可是後一點北伐收京的大業，却遭受了意外的挫折，竟走上了一百年前北宋靖康燕山敗師的覆轍。關於此役的記載，除去宋史有關記傳外，以周密的齊東野語「端平入洛」一條記其事爲最詳（註一）。從這條記事看，宋師致敗之原，最主要的爲糧援不繼。其次者爲將帥恇怯，不能堅持奮鬬。可是朝議不能同謀，主持者的操切從事，也是難辭其咎。在上篇曾說，自入晚宋以來，主和者多爲君子，當時的道學諸賢如眞魏，如洪咨夔、以及其餘清流的議論皆主愼重。後村有端嘉記事詩對當局與議論之輩皆致不滿。抄之如下：

「聞說關河唾掌收，擬爲跛子看花遊；可憐逸少與公輩，說着中原得許愁？
全衆回軍來可非，反旗鳴鼓亦兵機，不知三帥揭鞭際，誰爲王師殿後歸。」

前一首說廟堂議論的不同，後一首深責前方將領的怯懦。於此我們不妨看一看當時的議論：如趙汝談傳（宋史四一七卷）：

「時集議出師，汝談反復言不可輕戰，而和尤非計。」

又喬行簡傳（卷四一七）

「……時議收復三京，行簡在告，上疏曰：『八陵有可朝之路，中原有可復之機，以大有爲之資，當有可爲之會……臣不憂出師之無功，而憂事力之不可繼；有功而至於不可繼，則其憂始深矣！』」

眞德秀傳（卷四三七）

「……聞……江淮有進取潼關黃河之議，德秀以爲憂，上封事曰『移江淮甲兵，以守無用之空城；運江淮金穀，以治不耕之廢壤；富庶之效未期，根本之弊立見』。……」（後村眞氏行狀全載其文）

李宗勉傳（四〇五）：

「時方謀出師汴洛，宗勉言：今朝廷安恬無異於常時，士卒未精銳，資糧未充衍，器械未犀利，城壁未繕脩，於斯時也，守禦猶可，而曰進取可乎？」

以上所載，皆是當時賢人君子的議論。對出師之舉，其不贊同如此。更看出在出師北伐之前，並沒有深遠周密的計劃，也不是堂堂正正的出師，不過是江淮一面的邊境守軍，乘虛北進。後方並沒有全力的支援，所以糧援不繼，不戰自潰。這點以喬行簡之疏，預料的最透，前引本傳又說：

「自古英君，規恢進取，必須選將練兵，豐財足食，然後舉事，中原蹂踐之餘，所在空曠，縱使東南有米可運，然道里遼遠，寧免乏絕。由淮而進，縱有河渠可通，寧無盜賊邀取之患？由襄而進，必須負載二十鍾而致一石，亦恐未必能達。」

這眞是灼見事勢之言，眞氏上疏，亦曾料及（見後村眞氏行狀）證以趙葵傳（四一七卷）

「端平元年，朝議收復三京，葵上疏請出戰……時盛暑行師，汴隄破決，水潦泛溢，糧運不繼，所復州郡皆空城，無兵食可固……遂潰。」

與此若合符節。關於端平三京之敗，陳邦瞻宋史本末，輯存專章，亦可以參閱，此處不擬多說。不過此事之是非，却不應該如當時論者之指責，和史官之紀載，認爲全無是處。我以爲明儒張溥論此事最爲公平，他說：

「是故滅金之役正也，三京之復亦正也；其復而不果者，病在進之太速，守之不固，非盡始謀者過也。」

又說：

「李全之叛……一舉殄平，遂輕視蒙古，銳進不疑。不知韃靼强大，非金比也，守汴之計未定，而入汴之師先發，取決目前，雖得猶失……」——宋史本末三京之復篇後張氏論。

不明敵情，輕易進退，這純是戰術上的錯誤，似乎不宜過分歸咎於政策的決定不當。可是無論如何，仗總是打敗了，士氣民心爲之一洩，這便注定了端平變政失敗的命運。我曾細考端平的局面，鄭淸之與眞魏諸賢，先天的本有矛盾，上篇所引的方回指責鄭氏延遲眞魏的入朝，這也許是當時人的一種看法。可是道學諸賢的迂緩，無救於危弱的局面，似亦不可盡歸咎於鄭淸之。此點周密癸辛雜識記有眞德秀入朝一條說：

「眞文公負一時重望，端平更化，人望其來。是時楮輕物貴，民生頗艱，意謂眞儒一用必有建明，轉移之間，立可郅治。於是民間爲之語曰『若欲百物賤，直待眞直院。』及童馬（用郭伋事）入朝，敷陳之際，首以尊崇道學，正心誠意爲第一義，愚民無知，乃以其所言不切於時務。」

此書又記有道學之僞，引吳興沈仲固之說，暴露當時道學家之無能與善自作僞，這也是端平以後進用道學未收實效，所得到的反應。可是關於端平政治的暗流，後村集中有一篇備對劄子剖析頗詳，時爲端平元年九月，節抄一段如下：

「……以臣之愚，竊跡近事，明主方厲精更始，而或者恐其惰終；大臣方奉公履上，而或者過於責備；善類方合，而間有異同齟齬之迹；國是方定，而已有反復動搖之戒，不幸有近於先賢程顥之所憂者……始初清明，其兆已爾；歲有稍失，主意懈於上，廟謨搖於下；臣恐觀望迎合之說進，中傷報復之計行。賢者稍稍引退，中人以下皆循然以求容，羣小投袂復起，而天下之事去矣。」

此文所謂用賢之不終，和諸臣自處之不易，似乎已料到朝論之終有異同，易爲小人之黨即史氏勢力所乘，推翻稍見清明的局面。事勢果如所料，端平之局告終，史嵩之不久便入相了。後村在端平朝，據林狀所說，頗有建白，即指這幾個劄子，據說：

「殿上下之人，皆謂公小官初召對，音吐琅琅，從容如許，廊廟器也，疏出！實齋（王）因奏疏有曰『兼旬之間嘉謀疊見，有裨聖學』，葢爲公與杜立齋、王臞軒發也。」

眞德秀於端平二年入朝，不到一年便病卒，後村隨之入朝，眞死，他仍供職，在政界中似乎頗爲活躍。但不久却爲言官吳昌裔所劾，遂致罷官而去。林狀述此事說：

「狂韃入寇，朝議以元樞曾公（從龍）建辟，竹湖李公，與公參議不果行，丙申左府語洩，有錫第表郎之傳，鶴相與詠，疑其遏己，遂以吳昌裔疏罷，御史舍人弟也。」

案元史太宗紀：

「七年乙未春……皇子奎騰（闊端）征秦鞏，皇子庫春及呼圖克（忽覩虎）伐宋……秋九月諸王琨布獲宋何太尉，冬十月庫春圍襄陽拔之，遂徇襄鄧入郢，虜人民牛馬數萬而還。」

此卽所謂「狂韃入寇」之事。理宗本紀：

「端平二年……十一月乙丑以曾從龍爲樞密使，督視江淮軍馬……十二月曾從龍六疏乞寢樞密使……詔許辭」。

正指此事。此次朝議督師之命，原是故作張皇，據魏了翁傳，是小人之黨排了翁出闕的密謀。據說：

「還朝六閱月，前後二十餘奏，皆當時急務，上將引以共政，而忌者相與合謀排擯，而不能安於朝矣。……會江淮督府曾從龍以憂畏卒，併以江淮付了翁，朝論大駭，以爲不可。」

亦說明此事的因果。可是後村竟也參加這場是非中間，大約他很愛談兵，如端平備對劄子之二曾有：

「億兆之命，不可以寡謀試，强大之敵，不可以虛氣吞。世有患虎暴者，必於其來往出沒之途預設弓矢陷穽以待焉……自關隴達於均房，自均房達於淮右，彼所來往出沒之途也；高城深塹，良將精卒，弓矢陷穽之具也，修吾具以待其至。……天下事豈堪再壞……」。

可見後村當時頗以材略自負，又曾有參議軍事的經驗（嘉定在李珏幕），所以有此擬議。至於「左府語洩錫第表郎之傳」一案，因文句閃爍，後村雜記曾記被吳季永（昌裔）所劾，以幽默之語出之：

「乙未六月余爲編脩官，兼侍右郎，輪對至待班所，吳叔永舍人已先在彼侍立矣……（此處記奏對爲叔永所稱贊）——後余爲季永所論，叔永與游果山聯騎餞余湖山、叔永云：『不意舍弟如此！』余曰：『人各有所見，昔黃魯直除右史，蘇黃門（轍）不肯押省劄而寢，不以魯直爲坡公之客而稍恕，其來久矣，何足怪也？』游公笑曰：『天下乃有故事親切如此？』一笑而散。」

可見後村對吳叔永並無猜嫌。雜記又一條似記「左府語洩」之語：

「……及爲樞椽，以西山（眞）薨，堂白再乞福建參議以送其終。二相皆言早間方奏知欲以禮部郎官相處，如何去得……在座皆聞之。退而相率賀余，余曰：『禍將作矣，何賀之有？』未幾被論去國，李元善右諫省小柬云：『因南宮之除稍響，』一表郎何足忌，忌或爲詞臣耳。」

此正「錫第表郎之傳」的註，宋代官位以翰林諫官與中書舍人最爲淸貴（註二），後村起家不由科第，做詞官是逾分的榮顯，所以爲同列所忌，便被劾去職了。

在端平時代，短短的兩三年間，後村在朝，雖不曾建立更顯著的功名，但却接觸了不少的人物，從他集中所撰的墓志行狀，談到此事有以下各文。

一、孟少保神道碑：（孟珙）本集卷一四三

「克莊念端平初，與公同朝，及公以騎帥往戍淮右，猶及祖餞。」

二、寶學顏尚書墓志：（頤仲同卷）

「端平甲午，余始有列於朝，與員嶠顏公同升，尋皆去國。」

三、侍制徐侍郎（鹿卿）本集卷一四四

「由端嘉至淳祐，如洪舜俞（咨夔）王去非、杜成己、徐直翁、李元善、方德潤（大琮）唐伯玉（善）及公共八君子……自洪至唐皆余至友。」

惟其在端平間接觸人物之多，與聞的政治內幕也不少，所以他所撰的公卿故交墓志之類的文章，多有裨於晚宋史的參考，因之後村生平，在今天仍然有權論的必要。

〔註一〕　依野語此條所記云：「子才合淮西之兵萬餘人赴汴，六月十二日離合肥，十八渡壽州，二十一日抵蒙城縣，縣有二城相連，背渦爲固。城中空無所有，僅存傷殘之民十百而已。沿途茂草長林，白骨相望，蝱蠅撲面，杳無人踪。二十二日至城父縣，縣中有未燒者十餘家，官舍兩三處，城池頗高深，舊號小東京云。二十四日入亳州，總領七人出降，城雖土築尙堅，單州出戍軍六百餘人在內皆出，市井殘毀，有賣餅者云：『戍兵暴橫，亳人怨之，前日降韃，今日降宋，皆此輩也。』遂以爲導，過魏眞縣，城邑縣，太康縣皆殘毀無居人，七月二日抵東京。二十日劄寨，猶有居人遺跡，及桑園，初五日整兵入城。行省李伯淵先期以文書來降，願與谷用安范周吉等結約，至是乃殺所立大王崔立，率父老出迎，見兵六七百人，荆棘遺骸，交午道路，止存民居千餘家，故宮及相國寺佛閣不動而已。河南舊有千金堤，今爲北兵所決，河水淫溢，自壽春至汴，道路水深，有至腰及頸處，行役良苦，幸前無敵兵，岾以能進至此。子才遂駐此以俟糧夫之集，而潁川路鈐樊幸，路分王安亦以偏師下鄭州，二十日趙文仲以淮東之師五萬，由泗宿至汴曰：不思趣洛陽潼關何待邪？子才以糧餉未集對，文仲益督趣之，遂檄范用吉提新招議士三千，樊辛提武安卒四千，李先提雄關卒二千，文仲亦以胡顯提雄關卒四千，共一萬三千人，命淮西帥機徐敏子爲監軍，先令西上，且令楊義以廬州強勇等軍一萬五千人繼之，各給五日糧，諸軍以糧少爲辭，則諭以陸續起發。於是敏子領軍以二十一日啓行，且令諸軍以五日糧七日食，蓋懼餉饋或稽故也。至中牟縣，遂遣其客載應龍同汴趣糧，且如諸將議，遣勇士諭洛，獨胡顯議爲不合，敏子因命顯以其所部之半以扼河陰。二十六日遣河州寧淮軍正將張廸以二百人潛赴洛陽，至夜逾城大譟而入，城中寂然無應者，蓋北軍之戍洛陽者皆空其城誘我矣。逮晚始有民庶三百餘家，登城投降，二十八日遂入洛城。二十九日軍食已盡，乃採蒿和麪作餅而食之。是晚有潰軍失道奔迸而至，云楊義一軍爲北兵大陣衝散，今北軍已據北牢矣。」

〔註二〕　宋史職官志序論：「故仕人以登臺閣升禁從爲顯宦，而不以官之遲速爲榮滯……時人語曰：『寧登瀛，不爲卿……』」案唐制瀛洲十八學士，所謂「登瀛」，卽入翰林也。又翰林學士院職掌掌，「制誥詔令撰述之事」，又「乘輿行幸則侍從以備顧問，有獻納則請對仍不隔班。」足見此官之清貴。

二　後村與史嵩之

後村生平，涉及晚宋政治上有三件大事，一是被牽入江湖詩案，與史彌遠爲敵，他終身論事也齟齬於濟王案的昭雪。其二是和鄭清之的關係，既躋身於端平朝列，又在淳祐間置身通顯，可是和鄭氏鬧了個不歡而散。其三就是牽入史嵩之「奪情」案內，和嵩之也成了不解之仇。關於江湖詩案，端平政局兩點，已分別闡述在前。淳祐再起，留待後節再說：現在剖析史嵩之與後村的糾葛。

後村是在端平三年（丙申）被劾出朝，從此年至淳祐六年（丙午一二三六——一二四六）前後十年，都在外官或奉祠家居。據林狀說：

「主管玉局觀，尋除漳州，毅齋鄭公（鄭性之？）言於朝，『去非其罪』。丁酉改知袁州，有旨趣行……因寬得衆，郡以最聞。殿中蔣御史，公同舍郎也，因火災倡邪說，為學舍所詆，知鐵庵方公（大琮）前在諫垣，言濟邸事太切，天顏不怡，遂以公與鐵庵臞軒（王邁）同疏，皆嘗言故王者……俄主雲台觀。」

此事仍是前次建言濟王案的餘波。自端平三年鄭清之罷相之後，第二年改元嘉熙，這時的宰相是喬行簡，兩年以後李宗勉，史嵩之繼為左右丞相，但嵩之在外主兵。據理宗本紀，其時的宰執如下：

「端平三年……九月……鄭清之罷為觀文殿大學士醴泉觀使兼侍讀，喬行簡罷為觀文殿大學士醴泉觀使兼侍讀，以崔與之為右丞相（崔始終未入朝）……十一月……丙寅以喬行簡為特進左丞相，兼樞密使。

嘉熙元年……二月癸未朔，以鄭性之知樞密院事，兼參知政事鄒應龍，端明殿學士簽書樞密院事李宗勉同簽書樞密院事。嘉熙二年……五月……癸未……以……李宗勉參知政事。

嘉熙三年春正月癸酉以……李宗勉為左丞相，兼樞密使，史嵩之右丞相兼樞密使，督視兩淮四川京湖軍馬……」

李宗勉死謚文清，和後村素日相知，因此後村在袁州罷歸之後，被擢為江西提舉，又轉廣東提舉，後來一度被劾居家。從這些時宦游踪跡看，並沒有什麼建樹。直到淳祐四年以後，史嵩之因父喪去位，范鍾杜範並相，游似爲樞密使，才被薦爲江東提舉。一年之後，被徵入內，升爲從官，才以草史嵩之致仕詔書，牽入一場政治風暴；在後村是開罪史氏，終身不解，但言官還說他阿附上意，又劾他去職。此次在朝不過一年多，幾於兩面不落好，首先我們看史嵩之的功過，與此次政治風暴的是非。

史嵩之是史彌遠的姪子，在紹定末期出任上游軍事，聯蒙古，滅殘金，上八陵圖，傳復仇露布，都是他的傑作。但他對蒙古却始終主和，蒙古議和使節王檝的南來，似乎是嵩之的斡旋。當嘉熙一二三年內蒙古與宋戰事頻繁，史嵩之却擔任防護江面，統轄上下游軍事的全責，以邊功而至宰輔，獨相數年，終以父喪奪情，爲士論所不容，便一蹶不起。嵩之的事蹟，據宋史本傳說：

「字子由，慶元府鄞人，嘉定十三年進士……十六年差充京西湖北路制置司準備差遣……寶慶三
年主管機宜文字，通判襄陽府，紹定元年以經理屯田襄陽積穀……加其官權知棗陽軍……三年棗
陽屯田成，轉兩官……四年兼京西湖北制置副使，五年……升制置使，兼知襄陽府，賜便宜指揮
……端平元年破蔡滅金，獻俘上露布……移書廟堂，乞經理三邊不合……會出師與淮閫協謀犄
角，嵩之力陳非計，疏爲六條上之。詔令嵩之籌畫糧餉……丞相鄭清之亦以書言，勿爲異同，嵩
之力求去……尋……知隆興府兼江西安撫使。帝自師潰，始悔不用嵩之言……嘉熙元年進華文閣
學士，京西荆湖安撫制置使，依舊沿海制置副使，兼節制光黃蘄舒，廬州圍解，詔獎諭之……二

年黃州圍解，降詔獎諭，拜端明殿學士，職任依舊……召入覲拜參知政事，督視淮南西路軍馬，兼督視光蘄黃夔施州軍馬……三年授……右丞相兼樞密都督兩淮四川荊西湖北軍馬……兼督江西湖南軍馬，改督江淮京湖四川軍馬，薦士三十有二人。……自是邊境多以捷聞，降詔獎諭，四年乞祠趣召奏事，轉三官依前右丞相兼樞密使，眷顧特隆，賜賚無虛日。……淳祐……四年遭父喪，起復右丞相兼樞密使，累賜手詔遣中使趣行。於是太學生……皆上書論嵩之不當起復不報，將作監徐元杰奏對及劉鎮上封事，帝意頗悟。初嵩之從子璟卿嘗以書諫……無何璟卿暴卒，相傳嵩之致毒云。嵩之爲公論所不容，居閒十有三年……寶祐四年……八月卒。……」

從此傳看，嵩之何以「爲公論所不容？」以及淳祐時代之朝論攘擾，後人很難以了解。我紬繹史嵩之前後行事，大約在外擔當邊防責任的時候，確實是有用之才；可是征伐之際，虛傳捷報，功不稱賞，也足以啓人譏議。到了內任宰相，掌理天下大政，却並無建樹。奪情一案，引起了舉朝攻擊，可能是內眷漸衰而邊功用人，引起同朝側目，因之藉名於清議，逐之還里，遂至一蹶不能再起。至於後村在朝抨擊他，還恐怕是啣怨其伯父史彌遠，連類及其親屬，這在後村奏對中，皆可尋出線索，分述於下：

一、關於軍功部份，以本傳所載知襄陽府以前，確是熟悉邊情，聯蒙伐金，也是他一手造成的傑作。宋史理宗本紀初繫此事於紹定五年十二月「時宋與大元兵合圍汴京，金主奔歸德府，尋奔蔡州，大元再遣使議攻金，史嵩之以鄒伸之報謝。」嵩之傳亦不載聯蒙經過，惟陳邦瞻宋史紀事本末會蒙古兵滅金篇（卷九一）紀之謂「理宗紹定五年十二月蒙古遣王檝來京湖，議夾攻金，史嵩之以聞……命嵩之報使許之，嵩之乃遣鄒伸之往報蒙古侯，成功以河南地來歸。」此節紀事的來源，據淸趙翼二十二史札記，端平入洛之師條，以爲宋史對端平入洛兵事，「宋金二史紀傳，俱不明析，惟讀通鑑綱目較詳。」則本末所記，當係取諸此書。故淸畢沅續通鑑，宋紀一百六十六，始紀此條：

「蒙古遣王檝來議夾攻金人，京湖制置使史嵩之以聞……」

案元史王檝傳一五三卷載此事謂：

「壬辰從攻汴京，癸巳奉命持國書使宋，以兀魯剌副之至宋，宋人甚禮重之……」

所謂宋人甚禮重之，殆指嵩之對王檝之待遇，初以國書使宋，卽聯宋夾攻殘金之事。蔡州之役，宋遣孟珙領兵，孟珙卽嵩之所部，在蔡州時與蒙古軍將甚歡，〔註三〕嵩之始終主張聯和蒙古，却不料趙范兄弟貪功北進，理宗與鄭淸之也聞獵心喜，才有「入洛之師」。所以史嵩之極不贊成，對糧械的援助，也不盡力。北伐之師的敗潰，這怕也是原因之一吧。

由於端平的敗盟，蒙古遂進軍伐宋，從端平之年起到淳祐初年，南北一直是交戰狀態。史嵩之爲全面禦敵的統帥，但是支拒防守之處多，進取反攻之事少。其實當蒙古太宗逝後，漠北汗位未立，六皇后當政，內部紛亂異常，北中國一大片土地，只是些漢軍將領防守〔註四〕，如果嵩之的情報靈通，所部的將士用命，河南山東的收復，並不甚難。他却竟以小小地收復失地爲不世之功，畫江而守，不敢北望，這可見他並非總攬全局的大將之才了。至於他的軍事部署，也儘多失當之處，可證以本傳所引史璟卿上書之言：

「近聞蜀川不守，議者多歸退師于鄂之失……爲督府者宜據鄂渚形勢之地……不此之圖，盡損藩籬，深入堂奧……況殺降失信，則前日撤疆之計不可復用矣；內地失護，則前日清野之策不可復施矣，此隙一開，東南生靈，特几上肉耳。」

又杜範傳（範入相理宗有賢能名）

四年（嘉熙）還朝首言……疆場之臣，肆爲欺蔽，勝則張皇而言功，敗則掩覆而不言，脫便乘上流之無備，爲飲馬長江之謀，其誰與捍之？」

此時上游管兵正是嵩之，杜範於嵩之居喪罷相後，繼爲宰相，力阻嵩之再起，可信此言正指嵩之。與史璟卿之書牘會參，嵩之軍功也是浮冒居多，無怪入朝以後不理人口了。於此後村有詩譏之，即前引端嘉雜詩：

「一聞旗鼓建行台，勇者投軀富輦財，邊將不消橫草戰，國王只要撒花回。」

所謂「旗鼓建行台」，正置嵩之以右丞相樞密使督師江上，把制閫設在武昌之事。「勇者投軍富輦財」是指當時軍功出身成爲終南捷徑，犯罪的人，也可在軍前建功博官，像余玠即是一例。（註五）國王當指闊端太子之輩，「撒花」是蒙古話，元秘史此字旁註「納人事」，即是金帛納賄之意。後村眞德秀行狀（本集一六八）曾載一事：

「……又言王檝挾金使例冊自隨，小使敢爾，他日使介果至，何以待之？又聞檝求金翠以媚其妻妾……」

王檝於三京敗後至臨安，尚公然「求金翠」，史嵩之以及沿江地方在前方遇蒙古兵，還能保他們不「撒花」嗎？蒙古用兵，徵調部族參加戰役，所擄掠者，各歸己部，「撒花」的風氣很盛，汗庭並不過問，由此詩可見嵩之當日的戰功，未必都是「眞刀眞槍」的實績。

後村集中關於糾彈掊擊譏刺史嵩之的文件很多，在端嘉雜詩中還有一首：

「擁旄佩印各榮華，已貴無官可復加，若不掃門丞相府，必曾養馬侍中家。」

此詩是指斥江上立功封賞之濫。又一首：

「蘇魏滅胡同拜爵，裴韓平蔡亦聯鑣，祇今光範門前客，太半河陽幕下僚。」

這是指嵩之入相，軍幕諸人一時並進，本文前引嵩之本傳中，即曾列舉當時名臣如吳潛、馬光祖等二十七人，皆嵩之所薦。從這裏也透給讀史者一點消息，嵩之所以被朝臣清議所攻擊者，怕也因爲幕中文武人物，升朝太驟，引起同列側目，三學上書，未必無人鼓動。後村於淳祐入朝，是時史嵩之之「起復」的政潮已過，但是人們都怕他再起。後村召對劄子與入殿講書，都對嵩之有貶詞，如淳祐六年八月二十三日召對劄子（卷五二）

「臣竊以爲自古有任事之臣，有折衝之臣，有託國之臣；任事者取其智謀，折衝者取其威望，至於托國則取其忠實而已。……然則陛下之國家社稷，將託之如溫（桓）如檜（秦）者乎？抑托之於如安（謝）如浚（張）者乎？書云『任賢勿貳，去邪勿疑。』已去而疑，其如勿去；已任而貳，其如勿任。惟陛下留聖恩焉！」

此所謂桓溫秦檜者，指史嵩之曾在上游典兵，又主與蒙古講和，時去職多年，仍有起用之謠，所以隱射着說。又進故事（卷八六）丙午十二月初六，「講秦檜奉祠故事」說：

「臣於檜之始末有感焉！若無檜之功，有檜之罪，以一身戰九州四海之公議，要領獲全，毫毛無傷。其姦慝之狀，不形之親禮，不載之訓詞，不榜之朝堂，不付出諫官御史諫疏，不削奪，他日安知不如檜之復出乎？惟聖主留意！」

宋代經筵制度，實際是皇帝與儒臣討論政治的場合。講者藉古征今，皇帝自然心領神會，受其影響。後村這時兼崇政殿說書，藉秦檜來影射史嵩之不可復用。又同卷，丙午九月二十日講漢書呂太后時諸呂擅權故事，也藉此陳述朝堂和諧的必要，又說到：

「若夫外有飄忽震盪之暴虜，旁有睥睨憤毒之姦臣。」

此姦臣也是陰指嵩之，後村好像學過縱橫之術，論事也有點捭闔。在「端平元年備對箚子二」後「貼黃」說：

「臣竊見晉人委任將帥，事權所寄，未嘗偏重。今自襄以至淮泗，挈數千里之邊面兵柄付之一門。上無董統，下無副貳，特守多其兵佐，鎮戍皆其廝養，未有毫髮之功，而先養成尾大之勢。」

這段也似是指史嵩之說的。那時蔡州初下，嵩之的威望正盛，史彌遠的兒子史宅之也出當沿邊郡守，沿江將帥，多出於襄樊屯戍之中，這時後村已如此說，可見集矢史氏怨毒之深了。

後村生平第二大事是不行史嵩之休官制詞，此點林狀說：

「時山相（卽嵩之）未終喪，以草上疏乞挂冠，上批服闋，除職予祠，台諫橐從，交章詆之，皆不付出。十二月御筆『嵩之今已從吉守本官致仕』，公奏嵩之有無父之罪四，無君之罪七，舊相致仕，皆有誥詞，今宜行嵩之之詞，未知爲褒爲貶？若從其自乞，則合行杜衍、歐陽修之例，何以示天下後世……今嵩之忠孝有虧，乞詳臣原奏，貶嵩之職名，守永國公致仕。」

這件案子，糾纏甚久，後來理宗御批，大體依後村的奏請。當時游似爲相，函後村說：「諸賢盡力回天，聖主舍己從人，書之簡冊有光矣。」但在朝清流，仍不諒解，御史章琰，劾他不該「奏審」，於是又襆被出都了。理宗一代臨安士風；甚爲囂張，此次攻史嵩之，以三學學子最激烈，宋史紀事本末，輯有專篇（卷九六），全載太學生叩閽上書原文。此事並鬧出一場驅逐游士的風潮〔註六〕，接着又有徐元杰暴斃的疑案，其坐實嵩之罪狀，不過說他「不忠不孝名教罪人」。在我們今天看來，指責的罪狀不過是藉口，實則是史氏一家三代專政的反響，後村則樂得藉此表示其風節而已。

〔註三〕孟珙本傳紀在蔡州援蒙古張柔事，後村全集孟少保神道碑亦紀其事。

〔註四〕此事屠寄蒙兀兒史記會論之，拙著蒙古漢軍與漢文化書內漢軍分子的分析一節，亦述此時華北形勢。

〔註五〕見宋史余玠傳。

〔註六〕宋史紀事本末史嵩之起復章：「時范鍾，劉伯正領相事，惡京學生言事，謂皆遊士鼓倡之，諷京尹趙與懽逐遊士，諸生聞之作捲堂文辭先聖以出。」

三　鄭清之與劉後村

在前面所論端平變政，鄭清之實爲其主持人物。後村登朝，雖由於眞德秀的推薦，也是鄭氏之樂予汲引，才使他以小官而與聞廟堂的議論。鄭氏的相業，時人毀譽不一；毀之者莫過於方回，前已引述其「鄭清之所進聖語考」，不煩再述。宋史鄭氏本傳，褒多於貶，原始材料，可能是後村所爲的鄭氏行狀。後村和他也是始合終離，這許不是兩人的友誼不終，而是晚宋朝堂門戶議論的激蕩過甚，迫使公私不能兩全。但後村於鄭氏身後，却並無怨詞，也可謂宅心忠厚了。

茲先述鄭氏的生平。據宋史鄭清之傳說：（卷四一四傳一七三）

「字德源，慶元之鄞人，初名爕字文叔，少從樓昉學，能文，樓鑰亟加稱賞。嘉泰（寧宗）二年入太學，十年登進士第，調陝(峽)州教授。帥趙方嚴重靳許可，清之往白事爲置酒，命其子范、葵出拜，方掖清之無答拜，且曰：『他日顧以二子相累』。湖北茶商羣聚暴橫，清之白總領何炳曰：『此輩精悍，宜籍爲兵，緩急可用。』炳亟下召募之令，趨者雲集，號曰茶商軍，後多賴其用……（以下叙與史彌遠結合，見前節。）理宗卽帝位……兼崇政殿說書（此處叙勸帝更崇節儉），寶慶元年，兼兵部……紹定元年遷翰林學士知制誥，端明殿學士，……四年兼同知樞密事。六年彌遠卒，命清之爲右丞相兼樞密使。端平元年，上旣親總庶政，赫然獨斷，而清之亦慨然以天下爲己任。召還眞德秀、魏了翁、崔與之、李埴、徐僑、趙汝談、尤焴、游似、洪咨夔、王邃，李宗勉，杜範、徐清叟、袁甫、李韶，時號小元祐、大者相繼爲宰輔，惟與之終始辭不至，遺逸如劉宰、趙蕃，皆見旌異。是時金雖亡，而入洛之師大潰，……（以下叙三年罷相，並叙罷相後賜宮觀，仍兼侍讀，不許東歸。）七年（淳祐）拜太傅右丞相，兼樞密使越國公，詰旦內引，叩頭辭免。帝勉諭有外間所不及知者……詔趙葵以樞密使視師，陳韡以知樞密事帥湖廣，二人方辭遜，會清之再相，力主之。科降辟置，無所留難，葵韡遂往，於是戰於泗水渦口木庫，皆以捷聞。九年拜太師左丞相兼樞密使……每謂天下之財，困於養兵，兵費困於生券，思所以變通之……（以下叙理財經賦之德政，皆細事），十年進十龜元吉箴……帝大喜命史官書之……十一年……十一月卒」。

清趙翼廿二史札記，宋史各傳迴護處（卷二三）於鄭清之趙葵趙范下，斷謂端平入洛之師，鄭清之主之於內，本傳又不載其主謀開邊事。我參互同時諸人之傳，對鄭氏淳祐再相的失政，抨擊甚多。此傳僅於傳尾說：

至「再相則年齒衰暮，政歸妻子，而閑廢之人，或因緣以賄進爲世所少云。」

也可謂極迴護之能事已。關於後村與鄭氏失歡之事，是在淳祐再入相之後。那時鄭的人望，降至最低，南宋的國運，亦漸至危殆。理宗人本闇弱，又嘗以得位不正而內愧，只管表面上尊崇道學，以博虛名；本質却喜近邪僻，耽於佚樂。鄭清之知之最深，總是力爲遮蓋，好像是「將順其美」，事實上却是上下相蒙。如本傳載：

「淸之言禁中服用，頗有新潔者……奏……陛下繼寧考故儉德難著，……須過於寧考方可，帝嘉納。

及聞邊警，密疏恐陛下憂悔太過，以汨淸明之躬，累剛大之志……」

當邊師潰敗，大敵內侵，做皇帝的正在憂勤悔過，他却勸他不要如此，這不是姑息之愛嗎？方回記他之淳祐再相，事前曾密疏謂須補端平敗師之過，所以有再相之命。本傳也說：「帝勉諭有外間所不及知者」，可見君臣固結，另有非外人所能知的情事。大概濟王一案，是史彌遠，鄭淸之與理宗三個人的共犯。理宗時時不自安，淸之也是如此，這是他們讀理學書所引起的良知悔愧，所以想種種補過的方法，來安慰自己的良心。端平變政之收用正人，是這個動機；出師汴洛，要以戰勝來振奮人心，也是如此。在理宗一朝正邪雜進，淸之本身相業也徘徊在邪正之間，都是這種矛盾心理的表現。後村端平二年論對劄子說：

「陛下……因私天位，遂德柄臣，因德柄臣，遂失君道……臣竊意陛下內不能平而哀樂終始……」

這正是他們君相內心狀態的描狀，我以謂此疏决非鄭氏所願見，兩人後來失歡，未嘗不種因於此。林狀紀淳祐再入朝，後村與鄭氏之間的不快說：

「辛亥春（淳祐十一年）有旨趣行，四月到闕，兼太常少卿直學士院，對劄二首言端平變局，侔於元祐，今陛下登庸舊弼，垂意乂寧，而人謂端平之政改矣。次言朝廷之士，議君上者，或以掖庭，或以戚畹，或以聚斂，議大臣者，或指除授，或指賓客，或指子弟。道路傳言，皆曰君相厭之……。」

此疏說淳祐政治不是端平的氣象，又指出清議對淸之的不滿，這已不是鄭氏所願聞。林狀又說：

「公退見丞相，乞召潘凱吳燧二人，皆忤相國者，大咈相意」。

又說：

「時事多內出，會言……『蓋小臣能以去就爲輕，雖大事可議，大臣能以去就爲輕，則內降可執，橫恩可寢。』其語頗諷，於是愈落落矣。」

於此見後村再入朝，政治方向已和鄭氏異趣。後村在所撰鄭氏行狀，極力爲鄭氏湔洗，雖是怕當世人議論他負知遇之恩，故曲爲厚論。但以身預端平至淳祐間朝局的人，經過一番甘苦，對局中人的了解，自與一般浮議不同。把此狀與方回的攻訐之文合併讀之，也可以得史事的眞相。此狀中論淳祐政事說：

「其再相也，端平遺老凋謝十無一二，新貴各立門庭，分黨與，公雖素有主眷，當操化權，然人情固已陰懷向背，無同舟共濟之意矣。」

又說：

「公雖貴，自奉蕭然，非以位爲樂者。直以事上潛邸，君臣義重，上旣苛留，不忍決去耳。……蓋丙申代公者喬也（行簡），辛亥代公者吳謝也（吳潛謝方叔），公去矣，薨矣，吳謝行乎國政，宜有以愈乎端平者，而皆不然，何哉？」

這一段以議論存當時事勢，讀者可以見理宗一朝，人才實少，而朝堂門戶派系的議論，使是非莫辨，也眞難於推行政事。此文紀他與鄭氏的交誼始末說：

「克莊銜恤（居喪）三年，白首再召，覺國論愈矛盾，鼎味殊酸鹹……而或者怪其不能隨聲接響，訶佛罵祖，羣起而攻之，是『黨相』者。克莊謂知我者必曰安晚，公與人書疏，亦以鐵漢見擬，嗟夫！宰相必拔士，士必不畔知己，情意之常也。若一旦去子宣（布）而戀元度（蔡卞）之恩波，迎子厚（章）而詆微仲（吳）之相業，乃風俗之變，豈情義之常哉！」

這幾乎可爲後村的自白。關於鄭氏淳祐再相，後村雜記中，也記有一條：

「辛亥余以右史兼內制侍講，時相安晚（淸之）年高，二三執政方收士譽，諸人心懷向背，以攻安晚者爲賢。余一日見晚，晚咈鬱而言曰：『吾負諸賢？余眞翁（天錫）率全台論某者，力引爲執政，汝騰（趙）爲尙書，甫供職而去超眞學士，是非不容諸賢，諸賢乃不容某，某去有不如某者來坐此，始見思耳。』余勸其召潘吳兩豸（御史）及董夕郞（槐），人言自止，安晚不納。」

大概後村請召潘吳事，頗傷鄭氏之心。潘吳兩人，宋史無傳，後村警齋吳侍郞神道碑（卷一四七）記其事說：

「淳祐……除監察御史，兼崇政殿說書……冬至雷變，與同台御史潘公凱，交章論舊學，『初相端平，人以小元祐目之，比及再相，由降頻出，不聞杜衍之封還；大計未定（指立太子）不聞韓琦之力請，以陳力不足之時，昧知足不辱之戒，丙申之雷，引咎策免，今茲之雷，不聞辭位，是君臣皆以天變爲不足畏矣。臣謂其咎過於張禹，臣願自比於朱雲，直俾奉冊就第，而胥有德望，官官宮妾不知名者代之。』上方體貌師傅，疏入報聞，二公皆求罷。」

此吳警齋即吳燧，他和潘凱曾請罷免鄭氏，無怪其啣怨而遷怒到爲他們緩頰的後村了。周密癸辛雜識，有記鄭清之一條：

「鄭清之，字德源，號青山，又號安晚，爲穆陵（理宗）之舊學，端平初相，聲譽翕然，及淳祐再相己髦及之。政事多由其侄孫太原之手，公論不與，況所汲引爲周坦、陳垓、蔡榮輩皆小人，黃自然嘗入疏論之。既而豐儲倉門趙崇雋上書，歷陳其昏謬貪汚之過，亦解綬而去。未幾察官潘凱遂劾之，吳燧亦劾其黨朝廷，遂辱二察言職，夕堂董槐亦入疏求去，蓋潘吳二豸皆董所荐也。……」

此條所記之周坦，見於宋史程公許傳（四一五卷）

殿中侍御史章琰，正言李昴英，以論執政及府尹，帝怒出二人，公許力爭之……清之日夜於經筵短公許，周坦妻與清之妻善，因拜坦殿中侍御史，坦首疏劾公許。」

又黃師雍傳（四二四卷）亦敘周坦受鄭清之命事，其中牽及淳祐間台臣分黨對立之情形，其事還從史嵩之罷相時起。據說：

「昴英劾臨安尹趙與𥲅及執政，琰亦劾執政，帝怒昴英並及琰，鄭寀乘間劾琰昴英，……寀於是荐周坦，葉大有入台，首劾程公許、江萬里，善類日危矣。未踰月攻參政吳潛去，陳垓爲監察御史，時寀與憲、坦，垓大有合爲一，師雍獨立，寀惡尤之甚……師雍與丞相鄭清之故同舍，然以劾劉用行，魏峴皆清之親故，清之不樂。坦喜曰：吾得所以去之矣，遣其婦日造清之妻譖曰，『彼去用行，峴，乃去丞相之漸也。』帝將以師雍爲侍御史，清之曰：如此則臣不可留……」

此傳曲盡當時朝廷派系間鬭爭排擠的情實。此外清之有子名士昌，行爲很不端正，亦引起臺諫的論列，前引程公許傳說：

「鄭清之以少保奉祠，侍講幄中，批復其子士昌官職，予內祠且許侍養行在所。蓋士昌嘗以詔獄追逮，或云詐以死聞，清之造闕號泣請於帝，故有是命。公許繳奏士昌罪重，京師浩穰，姦宄雜糅，恐其積習沈痼，重爲清之累……侍養之命，宜與收寢。」

因爲程氏攻訐其子，所以清之才反擊之，用私人周坦做言官來劾奏他，可見清之私心很重，度量亦欠寬宏。

理宗在位很久，生長江表，自不免於聲色之好。但又不敢公然效昏主的沉湎酒色，於是偸偸地行樂湖山。能够滿足他這種需求的，只有求之於內侍宦官。所以在端平嘉熙以後，常見言官論及此事，而內侍董宋臣，引用姦相丁大全，造成寶祐至景年間積陰愁慘的氣象，也就是這個原故。後村記鄭清之說：「我去不如我者來坐此位，當思我也。」實在是深知皇帝脾氣與官廷內幕的說法。大概那時年老氣衰，不敢也不願振作朝綱，肅清宮禁，所以引致士論不滿，成爲晚節不終了。

在這裏還有一事，爲鄭劉間不睦的因素：後村和當時淸望名臣如李宗勉、杜範、游似等氣味相投，爲其援引，至於榮顯，其知遇過於鄭淸之。而杜氏却和鄭不睦，鄭在嘉熙至淳祐初年，名雖去位，仍在經筵，對政治具甚大之影響力，看到舊時門客，如此地春風得意，不免有所介介。待二次出山，再見後村又攀援他所最不喜的人，那能不鑿枘呢？據林狀：

「文淸李相（李宗勉）當國，擢公江西提舉改廣西提舉……留粤兩年，更攝帥舶……辛丑令赴行在奏事，侍御史金淵，謂公以淸望自擬，寢其召命，主管崇禧觀。……甲辰（淳祐四年）林（範）與范（鍾）同相，除江東提舉……十一月除將作監，未幾改直華文閣……范去游（似）獨當國，與參與抑齋婁公以公荐，丙午（六年）令赴行在奏事……道除太府少卿，八月望入修門，二十三日面對、三劄首言委任之失……玉音曰朕『知卿有史學，』卽有錫第之命，仍責修纂。公退見果山（游）坐未定，宸翰已至，『劉某文名久著，史學尤精，可特賜同進士出身，除祕書少監』，令與尤焴同任史事……次日兼國史院編修官，實錄院檢討官……孟祀時御筆暫兼中書舍人……。」

考杜範在端平新政之時，就曾抨擊過鄭淸之，本傳紀他的平生：（宋史卷四〇七）

「杜範字成之，黃巖人……嘉定元年舉進士……端平元年改授軍器監丞，明年入對言『陛下親攬大政，兩年於茲，今不惟未覩更新之效，而或者乃有浸不如舊之憂……其原不過私之一字耳……和衷之美不著，同列之意不孚，紙尾押勅，事不預知，同堂決事，莫相可否；集議盈庭而施行決於私見，諸賢在列，而密計定於私門，此大臣之私有未去也。』尋拜監察御史，奏『九江守何炳，年老不足備風寒』，事寢不行，範再奏曰：『一守臣之未罷，其事小，台諫之言不行，其事大，阻台諫之言尤可也，至於陛下之旨，匿而不行，此豈勵精親政之時所宜有哉。』丞相鄭清之見之大怒，五上章丐去……且謂範順承風旨，粉飾擠陷……時清之妄邀邊功，用師河洛，兵民死者十數萬……範率合台論其事，併言制閫之詐謀罔上……清之愈忌之……拜殿中侍御史……時襄蜀俱壞，江陵孤危，兩浙震恐。復言清之『橫啓邊釁，幾危宗祀，及其子招權納賄，貪冒無厭，盜用朝廷錢帛，以易貨外國，且有實狀。』……帝以清之潛邸舊臣……未即行……。」

以這樣始終攻擊清之的人，而後村與之相好，在杜相任內，起用江東，自非鄭氏所樂見。至於李宗勉，本傳雖不載他攻過鄭，但亦以敢言著稱，端平出師，宗勉上疏諫止，又言內降之弊，大略謂：

「王府后宅之宮僚，戚里奄寺之恩賞，綸綍直下，不經都省，竿牘陳請，時出禁廷，此皆大臣所當執奏……苟以專權為嫌，不以救過為急，每事希旨迎合……其累聖德亦多矣。……。」

（宋史卷四〇五李宗勉傳）

本傳又說他：

「進工部侍郎兼給事中，仍侍講，復上疏言『陛下憂勤於路朝之頃，而入為宴安所移；切劘於廣廈之間，而退為便佞所惑；不聞減退宮女，而嬪嬙已溢於昔時；不聞褒錄功臣，而節鉞先加於外戚……。』」

像這樣鞭辟入裏的諫疏，正切中理宗的病態，字裏行間，何嘗沒有親舊的大臣在內？這當然與清之臭味不投，可是後村也受其知遇。至於游似，宋史本傳紀載甚簡，他與後村是在建陽令任內深相認識，嘗有文字切磋，在後村雜記談到曾以私函干請他的事，可知非泛泛之交，錫策修史之命，大概也是他的奏請，遠勝於清之對他的援引了。

在這裏我再引後村祭鄭清之之文，以結束本節：

「……我御公恩，昆弟父子，百口託公，隻手卵翼。一日無公，掔臂强戈，衆方追切，訶佛罵祖，我獨迂緩，援引馬呂。勸客直言，勸收善類，爲鼓邪說，爲懷私意，及條故事，及進密疏，爲徼後福，爲沽虛語。或云范公，稍怪守道，亦曰涑水，欲逐坡老；匪公厭倦，實我窮薄，白簡誅心，青雲失脚……惟今之人，尤工論議，先以爲合，後以爲貳……公今在天，其知之矣。」

四　後村晚節與賈似道

後村在淳祐十一年，鄭清之當國時再度出山，官至起居舍人，兼侍講，可是因論事與鄭氏不合，在朝僅七八個月，便爲言官鄭發所劾，「除職予祠」，又回鄉郡。從此到景定庚申，始以賈似道的扳援而出山，也就是方回所最不滿的「三生不敢忘容堂」之事。後來論者，都嗤其晚節不終，因此宋史不予列傳，眞是「幸而不幸」。林狀紀此事說：

「公已決意賦歸，而上眷甚隆，相亦勉諭，凡六上請祠，再乞掛冠皆不許。公亦以禮官通近禋祀，未敢數瀆，十月除起居舍人，閏月兼侍講……察官鄭發，獨不相樂，是月十九日疏入，公方進講，玉音曰：『卿與鄭發無他否？』既退疏不下，除職予郡……謝（方叔）吳（潛）並相，壬子正月除右文殿脩撰知建寧府，二月兼福建運副。鄭憤前議不行，再論褫職，寢公新命，六月，舊職，提舉明道宮。公優游里閈，作爲新居，揭宸翰所賜樗庵後村二匾，日與賓客觴咏其間曰：『吾得此足矣。』寶祐丙辰矩堂董相，以治使處之，丁大全言於上前曰『劉某恃才傲物』，遂有正宮邵澤之疏，實丁意也，仍奉明道祠。」

自淳祐十一年辛亥（西元一二五一）至景定元年庚申（西元一二六〇）年，十個年頭，都在鄉里賦閒，可是朝局也是極壞，爲理宗一朝最腐敗最黑暗的時期。這時北方蒙古却是兩度易汗，自太宗窩闊台逝世，皇后乃馬眞氏當國，致耶律楚材所定的法度盡壞〔註七〕，到定宗貴由汗卽位，短短兩年又殂，虛懸汗位兩年，始由憲宗蒙哥汗繼位，又忙於平定內亂〔註八〕，北方漢地的局面全仗漢軍史張嚴氏維持〔註九〕，並未大舉南侵，但偶爾衝突，依然是邊警時聞，更談不到北進中原了。理宗之外崇道學而內貪逸樂，前節已稍述之。當淳祐之時，鄭清之既死，皇帝在位時間也長久了，一切舉措賞罰，都可任意施行，無所顧忌；於是宦官小人如董宋臣、丁大全輩，更容易恣肆爲惡了。那時的宰相謝方叔是個庸才，吳潛剛而犯上，不久卽先後罷去。謝方叔之去更困於台諫和太學生的紛爭，僅有一個才幹稍優的董槐爲相，但起自孤寒，不與宮庭左右結納，不久卽爲丁大全所迫逐，而不學無術的丁氏，却因董宋臣的汲引而至宰相，引起海內普遍的不滿。在這幾年內，諫官奏疏中，時時出現攻擊宮廷游幸及閹宦的議論。茲摘抄此時諫臣的議論，以見當時的朝政情形如次：

（一）洪天錫傳（宋史四二四卷）云：「……拜監察御史兼說書，累疏言天下之大患三，宦官也，外戚也，小人也』；劾董宋臣謝堂（外戚），厲文翁，理宗力護文翁……天錫力爭謂『貴倖作姦犯科，根抵蟠固，乃遲回護惜，不欲繩以法，勢餤愈張，紀綱愈壞……』越月天雨土……又言『修內司之爲民害者』，蜀中地，浙閩大水，又言『上下窮空，遠近怨疾，獨貴戚巨閹享富貴耳……』，上猶力護之。天錫又言『修內司供繕修而已，比年動日御前，姦贓之老吏，迹捕之兇渠，一竄名其間，則有司不得舉手，狡者獻謀，暴者助虐，其輾轉受害者，皆良民也，願毋使史臣書之曰：內司之橫自今始。』」

洪天錫是理宗末期最鯁直敢言的言官，周密齊東野語卷七洪君疇條，極力稱贊他爲「近世敢言之士」並備載劾董宋臣的始末。

（二）牟子才傳（四一一卷）云……「……遷起居郎，言『外郡以進奉易富貴，左右以土木蠱上心，小人以譁競明比陷君子，此天災所以數見也。』明堂禮成，帝將幸西太乙宮款謝，實欲游西湖爾，子才力諫止。……正月望召妓入禁中，子才言『此皆董宋臣輩壞陛下素履』。………吳子聰之姑知古爲女冠得幸，子聰因之以進，得知閤門事。子才繳曰『子聰依憑城社，勢焰薰灼，以官爵爲市，搢紳之無恥者，輻輳其門，公論素所切齒不可用。』」

牟子才爲太平知府，曾題高力士脫靴圖，來諷刺董宋臣，董訴之於帝，子才爲之罷官，也見於齊東野語。

（三）董槐傳（四一四卷）云：「槐又言帝曰：『臣爲政而有害政者三。』……對曰『戚里不奉法一矣；執法大吏久於其官而擅威福二矣；皇城司不檢士三矣。』」

所謂戚里即洪天錫所指之外戚，執法大吏，即指小人，如丁大全輩，皇城司，實即指宮禁之無關防。董槐當時正在相位，還以三害不能去爲言，可見那時候政治空氣的沉悶了。就因爲在帝前直言，於是太監便鼓動不肖的台諫，硬把他驅逐出都。理宗本紀，大書此事說；

「癸未董槐罷，台臣丁大全既累疏擊之，辭極詆毀，且以牒役隅兵，夜半迫槐出闕，物論殊駭，三學生屢上書以爲言。」

從上列的宋史傳紀，可以想見當時的政治混濁情形。宋史紀事本末，「董宋臣丁大全之奸」一章，亦備載其事，這可以說已具備了亡國條件。那時的邊將，亦少人材，余玠既死，閫帥求如史嵩之亦不可得；武將則呂文德兄弟亦遠不如孟珙的剛毅有爲，讀書明禮（見宋史孟傳）。於是賈似道以外戚之勢，出掌兵權，少年氣銳，才幹頗優，遂成爲一時的寵兒。朝廷倚仗他捍禦江面，幾年之中，身兼將相，於是乎晉升元宰，繼韓侂冑，史彌遠的成規而專擅朝政，結束了一百五十年的南宋偏安之局。是天意嗎？還是人事呢？關於賈似道執政的功罪，我將來想再寫一文來討論，這裏只說後村和他的關係。

後村與賈似道的淵源，當遠溯嘉定江上之役。那時後村在李珏幕府，隨帥幕北進至淮陽，賈似道的父親賈涉爲淮東帥閫，後村因之與他相識。三四十年後，故人之子飛皇騰達起來，常有書信往來，在後村集中，致賈似道的書牋很多，略記如下：

（一）與賈丞相書（全集一三二卷），此書極贊其援鄂之功，有「此蓋東南衣冠樂禮一線之脈，幾絕而復續者，國有人焉。」

（二）與賈丞相書（全集一三二卷），此書於稱其援鄂之功，并獻言「立功名易，保功名難，」并不是一味頌諛，末懇其斡旋許其休致，爲長子謀轉官，可見兩人情分之不薄。

（三）與賈丞相書（同上卷），係四六箋啓，爲乞休致，是半官式的信。

（四）謝賈丞相餞行詩啓（同上卷），這是後村景定去國，賈對他倍加優渥，林狀所謂「師相亦賦詩贈行」者，此書亦感激萬分，所以招致後人之不滿。

（五）與淮閫賈知院書（頁一三四），似道曾爲揚州制閫，使兵築城，甚有成績，時在寶祐年間。後村此書係荐士友黃某，求賈照拂，書中口氣，極爲熟套，可見其交情之不薄。

（六）與丞相書（同上），此亦請休致之書，時尚不知賈入相已奏荐他「再入修門」。

（七）又與丞相書（同上），此係景定再出歸鄉後，蒙加龍圖閣學士，休官後謝賈的，其中語意極與懇摯，有：

「某既準省劄，卽日望闕祓受繫銜，徧告族戚子孫曰：『某丐　也，由權尙書忝眞學士，告老也，由茂陵賚庋涉光堯奎閣。自顧有何才學，有何勞績？而師相每起資越格，奬擢之如此！始猶欲效昔人雞鳴犬吠之報，今已飾巾待盡，永無捐軀碎首之路矣；而師相於其末後一着，尚結褰之如此，某所以拜命傴僂，捧詔而嗚咽也！」

這種感激涕零的話，寫在紙上，已經不像一個士大夫的口吻了。

(八)又與丞相書(同卷),此慰國哀(理宗崩)。

(九)又與丞相書(同卷),此係復賈之親函,亦極恭維之能事。

從以上幾往書札看,後村之與賈氏,只有私交,並未預聞大政,他的景定入朝,也只是修史一事,林狀說:

「景定庚申師相魏公(賈似道)還朝,公方奏疏引年,六月除祕書監,令守臣以禮津遣。八月除起居郎,再辭不許,九月兼權中書舍人……面對……除兵部侍郎,兼中書舍人,兼直學士院,立螭頭纔三日耳。十二月兼史館同修撰,……數月以古賦古律記序題跋詩話,共二十六卷奏進,翌日中使以宸翰御製賜公……(翌年)八月再乞除祿……除寶章閣學士,知建寧府……四年五月……御筆……特除龍圖閣學士,仍舊致仕……。」

林狀亦謂「公受知忠肅賈公(涉)辨章(似道),尤相親」,可見後村與賈氏淵源甚深。他曾在寶慶初元上眞德秀書,勸其不爲官職所動,曾引陳圖南(摶)謂种明逸曰「名者造物所忌,恐有物敗之」以相勗,誰料自己老壽不死,年逾八十,卻「被官職牽動」了。(亦致眞書中語)。

(註七)元史定宗傳「然自壬寅以來法度不一,內外離心,而太宗之政衰矣。「耶律楚材事太宗,爲蒙古漢化之開始,事見元史本傳及宋子貞中書令耶公神道碑——元文類五十七卷。

(註八)參閱元史憲宗本紀,馮承鈞譯多桑蒙古史上冊第二卷第五章蒙哥時代264—265頁。

(註九)參閱拙著元代漢軍與漢文化研究漢軍分子的分析一六——八九頁。

(原載大陸雜誌第二十三卷第七期)

中華史地叢書

元代漢文化之活動

作　　者／孫克寬　著
主　　編／劉郁君
美術編輯／中華書局編輯部

出 版 者／中華書局
發 行 人／張敏君
行銷經理／王新君
地　　址／11494 台北市內湖區舊宗路二段181巷8號5樓
客服專線／02-8797-8396　　傳　　真／02-8797-8909
網　　址／www.chunghwabook.com.tw
匯款帳號／兆豐國際商業銀行　東內湖分行
　　　　　067-09-036932　中華書局股份有限公司

法律顧問／安侯法律事務所
印　　刷／維中科技有限公司
出版日期／2015年07月再版
版本備註／據1968年9月初版復刻重製
定　　價／NTD 867

國家圖書館出版品預行編目（CIP）資料

元代漢文化之活動 / 孫克寬著. — 再版. —
台北市 : 中華書局, 2015.07
面 ; 公分. —（中華史地叢書）
ISBN 978-957-43-2464-4(精裝)

1.文化史 2.元代

635.7　　104006396

NO.G0023Q
ISBN 978-957-432464-4(精裝)